Deutsch*land* erleben

DAGMAR FISCHER

GILL & MACMILLAN

Gill & Macmillan Ltd
Goldenbridge
Dublin 8
with associated companies throughout the world
www.gillmacmillan.ie

© Dagmar Fischer 2000
0 7171 2801 6

Print origination by
Carrigboy Typesetting Services, Co. Cork

The paper used in this book is made from the wood pulp of managed forests. For every tree felled, at least one tree is planted, thereby renewing natural resources.

All rights reserved.
No part of this publication may be reproduced, copied or transmitted in any form or by any means without written permission of the publishers or else under the terms of any licence permitting limited copying issued by the Irish Copyright Licensing Agency, Irish Writers' Centre, Parnell Square, Dublin 1.

A catalogue record is available for this book from the British Library.

Every effort has been made to trace copyright holders of materials used in this book. The publishers will be glad to hear from any copyright holders who were not found before publication.

Contents

	Introduction	v
	Acknowledgments	vi
	Karten	viii
	The Awful German Language	1
1	Bewerbung und Reisevorbereitungen	3
2	An- und Unterkunft	26
3	In Heidelberg	46
4	Ämter, Arbeit und Ausländer	69
5	Vom Bierbrauen und Biertrinken	97
6	Auf der Uni in Mannheim	120
	Zwischendurch	152
7	Sport, Bewegung und vor allem Fußball	171
8	Alltag	192
9	Feierabend und Wochenende	224
10	Ein Praktikum bei der Firma Zeneca	253
11	In der WG	278
	Partnerübungen	299
	German Grammar	310
	Index	356

Introduction

*Deutsch*land *erleben* is a textbook for Irish students in third-level institutions with a Leaving Certificate knowledge of German and who intend to study German as a major or a minor subject. It is accompanied by two cassettes and a teacher's resource book. There is no separate workbook but every chapter is followed by a number of exercises which reinforce the grammatical structures and vocabulary newly acquired in that chapter. At the end of the book there are various role-play exercises and a short grammar in English.

Depending on student ability, preferences of the teacher and the number of contact hours per week, *Deutsch*land *erleben* can be used for up to 200 hours tuition.

The book follows a unique approach to teaching German by dealing with the experiences of four fictitious Irish students working and studying in Germany. Great emphasis has been placed on the authenticity of background detail, thus ensuring a realistic portrayal of present-day student life in Germany. This encourages Irish students to reflect on both the cultural differences and common ground between the two countries.

*Deutsch*land *erleben* is divided into 12 theme-based chapters. The chapter "Zwischendurch" contains materials on various seasons and festivities of Germany. It may be consulted whenever the relevant seasons occur during the course of study. It does not deal with a specific grammatical topic.

Each chapter provides a wealth of authentic texts of various kinds and a wide choice of contextualized activities and meaningful exercises which practise all four skills, and consolidate and expand the student's knowledge of German grammar. Many of them involve genuine transfer of information and personal views, and prompt reflection on Ireland and student life. They can be followed by students working alone, in pairs, or in groups.

There is a progression in the complexity of materials and grammatical points covered. However, the chapters are self-contained and can be used independently.

*Deutsch*land *erleben* makes use of the Internet and encourages autonomous learning. Throughout the book the grammar sections are explained in English.

There is no glossary; the author feels that the students should, at this level, consult a dictionary in an informed manner. Chapter 1, accordingly, deals with how to work with a dictionary.

The audio material contains numerous realistic dialogues and conversations. It also includes authentic material from radio broadcasts and company advertisements; these expose students to real-life speech.

The teacher's resource book, called "Ressourcensammlung", contains the complete transcripts of all recorded material, useful background information, materials for games, suggestions for further activities, as well as the solutions to exercises which require background knowledge.

*Deutsch*land *erleben* follows the spelling reform of 1998. Authentic texts, however, have been left in their original form.

Acknowledgments

I would like to express my gratitude and appreciation to Karl MacDermott, Christina Albertini, Dr. Siegfried Bertz, Beatrix Schlitzer, Katrin Eberbach, Dore Fischer, Dr. Jill Berman, John Brick and Gerardine Montgomery for their encouragement, help, invaluable suggestions and patience.

Special thanks to Eimear Kelly for devising the initial concept of the project with me.

Also many thanks to my colleagues in DIT, Kevin Street, for their support and understanding and to Peter Jankowsky for performing on tape, and thus bringing to life, the literary pieces in the book.

Finally, I would like to thank the great number of people in Germany and Ireland who contributed to this book by supplying me with photos, cartoons, maps, audio material and other information.

Acknowledgments (of sources that are not stated throughout the book)

p. viii: map (top of page) from Informationen zur politischen Bildung - Die Teilung Deutschlands 1945 - 1955, Bundeszentrale für politische Bildung; other map from Putzger - Historischer Weltatlas, Cornelson Verlag, Berlin 1997

p. ix: map (top of page) from Deutschland im 19. Jahrhundert - Entwicklungslinien - Schriftenreihe 274 by Manfred Görtemaker, Verlag Leske + Budrich, Opladen, 1996; other maps: ZAHLENBILDER, Erich Schmidt Verlag

p. x: map (top of page): ZAHLENBILDER, Erich Schmidt Verlag; other map: Transparente Landeskunde by Friedrich Bubner, Inter Nationes, 1998

p. xi: map from Schauplätze - Frühstücken in Deutschland, Inter Nationes

p. xii: map from Dierke, Die Welt in Karten, Westermann Schulbuch Verlag, Braunschweig, 1998

p. 1: drawing from "Mark Twain - Ein Amerikaner in Heidelberg", by kind permission of Werner Pieper 1985

pp. 4-6: photos: Carmel White, Dublin

p. 10: poem from Die Welt der Wörter by Hans Manz, 1991 Beltz Verlag, Weinheim und Basel, Programm Beltz & Gelberg, Weinheim

p. 11: photos: Carmel White, Dublin

p. 26: photos: Flughafen Frankfurt Main AG

p. 33: photo from My Way - Uni Szene von A - Z, Barmer Ersatzkasse

p. 46: photo from Heidelberger Lesebuch, Insel Verlag, Frankfurt am Main, 1986

p. 47: photo (top of page, left hand side) from Heidelberger Lesebuch, Insel Verlag, Frankfurt am Main, 1986; photo (top of page, right hand side): Deutsches Filminstitut

p. 57: photo: Café Knösel

p. 61: photo: K.F. Schimper Verlag, Schwetzingen

p. 63: drawings (middle of the page): Arja Kajermo, Dublin

p. 74: posters from Grundzüge der Geschichte, Band 4, Dr. Eugen Kaier (Hrsg.), by kind permission of Maria Kaier and Dr. Ekkehard Kaier; diagram: Werner Hilgemann/Hermann Kinder: dtv-Atlas Weltgeschichte Bd. 2. Graphiken von Ruth und Harald Bukor © 1966, 1991 Deutscher Taschenbuch Verlag, München

pp. 75-77: excerpt from Fabian - Die Geschichte eines Moralisten by Erich Kästner, dtb 1996, by kind permission of Atrium Verlag AG, Zürich

p. 79: photo: Stefan Kresin, Heidelberg; cartoon: Christiane Pfohlmann, Bamberg

p. 82: photo: SZ-Magazin, 3.7.1998

p. 86: photo: dpa

p. 87: text from Grundzüge der Geschichte, Band 3, Dr. Eugen Kaier (Hrsg.), by kind permission of Maria Kaier and Dr. Ekkehard Kaier

p. 97: drawing: Heidelberger Brauerei; photos (bottom of page): Deutscher Brauer Bund

p. 98: photos: Deutscher Brauer-Bund

p. 99: diagram: Deutscher Brauer-Bund

p. 100: drawing (left hand side) and photo: Deutscher Brauer-Bund

p. 102: text (top of page) & photo: Deutscher Brauer-Bund

p. 104: drawing: Der Spiegel, 8/1992

p. 108: diagram: Deutscher Brauer-Bund

p. 109: photo: Schauplätze - Frühstücken in Deutschland, Inter Nationes

p. 113: photo: Dagmar Welker, Heidelberg

p. 116: photo (beerglasses): Deutscher Brauer-Bund; photo (crate): Heidelberger Brauerei

p. 123: cartoon: Arja Kajermo, Dublin

p. 127: cartoon from Unicum 10/1998

pp. 129-131: diagrams from Das soziale Bild der Studentenschaft in der Bundesrepublik Deutschland, bmb+f (Hrsg.), Bonn, 1998

p. 132: diagram from Das soziale Bild der Studentenschaft in der Bundesrepublik Deutschland, bmb+f (Hrsg.), Bonn, 1998
p. 134: cartoon: Heiko Sakurai, Recklinghausen
p. 135: cartoon: Unicum, 4/1998
p. 136: poem from Unicum, Juni 1998
p. 141: obituary: Unicum, 1/1998; logo from Unicum 1/1998
p. 142: Rhein-Neckar-Zeitung
p. 143: photo: Photoagentur Joker, Bonn
p. 152: photo (sausages): Pfalzwein e.V.; other photos: Stadtverwaltung Bad Dürkheim
p. 153: map: Deutsches Weininstitut GmbH
p. 156: drawing (Mannheimer Weihnachtsmarkt): Mannheimer Ausstellungsgesellschaft mbH; drawing (Glühweinhütte): Mannheimer Morgen
p. 158: cartoon: Thomas Körner, Berlin
p. 162: photos from Die Welt der Narren im Wandel der Zeit, Selbstverlag des Deutschen Fastnachtsmuseums, Kitzingen, 1992, by kind permission of Hans Joachim Schumacher
p. 164: LOGO-Software GmbH, by kind permission of Manfred H. Meinen
p. 166: cartoon: Thomas Plaßmann, Essen; photo: BRITSTOCK-IFA
p. 167: cartoon: Loriot *Menschen und Möpse*, Copyright © Diogenes Verlag AG Zürich
p. 171: photos: BRITSTOCK-IFA
p. 172: cartoon: Thomas Körner, Berlin
p. 174: photo: Roger Schwarz, Groß Gerau
p. 176: drawing: Arja Kajermo, Dublin
p. 177: drawings: Wilfried Gebhard in Viel Spaß beim Fußball, Lappan Verlag GmbH, 1998
p. 178: photo: Colorsport
p. 181: cartoon: Wilfried Gebhard in Viel Spaß beim Fußball, Lappan Verlag GmbH, 1998
p. 183: cartoon: Wilfried Gebhard in Viel Spaß beim Fußball, Lappan Verlag GmbH, 1998
p. 185: drawings: AOK and Arja Kajermo, Dublin
p. 186: drawing from: Kopf hoch - Anregungen zu rückenfreundlichen Bewegungen im Alltag, Barmer Ersatzkasse
p. 190: cartoon: PZ Extra/Dezember 1998
p. 196: cartoon: Mitteilungsblatt der Gemeinde Plankstadt, 22.10.1998
p. 197: diagram: Bundesverband Deutscher Zeitungsverleger e.V.
pp. 198-199: recipes from "Nachschlag - Studenten kochen für Studenten", Studentenwerk Dresden, 1997
p. 202: text & logo & photo at the bottom of the page: Verkehrsverbund Rhein-Neckar
p. 203: advertisement: Oberrheinische Eisenbahngesellschaft AG
pp. 204-205: text from Wie der Hering zu Bismarcks Namen kam by Roger Rössing, Leipzig 1995
p. 205: cartoon: Amelie Glienke, Berlin
pp. 207-208: text: Copyright (C) 1996 by Anneliese Ehrlich and the students of the project team BRGXIX, Wien
p. 209: cartoon from: *Und die Moral von der Geschichte* by Wilhelm Busch, Sigbert Mohn Verlag, 1959
p. 210: text from Der Schattenfotograf by Wolfdietrich Schnurre, by kind permission of Marina Schnurre
p. 212: drawing from Fußballregeln 1998/99, DFB
p. 217: text: excerpt from Irisches Tagebuch by Heinrich Böll, Kiepenheuer und Witsch Verlag, Köln ????
p. 218: weather charts: WNI meteo consult GmbH, Ingelheim
p. 228: cartoon: PZ 75/August 1993
p. 231: poem from Ein Mensch gilt auf der Welt als gut by Eugen Roth, Carl Hanser Verlag München, by kind permission of Thomas Roth
p. 233: cartoon: Bernd Zeller, Jena; photos: BRITSTOCK-IFA
p. 235: advertisement from Pavillon - Rhein Neckar Magazin, April 1998
pp. 235-237: text: Marek Lieberberg, Konzertagentur GmbH, Frankfurt
p. 246: photo (top of page): Stadtarchiv Maulbronn; photo (bottom of page): Fremdenverkehrsamt Neckargemünd
p. 247: photo: Fremdenverkehrsamt Neckargemünd
p. 249: cartoon: Burkhard Fritsche, Köln
p. 251: cartoon: Amelie Glienke, Berlin
p. 259: text by kind permission of Zeneca Pharmaceuticals, Plankstadt
pp. 261-262: diagrams: Bundesministerium für Bildung und Forschung
p. 266: diagram: HIS Ergebnisspiegel 1997, Hochschul-Informations-System, Hannover
p. 271: map from Werner König: dtv-Atlas Deutsche Sprache. Graphiken von Hans-Joachim Paul © 1978, 1994 Deutscher Taschenbuch Verlag, München
p. 278: diagrams from Das soziale Bild der Studentenschaft in der Bundesrepublik Deutschland, bmb+f (Hrsg.), Bonn, 1998
p. 279: text from: Das WG-Buch, Eichborn Verlag AG, Frankfurt am Main, Januar 1998
p. 280: photo: Ines Seeger, Mannheim
pp. 283-284: text from: Das WG-Buch, Eichborn Verlag AG, Frankfurt am Main, Januar 1998
p. 286: logo: Duales System Deutschland AG; cartoon: Amelie Glienke, Berlin
p. 287: text from: Das WG-Buch, Eichborn Verlag AG, Frankfurt am Main, Januar 1998
p. 288: poem from Die Welt der Wörter by Hans Manz, 1991 Beltz Verlag, Weinheim und Basel, Programm Beltz & Gelberg, Weinheim
pp. 289-290: text from: Das WG-Buch, Eichborn Verlag AG, Frankfurt am Main, Januar 1998
p. 290: cartoon: Uwe Herrmann, by permission of Baaske Cartoons, München
p. 291: cartoon: Thomas Plaßmann, Essen
pp. 301-302: timetables: Deutsche Bahn AG

Hl. Römisches
Reich
Deutscher Nation
1250
0
500
km

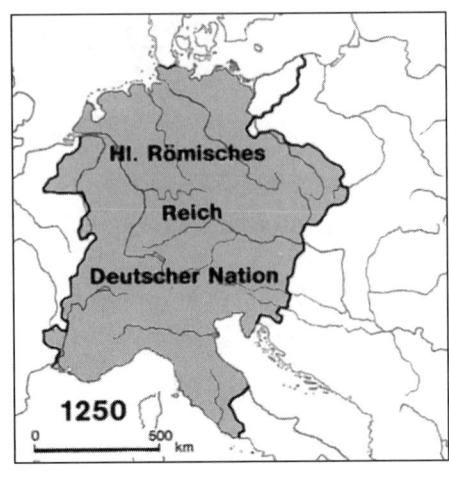

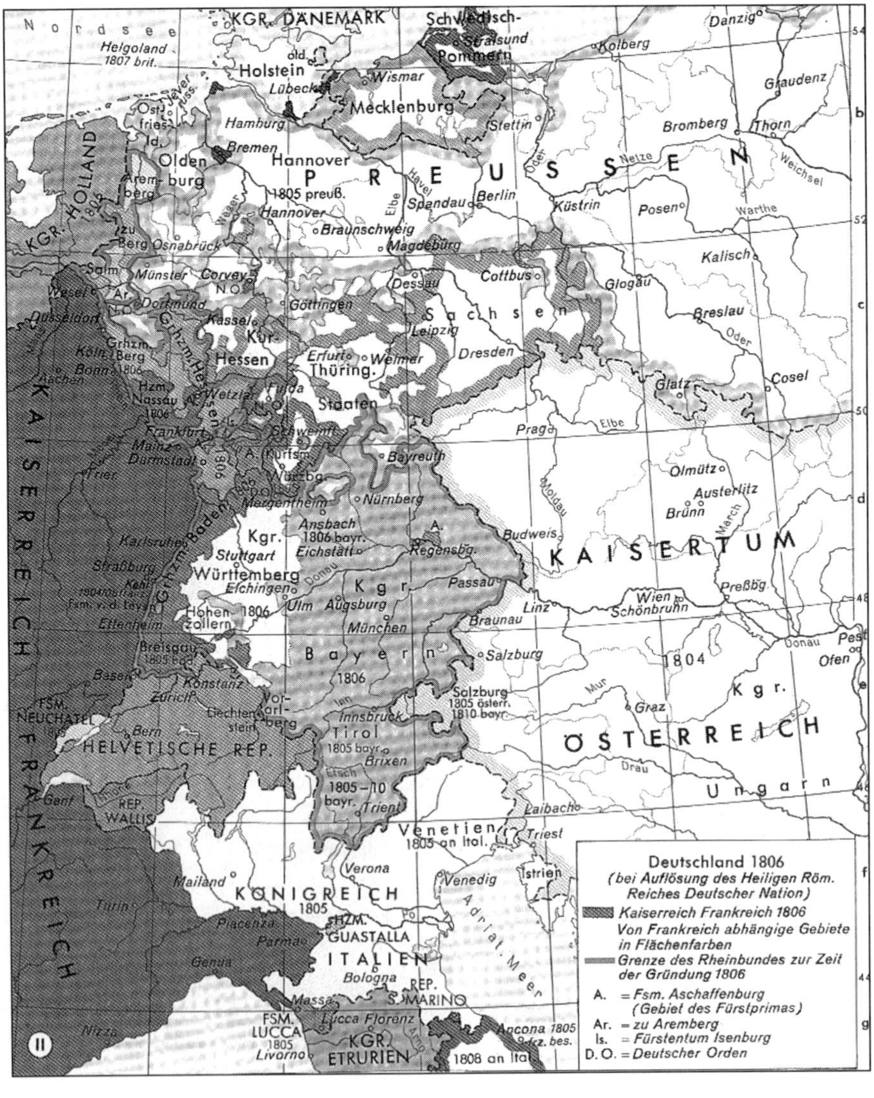
Nordsee
KGR. DÄNEMARK
Schwedisch-Pommern
Stralsund
Helgoland 1807 brit.
Holstein
Lübeck
Wismar
Mecklenburg
Hamburg
Bremen
Oldenburg
Hannover 1805 preuß.
PREUSSEN
KGR. HOLLAND
Ostfries-ld.
Aremberg
Danzig
Kolberg
Graudenz
Bromberg
Thorn
Stettin
Spandau
Berlin
Küstrin
Posen
Hannover
Braunschweig
Magdeburg
Osnabrück
Münster
Corvey
Wesel
Düsseldorf
Dortmund
Göttingen
Kassel
Kur-Hessen
Dessau
Cottbus
Glogau
Kalisch
Sachsen
Leipzig
Dresden
Breslau
Erfurt
Weimar
Thüring. Staaten
Glatz
Cosel
Fulda
Frankfurt
Mainz
Darmstadt
Schweinfurt
Prag
Bayreuth
Würzburg
Olmütz
Austerlitz
Brünn
Nürnberg
Mergentheim
Ansbach 1806 bayr.
Eichstätt
Regensburg
Budweis
KAISERTUM
Kgr. Württemberg
Stuttgart
Karlsruhe
Straßburg
Ulm
Augsburg
Passau
Linz
Wien
Schönbrunn
Preßbg.
Hohenzollern
München
Braunau
Bayern 1806
Salzburg
1804
Ofen
Pest
Konstanz
Zürich
Innsbruck
Salzburg 1805 österr. 1810 bayr.
Graz
Kgr. ÖSTERREICH
FSM. NEUCHATEL
HELVETISCHE REP.
Bern
Tirol 1805 bayr.
Brixen
1805–10 bayr.
Trient
Ungarn
Genf
REP. WALLIS
Laibach
Triest
Venetien 1805 an Ital.
Verona
Venedig
Istrien
Mailand
KÖNIGREICH ITALIEN 1805
HZM. GUASTALLA
Turin
Piacenza
Parma
Genua
Bologna
REP. S. MARINO
Massa
FSM. LUCCA 1805
Lucca
Florenz
Livorno
KGR. ETRURIEN
Ancona 1805 frz. bes. 1808 an Ital.
Nizza
KAISERREICH FRANKREICH
Adriat. Meer
II
Deutschland 1806
(bei Auflösung des Heiligen Röm. Reiches Deutscher Nation)
Kaiserreich Frankreich 1806
Von Frankreich abhängige Gebiete in Flächenfarben
Grenze des Rheinbundes zur Zeit der Gründung 1806
A. = Fsm. Aschaffenburg (Gebiet des Fürstprimas)
Ar. = zu Aremberg
Is. = Fürstentum Isenburg
D.O. = Deutscher Orden

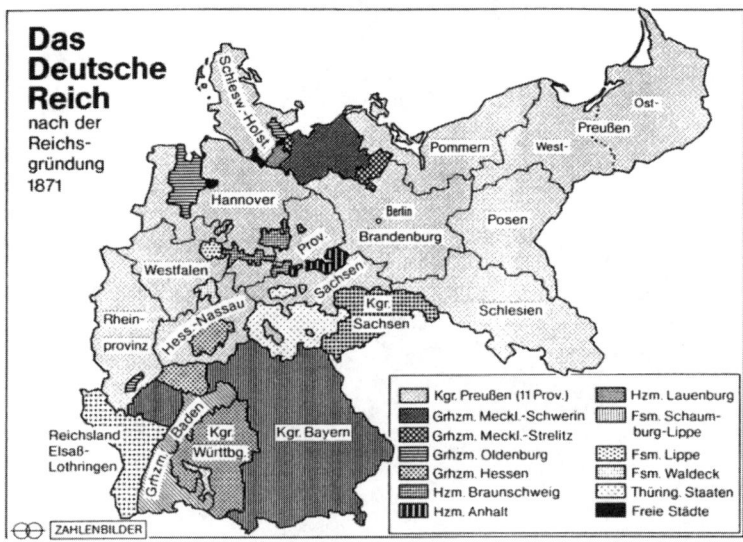
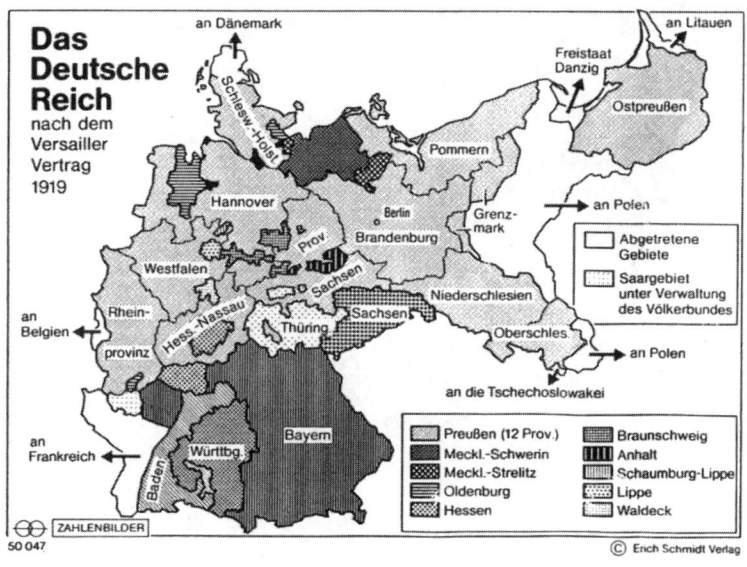

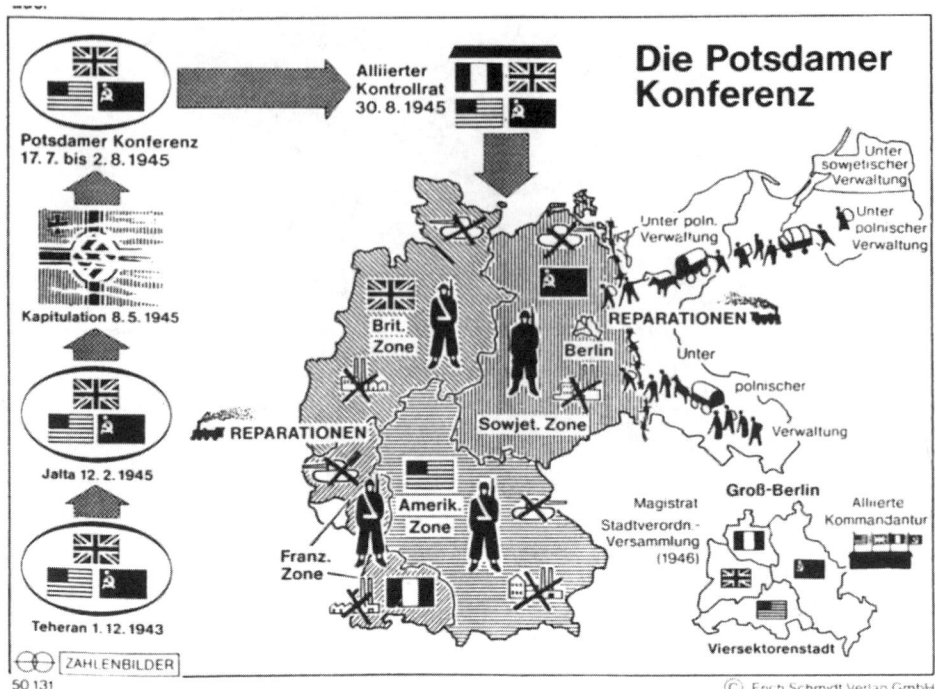

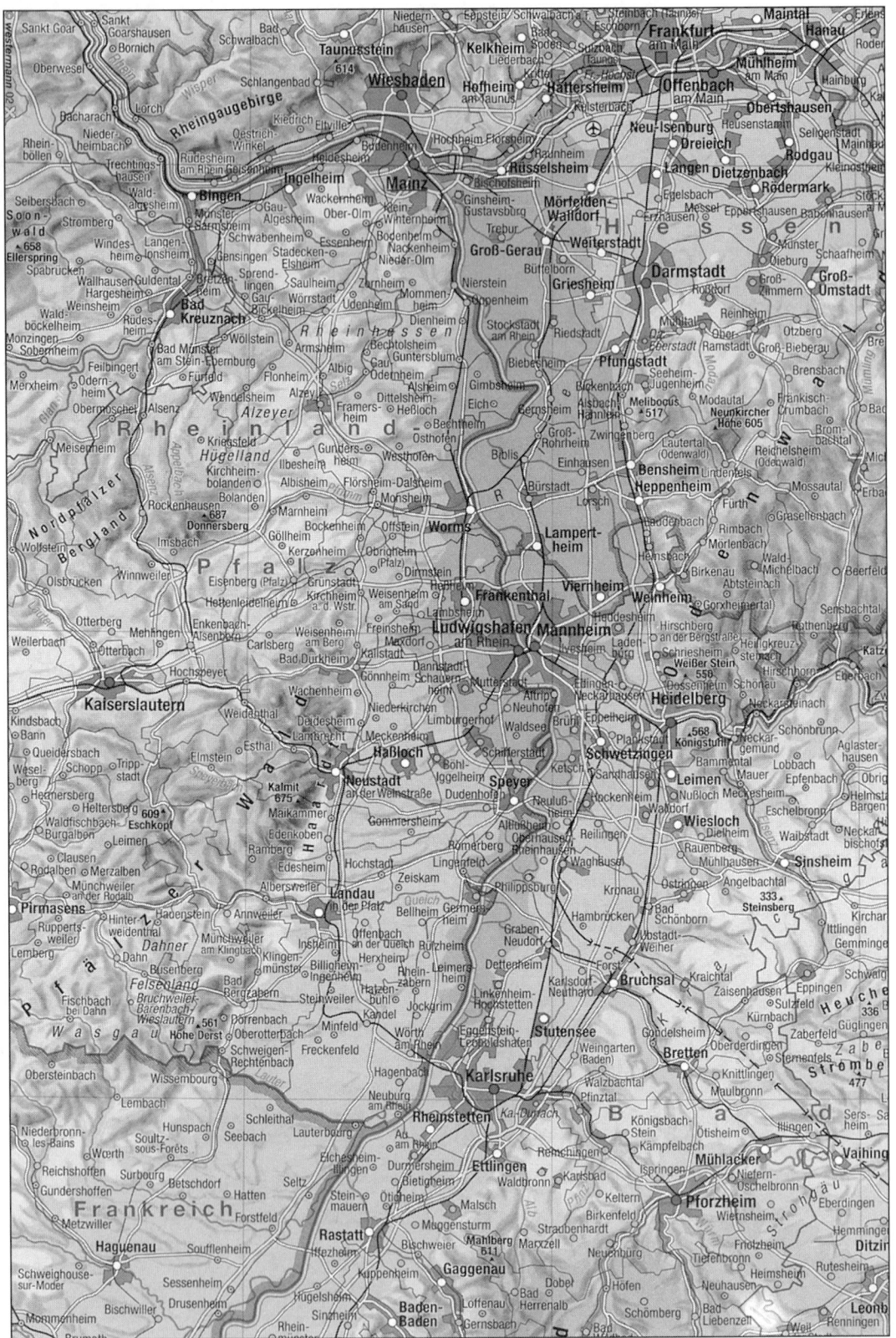

A: Mark Twain: The Awful German Language

I went often to look at the collection of curiosities in Heidelberg Castle, and one day I surprised the keeper of it with my German. I spoke entirely in that language. He was greatly interested; and after I had talked awhile he said my German was very rare, possibly a "unique"; and wanted to add it to his museum.

If he had known what it had cost me to acquire my art, he would also have known that it would break any collector to buy it. . . . A person who has not studied German can form no idea of what a perplexing language it is . . .

Every time I think I have got one of these four confusing "cases" where I am master of it, a seemingly insignificant preposition intrudes itself into my sentence, clothed with an awful and unsuspected power, and crumbles the ground from under me. For instance, my book inquires after a certain bird — (it is always inquiring after things which are of no sort of consequence to anybody): "Where is the bird?" Now the answer to this question, — according to the book, — is that the bird is waiting in the blacksmith shop on account of the rain. Of course no bird would do that, but then you must stick to the book. Very well, I begin to cipher out the German for that answer. I begin at the wrong end, necessarily, for that is the German idea. I say to myself, "*Regen*, (rain,) is masculine — or maybe it is feminine — or possibly neuter — it is too much trouble to look, now. Therefore, it is either *der* (the) Regen, or *die* (the) Regen, or *das* (the) Regen, according to which gender it may turn out to be when I look. In the interest of science, I will cipher it out on the hypothesis that it is masculine. Very well — then *the* rain is *der* Regen, if it is simply in the quiescent state of being *mentioned*, without enlargement or discussion — Nominative case; but if this rain is lying around, in a kind of a general way on the ground, it is then definitely located, it is *doing something* — that is, *resting*, (which is one of the German grammar's ideas of doing something,) and this throws the rain into the Dative case, and makes it *dem* Regen. However, this rain is not resting, but is doing something *actively*, — it is falling, — to interfere with the bird, likely, — and this indicates *movement*, which has the effect of sliding it into the Accusative case and changing *dem* Regen into *den* Regen." Having completed the grammatical horoscope of this matter, I answer up confidently and state in German that the bird is staying in the blacksmith shop "wegen (on account of) *den* Regen." Then the teacher lets me softly down with the remark that whenever the word "wegen" drops into a sentence, it *always* throws that subject into the *Genitive* case, regardless of consequences — and that therefore this bird staid in the blacksmith shop "wegen *des* Regens." . . .

An average sentence, in a German newspaper, is a sublime and impressive curiosity; it occupies a quarter of a column; . . . it is built mainly of compound words constructed by the writer on the spot, and not to be found in any dictionary — six or seven words compacted into one, without joint or seam — that is, without hyphens; it treats of fourteen or fifteen different subjects, each inclosed in a parenthesis of its own, ... finally, all the parentheses ... are massed together between a couple of king-parentheses, one of which is placed in the first line of the majestic sentence and the other in the middle of the last line of it — *after which comes the* VERB, and you find out for the first time what the man has been talking about; and after the verb — merely by way of ornament, as far as I can make out, — the writer shovels in "*haben sind gewesen gehabt haben geworden sein,*" ... German books are easy enough to read when you hold them before the looking-glass or stand on your head, — so as to reverse the construction, — but I think that to learn to read and understand a German newspaper is a thing which must always remain an impossibility to a foreigner ...

When a German gets his hands on an adjective, he declines it, and keeps on declining it until the common sense is all declined out of it. ... I heard a Californian student in Heidelberg say, in one of his calmest moods, that he would rather decline two drinks than one German adjective. ...

Every noun has a gender, and there is no sense or system in the distribution; so the gender of each must be learned separately and by heart. There is no other way. To do this, one has to have a memory like a memorandum book. In German, a young lady has no sex, while a turnip has. Think what overwrought reverence that shows for the turnip, and what callous disrespect for the girl.

A1: Sind Sie der gleichen Meinung wie Mark Twain?

A2: Was finden Sie sonst noch schrecklich an der deutschen Sprache?

A3: Gibt es auch Dinge, die nicht so schrecklich bzw. einfach sind?

A4: Ist es einfach, Englisch oder Irisch zu lernen? Was glauben Sie?

B: Typisch deutsch!

B1: Welche Assoziationen haben Sie, wenn Sie das Wort „Deutschland" oder „die Deutschen" hören?

B2: Welche deutschen Persönlichkeiten kennen Sie?

B3: Woran erkennen Sie deutsche Touristen in Irland?

C: Die Probe aufs Exempel

Siobhán Ní Mhaoldomhnaigh, Kevin Harrington, Martin Mannion und Eithne McNamara sind die vier irischen Student(inn)en auf dem Buchdeckel, die in Deutschland arbeiten bzw. studieren wollen. In den nächsten 12 Kapiteln werden Sie erfahren, wie die vier sich vorbereiten und was sie dort erleben.

Kapitel 1:
Bewerbung und Reisevorbereitungen

A: Ein paar Gedanken vor der Reise ...

A1: Was glauben Sie, warum möchten Eithne, Kevin, Martin und Siobhán in Deutschland arbeiten bzw. studieren? Sammeln Sie Gründe.

A2: Die vier wissen noch nicht viel über Deutschland. Was wissen Sie über ...

The Irish Times, 5.4.1999

Lebensstil Geographie Sport Arbeit und Wirtschaft
Einwohnerzahlen Sprache Musik und Film
Politik und Geschichte Sitten und Bräuche
Kleidung Literatur und Kunst
Schule und Studium Essen und Trinken Religion Wetter und Klima

... in Deutschland/Deutschlands?

A3: Ist es wichtig, etwas über Deutschland zu wissen, bevor man hinfährt? Begründen Sie Ihre Meinung.

A4: Wo können die vier oder Sie Informationen über Deutschland bekommen?

A5: Was kann man sonst noch tun, damit das Auslandssemester oder der Ferienjob ein Erfolg wird?

A6: Was sollten deutschsprachige Studenten und Studentinnen wissen, wenn sie nach Irland kommen, um hier zu arbeiten oder zu studieren? Geben Sie ihnen ein paar Ratschläge.

B: Bewerbungen

B1: Was gehört Ihrer Meinung nach zu einer Bewerbung?

> **Redemittel:**
> Meiner Meinung/Ansicht nach...
> Ich bin der Meinung/Ansicht, dass...
> Ich glaube/denke/finde, dass...
> So viel ich weiß, ...

B2: Hier ist zunächst der Bewerbungsbrief von Martin Mannion:

Martin Mannion
34, Clonliff Gardens
Galway
Ireland

Heidelberger Schlossquell-Brauerei
z. Hd. Herrn Michael Mack
Personalabteilung
Kurpfalzring 12

69115 Heidelberg
Germany   26. 1. 1999

Bewerbung um eine Ferienarbeit

Sehr geehrter Herr Mack,

seit September 1998 studiere ich Chemie und Angewandte Chemie an der National University of Ireland, Galway. Deutsch und Mikrobiologie sind meine Wahlpflichtfächer in diesem Jahr.

Für die Zeit vom 10. 6. 1999 bis zum 20. 9. 1999 suche ich eine Ferienarbeit in Deutschland, um meine Deutschkenntnisse weiter zu verbessern und praktische Erfahrungen in meinem Studienfach zu sammeln. Da mich die Arbeit in einer Brauerei reizen würde, bitte ich Sie zu prüfen, ob Sie mir eine Aushilfstätigkeit in der Produktion oder in der Qualitätskontrolle anbieten könnten. Ich nehme aber auch gerne jede andere Arbeit an.

Einzelheiten zu meinen Sprachkenntnissen und meiner bisherigen Arbeitserfahrung als Aushilfsfahrer und Lagerarbeiter entnehmen Sie bitte meinem Lebenslauf.

Ich würde mich freuen, von Ihnen zu hören.

Mit freundlichen Grüßen

Martin Mannion

<u>Anlagen</u>
1 Lebenslauf
1 Lichtbild

B3: *Und hier ist der Lebenslauf von Eithne McNamara:*

LEBENSLAUF

Persönliche Angaben
Name: Eithne McNamara
Geburtsdatum: 2. 3. 1979
Geburtsort: Ballina, Co. Mayo
Staatsangehörigkeit: irisch
Familienstand: ledig

Bildungsweg
1983–1991 Primary school (Grundschule), SN Croi Iosa, Ballina
1991–1997 Secondary school (Gymnasium), St. Mary's, Ballina
1997 Leaving Certificate (Abitur)
Sept. 1997–Juni 1998 Studium der Elektrotechnik am IT Athlone

Arbeitserfahrung
Sept. 1996–Mai 1997 Ladenhilfe bei Spar, Ballina (an den Wochenenden)
Juli 1997–Aug. 1997 Küchenhilfe im Restaurant "The Broken Jug", Ballina
Juli 1998–Dez. 1998 Zimmermädchen im "Lenox Hotel", Boston, USA

Sprachkenntnisse: Englisch (Muttersprache)
gute Deutsch- und Irischkenntnisse
Grundkenntnisse in Französisch

Sonstige Kenntnisse: Grundkenntnisse in Textverarbeitung (Word Perfect/Word)
Rettungsschwimmer-Schein
Segelschein

Hobbys: Schwimmen, Segeln, Karate, Musik
Mitglied bei den Pfadfinderinnen

Ballina, den 23. 1. 1999

B4: *Siobhán Ní Mhaoldomhnaigh, Studentin der BWL, hat den Bewerbungsbogen der Firma Zeneca in Plankstadt bei Heidelberg ausgefüllt.*

ZENECA

Bewerbungsbogen

Bewerbung als: *Praktikantin im kaufmännischen Bereich*

1. Allgemeine Angaben

Familien- und Vorname: *Ní Mhaoldomhnaigh, Siobhán*
(bei Frauen auch Geburtsname)

Straße und Nr.: *Oakley Road, 26*   Telefon: *051 735411*

PLZ, Wohnort: *Waterford*   Kreis / Reg.-Bezirk: ___

Geburtsdatum: *12.8.1978*   Geburtsort: *Waterford*

Familienstand: ledig [X]   verheiratet [ ]   geschieden [ ]   verwitwet [ ]

Name des Ehegatten: ___ (bei Frauen auch Geburtsname)   Geburtsdatum: ___

Ist Ehefrau / Ehemann berufstätig? ja [ ] nein [ ]   Im Notfall zu erreichen (Telefon): ___

(Wohnung der Eltern, nur bei Minderjährigen): ___

Unterhaltsberechtigte Kinder:

Vorname	Geburtstag	Vorname	Geburtstag

Staatsangehörigkeit: *irisch*

Seit wann sind Sie in der Bundesrepublik? ___

Sind Sie ortsgebunden? *nein*

Laufen Pfändungen gegen Sie? *nein*

Sind Sie Schwerbehinderter oder eine nach dem Schwerbehinderten-Gesetz gleichgestellte Person? *nein*

Zuletzt festgestellter Prozentsatz der Erwerbsunfähigkeit: ___

Können Sie Ansprüche oder Schutzrechte nach dem Mutterschutzgesetz geltend machen? *nein*

Die ärztliche Eignungsuntersuchung muß grundsätzlich vor der Einstellung erfolgen. Liegt das ärztliche Attest bei Arbeitsaufnahme nicht vor, erfogt die Einstellung unter dem Vorbehalt der gesundheitlichen Eignung.

2. Schulbildung und berufliche Ausbildung

	Art und Ort der Schule gegebenenfalls Fachrichtung	von	bis	mit welchem Abschlußzeugnis (z.B. Mittlere Reife, Abitur, Ind.-Kfm., Textiling., Dipl.-Chem., Dr. rer. pol.)
Grund-/Hauptschule	Ferrybank Convent, Waterford	1982	1990	
Realschule				
Gymnasium	St Angela's School, Waterford	1990	1996	Abitur (Leaving Certificate)
Berufsschule				
Handelsschule				
Fachschule				
Hochschule / Universität	WIT, Waterford	seit 1996		National Diploma in Business Studies, Languages & Marketing
Sprachschule				
Lehrgänge				
Sonstige				

3. Beruflicher Werdegang

bei (Arbeitgeberanschrift)	als (Dienststellung)	von	bis
Mc Cluskey's Bistro, Waterford	Bedienung	Juni 95	Aug. 95
Harvey Travel, Waterford	Aushilfskraft in einem Reisebüro	Juni 96	Aug. 96
Waterford Crystal	Bürohilfe	Juni 97	Aug. 97
WLR FM Radio Centre, Waterford	Rezeptionistin	Juni 98	Sep. 98

4. Besondere Kenntnisse und Fähigkeiten

Fremdsprachen	völlige Beherrschung in Wort und Schrift	gute Kenntnisse	Schulkenntnisse
Englisch	*Muttersprache*		
andere (welche?)		*Deutsch*	*Irisch*
Wann und wo erworben?	*in der Schule und im College*		

Maschinenschreiben: *ja* — Anschläge / Min. _____
Kurzschrift: *nein* — Silbenzahl / Min. _____
Können Sie mit Diktiergerät arbeiten? *nein*

Sonstige Kenntnisse (Führerschein etc.):
Führerschein, Klasse B
Anwenderkenntnisse in Textverarbeitung und Tabellenkalkulation.

Schwarzer Gürtel in Taekwondo

5. Verschiedenes

Welche Kündigungsfrist haben Sie einzuhalten? —
Wann könnte ein Diensteintritt erfolgen? *14.6.1999*
Welche Sozialleistungen haben Sie erhalten? —

Lohn- bzw. Gehaltsvorstellung   DM _____ / Monat   DM _____ / Stunde

Besteht eine Konkurrenzklausel (Text bitte auf gesondertem Blatt)? *nein*

Sind Familienangehörige bei ZENECA GmbH beschäftigt? *nein*

Ich versichere, die vorstehenden Fragen wahrheitsgetreu beantwortet zu haben, und weiß, daß unwahre Angaben die Lösung des Vertragsverhältnisses nach sich ziehen können.

Waterford den *3.10.1998*   *Siobhán Ní Mhaoldomhnaigh*
Ort   Datum   Vor- und Zuname

Hinweis: Bei Einstellung werden Ihre Personaldaten mit Hilfe einer elektronischen Datenverarbeitungsanlage (EDV) verwaltet.

B5: *Kevin Harrington hat ans Studentenwerk Mannheim geschrieben:*

Kevin Harrington
6 Sudbury Road
Drumcondra
Dublin 9
Republic of Ireland

Studentenwerk Mannheim   29. 3. 1998
Parkring 39

68159 Mannheim
Germany

Bitte um Informationen

Sehr geehrte Damen und Herren,

ich werde ab Wintersemester 1998/99 zwei Semester an der Universität Mannheim studieren.

Da ich in dieser Zeit gerne in einem Studentenwohnheim leben möchte, würde ich mich sehr freuen, wenn Sie mir mitteilen könnten, wie ich mich um einen Platz in einem Wohnheim bewerben kann. Muss man sich über das Studentenwerk anmelden oder soll ich mich direkt bei einem Studentenwohnheim bewerben? Wann muss ich mich anmelden und wie hoch ist die monatliche Miete plus Nebenkosten?

Für zusätzliche Informationen wäre ich Ihnen ebenfalls dankbar.

Im Voraus vielen Dank für Ihre Bemühungen.

Mit freundlichen Grüßen

Kevin Harrington

Anmerkung: Ein Studentenwerk ist für die Betreuung der Studenten und Studentinnen an einer Hochschule oder an mehreren Hochschulen zuständig. Es betreibt die Mensen, Cafeterien, Wohnheime, Kindertagesstätten, das BAföG-Amt usw. Dafür zahlen die Studenten und Studentinnen pro Semester einen Beitrag. In Mannheim sind das zur Zeit DM 79,00 (Stand 1999).

C: In the beginning was the verb

C1: How do you react if a foreigner approaches you and says: "Excuse me, can you help me, I needs to know where the tourist office be?"

Well, it sounds just as strange to a German-speaking person if you get the verb-endings wrong in German.

Please conjugate the verb "studieren" in the present tense (i.e. add the correct endings to the stem): → S. 310/311

ich studier_e_ wir studier___
du studier_st_ ihr studier_t_
er/sie/es/man studier_t_ sie studier_en_ Sie studier___

→ S. 319/320

What do you have to remember when you have a verb whose stem ends in -<u>d</u> or -<u>t</u> like "arbeiten" or "finden"?

With some verbs like "nehmen", "sprechen", "fahren" etc. the stem changes in the 2nd and the 3rd person singular. Does this affect the endings?

How do you translate "I am going to Germany?"

C2: And what is all this about?

> Aufpassen
>
> Jeder muß lernen,
> sich anzupassen,
> aber gleichzeitig
> aufpassen,
> daß er nicht verpaßt
> zu sagen:
> **Das paßt mir nicht!**
>
> (aus Hans Manz: Die Welt der Wörter)

→ S. 312

D: Ein paar Aufgaben

D1: Was wissen Sie jetzt über Kevin, Siobhán, Martin und Eithne?

D2: Schreiben Sie mit Hilfe der Informationen aus dem Bewerbungsbogen einen tabellarischen Lebenslauf für Siobhán.

D3: Kevin und Martin haben Briefe geschrieben. Was wissen Sie jetzt über die Form eines formellen Briefes im Deutschen?

D4: Eithne möchte als Zimmermädchen im Hotel Ritter in Heidelberg arbeiten. Schreiben Sie ihren Bewerbungsbrief. Die Adresse des Hotels ist Hotel Ritter, Hauptstraße 178, D-69117 Heidelberg. Der Geschäftsführer ist Herr Bootsma.

D5: Über Kevin wissen Sie am wenigsten. Schauen Sie sich die Bilder von Kevin und seinem Zimmer an und stellen Sie Vermutungen über ihn an: Alter, Größe, Gewicht, Familie, Interessen, Schuhgröße, typische Eigenschaften, Lieblingsgericht usw.

D6: Kevin möchte schon den Sommer über in Deutschland arbeiten und will sich deshalb auf ein mögliches Vorstellungsgespräch vorbereiten. Andreas, ein Sokrates-Student aus Deutschland, der zur Zeit in Dublin ist, hilft ihm und spielt den Personalleiter.

a) Hören Sie das Interview einmal, ohne mitzuschreiben.
b) Beim zweiten Hören schreiben Sie die Fragen von Andreas stichpunktartig auf.
c) Beim dritten Hören machen Sie sich Notizen zu den Antworten, die Kevin gibt.
d) Welche zusätzlichen Informationen haben Sie jetzt über Kevin?

D7: Auf den Seiten 299 und 300 finden Sie Informationen über einen Studenten und eine Studentin aus Deutschland. Arbeiten Sie mit einem/einer Lernpartner/in und spielen Sie Vorstellungsgespräche. Sie arbeiten mit einer Seite, Ihr/e Lernpartner/in mit der anderen.

D8: Schreiben Sie Ihren eigenen Lebenslauf in tabellarischer Form.

D9: Wählen Sie eine Firma in Deutschland, bei der Sie gerne im nächsten Sommer arbeiten möchten und schreiben Sie Ihren Bewerbungsbrief.

Mögliche Quellen für Adressen von Firmen und Hotels in Deutschland:
Kompass-Jahrbuch der Deutschen Wirtschaft, Bd. 1-4
Internet: www.yellowww.de   www.dino-online.de   www.jobware.de

D10: Kerstin Reisinger verbringt als Sokrates-Studentin sechs Monate am UCC. Eine Dozentin für Deutsch bittet sie, in den Unterricht zu kommen und den irischen Studenten und Studentinnen ein bisschen über sich zu erzählen.

Hören Sie, was Kerstin sagt, und füllen Sie diesen Lebenslauf für sie aus:

Name:

Geburtsdatum:

Geburtsort:

Staatsangehörigkeit:

Familienstand:

Ausbildung:

Arbeitserfahrung: _____

Sprachkenntnisse: _____

Sonstige Kenntnisse: _____

Hobbys: _____

Führerschein: _____

D11: When talking about your curriculum vitae, you have to refer to dates and years. What kind of numbers do you need when you tell somebody your date of birth? How are the numbers you need for the dates formed?   → S. 344/345

Answer the following questions:

a) Den Wievielten haben wir heute?
b) In welchem Jahrhundert leben Sie?
c) Wann haben Sie Ihr Studium begonnen?
d) In welchem Stock Ihrer Hochschule ist die Bibliothek?
e) In welchem Jahrhundert sind Sie geboren?
f) Wann sind Sie zur Schule gekommen?
g) In welchem Semester sind Sie zur Zeit?
h) Der Wievielte ist heute?
i) Wann haben Sie Geburtstag?
j) Wann haben Sie Ihr Leaving Certificate gemacht?
k) Wann haben Sie sich um Ihren Studienplatz beworben?
l) Von wann bis wann waren Sie auf der „secondary school"?

D12: Ursprünglich wollte Eithne zusammen mit einer Freundin nach Stuttgart gehen. Sie hat auch einen Brief geschrieben, um Informationen zu bekommen.

a) Auf der folgenden Seite sehen Sie den Brief, den sie aus Stuttgart bekommen hat. Schreiben Sie den Brief, den Eithne abgeschickt hat.

Einrichtung des Stuttgarter Jugendhauses
tips'n'trips ·jugendinformation ·Rotebühlplatz 26/1 ·70173 Stuttgart

Eithne McNamara
22 Dalys Fort Terrace
Ballina
Co. Mayo
Republic of Ireland

Anfrage bezüglich Arbeit in Deutschland

Rotebühlplatz 26/1

[Rotebühlpassage]

70173 Stuttgart

Telefon 0711 / 2222730

Telefax 0711 / 2222733

Liebe Eithne McNamara, 1. 2. 1999

zunächst einmal vielen Dank für Deine Anfrage und herzlichen Glückwunsch zu Deinem Entschluß, nach Stuttgart zu kommen. Im folgenden habe ich die Adressen der Einrichtungen zusammengestellt, die Dir bei der Suche nach einem Job in Deutschland behilflich sein können. Auch Informationen über die Formalitäten für einen Aufenthalt in Deutschland erhältst Du dort.

- Zentralstelle für Arbeitsvermittlung (ZAV)
  der Bundesanstalt für Arbeit
  – Auslandsabteilung –
  Feuerbachstraße 42– 46
  60325 Frankfurt am Main
  Tel: 069–7111–0
  Fax: 069–7111–460

- Arbeitsamt Stuttgart
  Schüler- und Studentenjobvermittlung
  Neckarstraße 155
  70190 Stuttgart
  Tel: 0711–920–2287

Zusätzlich zu den oben angeführten Adressen habe ich noch Merkblätter der ZAV beigelegt, auf denen auch eine irische Partnerorganisation der ZAV aufgeführt ist, an die Du Dich wenden kannst, sowie ein Merkblatt der Europäischen Kommission, welches noch zusätzliche Adressen und allgemeine Informationen zum Thema Arbeit enthält.

Ich hoffe, Du erhältst bei einer der Stellen die für Dich richtigen Informationen, und wünsche Dir viel Erfolg.

Viele Grüße

Terje Lange

b) Eithne hat sich dann doch entschlossen, alleine nach Heidelberg zu fahren und dort als Zimmermädchen zu arbeiten. Wie finden Sie ihre Entscheidung?

D13: Kevin, Siobhán, Martin und Eithne gehen alle in die Gegend von Heidelberg/Mannheim. Schauen Sie sich diese Region auf den Landkarten (Seite xii) an.

    a) Wo in Deutschland liegt diese Gegend?
    b) In welchem Bundesland liegen Heidelberg und Mannheim?
    c) Welche Bundesländer grenzen an diese Region?
    d) Welche anderen Städte gibt es in dieser Gegend?
    e) Welche Flüsse und Berge gibt es dort?
    f) Wählen Sie eine Stadt oder ein Landschaftsgebiet aus und sammeln Sie im Internet, in Ihrer Bibliothek oder im Goethe-Institut Informationen darüber.

Internet-Adressen deutscher Suchmaschinen und Kataloge:

www.dino-online.de	www.yahoo.de	www.fireball.de
www.web.de	www.aladin.de	www.eule.de
www.excite.de	www.netguide.de	www.kolibri.de

Website der Deutschen Zentrale für Tourismus: www.germany-tourism.de

Bereiten Sie einen kurzen Vortrag vor and halten Sie diesen Vortrag vor Ihrer Lerngruppe.

E: Nominativ und Akkusativ – das verstehe ich nie

E1: Siobhán ist gerade beim Kofferpacken. Ihre ältere Schwester Niamh hilft ihr. Sehen Sie sich das Bild an. Welche Gegenstände können Sie erkennen? Was würden Sie sonst noch mitnehmen? Machen Sie eine Liste.

E2: Some sisterly advice

Niamh: So, are you looking forward to going?
Siobhán: Yeah. I am just going through some last minute studying to brush up my German ... Hey, you used to be really good at German. Could you help me out with this?
Niamh: What is it?
Siobhán: The four cases. I know the forms. But I never know which one to use.
Niamh: O.K., let's take the nominative case first. You need it for the subject of a sentence.
Siobhán: And how do I know what the subject is?
Niamh: You start with the verb. For example, you were packing your rucksack a few minutes ago. O.K. So our sentence is "Siobhán was packing her rucksack". The verb is "was packing". And then you ask "Who or what is doing the action?" i.e. Who was packing? Siobhán was. So "Siobhán" is the subject.
Siobhán: But there is no "der", "die" or "das".
Niamh: Then change it into "The woman was packing the rucksack."
Siobhán: I see. „Die Frau hat den Rucksack gepackt." or „Die Frau packte den Rucksack."
Niamh: Right. And you've already brought in the accusative case. It's simply one step further. First you look for the verb, then you look for the subject and now you ask: the subject is doing: what? In this case, the woman was packing: what? Answer: the rucksack. So "the rucksack" is the direct object and therefore it has to go into the accusative case. The rucksack is masculine, masculine accusative is "den".
Siobhán: And what about "The woman is going to Germany"? Where is the direct object?
Niamh: There is none. It doesn't make sense to ask: the woman is going: what? You could only ask: the woman is going: when or where to? And that's where prepositions come in, no more direct objects. By the way you also need the accusative case after some prepositions and for certain expressions of time, but I don't want to go into that right now.
Siobhán: But hold on, why do you not say „Das ist einen Rucksack"?
Niamh: Because of the verb "sein". When using "sein", "bleiben", "heißen", "scheinen" or "werden", you have two nominatives, because you are talking about one and the same thing. "Das" and "Rucksack" are the same.
Siobhán: So you also have two nominatives in "This guy seems to be the boss".
Niamh: Correct. It's „Dieser Typ scheint der Chef zu sein".
Siobhán: The only trouble now is to know the gender of all these nouns.
Niamh: Yeah, that's tough. You need to learn the gender of every noun right from the beginning. I mean, "woman" is obviously feminine and "man" is masculine. But I'll never understand why German girls don't mind being neuter. And why should "table" be masculine whereas "door" is feminine? At least there are a few very useful guidelines. Quite often the ending of a noun or its meaning tells you what the gender is. Most of the nouns ending in -e, for example, are feminine. Most chemical elements are neuter and so on. So, I hope this makes things a bit clearer.

→ S. 326/327

- If you do not quite remember the "der, die, das", check page 328 (ignore the dative and genitive forms for the time being).
- On pages 326–327 you find a summary of when to use the four cases. Tick the functions you have covered in this section.
- If you would like to know some of the useful gender guidelines, check pages 330–332.

E3: Explain the difference between:

Den Hund beißt der Mann.
Der Mann beißt den Hund.
Der Hund beißt den Mann.
Den Mann beißt der Hund.

E4: Test the gender guidelines by determining the gender of the objects which Siobhán has packed or is going to pack. Use a dictionary to check your work. When did the guidelines not help you?

E5: Was packt Siobhán ein? Sie packt eine Zahnbürste, ... ein.

F: Working with a dictionary

F1: Look at the following section of a dictionary. Do you know what the abbreviations mean?

F2: What do you do if you can't find a compound noun (a noun made up of two or more nouns) in a dictionary?

→ S. 330

F3: Once in Heidelberg, Martin came up with the following sentences. Why did people look puzzled or start to laugh? Help him.

- Mein Hauptstaatsbürger ist Chemie.
- Die Toilette ist verlobt.
- Er hat Kistenschmerzen.
- Ich brauche noch eine Gegenwart für meinen Bruder. Er hat Geburtstag.

F4: What is the difference between verbs (Verben), nouns (Substantiven) and adjectives (Adjektiven)?

→ S. 310/329/334

F5: Do you know any other types of words? Give examples.

F6: Go back to the letter of application Martin wrote and try to determine the type of words in the second paragraph.

F7: Are there ways of figuring out the meaning of a word without reaching for a dictionary?

Zusätzliche Übungen

1. Welches Verb fehlt?
   z. B. Kenneth _fährt_ nach Deutschland.

| arbeiten | brauchen | ~~fahren~~ | finden | haben | leben | wissen |
| nehmen | schicken | sein | sprechen | studieren | suchen | surfen |

a) David und Cormac _____ jeden Mittag in der Cafeteria.
b) Brendan _____ seit einem Jahr in Sligo.
c) _____ du den Brief an die Firma?
d) Helen _____ gerne im Internet.
e) Ich _____ die Postleitzahl von der Bachstraße in Ulm.
f) Rory _____ drei Fremdsprachen.

g) Ich _____ nicht gerne in der Bibliothek.
h) Ciara _____ seit letztem Jahr am Institute of Technology in Carlow.
i) Brian und John _____ einen Job für nächsten Sommer.
j) Wie _____ Sie die Homepage von Ihrem College (Ihrer Universität)?
k) Patrick _____ den Bus zur Universität.
l) _____ Sie Informationen über diese Firma?
m) Ihr _____ schon viel über Deutschland.

2. *Übersetzen Sie.*

   a) She is looking for a job as a chambermaid.
   b) He is talking to the personnel manager.
   c) They are studying for their exam in German.
   d) At the moment I am reading a book by Asimov.
   e) Are you studying at UCD or DCU?

3. *Was macht der/die typische irische Student/in am Wochenende?*

Und Sie? Was machen Sie am Wochenende? Erzählen Sie.

4. *Trennbar oder nicht? Füllen Sie die Tabelle aus.*

trennbar	nicht trennbar
zurückkommen → er kommt zurück	bekommen → er bekommt

abschicken	ankommen	~~bekommen~~	verfolgen	aufmachen
ausmachen	entkommen	gefährden	empfehlen	festhalten
einpacken	fortfahren	misstrauen	hingehen	losschreien
mitkommen	vergraben	wegsehen	befreien	ersticken
zusammenpacken	zerkleinern	~~zurückkommen~~	vorschlagen	zuschließen

5. *Bilden Sie kleine Gruppen und schreiben Sie mit Hilfe der obengenannten Verben aus Übung 4 einen kurzen Krimi. Hier ist der Anfang Ihres Krimis:*

   Eine neblige Nacht im November. Eine Frau, ganz in Schwarz gekleidet, macht leise eine Tür auf ...

6. *Welche Substantive kommen von den folgenden Verben?*

   z. B. arbeiten → *die Arbeit, der Arbeiter, die Arbeiterin*

sich bewerben	studieren	kennen	verbessern
erfahren	wissen	sprechen	antworten
fragen	unterschreiben	prüfen	sich anmelden

7. *Ergänzen Sie.*

   z. B. Eithne möchte in einem Hotel *arbeiten*.

   a) Alle vier wollen nach Deutschland _____.
   b) Siobhán möchte eine neue Kultur _____.
   c) Martin möchte viel Geld _____.
   d) Kevin möchte in Deutschland _____.
   e) Siobhán möchte Kontakte mit zukünftigen Arbeitgebern _____.
   f) Eithne möchte neue Leute _____.
   g) Kevin möchte neue Fachkenntnisse _____.
   h) Siobhán möchte bei der späteren Stellensuche bessere Chancen _____.
   i) Martin möchte selbstständiger _____.
   j) Siobhán möchte ihre Sprachkenntnisse _____.

8. *Ergänzen Sie die fehlenden Zahlen.*

   z. B. St. Patrick's Day ist am *siebzehnten März*.

   a) Die Amerikaner feiern ihren Nationalfeiertag am _____.
   b) Adam und Eva waren laut Bibel die _____ Menschen.
   c) ZDF ist das Akronym für _____ Deutsches Fernsehen.
   d) Das „_____ Reich" dauerte von 1933 bis _____.
   e) Freitag, der _____ gilt als Unglückstag.
   f) Silvester ist am _____.
   g) Karneval in Deutschland beginnt offiziell am _____ um 11.11 Uhr.

9. *Sind Sie Holländer/in? Nein, ich bin Deutsche/r. – Ergänzen Sie:*

Land	Sprachen	Person (weiblich)	Person (männlich)	Leute
Deutschland	Deutsch	die Deutsche, eine Deutsche	der Deutsche, ein Deutscher	die Deutschen, Deutsche
Frankreich	Französisch	die/eine Französin	der/ein Franzose	(die) Franzosen
	Finnisch, Schwedisch			
	Schwedisch			
	Englisch, Gälisch (Irisch)			
	Dänisch			
	(Neu)Griechisch			
	Portugiesisch			
	Türkisch, Kurdisch			
	Tschechisch, Slowakisch			
	Polnisch			
	Englisch, Walisisch, Gälisch			
	Italienisch, Deutsch			
	Norwegisch			
	Niederländisch, Friesisch			
	Deutsch, alemannische Dialekte			
	Französisch, Italienisch, Rätoromanisch, Deutsch			
	Niederländisch, Französisch, Deutsch			
	Lëtzebuergesch Französisch, Deutsch			
	Spanisch, Katalanisch, Galicisch, Baskisch			
	Deutsch			

Belgien	Irin	Grieche	Österreicher	Luxemburger	Däne
Finne	Dänemark	Spanier	Belgier	Türkin	Schwede
Schweizer	Tschechen	Großbritannien	Finnland	Polin	Portugiesin
Holländer	Spanien	Ire	Finnin	Griechenland	Portugiesen
Niederländer	Holland	Schwedin	Irland	Norweger	Italien
Griechen	Italiener	Liechtenstein	Türken	Briten	Iren
Tschechin	Polen	Niederlande (Pl)	Norwegen	Italiener	Österreich
Polen	Finnen	Dänin	Pole	Portugal	Schweden
Tscheche	Schweiz (f)	Türkei (f)	Schweizerin	Norweger	Dänen ⟶

Spanierin	Liechtensteiner	Niederländerin	Griechin	Portugiese		Schweden
Norwegerin	Türke	Britin	Holländerin	Liechtensteinerin		Spanier
Italienerin	Schweizer	Belgierin	Österreicher	Luxemburgerin		Brite
Österreicherin	Luxemburg	Holländer	Niederländer	Liechtensteiner		Belgier
Luxemburger	Tschechische Republik (f)					

→ S. 329/330/337

10. Tragen Sie die Namen der Länder in diese Landkarte ein. Welche Länder sind Mitglied der EU?

11. In welchen Ländern können Siobhán, Martin, Kevin und Eithne ihr Deutsch gebrauchen? Zeichnen Sie die Länder und Regionen ein. In welchen anderen Ländern gibt es Ihrer Meinung nach deutsche Sprachinseln?

12. Welche stereotypen Vorstellungen existieren über die Menschen, die in den EU-Ländern wohnen?

z. B. Die Iren sind sehr ...

13. *Woher kommen diese Leute, wie werden sie bezeichnet, was ist ihre Muttersprache?*

    z. B. Eric Cantona kommt aus Frankreich, er ist Franzose, seine Muttersprache ist Französisch.

a) Ruud Gullit	b) Martina Hingis	c) Agnetha, Benny, Björn, Anni-Frid
d) Luciano Pavarotti	e) Patricia McKenna	f) Antonio Banderas
g) Mo Mowlam	h) Arnold Schwarzenegger	i) Claudia Schiffer
j) Václav Hável	k) König Albert II.	l) Mika Häkkinen
m) Juliette Binoche	n) Ken Doherty	o) Karol Wojtyla
p) Peter Schmeichel	q) Karl Lagerfeld	r) Ole Gunnar Solskjaer

14. *Was brauchen Sie für die folgenden Aktivitäten? Sammeln Sie „Objekte".*

    z. B. Sie möchten fotografieren. Was brauchen Sie? – Ich brauche eine Kamera und einen Film.

    a) Sie möchten Musik hören.
    b) Sie möchten im Internet surfen.
    c) Sie möchten sich die Fingernägel schneiden.
    d) Sie möchten eine Fremdsprache lernen.
    e) Sie möchten in Deutschland arbeiten.
    f) Sie möchten sich die Haare trocknen.
    g) Sie möchten eine Bewerbung abschicken.
    h) Sie möchten nach Deutschland fliegen.
    i) Sie möchten etwas lesen.
    j) Sie möchten in Deutschland studieren.
    k) Sie möchten sich die Zähne putzen.
    l) Sie möchten Auto fahren.
    m) Sie möchten telefonieren.
    n) Sie möchten sich die Haare kämmen.

15. *Subjekt (Nominativ) oder direktes Objekt (Akkusativ)? Ergänzen Sie.*

    z. B. Wo hast du den Rucksack gekauft?

    a) „Hast du d_____ Bewerbung abgeschickt?" – „Nein, ich muss noch d_____ Bewerbungsbogen ausfüllen."
    b) Wie findest du dies_____ Foto von mir?
    c) D_____ Computer kann ich nicht kaufen. Er ist zu teuer.
    d) Haben Sie d_____ Personalabteilung schon angerufen?
    e) Ich brauche ein____ gutes Wörterbuch und ein____ Grammatik. Welch____ Wörterbuch ist gut?
    f) D_____ Professor schreibt ein_____ neues Buch. D_____ Buch muss ich haben. Was kostet d_____ Buch?
    g) „Ist d_____ Laborbericht schon fertig?" – „Nein, ich hatte kein_____ Zeit. Ich gebe d_____ Laborbericht morgen ab."
    h) Das war d_____ letzte Test in dieser Woche.
    i) Ich muss noch d_____ Personalleiter anrufen. Hast du ein_____ Telefonkarte? Ich habe kein_____ Kleingeld.
    j) Andrew und sein_____ Freund möchten zusammen nach Deutschland gehen.
    k) Welch_____ Koffer möchtest du mitnehmen?
    l) D_____ Student hat kein_____ Wohnung. D_____ Wohnungen sind so teuer.

16. Bestimmen Sie das Genus der folgenden Substantive.

z. B. Landkart*e* ➤ (f) feminine   ➔ S. 330–332

Bewerbung	Information	Computer	Antwortschreiben
Herbst	Personalleiter	Kapitalismus	Nebel
Dienstag	Zimmermädchen	Professorin	Kommilitone
Fachhochschule	Schwester	Kino	Kupfer
Einzelheit	Qualität	Arbeitserfahrung	Religion
Elektrotechnik	Eleganz	Aufmerksamkeit	Transistor
Betriebswirtschaft	Norden	Schnee	Brötchen
Chemie	Shannon	Gymnasium	September
Mount Everest	Literatur	Personalabteilung	Sechstel
Staatsangehörigkeit	Trabant	Honig	Einkommen

17. Ordnen Sie die Wörter in die verschiedenen Kategorien ein.

Bewerbung	Kleidung	Toilettenartikel	Studium
....	Hose (f)	....	....
....	....	....	....

	Lichtbild	Zahnbürste	~~Hose~~	Fächer	Bluse
Kamm		Lebenslauf	Jacke Stelle	Semester	Briefmarke
	Bürste	Strümpfe	Prüfung	Anlagen	Rasierschaum
Umschlag		Schal Note	Mantel	Lippenstift	Unterhemd
	Nagelschere	Brief	Personalabteilung	Krawatte	Laborbericht

18. Finden Sie in der folgenden Liste Wortpaare, die eine ähnliche Bedeutung haben.

z. B. Lichtbild (n) – Foto (n)

auch	Abitur	Basiskenntnisse	bekommen	bereits		ebenfalls	wohnen
	einfach		erhalten	Ferien	Vorstellungsgespräch		
	Grundkenntnisse		Fahrt		Hochschulzugangsberechtigung		
	Hochschule	Interview	Job	Urlaub	leben	leicht	~~Lichtbild~~
	hart Stelle	Nationalität		~~Foto~~	Universität		Reise
		schon	schwer	Staatsangehörigkeit			

Kapitel 2:
An- und Unterkunft

A: Anreise

A1: Siobháns Abreisetag ist gekommen. Welche Verkehrsmittel kann sie benutzen, um von Waterford nach Schwetzingen zu kommen?

A2: Siobhán ist nach Frankfurt geflogen. Jetzt steht sie mit ihrem Gepäck in Terminal 2. Schauen Sie sich die Bilder vom Frankfurter Flughafen an. Wie wirkt der Flughafen auf Sie? Was können Sie erkennen?

A3: Siobhán möchte mit dem Zug nach Schwetzingen weiterfahren. Sie geht zum Informationsschalter und bittet den Herrn hinter dem Schalter um Hilfe. Hören Sie den Dialog und notieren Sie in Stichpunkten, was Siobhán tun soll.

A4: Siobhán ist jetzt im Tiefgeschoss unter Terminal 1 und steht vor einem Ticketautomaten. Schwetzingen steht auf keiner Taste. An der Wand hängt ein Abfahrtsplan „ab Frankfurter Flughafen". Wieder nichts über Schwetzingen: einen direkten Zug gibt es offensichtlich nicht. Deshalb geht sie ins Reisezentrum. Nach 5 Minuten Wartezeit in der Schlange ist sie an der Reihe. Eine Dame bedient sie.

Schauen Sie sich die Übersicht über verschiedene Zugtypen in Deutschland an,

---

Züge der Deutschen Bahn AG

ICE InterCityExpress; moderner Fernreisezug der Deutschen Bahn, erreicht Geschwindigkeiten bis zu 280 km/h, fährt in der Regel im 1-Stunden-Takt in die großen Zentren in Deutschland und einige Städte in der Schweiz und in Österreich; Festpreis pro Strecke

IC InterCity; moderner Reisezug, fährt im 1- oder 2-Stunden-Takt zwischen allen größeren Städten Deutschlands; zuschlagspflichtig

EC EuroCity; moderner Fernreisezug, verbindet deutsche Großstädte mit den europäischen Nachbarländern; zuschlagspflichtig

IR InterRegio; fährt – meist im 2-Stunden-Takt – direkt in größere und mittlere Städte Deutschlands, ins benachbarte Ausland sowie in interessante Urlaubsregionen

Nahverkehrszüge

RE RegionalExpress; bietet ganztägig günstige Verbindungen für den Geschäfts- und den Gelegenheitsverkehr und bindet die Region an das Fernverkehrsnetz

RB RegionalBahn; ist das Grundangebot des DB-Nahverkehrs und bedient alle Stationen

SE StadtExpress; schafft schnelle Direktverbindungen in die Zentren

---

bevor Sie den Dialog hören.

Hören Sie jetzt bitte den Dialog. Sind die folgenden Aussagen richtig oder falsch?

	richtig	falsch
Siobhán kann direkt vom Frankfurter Flughafen nach Schwetzingen fahren.	☐	☐
Siobhán kann direkt mit einer S-Bahn nach Schwetzingen fahren.	☐	☐
Siobhán muss dreimal umsteigen.	☐	☐
Siobhán möchte möglichst schnell nach Schwetzingen kommen.	☐	☐
Die S-Bahn zum Frankfurter Hauptbahnhof kostet nichts, wenn man anschließend mit einem anderen Zug weiterfährt.	☐	☐

A5: Hören Sie das Gespräch noch einmal. Diesmal streikt leider der Drucker. Schreiben Sie die Reiseverbindungen für Siobhán auf.

A6: Carmel, eine Freundin von Siobhán, möchte sie in Schwetzingen besuchen und wird auch nach Frankfurt fliegen. Siobhán möchte ihr ein paar Tipps für die Anreise geben, deswegen schickt sie Carmel eine E-Mail. Schreiben Sie die E-Mail anstelle von Siobhán.

A7: Auf den Seiten 301 und 302 finden Sie zwei Ausschnitte aus einem Fahrplan mit Verbindungen zwischen Mannheim und Frankfurt Flughafen. Arbeiten Sie in Zweiergruppen. Sie arbeiten mit einer Seite, Ihr/e Lernpartner/in mit der anderen.

A8: Kleine Zwischenfälle

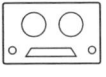

Hören Sie die folgenden kurzen Texte und entscheiden Sie, wo sich die Hörszenen abspielen. Versuchen Sie, beim zweiten und dritten Hören herauszufinden, welche Probleme Eithne bzw. Martin auf ihrer Reise nach Heidelberg haben.

	Ort	Problem
Hörszene 1		
Hörszene 2		
Hörszene 3		
Hörszene 4		
Hörszene 5		

B: Questions and inquiries

B1: When you arrive somewhere new, you often have a lot of questions. How are questions formed in German? Look at the following examples:

    Ich brauche einen Zuschlag.
    Brauche ich einen Zuschlag?
    Warum brauche ich einen Zuschlag? → S. 348

B2: Listen to the dialogues in A3, A4 and A8 again and list the interrogative words which were used. Which other interrogative words do you know? → S. 345/346

B3: Find the appropriate interrogative words:

    a) Von _____ Gleis fährt der Zug nach Mannheim ab?
    b) _____ hat meinen Koffer gesehen?
    c) _____ fährt der Flughafenbus ab?
    d) _____ Tasche ist das?
    e) Entschuldigen Sie bitte, _____ kann ich hier eine Fahrkarte für die S-Bahn kaufen?
    f) _____ kostet eine einfache Fahrkarte?
    g) _____ fahren Sie?
    h) _____ Nummer hat der Bus?
    i) _____ kann ich diesen Zug nicht nehmen?
    j) _____ ist der Unterschied zwischen einem IC und einem ICE?
    k) _____ soll ich fragen?
    l) _____ muss ich umsteigen?
    m) _____ kommt denn dieser Zug?
    n) _____ funktioniert dieser Fahrkartenautomat?
    o) Um _____ Uhr kommt der Zug an?

B4: Generally speaking, it is more polite to ask an indirect question. What is the difference between a direct and an indirect question? Look at the following examples:

    Wo kann ich eine Fahrkarte kaufen? → S. 348
    Können Sie mir sagen, wo ich eine Fahrkarte kaufen kann?

    Wann kommt der Zug an?
    Wissen Sie, wann der Zug ankommt?

> **Useful introductions to an indirect question:**
>   Wissen Sie, . . .
>   Können Sie mir sagen, . . .

B5: Write down, in German, what you would ask in the following situations. Use indirect questions.

e.g. Ask the official behind the counter how much a one-way ticket to Heidelberg costs. → Können Sie mir bitte sagen, was eine einfache Fahrt nach Heidelberg kostet?

a) Ask somebody where you can find the luggage lockers.
b) Find out at what time the train for Schwetzingen leaves.
c) Inquire what kind of supplement you need.
d) Ask at the information desk from which platform the train to Heidelberg leaves.
e) Find out how long the train journey to Mannheim takes.
f) You are at a bus stop and don't know where a particular bus is going to. Ask the driver.
g) You are the last person waiting at the baggage reclaim area, your suitcase has not arrived. Ask somebody for the Aer Lingus desk since you want to report the loss.
h) Inquire where you can buy a ticket for the airport bus.
i) Find out at what time you will arrive in Heidelberg.
j) Ask for how long you will have to wait for the next "S-Bahn".
k) Inquire how you can get to terminal 1.

C: Eine Unterkunft für die ersten paar Tage

C1: Welche Arten von Unterkunft kennen Sie?

C2: Lesen Sie den Anfang des folgenden Zeitungstextes mit dem Titel „Deutsche Erfindung im Wandel der Zeit". Um welche Erfindung geht es, und wie hat sich diese Erfindung Ihrer Meinung nach gewandelt?

> Am 26. August 1909 wanderte ein Lehrer names Richard Schirrmann mit seiner Klasse durchs Bergische Land, geriet in ein Unwetter und mußte in dem Örtchen Bröl in einem Schulgebäude Schutz suchen. Auf Strohmatratzen gebettet, durchwachten die Wanderer vermutlich die ganze Nacht. In Zukunft, beschloß Schirrmann, sollten es die Schüler besser haben: Er richtete in seinem Heimatort Altena im Sauerland auf einer Burg im Jahre 1912 die erste Jugendherberge der Welt ein. Die Ausstattung der beiden Schlafsäle war bescheiden, der Komfort mäßig, Frühstück gab es keines, auch keine Einzelzimmer, dafür aber fließendes Wasser.
> **(Süddeutsche Zeitung, 30.3.1999, gekürzt und bearbeitet)**

C3: *Die Jugendherberge in Heidelberg hat Martin eine Broschüre geschickt. Ordnen Sie folgende Überschriften den einzelnen Textabschnitten zu:*

Ausflugsziele	Ausstattung	Eignung der Jugendherberge
Freizeitmöglichkeiten	Lage der Jugendherberge	Ortsbeschreibung
Preise	Verkehrsanbindung	Verpflegung
Voraussetzung/Anmerkungen		Wanderziele

_____

Heidelberg, die bekannte Universitätsstadt, liegt am Neckar zwischen Odenwald und Rhein. Die sehenswerte Stadt hat Theater, Museen und eine Vielzahl historischer Bauten. Berühmt ist vor allem die aus dem 12. Jahrhundert stammende Schloßanlage. Die Stadt verfügt über ein sehr gut ausgebautes Radwegenetz.

_____

Heidelberg ist Bahnstation an den Strecken Karlsruhe-Heidelberg-Frankfurt und Mannheim-Stuttgart-München. Mit Kfz ist die Stadt über die Autobahnen A5 und A656 zu erreichen.

_____

Die Jugendherberge liegt im Nordwesten der Stadt, im Neuenheimer Feld, umgeben von Freizeiteinrichtungen wie Zoo, Sportanlagen und Schwimmbad. Mit dem Bus (Linie 33) vom Bahnhof 10 Minuten.

_____

440 Betten, überwiegend 4- und 6-Bett-Zimmer. Es stehen 24 Betreuerzimmer zur Verfügung. 47 Räume haben Fließwasser. Es gibt 8 Wasch- und 11 Duschräume. Teilweise sind je 2 Räumen Dusche und WC direkt zugeordnet. Im Aufenthaltsbereich stehen ein Speisesaal, eine Cafeteria, eine Disko, ein Fernsehraum, ein Spielzimmer und zwei Betreuerzimmer zur Verfügung.

_____

Familien, Feriengruppen, Gruppen mit sportlichen Aktivitäten, Schullandheimaufenthalte, Seminare, Tagungen, Wanderer.

_____

Im Haus: Diaprojektor, Leinwand, Fernsehgerät, Videorekorder, Unterhaltungsspiele
Am Haus: Ballspielplatz, Bocciabahn, Grillplatz, Liegewiese, Tischtennis, Volleyball
In der Nähe des Hauses: Botanischer Garten (5 Min.); Zoo (5 Min.); Freibad (5 Min.); Reitanlage (5 Min.); Minigolf (5 Min.); Sportplatz (5 Min.); Museen (15 Min.); Waldlaufstrecke (15 Min.)

_____

Es bestehen mehrere Wandermöglichkeiten, u.a. zum Philosophenweg (3 Std.); Königsstuhl (3 Std.); Heiligenberg (3 Std.).

In Heidelberg und Umgebung finden Sie eine große Anzahl an Museen und historischen Bauten, die zum Teil kostenlos zu besichtigen sind. Gern organisieren wir auf Wunsch auch folgende Ausflüge für Sie:

- Stadtführungen Heidelberg
- Schiffahrten auf dem Neckar
- Bustagesfahrten, z. B. zur Burg Guttenberg, nach Bad Friedrichshall (Salzbergwerk), nach Speyer (Kaiserdom und Technikmuseum), nach Sinsheim (Technikmuseum), nach Straßburg, zum Holidaypark Haßloch und zum Europapark Rust.

Wir bieten eine gute Küche mit ausgewogener Kost. Selbstverständlich stellen wir Ihnen bei Tagesausflügen ein Lunchpaket zur Verfügung und bekommen Sie zum Abendessen eine warme Mahlzeit. Aus Gründen des Umweltschutzes bitten wir, für das Lunchpaket eine geeignete Vesperbox mitzubringen. Zum Preis von DM 2,— bekommen Sie in unserer Jugendherberge eine Getränkeflasche.

Ein Aufenthalt bei uns kostet pro Übernachtung und Person (Juniorpreise)
Übernachtung inkl. Frühstück   22,— DM
Halbpension   31,70 DM
Vollpension   37,70 DM
Bettwäsche ist in den genannten Preisen nicht enthalten. Sie kann mitgebracht oder für einmalig 5,50 DM in der Jugendherberge entliehen werden.

Die Mitgliedschaft im Deutschen Jugendherbergswerk oder einem ausländischen Jugendherbergsverband ist Voraussetzung für die Aufnahme in Jugendherbergen. Die Mitgliedskarte ist bei Ankunft vorzulegen.

C4: *Was kann man alles machen, wenn man in dieser Jugendherberge übernachtet?*

     – in der Jugendherberge selbst;
     – in unmittelbarer Nähe der Jugendherberge;
     – in der weiteren Umgebung der Jugendherberge.

C5: *Welche Informationen sind für Martin am wichtigsten?*

C6: *Haben Sie schon einmal in einer Jugendherberge oder einem „hostel" übernachtet? Welche Erfahrungen haben Sie gemacht?*

C7: *Martin hat gehört, dass es in der Hauptreisezeit besser ist, sich schriftlich anzumelden. Deswegen schreibt er einen Brief an die Jugendherberge. Er plant,* am 3. 6. anzukommen und für circa eine Woche zu bleiben, bis er eine Wohnung gefunden hat. Allerdings hat er von einem Freund gehört, dass man nicht länger als drei Tage in einer Jugendherberge bleiben kann, und er würde auch gerne erfahren, ob es stimmt, dass ab 22.00 Uhr Nachtruhe ist. Außerdem möchte er wissen, bis wann er abends da sein muss. Schreiben Sie den Brief anstelle von Martin. Die Adresse der Jugendherberge lautet: Jugendherberge Heidelberg, Tiergartenstraße 5, 69120 Heidelberg.

C8: Gibt es in Ihrer Nähe eine Jugendherberge oder ein „hostel"? Besorgen Sie sich Informationen darüber und entwerfen Sie eine kurze Broschüre für potentielle Gäste aus dem deutschsprachigen Ausland.

D: Auf Wohnungssuche

D1: Stellen Sie sich vor, Sie sind den Sommer über in Heidelberg. Wie würde Ihre ideale Unterkunft aussehen?

D2: Martin hat erst einmal ein Bett in der Jugendherberge, aber jetzt sucht er eine Wohnung für die nächsten 3 1/2 Monate. Welche Möglichkeiten hat er?

D3: Martin ist zur Universität gegangen und studiert dort das Schwarze Brett. Schauen Sie sich die Anschläge auf der nächsten Seite an und überlegen Sie, wo Martin anrufen wird. Begründen Sie Ihre Entscheidung.

Zu vermieten

zum 1. 7. oder früher
Da ich aus HD wegziehe, biete ich in einer 4er WG in Heidelberg-Neuenheim, Blumenthalstraße ein 23 qm großes Zimmer, DM 330

| Niels 0762 34323 | Niels 0762 34323 | Niels 0762 34323 |
| Niels 0762 34323 | Niels 0762 34323 | Niels 0762 34323 |

Wir sind auf der Suche!!!

nach einer Mitbewohnerin für unsere 3er WG

das Zimmer:	22 m², möbliert, großes Fenster nach Süden
die Wohnung:	Toplage (Altstadt), 5 Min. zur Uni große Küche, großes Bad, Waschmaschine, ISDN
das Haus:	Altbau, saniert
die Leute:	eine BWLerin (26), eine Anglistin (24)
Miete:	330 DM (kalt), NK circa 80 DM
ab:	1. 6. oder später
Tel.:	06221 666919

SUCHE

Nachmieter(in) für 1-Zi. Apartment, ca. 23 qm in HD-Weststadt, ruhige Lage, Garten, Südosten, Bad & Kochnische, Anschluss für Tel, Sat.-TV, Fahrradkeller, ab Mitte Juni (eventuell früher), 480,– + Gas und Strom

Tel.: 06221 398473 oder
thea@rums.uni-heidelberg.de

WIR WOLLEN DICH

Warum?	Wir suchen zwei Nachmieter(innen) für unsere 4er WG
Wann?	ab 1. 7.
Wo?	Hd-Handschuhsheim, 10 Min. in die Stadt (Fahrrad) 1 Min. zur nächsten Kneipe (zu Fuß)
Wie viel?	DM 390,– warm für ein Zimmer mit ca. 15 qm + Kaution + Anteil an Einbauküche
Wen	kontaktierst Du daher bitte noch heute?

uns: 06221 998998
Wir sprechen uns noch . . . .

Zwei Studentinnen und ein Student freuen sich auf ihren neuen Mitbewohner

Allgemeines: 4er WG direkt an der Czerneybrücke (5 Min. zur Innenstadt) Mit Fahrrad und Straßenbahn/Bus 15 Min. zur Uni

Wohnung: 115 qm, 2 Balkone, 4. Stock, Panoramafenster, Kabelanschluss, Waschmaschine

Dein Zimmer: 15 qm, ab 1. 6. oder später; komplett mit Nebenkosten, inkl. Strom, Wasser, Kabel etc. 330 DM

Melde dich bei uns!
Tel.: 06221 838883

Wer sucht 1-Zimmer-App.????

48 qm, mit Kochküche und Bad (Badewanne), möbliert, ruhiges Wohnviertel, komplett saniert, Miete DM 550 warm, alles incl. außer Telefon!

sofort frei, keine Kaution

wo: HD-Ziegelhausen, Bus hält vor der Tür, 3–4 Haltestellen bis Heidelberg-Zentrum

bitte melden bei Pfeiffer, Tel.: 06221/987654

Mitbewohner für 2er WG gesucht!

Inventar:	ein nicht ganz normaler VWL-Student und das Übliche
Räumlichkeiten:	64 m², 3 Zi-Kü-Bad Zimmer 18 m² zum Hof
Ort:	Heidelberg – Rohrbach mit opt. Anbindung an alle Richtungen
Bedingungen:	gemeinsame Nutzung von Küche, Bad, 3. Zimmer, Waschmaschine und Trockner im Haus
Miete:	DM 380 + NK 115 inkl. Strom + Zeitung + Kabelfernsehen fast alles erlaubt
Zeitraum:	ab sofort
Tel.:	06221 293833

Suche Zwischenmieter für Zeit vom
1. 4. – 31. 7.
(Vorlesungszeit: Sommersemester)
315,– warm zzgl. ca. 20,-
Nebenkosten/Monat
Heidelberg – Neuenheim, Straba
direkt vor der Tür – ca. 15 Min. zur Uni
bitte melden bei Antje 06221/414198

| Antje 06221/ 414198 | Antje 06221/ 414198 | Antje 06221/ 414198 | Antje 06221/ 414198 |
| Antje 06221/ 414198 | | | |

Nachmieter gesucht

was?	schöne 1,5 Zi-Wohnung
wie groß?	37 m²
wo?	HD-Weststadt (Alphornstraße)
wie viel?	Kaltmiete: 430 (inkl. NK)
wann?	15.6
Verbindung?	Fahrrad 10 Min. Uni, Straßenbahnanschluss
Kontakt:	Tel.: 06221/111122

D4: Stellen Sie sich vor, Sie suchen eine/n Zwischenmieter/in für Ihr Zimmer/ Apartment. Da Sie deutschsprachigen Sokrates-Student(inn)en in Irland bei Ihrer Wohnungssuche helfen wollen, schreiben Sie den Anschlag auf Deutsch.

D5: Im Internet gibt es eine Studentenwohnungsbörse (www.snet.de/Wohnungsboerse). Stellen Sie sich vor, Sie müssen im Laufe des nächsten Monats nach Deutschland fahren. Suchen Sie sich eine Unterkunft und begründen Sie, warum Sie gerade diese gewählt haben.

D6: Kevins Tante, Mairéad Ziegler, und ihr Mann Jürgen wohnen mit ihren zwei Töchtern Lara (3 Jahre alt) und Katrin (6 Jahre alt) in Edingen, einem kleinen Ort zwischen Heidelberg und Mannheim. Kevin will seiner Tante einen Brief schreiben, in dem er ihr seine Situation erklärt und fragen möchte, ob er den Sommer über bei ihr bleiben kann, bevor er ins Studentenwohnheim in Mannheim zieht. Damit auch Jürgen, der nicht besonders gut Englisch spricht, den Brief lesen kann, schreibt Kevin den Brief auf Deutsch. Schreiben Sie den Brief an seiner Stelle.

D7: Familie Ziegler wohnt erst seit einem Vierteljahr in Edingen. Das war die Anzeige für die Wohnung, die sie jetzt haben.

4 ZKB

95 m^2, gute Wohnlage, Balkon, Keller, Fahrstuhl, Baujahr 82, 4. OG, zu vermieten, DM 1150,— + NK

Tel.: 06202 29383

Was wissen Sie jetzt über die Wohnung von Familie Ziegler?

D8: Warum möchte Kevin Ihrer Meinung nach ab Herbst ins Studentenwohnheim nach Mannheim ziehen?

D9: Ein Zimmer im Studentenwohnheim

  a) Kevin hat vom Studentenwerk Mannheim eine Broschüre mit Informationen über die verschiedenen Wohnheime in Mannheim erhalten. Schauen Sie sich die Informationen auf der folgenden Seite an.
   i) Welches Wohnheim würden Sie Kevin empfehlen? Begründen Sie Ihre Empfehlung.
   ii) Welches Wohnheim gefällt Ihnen am wenigsten? Warum?

Jugendstil läßt grüßen !

Haben Sie schon einmal davon geträumt, in einer alten Villa zu wohnten? Das Wohnheim Otto-Beck-Straße gibt Ihnen die Gelegenheit dazu. Im Stadtteil Oststadt gelegen, befindet sich das Haus in einer der schönsten Wohngegenden Mannheims. Von hier aus sind die BA, die Uni und die Musikhochschule bequem zu erreichen.

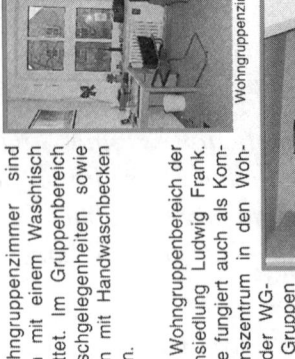

Otto-Beck-Straße

Die Appartements und Zimmer sind komplett ausgestattet mit Kleider-/Wäscheschrank, Bücherschrank oder -regal, Bettliege, Schreibtisch, Drehstuhl und Besucherstuhl.

Appartement

Die Wohngruppenzimmer sind zusätzlich mit einem Waschtisch ausgestattet. Im Gruppenbereich sind Duschgelegenheiten sowie WC-Zellen mit Handwaschbecken vorhanden.

Wohngruppenzimmer

Küche im Wohngruppenbereich der Studentensiedlung Ludwig Frank. Die Küche fungiert auch als Kommunikationszentrum in den Wohnungs- oder WG-ähnlichen Gruppen für 3-6 Bewohner. Die Miete enthält i. ü. alle Nebenkosten incl. - je nach Haus - Kabel-TV, Sat-TV oder Gemeinschaftsantennen-Anschluß.

Gemeinschaftsküche

Kaufen, kaufen, kaufen !

In keinem anderen Wohnhaus ist der Weg zu Fast Food, Elektrogeräten und allerlei anderen Dingen kürzer als hier. Außerdem ist der Fußweg zur Musikhochschule auf max. 1 Minute beschränkt. 1997 Umbau zum Appartement-Haus.

Neckarauer Straße

Mens sana in corpore sano !

Billiges, gutes Essen, und wohnen und nebenher auch noch studieren können. Was will man mehr? Die Mensa ist einen Katzensprung entfernt, ergo auch die Uni. Die Wohnraumverwaltung und die Hauptverwaltung des Studentenwerks sind zum Greifen nahe.

B 7

B 7 oder G 7

In Bau und Stil ganz dem Wohnhaus B 7 nachempfunden. Für kulturelle Abwechslung ist hier bestens gesorgt: TiG7 heißt das Theater um die Ecke. Zu Fuß erreichen Sie die Uni in 5 Minuten.

G 7

Nah, näher, am nächsten !

Das ist N 6, 8. Direkt an der Fußgängerzone gelegen, erwarten den, der hier wohnt, keinerlei Probleme hinsichtlich Einkaufsmöglichkeiten. Außerdem ist der Fußweg zur Musikhochschule auf max. 1 Minute beschränkt. 1997 Umbau zum Appartement-Haus.

N 6

Das ist aber groß !

Mit 396 Plätzen ist die Wohnanlage „Am Verbindungskanal" die zweitgrößte des Studentenwerks. Sie liegt, schon fast schloßartig, am wenig frequentierten Hafenbecken, von wo aus alle Hochschulen problemlos zu erreichen sind. Bushaltestelle direkt am Haus.

Hafenstraße

Let´s have a party !

Die Studentensiedlung Ludwig Frank ist kultureller Mittelpunkt von Mannheims Wohnanlagen: Ein Bistro, das für die in dieser Gegend lebenden Studierenden Speisen und Getränke bereithält, finden Sie im Mittelbau der Wohnsiedlung. Für Parties, Filmvorführungen, Grillabende und Musikveranstaltungen, die von den Studierenden mitorganisiert werden, steht ausreichend Platz zur Verfügung.

Studentensiedlung Ludwig Frank

36 DEUTSCHLAND ERLEBEN

b) *Auf den Seiten 301 und 302 finden Sie zwei Tabellen zu den verschiedenen Wohnanlagen. Arbeiten Sie in Zweiergruppen. Sie arbeiten mit einer Seite, Ihr/e Lernpartner/in mit der anderen. Fragen Sie Ihre/n Lernpartner/in nach den Informationen, die Sie nicht haben.*

c) *Schreiben Sie in Kleingruppenarbeit einen Text, der das ideale Wohnheim am Ort Ihrer Hochschule beschreibt (Lage, Ausstattung, Einrichtungen in der Nähe).*

d) *Welche Unterkunftsmöglichkeiten haben deutschsprachige Studenten und Studentinnen, die an den Ort Ihrer Hochschule kommen?*

D10: *Fünf Student(inn)en berichten über ihre Wohnungssuche und Wohnsituation. Hören Sie sich mehrmals an, was die Student(inn)en zu sagen haben. Welche Person beneiden Sie am meisten, welche am wenigsten? Begründen Sie Ihre Meinung.*

D11: *Ein Hörspiel*

Lesen Sie folgenden Auszug aus dem Tagebuch von Jörg. Hören Sie anschließend, wie es ihm und Andrea bei der Wohnungssuche ergangen ist und schreiben Sie auf, was Jörg wohl seinem Tagebuch in den vorangegangenen Tagen und Wochen anvertraut hat.

Mein liebes Tagebuch. Ich habe es kaum für möglich gehalten. Wir haben eine Wohnung, nicht ganz unsere Vorstellung, aber immerhin. Souterrain, ehemaliger Bunker, leider keine Fenster; zum Glück sind die Nebenkosten nicht so hoch, da Steckdose und Licht fehlen. Ein bisschen störend finden wir nur das Training der Wehrsportgruppe, das dreimal in der Woche in unserem Bunker stattfindet.

E: Prepositions galore!

E1: *A bit of theory*

a) *Look at the following sentences. Which words are prepositions? What do you need to know about them?* → S. 339–342

Der Rucksack ist schon sehr alt.
Mit dem Rucksack kommst du nicht weit.
Anstatt des Rucksacks würde ich die Reisetasche nehmen.
Aber ohne den Rucksack fahre ich nicht.

b) *Check the small texts about the various student accommodations in D9a) for prepositions. How many have you found?*

c) *Do you remember any others?*

d) *How can you classify them?* → S. 340–342

e) *One group of prepositions is slightly more complex since the prepositions can be followed by two cases. Look at these examples and try to figure out the pattern.*

Martin geht in die Jugendherberge. ↔ Er übernachtet in der Jugendherberge.

Die Bewerbung liegt auf dem Tisch. ↔ Legen Sie die Tasche bitte auf das Band!

Willst du vielleicht unter einer Brücke schlafen? ↔ Stellen Sie Ihr Handgepäck unter den Sitz!

Den Stadtplan bekommen Sie am Informationsschalter. ↔ Hast du die Bewerbung an die Firma geschickt?

What is the rule? Find more examples.

So what is the difference between the following two sentences?

Die Lachse schwimmen im Meer. ↔ Die Lachse schwimmen ins Meer.

f) *The use of some German prepositions is completely different from their use in English and there seems to be no logic to this. If this is causing you difficulties, you could follow Eithne's example. She has started a list called "Things I simply never seem to remember" (see page 309). Supplement the list with the things you have trouble remembering whenever you come across one of them.*

g) *Go to the grammar section on pages 326–327 and tick which function of the four cases you have covered now.*

E2: Hören Sie die folgenden kurzen Szenen und tragen Sie in die Tabelle auf der folgenden Seite ein, woher die Leute gerade kommen.

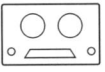

Bibliothek	Einkaufsbummel	Fußballspiel
Kino	Kneipe	Konzert
Restaurant	Rave Party	Strand
Telefonzelle	Urlaub	Vorlesung
Mensa	Stadion	Schwimmbad

aus → out of a building, a city, a country   von → from an event, a person

38 DEUTSCHLAND ERLEBEN

	Ort
Hörszene 1	
Hörszene 2	
Hörszene 3	
Hörszene 4	
Hörszene 5	
Hörszene 6	
Hörszene 7	
Hörszene 8	
Hörszene 9	
Hörszene 10	

E3: Going *to* a place? In German, there are several words for the English word "to".

  a) Look at the examples and underline the prepositions that are used to express the "to", then try to figure out a pattern.

   i) Zuerst fährt sie nach Deutschland, dann nach Österreich und dann in die Schweiz.
   ii) Er fährt eine Woche nach Paris und dann in die USA.
   iii) Gehst du lieber ins Kino oder ins Theater?
   iv) Ich muss zuerst zum Arzt, dann zum Bäcker, zur Bank und zum Schluss in den Supermarkt.
   v) Dann ist der Mann in die Bank gegangen.
   vi) „Fahren Sie an die Ostsee oder an die Nordsee?" – „Das ist egal, Hauptsache an die See." – „Also, ich fahre lieber in die Berge."
   vii) Mein kleiner Bruder geht noch zur Schule.
   viii) Um wie viel Uhr gehst du jeden Morgen in die Schule?
   ix) „Wie oft fährst du nach Hause?" – „Ein- oder zweimal pro Monat."
   x) Kannst du an den Schrank gehen und die Gläser herausnehmen?
   xi) Wir sind an den Neckar gegangen und haben die Schwäne gefüttert.

  b) You might come across the idiomatic use of "auf" for being in/at or going to an institution, a festivity or the countryside, e.g.

   – Ich gehe noch auf die Post/auf die Bank/aufs Gymnasium.
   – Wir waren auf einer tollen Party/Fete/auf einem tollen Fest.
   – Er wohnt gerne auf dem Land. Wir fahren morgen aufs Land.
   – Wir waren auf einer interessanten Konferenz/Messe.
   – Er ist noch schnell auf die Toilette gegangen.

c) *Complete these sentences appropriately. You may need an article as well as a preposition.*

    i) Eithne möchte _____ Türkei oder _____ Griechenland fahren.
    ii) Fliegt die Lufthansa von Dublin _____ Stuttgart?
    iii) Der Rhein fließt _____ Nordsee.
    iv) Gehst du morgen _____ Uni?
    v) Fahren Sie _____ Niederlande oder _____ Belgien?
    vi) Und dann bin ich noch schnell _____ Fleischer geradelt.
    vii) Wir sind nur _____ anderen Stadtteil von Mannheim gezogen.
    viii) Willst du nicht _____ Hause gehen?
    ix) Sie sind mit dem Boot _____ Aran Inseln gefahren.
    x) Ich muss noch _____ Bankautomaten, ich habe kein Geld mehr.
    xi) Am Wochenende möchten wir _____ Baggersee fahren.
    xii) Sie geht lieber _____ Fachhochschule. Die Universität findet sie zu groß.
    xiii) Wir gehen noch für eine Stunde _____ Meer.
    xiv) Ich habe keine Zeit, denn ich muss noch _____ Studentenwerk gehen.
    xv) Kevin möchte _____ nächsten Fußballspiel zwischen Bayern München und Borussia Dortmund fahren.
    xvi) Meine Haare sind so lang. Ich muss mal wieder _____ Frisör.

Zusätzliche Übungen

1. *Siobhán bekommt einen Anruf von Frau Sternberg, einer Mitarbeiterin der Firma Zeneca. Sie hat noch ein paar Fragen. Hier sind Siobháns Antworten. Welche Fragen hat Frau Sternberg gestellt?*

    z. B. Danke gut. ➛ *Wie geht es Ihnen?*

    a) Seit acht Jahren, sechs Jahre in der Schule und zwei Jahre am WIT.
    b) Ja, vor vier Jahren war ich zwei Wochen in Hamburg. Das war ein Schulaustausch.
    c) Ich habe kopiert, Daten in den Computer eingegeben und das Telefon beantwortet.
    d) Ich bin mir nicht sicher. Ich würde es mit dreijährigem Studiengang in BWL – mit dem Schwerpunkt Marketing – und Sprachen übersetzen.
    e) Jetzt im dritten Jahr habe ich natürlich Deutsch und Spanisch, das ist meine zweite Sprache, und dann Internationales Marketing, Werbung, Marktforschung, Marketing Management und Unternehmensführung.
    f) Oh nein, wir haben 16 Stunden Sprachunterricht pro Woche.
    g) Im Juni 1999. Aber dann will ich noch ein Jahr weiterstudieren, um ein "Degree" zu bekommen.
    h) Bei uns bekommt man am Ende eines dreijährigen Studiengangs ein „Diploma" und am Ende eines vierjährigen Studiengangs ein „Degree".

i) Bei uns gibt es Punkte. Ich hatte 295.
j) Maximal 600.
k) Also, ich höre gerne Musik und singe in einem Chor. Außerdem spiele ich Camogie. Und ich bin Mitglied in einer Theatergruppe.
l) Oh, das ist schwer zu erklären. Es ist ein irisches Spiel, ein bisschen wie Hockey.

2. *Fragen Sie nach den unterstrichenen Satzteilen.*

   z. B. Eithne hat <u>ihre Fahrkarte</u> noch nicht gekauft? ➤ Was hat sie noch nicht gekauft?

   a) Siobhán macht ein Praktikum <u>bei Zeneca</u>.
   b) Ich glaube, das ist der Rucksack von <u>Martin</u>.
   c) Er hat nicht viel Zeit, <u>weil er neben dem Studium arbeitet</u>.
   d) Sie hat <u>im Juni 2000</u> ihr Abitur gemacht.
   e) Martin möchte noch einmal mit <u>dem Personalleiter</u> sprechen.
   f) Sie studieren seit <u>zwei Jahren</u> an der University of Limerick.
   g) Sie fährt diesen Sommer <u>in die Schweiz</u>.
   h) Gestern hat Siobhán <u>Frau Sternberg</u> angerufen.
   i) <u>Kevin</u> möchte lieber in einem Studentenwohnheim wohnen.
   j) <u>Der Koffer</u> ist zu schwer.
   k) Von <u>seinen Eltern</u> hat er ein bisschen Geld bekommen.
   l) Die Magnetschwebebahn fährt <u>alle paar Minuten</u>.

3. *Die dreijährige Lara fragt Kevin: „Kevin, was macht man mit X?" – Was antwortet Kevin?*

   z. B. Mit einem Videorekorder kann man Videokassetten abspielen/Filme sehen/ Sachen aus dem Fernsehen aufnehmen.

~~Videorekorder~~	Computer	Fön/Föhn	Handy
Schüssel	Rasierer	Mikrowelle	Lupe
Walkman	Faxgerät	Fernseher	Taschenrechner

4. *In welchem Land haben diese Leute Urlaub gemacht oder gejobbt?*

   z. B. Ronan ist auf den Eiffelturm gestiegen. ➤ Er war in Frankreich.

   a) Joanne bringt Mozartkugeln mit.
   b) Ruth hat die Akropolis gesehen.
   c) Mary ist durch viele Tulpenfelder gewandert.
   d) Yvonne schickt eine Postkarte, auf der Mount Rushmore zu sehen ist.
   e) Pauline hat Dianas Grab von weitem gesehen.
   f) John hat Lëtzebuergesch gehört.
   g) Niall ist durch das Brandenburger Tor gegangen.
   h) June hat einen Stierkampf besucht.

i) Finn hat in Prag sehr viel Bier getrunken.
j) Carmel ist über den Bosporus gefahren.
k) Dermot hat Italienisch gesprochen, war aber nicht in Italien.

5. *Joachim Helm, Student in Mannheim, möchte seinen Urlaub in Irland verbringen. Er hat noch viel zu erledigen. Wohin geht er?*

z. B. Man kann ihn auf seinem alten Foto nicht mehr erkennen. ➛ *Er geht in ein Fotogeschäft oder zu einem Fotoautomaten.*

a) Sein Reisepass ist abgelaufen.
b) Er muss ein Flugticket kaufen.
c) Sein alter Koffer schließt nicht mehr richtig.
d) Er will seinen Freunden tschüss sagen.
e) Er braucht den Internationalen Krankenschein.
f) Er hat nur ein ganz kleines Wörterbuch.
g) Er will eine Immatrikulationsbescheinigung mitnehmen.
h) Er hat keine Irischen Pfund.
i) Ihm wird auf Reisen immer leicht schlecht.

6. *Ohne welchen Gegenstand fahren diese Leute nicht in den Urlaub?*

z. B. Mairéad Ziegler fährt nicht ohne ihren Hund weg.

Und was ist mit Siobhán, Kevin, Martin, Eithne, Jürgen Ziegler, Lara und Katrin? Was glauben Sie?

Ohne welchen Gegenstand fahren Sie nicht weg?

7. *Beim Packen – Entscheiden Sie, wohin die folgenden Gegenstände kommen.*

   z. B. Das Handy kommt in die Handtasche.

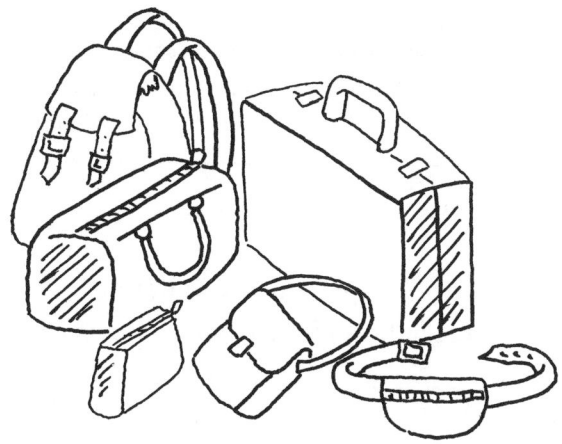

Lippenstift	Zahnpasta	~~Handy~~	Strickjacke	Rasierer
Adressbuch	Reisepass	Schuhe	Unterhemden	Socken	Geld
Wörterbuch	Zeitschrift	Regenschirm	Flugticket	Adapter
Gürtel		Kopfschmerztabletten		

8. *Wofür sind diese Länder berühmt?*

   z. B. Schweden ist für sein Knäckebrot, seine Wälder und seine Möbel berühmt.

   Schweiz   Italien   Irland   USA   Frankreich
   Deutschland   Griechenland   Spanien
   Finnland   Großbritannien   Portugal   Österreich

9. *Die dreijährige Lara fragt: „Kevin, wo braucht man das?" Antworten Sie für Kevin.*

   z. B. Eine Badekappe braucht man im Schwimmbad oder im Hallenbad.

   Sicherheitsgurt   Taschenlampe   Insektenspray   Rettungsring   Zelt
   Skier   Internationaler Krankenschein   Reisepass   Tennisschläger

10. Der idiomatische Gebrauch von „zu" – Setzen Sie ein.

z. B. Jürgen Ziegler geht _zum Mittagessen_ in die Kantine.

zum Frühstück	~~zum Mittagessen~~	zum Schluss	zu Hause
zum Wohl	zu Ende	zu zweit (dritt/viert usw.)	zum Geburtstag
"Zum Löwen"	zu Fuß		zu Weihnachten/zu Ostern

a) „Was wünschst du dir _____?" – „Ein Surfbrett."
b) „Wie heißt das Gasthaus?" – „_____."
c) _____ packt sie die Blusen in den Koffer.
d) Eithne sitzt mit Freunden im Biergarten. Sie heben die Gläser und sagen „_____!"
e) Der Film ist _____. Das Licht geht an.
f) Martin wohnt nicht weit von der Innenstadt. Er kann _____ zur Arbeit gehen.
g) Sie sind _____ in den Club gegangen.
h) _____ isst Kevin gerne Müsli.
i) Jürgen ist im Moment leider nicht _____. Er holt Lara vom Kindergarten ab.
j) Und was macht ihr dieses Jahr _____?

11. Woraus besteht das?

z. B. Woraus besteht ein Anzug? → Aus einer Hose und einem Jackett.

| ~~Anzug~~ | Hochschule | Fahrrad | Kaffeeservice |
| Haus | Bewerbungsschreiben | Atomkern | Dorf | Stereoanlage |

12. Wo arbeiten diese Leute?

z. B. Ein/e Dozent/in arbeitet an einer Hochschule.

Schauspieler/in	Arzt/Ärztin	Lehrer/in	Steward/ess
Bauer/Bäuerin	Maurer	Kindergärtnerin	Bankbeamter/beamtin
Verkäufer/in	Kellner/in	Journalist/in	Hausfrau/mann

13. Bilden Sie Sätze mit diesen präpositionalen Ausdrücken.

z. B. am Schwarzen Brett → Am Schwarzen Brett hängen viele Zettel mit Wohnungsangeboten.

im Koffer	neben die Tasche	auf dem Lichtbild	in den USA
am Schalter	an die Personalabteilung		in die Schweiz
	neben dem Telefon	an die Wand	

14. Ergänzen Sie die folgenden Sätze:

z. B. Den Lachs nehme ich für *meine* Tante mit.

a) Wann fliegst du _____ Frankfurt?
b) Kevin sucht einen Job für _____ Sommer.
c) Siobhán arbeitet bei _____ Firma Zeneca.
d) Können Sie mir sagen, wie die Postleitzahl von _____ Kaiserstraße _____ Heidelberg lautet?
e) Siobhán studiert _____ Fachhochschule.
f) Siobhán bewirbt sich _____ Praktikum.
g) Martin studiert seit _____ Jahr Chemie.
h) Was können Sie zu _____ Thema „Arbeiten _____ Bundesrepublik Deutschland" sagen?
i) Kevin sucht einen Ferienjob _____ 13. Juni _____ 30. September.
j) Martin ist auf _____ Suche nach _____ Job.

15. In diesen Sätzen fehlt eine Präposition. Wo fehlt eine? Welche fehlt?

z. B. Siobhán surft gerne Internet. → Siobhán surft gerne <u>im</u> Internet.

a) Kevin studiert der Universität Mannheim.
b) Eithne hofft, dass die Arbeit dem Hotel nicht zu schwer ist.
c) Vielen Dank Ihr Interesse an unserer Firma.
d) Kevin sucht einen Platz einem Studentenwohnheim.
e) Können Sie mir sagen, bis wann ich mich einen Platz in einem Studentenwohnheim bewerben muss?
f) Siobhán möchte dem Studium vielleicht in Deutschland arbeiten.
g) Meiner Meinung ist das eine gute Idee.
h) Ich glaube, ich bleibe dieses Wochenende Hause.

Kapitel 3:
In Heidelberg

A: Heidelberg und sein Image

A1: Lesen Sie die folgenden Textausschnitte und schauen Sie sich die Bilder auf dieser und der nächsten Seite an. Welchen Eindruck bekommen Sie von Heidelberg?

J. Cousen: Heidelberg, um 1830

Ich sah Heidelberg an einem völlig klaren Morgen, der durch eine angenehme Luft zugleich kühl und erquicklich war. Die Stadt in ihrer Lage und mit ihrer ganzen Umgebung hat, man darf sagen, etwas Ideales, …
Johann Wolfgang Goethe, Heidelberg, 26. 8. 1797

Schöne Stimmung – herrlicher Abend – herrlicher Abenduntergang – … das schlummernde Heidelberg – Sehnsucht nach dem Ideal – der duftende Jasmin – die auffahrende Nachtigall – die stummen Ruinen – der verhüllte Mond …

Robert Schumann, Leben in Heidelberg, 10. 6. 1829

… Was sitzt Du länger in Berlin? komme in dies schöne Land, es ist hier schön, unbegreiflich schön!
Clemens Brentano, An Achim von Arnim, 2. 4. 1805

… Heidelberg göttlich in Umgebung und schön im Innern, …
Ich habe hier Stunden erlebt, wie ich sie nie unter dem schönsten Himmel meines Lebens gefunden, …
Jean Paul, Briefe aus Heidelberg, 6. 7. und 18. 7. 1817

A2: In Reiseführern und Bildbänden wird Heidelberg immer als die romantische Stadt am Neckar dargestellt. Was bedeutet „romantisch" für Sie? Wo liegt für Sie der Unterschied zwischen romantisch und kitschig?

A3: Schauen Sie sich dieses Bild an. Welche Andenken kann man in Heidelberg kaufen? Was denken Sie über diese Andenken? Was kaufen Touristen in Irland?

29 Ramon Novarro und Norma Shearer in dem »Alt-Heidelberg«-Stummfilm von 1927

A4: Und die Romantik lockt

a) Sie sind Tourist in Heidelberg. Lesen Sie den Text and schauen Sie sich die Fotos und die Tabelle an. Wie viel Romantik werden Sie Ihrer Meinung nach finden?

Am Schlossbogen trifft eine kleine japanische Reisegruppe ein. Die Reiseleiterin erzählt, man sei auf einer Europareise durch Frankreich, die Schweiz und Deutschland und – man habe keine Zeit. Es beginnt zu regnen. Über den Schlosshof eilt eine weitere japanische Reiseleiterin mit einem riesigen, bunten Regenschirm, und ihre Gruppe eilt hinterher. Sie kommt mit der Gruppe aus München, man habe 30 Minuten Zeit für eine Schlossbesichtigung, müsse innerhalb kürzester Zeit zum Mittagessen in Rothenburg ob der Tauber sein.
(Rhein-Neckar-Zeitung, 1.9.1995, bearbeitet)

HEIDELBERG (Stand 1998)
Bevölkerung: ca. 139 300
Studenten: ca. 25 800
Ausländer: ca. 22 150
Tagestourismus: jährlich ca. 3,5 Millionen

b) Wie viele Touristen kommen in Ihre Heimatstadt oder an den Ort Ihrer Hochschule? Kommen zu viele?

A5: *Szenen der Heidelberger Fußgängerzone*

a) *Was fällt Ihnen zu diesen Bildern ein?*

b) *Lesen Sie den folgenden Text. Was bedauert der Verfasser des Textes?*

Nur noch Fast Food und Klamotten?

Die Fußgängerzone verändert ihr Gesicht: Wieder ziehen zwei alteingesessene Firmen weg

Von Peter Wiest

Zumindest für alteingesessene Heidelberger sind es keine schönen Nachrichten. Das Kunsthaus Welker und das Musikhaus Hochstein, beides renommierte Firmen mit gutem Ruf weit über die Grenzen der Stadt hinaus und seit Jahrzehnten praktisch Bestandteil des "Inventars" der Hauptstraße, kehren Heidelbergs Flaniermeile den Rücken. Beides ist für die Hauptstraße keineswegs ungewöhnlich:

In den vergangenen Jahren gab es eine ganze Reihe Geschäftsauflösungen oder Umzüge. Gründe dafür gibt es viele – aber zumindest der wirtschaftliche Aspekt spielt bei allen eine große Rolle. So sind sich die Geschäftsführer der Firmen Welker und Hochstein mit zahlreichen anderen Geschäftsinhabern einig darüber, daß die Mieten in der Hauptstraße über die Jahre ins Unermeßliche gestiegen und eigentlich gar nicht mehr zu bezahlen sind – es sei denn für große Ketten, wie sie sich denn auch vermehrt in der Straße ansiedeln.

(Rhein-Neckar-Zeitung, 23. 7. 1998, gekürzt und bearbeitet)

c) Was ist der Hauptgrund für diese Entwicklung?

d) Wie finden Sie diese Entwicklung?

e) Gibt es Parallelen zu Irland?

A6: Welchen Eindruck versucht der Heidelberger Verkehrsverein in diesem Text aus dem Internet von Heidelberg zu geben?

Verkehrsverein Heidelberg: Heidelberg   http://www.heidelberg.de/verkehrsverein/deutsh/romance.htm

Deutschlands älteste Universitätsstadt ist in aller Welt wegen ihrer romantischen Atmosphäre und reichen Tradition beliebt. Aber es gibt noch mehr, was Heidelberg auszeichnet: Erst vor kurzem wurde Heidelberg und das Rhein-Neckar Dreieck vom Bundesforschungsministerium als eine der drei bedeutendsten Bio-Regionen Deutschlands ausgewählt.

Kompetenz in Sachen Umweltschutz wurde ihr mit der Auszeichnung als Bundesumwelthauptstadt 1996/1997 bestätigt. Im Multimediabereich zeigen Heidelberger Forschungseinrichtungen und Unternehmen interessante Neuentwicklungen.

Besuchen Sie uns und lernen Sie das Heidelberg von heute und morgen kennen und freuen Sie sich an der Tradition und Schönheit dieser Stadt. Wir halten für Sie eine Reihe von interessanten Tipps für Ihren Besuch in Heidelberg bereit und würden Sie auch gerne bei der Realisierung von gesellschaftlichen oder beruflichen Veranstaltungen organisatorisch unterstützen. Wir hoffen, Sie bald in Heidelberg begrüßen zu dürfen.

Schreiben Sie uns!
Verkehrsverein Heidelberg e. V.
Postfach 10 58 60
69048 Heidelberg
Tel.: +49–6221–19 4 33
Fax: +49–6221–14 22 22

zurück zur Homepage

Verkehrsverein Heidelberg © 1997//Page-Design by Merges, Text, Grafik, Design.
Letzte Änderung: 16. 9. 98

B: Als Zimmermädchen im Hotel Ritter

B1: Schauen Sie sich das Bild vom Hotel Ritter an. Beschreiben Sie das Hotel. Gefällt es Ihnen? Warum?/Warum nicht?

B2: Welche Aufgaben hat ein Zimmermädchen? Was glauben Sie?

B3: Was sollte Eithne wissen, bevor sie mit der Arbeit anfängt?

B4: Eithne ist gerade im Hotel angekommen. Hören Sie das Gespräch zwischen ihr und Astrid, einem anderen Zimmermädchen in dem Hotel, und beantworten Sie folgende Fragen:
  a) Was erfahren Sie über Astrid?
  b) Wie wird ein typischer Arbeitstag von Eithne aussehen?
  c) Wer arbeitet noch in dem Hotel? Wie ist das Verhältnis zwischen diesen Personen und Astrid? Wie erklären Sie sich dieses Verhältnis?

B5: Stellen Sie sich vor, Sie bekommen vom Hotel Ritter den Auftrag, eine kleine Broschüre über das Hotel anzufertigen. Wie würde sie aussehen? Hören Sie sich dazu noch einmal den Dialog an.

B6: Sammeln Sie Informationen über ein Hotel in Ihrer Nähe. Stellen Sie damit eine Broschüre für deutschsprachige Touristen zusammen.

C: Heidelbergs Sehenswürdigkeiten

C1: An ihrem ersten freien Tag hat sich Eithne Heidelberg angeschaut. Was wissen Sie schon über Heidelberg? Schauen Sie sich die Bilder auf der folgenden Seite an. Was hat Eithne Ihrer Meinung nach alles gesehen?

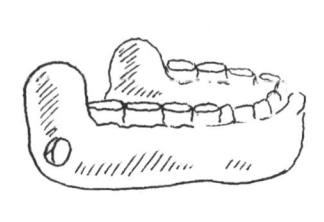

52   DEUTSCHLAND ERLEBEN

C2: Am Abend ist Eithne in einer Kneipe. Sie trifft sich mit einem Studenten und einer Studentin, die sie in der vorigen Woche kennen gelernt hat. Hören Sie den Dialog einmal und stellen Sie fest, welche Orte Eithne in welcher Reihenfolge tatsächlich besucht hat.

Hören Sie den Dialog noch ein- oder zweimal und notieren Sie kurz, was Sie über die einzelnen Orte erfahren.

C3: Kennen Sie auch diese Situation? Freunde kommen zu Besuch und haben jede Menge Fragen zu den Sehenswürdigkeiten und der Geschichte Ihres Heimat- oder Studienortes, und Sie haben keine Ahnung.

    a) Stellen Sie sich vor, Sie kommen in diese Situation. Entwerfen Sie ein Tagesprogramm und notieren Sie, was Sie zu den einzelnen Sehenswürdigkeiten sagen wollen.

    b) Lesen Sie, was man sich in Heidelberg ausgedacht hat, um bei der Lösung dieses Problems zu helfen.

Tour 5a: Auf den Spuren von Mark Twain ... – Eine Begegnung mit historischen Persönlichkeiten aus England und Amerika. Wie sahen sie Heidelberg und was erlebten sie in dieser Stadt?

Tour 11: „Nur ein Mädel, ach herrje!" – Frauen in der Geschichte Heidelbergs – Wissen Sie, seit wann eine Frau wählen, studieren oder an der Universität lehren darf? Seit wann sie anziehen kann, was sie will? Seit wann sie als verheiratete Frau über ihr Vermögen selbst bestimmen darf? Wir verfolgen den Weg zur weiblichen Gleichstellung in den Begegnungen mit bekannten und weniger bekannten Frauen unserer Stadt.

Tour 10: Heidelberg und die Revolution von 1848 – War Heidelberg mit seinen 828 Studenten ein verschlafenes Provinznest? Mitnichten! Der Jurist Mittermeier und der Historiker Gervinus forderten die Demokratie. 600 Heidelberger marschierten für Pressefreiheit und Parlament.

    c) An welcher Tour würden Sie teilnehmen?

    d) Stellen Sie sich vor, Sie sollen eine Tour durch Ihren Heimat- oder Studienort organisieren. Was für ein Motto hätte Ihre Tour?

D: Talking about things that happened in the past

D1: *Read the dialogue between Eithne and the two students. (Your teacher has the transcript.) Which tense does Eithne use? How do you form this tense? Underline the past participle forms they are using. What are the infinitives? Categorize them according to the pattern given below.*

→ S. 316/320–21

	WEAK VERBS					STRONG VERBS				IRREGULAR WEAK VERBS
	BASIC VERBS	SEPARABLE VERBS	INSEPARABLE VERBS	VERBS ENDING IN -IEREN		BASIC VERBS	SEPARABLE VERBS	INSEPARABLE VERBS		
	hören → gehört	zuhören → zugehört	gehören → gehört	notieren → notiert		fahren → gefahren	abfahren → abgefahren	erfahren → erfahren		denken → gedacht
	kaufen → gekauft	einkaufen → eingekauft	verkaufen → verkauft	studieren → studiert		sprechen → gesprochen	ansprechen → angesprochen	besprechen → besprochen		kennen → gekannt

54 DEUTSCHLAND ERLEBEN

D2: *Explain the use of "haben" and "sein" in the following examples:*

a) Siobhán ist nach Frankfurt geflogen.
b) Wir sind zum Arbeitsamt gegangen.
c) Ihr habt die ganze Nacht getanzt.
d) Ich bin erst gegen 4 Uhr eingeschlafen.
e) Hast du den Koffer schon gepackt?
f) Ich habe verschlafen, ich bin erst um 10 Uhr aufgewacht.
g) Kevins Hund ist vor zwei Jahren gestorben.
h) Letztes Jahr hat Martin als Aushilfsfahrer gearbeitet.

→ S. 321

D3: *Fassen Sie zusammen, was Eithne an ihrem ersten freien Tag gemacht hat. Benutzen Sie Wörter wie „zuerst", „dann", „danach", „als nächstes", „anschließend", „daraufhin", „schließlich", „zum Schluss".*

→ S. 343

D4: *Welche Vorgänge werden hier beschrieben? Wie könnte der letzte Vorgang enden?*

angekommen	sich hingesetzt	hineingegangen
Geld ausgegeben	angestellt	sich hingesetzt
hineingegangen	geklickt	gezittert
Platz genommen	gewartet	zugehört
gesehen	geklickt	nachgedacht
geraschelt	gewartet	geantwortet
gegessen	gewartet	zugehört
getrunken	eingeschlafen	geschwiegen
sich gelangweilt		?
gegangen		

Schreiben Sie selber so eine Kette und lassen Sie die anderen in Ihrer Lerngruppe raten, welchen Vorgang Sie beschreiben.

D5: Können Sie sich an Ihre Kindheit und Ihre Schulzeit erinnern? Füllen Sie zuerst die Spalte für sich selbst aus, dann fragen Sie Ihre/n Lernpartner/in.

z. B. Lieblingsspielzeug → Womit haben Sie als Kind am liebsten gespielt?

	Sie	Ihr/e Lernpartner/in
Lieblingsgetränk?		
Transition Year?		
Lieblingsfernsehsendung?		
erster Urlaub?		
Schuluniform?		
Lieblingsband?		
erste CD/Musikkassette/Platte?		
Fremdsprachen in der Schule?		
Abitur?		
unpopuläres Essen?		

E: Im Café

E1: Welchen Eindruck macht die Vorderseite dieses kleinen Heftchens vom Café Knösel auf Sie? Wie stellen Sie sich das Café vor?

E2: Lesen Sie den Text auf der nächsten Seite, um zu erfahren, ob Sie richtig vermutet haben.

Im Herzen der Altstadt liegt das älteste Café Heidelbergs. 1863 gegründet, wurde es schon bald beliebter Treffpunkt achtbarer Bürger, Professoren und – wie könnte es anders sein – zahlreicher Studenten. Denn sie alle schätzten den humorvollen Fridolin Knösel, Konditormeister mit Leib und Seele, ebenso wie die persönliche Atmosphäre seines Cafés.

Begleitet von ihren wachsamen Gouvernanten besuchten auch die jungen Damen der damals renommierten Heidelberger Pensionate regelmäßig das Café, wo sie stets eine Runde lebenslustiger Studenten vorfanden. War es verwunderlich, daß sich die jungen Leute heimlich Blicke zuwarfen? Doch die sittsamen Gouvernanten hielten selbst diese kleinen Koketterien ihrer Schützlinge unter strenger Kontrolle.

Fridolin Knösel, dem die geheimen Wünsche der jungen Damen nicht verborgen blieben, schloß sie verständnisvoll in sein großes Herz.

E3: Was hat Fridolin Knösel Ihrer Meinung nach wohl gemacht? Ihr/e Lehrer/in hat den Rest des Textes.

E4: Was wissen Sie jetzt noch über das Café?

E5: Was haben die jungen Damen Ihrer Meinung nach in einem Pensionat gelernt?

E6: Herr Fridolin Knösel schaut auf sein Leben zurück und erzählt: „Tja, 1863 haben wir dann das Café in der Haspelgasse eröffnet. Es ist schnell ein Erfolg geworden..." Schreiben Sie seine Memoiren weiter. Benutzen Sie das Perfekt.

E7: Das Café gibt es noch immer. Aber was hat sich in der Zwischenzeit Ihrer Meinung nach verändert?

E8: Gehen Sie ab und zu in ein Café? Beschreiben Sie es. Was kann man dort essen und trinken?

E9: Bei einem Besuch im Café Knösel wird Eithne von ihren deutschen Freunden nach Cafés in Irland gefragt. Nach Meinung ihrer Freunde trinken die Iren doch nur Tee, und wenn Kaffee, dann Instant-Kaffee. Was würden Sie an Eithnes Stelle antworten? Der folgende Artikel aus der Irish Times vom 27. 3. 1998 kann Ihnen dabei helfen.

Café society offers drinkers new brews

People are looking for an alternative to the pub and all over Ireland, cafés are filled to the brim with customers who know the difference between a café au lait and a caffé latte. Joe Humphreys reports.

It's 3 a.m. in Dublin city. The pubs are closed but as the economy booms, the affluent are still out socialising. Where you might ask? In cafés and coffee houses, new versions of which are springing up in the city every month.

"This isn't a trend. It's not a flash in the pan. Cafés have become part of Irish culture now," says Mr Sam Surace (37), joint-owner of one of Dublin's most fashionable coffee house chains, Kaffe Moka. "People are looking for an alternative to going to the pub. They want to go somewhere they can get a seat and relax and be pampered." ... "It's mainly due to people's changing tastes, especially young people who are coming back from abroad," says Ms Kathryn Raleigh, secretary of the Coffee Industry Association of Ireland. ...

"We're catching up very rapidly on other countries," says Mr Surace, of Kaffe Moka, which is open 20 hours a day, serving in excess of 60 different kinds of coffee and tea. "In some places, the standards are as good as anywhere in the world, although there is a little way to go in terms of service. It's hard to find staff who will take it seriously and look upon it as a career as in other cities like Paris or Rome."

While Dublin has experienced the biggest growth in coffee houses, the café boom has by no means been limited to the capital. There have been almost 30 cafés set up in Cork over the past 10 years, and more than 20 in Galway. Hotels and pubs have also identified the potential of the market and are branching into coffee in increasing numbers. ...

"Coffee is particularly trendy at the moment. It's very hip. People are brand conscious and have become educated about the different blends and types," Mr. John Farrell, general manager of Bewley's Cafés says. "Years ago people used to come in and the only question was whether they took their coffee with milk or without. Now they are coming in wanting a particular type, or particular strength, something mild like a Colombian coffee or full bodied like a Javan coffee. They're a lot more adventurous."

F: Studentische Verbindungen

F1: Im Karzer

a) Lesen Sie die Wandinschrift aus einer Zelle des Studentenkarzers und schauen Sie sich die Postkarte „Der Besuch im Carzer" an. Was erfahren Sie über die Gefangenen und ihren Aufenthalt im Karzer?

b) Der Zeitungstext sagt etwas über drei verschiedene Karzer. Welcher passt zu den Bildern auf dieser Seite? Was ist der Unterschied zu den anderen?

... das erste Studentengefängnis war ein tiefes, feuchtes Loch in der Schulgasse, direkt neben einer Latrine. Schon nach 14 Tagen faulten Schuhe und Kleidung – wirklich kein Vergnügen.

Auch das nächste Gefängnis, dessen Tür unter der Treppe der alten Universität zu sehen ist, war nicht sehr bequem. Als es in Heidelberg einmal Hochwasser gab, vergaß man in der Aufregung den eingesperrten Missetäter, dem das Wasser bis zur Brust stieg – doch er überlebte.

Die eigentliche Karzer-Herrlichkeit begann erst Mitte des 19. Jahrhunderts mit dem Karzer in der Kettengasse. Es war ein Sport, in den Karzer zu kommen. Wer nackt im Neckar badete, Damen „unziemliche Komplimente" machte oder die Gaslaternen auslöschte, konnte damit rechnen, daß ihn der „Polyp", also der Polizist, zu einem Karzeraufenthalt verhelfen würde. Dort ging es recht locker zu, ab Mittag durfte der „Sträfling" Besuch empfangen, und einige Amerikaner auf der Durchreise nutzten die Gelegenheit, im Karzer einen „echten Studenten zu besichtigen".

(Rhein-Neckar-Zeitung, 16.4.1996, gekürzt und bearbeitet)

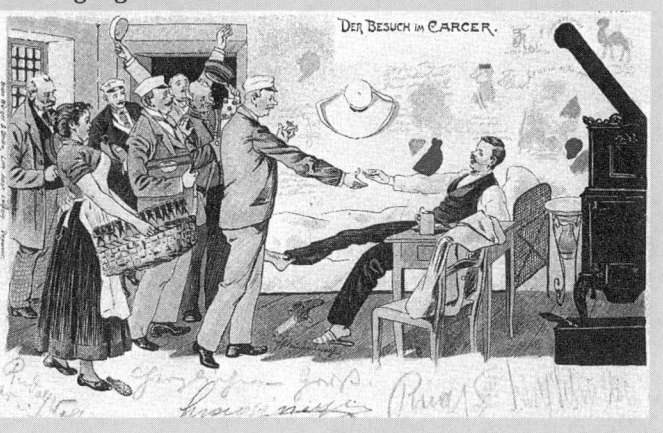

c) Stellen Sie sich vor, es gäbe einen Karzer an Ihrer Hochschule. Was müssten die Studenten tun, um heute in den Karzer zu kommen?

F2: Lesen Sie das folgende Gedicht.

    a) Was denken die Eltern über das Studentenleben in Heidelberg?
    b) Schreiben Sie den Brief, den der Vater seinem Sohn geschrieben hat.

Viktor von Scheffel

Schwanengesang

O Heidelberg, o Heidelberg,
Du wunderschönes Nest,
Darinnen bin ich selber
Dereinst Student gewest,

Ein wackrer, ein flotter,
Ein braver Kamerad,
Der sein Verbindungsleben
Gar sehr geliebet hat.

Verbindung, Verbindung,
Es kann nicht anders sein,
In Heidelberg, in Heidelberg
Verbindungen müssen sein.

Der Vater, der Vater
Nahm Feder und Papier:
„Mein Sohn, tu ab die braune Mütz'
Und komm nach Haus zu mir!

Dort oben, dort oben
Ist ein Dachkämmerlein,
Darin sollst du studieren
In Büchern, groß und klein.

Und hast du studieret
Wohl über Jahr und Tag,
Dann gehst du ins Examen
Mit Hut und schwarzem Frack!"

Die Mutter, sie weinte:
„O Joseph, komm' nach Haus,
Du bist schon ganz verwildert
Bei den Studenten draus.

Du trinkst viel, du rauchst viel,
Du wirst ein Lump am End',
Du sollst nicht länger bleiben
In Heidelberg Student!"

Ich bat sie, ich klagte,
Es half mir alles nix.
Adjes drum, ihr Frankonen,
Adjes, ihr lieben Füchs!

O Heidelberg, o Heidelberg,
Du wunderschöne Stadt,
Gute Nacht, Studentenleben!
Ich werd' jetzt – Kandidat!   (1848)

F3: Nach dem Besuch im Karzer und den Bildern im Café Knösel hat Eithne auch moderne Verbindungsstudenten mit Mütze und Schärpe gesehen. Jetzt hat sie viele Fragen über studentische Verbindungen. Als sie auf einer Fete Christian kennen lernt und herausfindet, dass er gebürtiger Heidelberger ist und im 9. Semester Geschichte studiert, bittet sie ihn um Hilfe.

Hier sind Christians Antworten. Welche Fragen hat Eithne gestellt?

- Also studentische Verbindungen sind so etwas wie Vereine von Studenten.

- Ich glaube, man kann das Wort mit „fraternities" übersetzen, aber eigentlich gibt es die Verbindungen nur im deutschen Sprachraum.

- Ja, es gibt sehr viele verschiedene Verbindungstypen, z. B. Burschenschaften, Turnerschaften oder Corps. Die haben jeweils ihre eigenen Rituale und gehören einer bestimmten politischen oder weltanschaulichen Richtung an usw. Aber grundsätzlich kann man zwischen den farbentragenden und den nicht farbentragenden sowie zwischen den schlagenden und den nicht schlagenden Verbindungen unterscheiden.

- Die ersten Universitäten Europas gab es im 11. und 12. Jahrhundert in Italien. Und die Studenten aus den vielen anderen Ländern bildeten sogenannte Landsmannschaften. Daraus entwickelten sich dann im 18. und 19. Jahrhundert die vielen Formen von Verbindungen, von denen du heute noch den Rest siehst.

- Eine studentische Verbindung besteht aus den studierenden Mitgliedern und den Alten Herren, das sind die Mitglieder, die nicht mehr studieren.

- Manche Verbindungen behaupten, sie sind unpolitisch, aber viele sind doch wohl eher rechts.

- Nein, das sind alles Männer, Frauen dürfen vielleicht zu einer besonderen Feier kommen. Aber du wirst lachen, seit 1987 gibt es Nausikaa, eine Damenverbindung in Heidelberg – komische Idee von Gleichberechtigung.

- Ich weiß auch nicht. Ich glaube, bei vielen ist es das Gefühl, zu einer Gemeinschaft dazuzugehören, man will an den Massenunis nicht allein sein. Und dann bieten die meisten Verbindungen billige Zimmer, und auf diese Weise ist da schon mancher reingekommen. Und durch die Alten Herren bekommen die Studenten außerdem leichter Kontakte zur Berufswelt.
- Es ist schwierig, genaue Zahlen zu bekommen. Das letzte, was ich gelesen habe, war eine Statistik aus der Mitte der 80er Jahre. Da waren 1,6% aller Studierenden in Deutschland Mitglied in einer Verbindung.

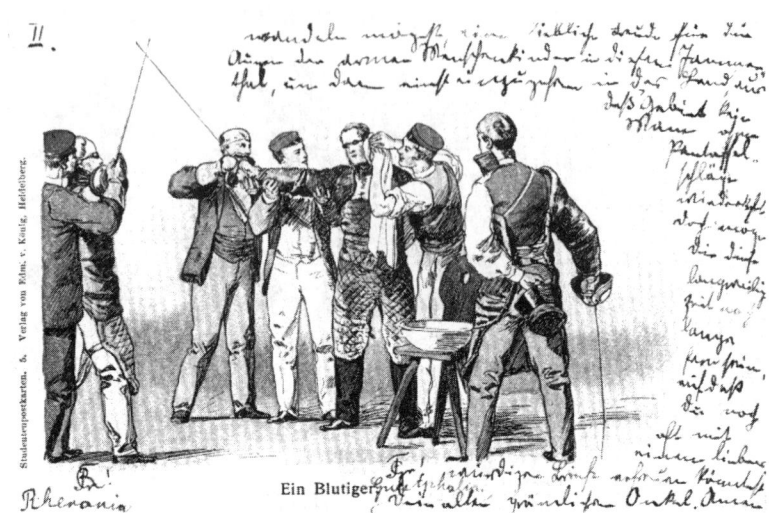

G: Vage Zeitangaben

Es ist Freitag. Eithne und Astrid wollen heute Abend weggehen. Eithne kommt der Tag unendlich lang vor. Und ihre Armbanduhr ist kaputt. Jedesmal, wenn sie jemanden trifft, fragt sie, wie spät es ist.

G1: *Hören Sie die kurzen Dialoge ein- oder zweimal und kreuzen Sie an, welche Auskunft Eithne erhält.*

Hörszene 1:	☐ 8.00 Uhr	☐ 7.55 Uhr	☐ 8.04 Uhr	☐ 8.20 Uhr
Hörszene 2:	☐ 9.04 Uhr	☐ 8.45 Uhr	☐ 8.56 Uhr	☐ 8.46 Uhr
Hörszene 3:	☐ 10.00 Uhr	☐ 10.02 Uhr	☐ 9.50 Uhr	☐ 9.56 Uhr
Hörszene 4:	☐ 11.30 Uhr	☐ 12.30 Uhr	☐ 1.12 Uhr	☐ 11.29 Uhr
Hörszene 5:	☐ 12.45 Uhr	☐ 1.45 Uhr	☐ 1.04 Uhr	☐ 1.03 Uhr
Hörszene 6:	☐ 4.02 Uhr	☐ 2.04 Uhr	☐ 1.45 Uhr	☐ 1.15 Uhr
Hörszene 7:	☐ 2.55 Uhr	☐ 2.30 Uhr	☐ 3.28 Uhr	☐ 2.25 Uhr
Hörszene 8:	☐ 2.30 Uhr	☐ 3.30 Uhr	☐ 3.15 Uhr	☐ 3.04 Uhr
Hörszene 9:	☐ 4.04 Uhr	☐ 2.04 Uhr	☐ 4.45 Uhr	☐ 14.01 Uhr
Hörszene 10:	☐ 4.01 Uhr	☐ 3.59 Uhr	☐ 4.00 Uhr	☐ 3.56 Uhr

G2: *Hören Sie die Texte noch einmal und notieren Sie sich, wie Eithne ihre Fragen formuliert.*

H: Sich zum Ausgehen fertig machen

H1: *Hören Sie das Gespräch zwischen Astrid und Eithne und beantworten Sie anschließend die Fragen.*

   a) Um wie viel Uhr spielt die Szene?
   b) Welches Problem hat Astrid?
   c) Welches Problem hat Eithne?

   d) Haben Sie diese Probleme auch manchmal? Warum?/Warum nicht?

H2: *Reflexive verbs*

   a) Read the dialogue between Eithne and Astrid. (Your teacher has the transcript.) Underline the reflexive verbs in the dialogue. How do you use reflexive verbs?

→ S. 313/338

   b) Some verbs are always reflexive, some can also be used in a non-reflexive way.

  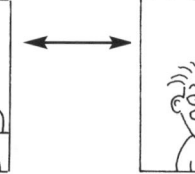 

Er wäscht sich.   Er wäscht seine Hosen.   Er wundert sich.

Are these verbs fully or partially reflexive?

abtrocknen	ändern	fürchten	beeilen	verspäten
langweilen	freuen	erkälten	schneiden	kämmen
bewerben	erinnern	entscheiden	rasieren	anziehen

H3: *Eithne ist noch längst nicht fertig. Was muss sie alles noch machen?*

IN HEIDELBERG

H4: In welcher Reihenfolge hat Eithne sich fertig gemacht? Was glauben Sie?

„Zuerst hat sie sich die Haare gewaschen, dann ...

H5: There is a difference between "sich waschen" and "sich treffen". What is it?

→ S. 313

H6: Erzählen Sie die Geschichte von Phil und Sandy, zwei Bekannten von Eithne. Die Liste mit den Verben unter den Zeichnungen wird Ihnen dabei helfen.

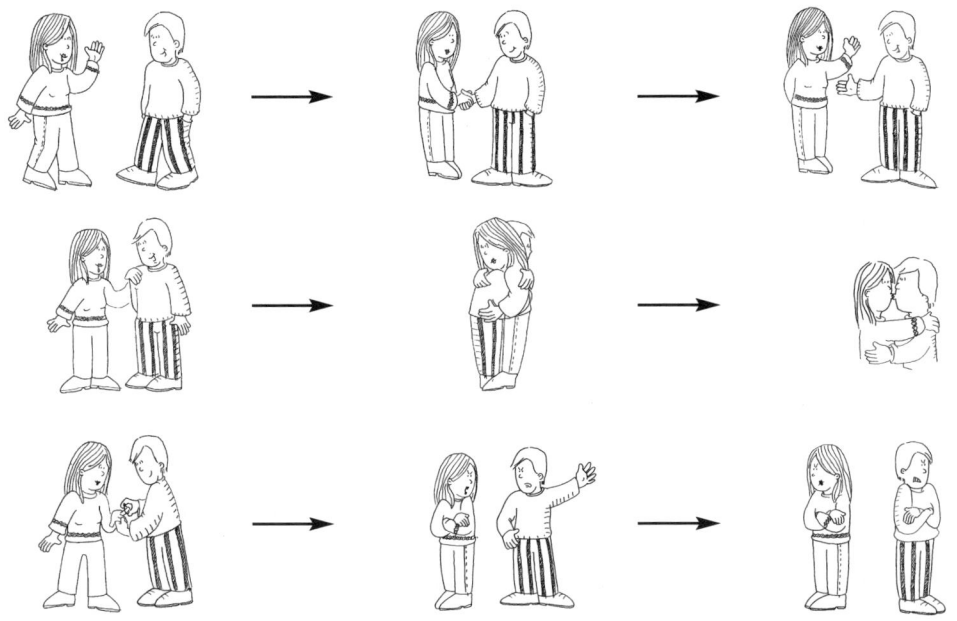

sich die Hand geben	sich duzen	sich gut verstehen	sich hassen
sich kennen lernen	sich küssen	sich siezen	sich streiten
sich treffen	sich umarmen	sich unterhalten	sich verloben

Beachten Sie:
jemanden (= Akk.) treffen → Eithne trifft ihre Freunde.
sich mit jemandem (= Dat.) treffen → Eithne trifft sich mit ihren Freunden.
sich treffen (reziprok) → Wir treffen uns um 8 Uhr.

Zusätzliche Übungen

1.   Setzen Sie das passende Partizip Perfekt ein.

   z. B. Eithne hat sich bei dem Hotel Ritter beworben .

ankommen		arbeiten		bekommen	~~bewerben~~	
bleiben	essen	fliegen	gefallen	gehen	hochfahren	sehen
mitbringen	kennen lernen		verlieren	zerstören		

   a) Siobhán ist vor zwei Wochen nach Deutschland _____ .
   b) Hast du mir etwas aus Heidelberg _____ ?
   c) Ich bin mit der Bergbahn _____ .
   d) Und wie viel Trinkgeld hast du _____ ?
   e) Was hast du heute alles _____ ?
   f) Ich glaube, ich habe meinen Reisepass _____ .
   g) Ich bin nur bis 11 Uhr _____ , dann bin ich nach Hause _____ .
   h) Um wie viel Uhr ist der Zug _____ ?
   i) Die Franzosen haben das Heidelberger Schloss _____ .
   j) Ich habe ein paar nette Leute _____ .
   k) Letztes Jahr hat Astrid in einem Hotel in Österreich _____ .
   l) Habt ihr in der Kneipe auch zu Mittag _____ ?
   m) Der Studentenkarzer hat Eithne am besten _____ .

2.   Was ist vorher passiert? Was glauben Sie?

   z. B. Eithnes Beine tun weh. ➜ Sie ist den ganzen Tag herumgelaufen.

   a) Kevin geht ins Fundbüro.
   b) Eithne ruft den Notarzt.
   c) Siobhán ist todmüde.
   d) Martin hat Bauchschmerzen
   e) Eithne möchte mit ihrem Chef sprechen.
   f) Kevin hat kein Geld mehr.
   g) Kevin entschuldigt sich bei seiner Tante.
   h) Eithne hat einen Sonnenbrand auf der Nase.
   i) Martin hat einen Kater.
   j) Siobhán geht zur Reinigung.
   k) Eithnes Pullover kommt ganz klein aus der Waschmaschine.

3. *Was haben diese Menschen gemacht, um in Irland berühmt zu werden?*

   z. B. Stephen Roche → *Er hat 1987 die Tour de France gewonnen.*

   a) Gay Byrne
   b) Bob Geldof
   c) Sir Walter Raleigh
   d) Countess Markievicz
   e) St. Patrick
   f) Ronnie Delany
   g) Dana
   h) Liam Neeson
   i) Neil Jordan
   j) Jack Charlton
   k) Seamus Heaney
   l) Pierce Brosnan
   m) James Joyce
   n) Michael Flatley
   o) Mairead Corrigan & Betty Williams

4. *Stellen Sie sich vor, Sie sind in Deutschland und niemand versteht Englisch. Überlegen Sie sich, was Sie in den folgenden Situationen sagen würden und schreiben Sie es auf.*

   z. B. A civil servant asks you when you finished school. What do you tell him/her?
   → *Ich habe 1999 Abitur gemacht.*

   a) Your German friends would like you to go to the pub with them. Decline and tell them that you have been working all day and are very tired.
   b) Your German friend asks how you enjoyed the movie which was on the previous night. Tell him/her that you didn't see the movie because you were so tired that you fell asleep.
   c) Your German friend claims that you look very tired. Agree and tell him/her that you only went to bed at 4 o'clock in the morning because you were studying for an exam.
   d) Your German friends want you to go to the pub with them. Tell them that you are unable to, you spent too much money the previous week.
   e) The people with whom you share your flat think it's your turn to wash the dishes. Tell them that you washed them 5 times the previous week.
   f) A civil servant wants to know when and where you were born. What do you tell him/her?
   g) Your German friends wonder why you are late. Tell them that you missed your bus.
   h) You would like to get the student reduction for a museum but you left your student card at home. Put your case to the lady at the counter.
   i) Your German friends wonder what the party you went to the previous night was like. Tell them that you had a lot of fun and met many interesting people.
   j) Tell your German friends for how long you studied Irish.

"Das habe ich getan," sagt mein Gedächtnis. "Das kann ich nicht getan haben" – sagt mein Stolz und bleibt unerbitterlich. Endlich – gibt das Gedächtnis nach.

(Friedrich Nietzsche)

5. *Was hat sich in Irland in den letzten Jahrzehnten geändert? Wie ist es früher gewesen?*

   z. B. Heute bekommen die Kinder in der Schule keine Schläge mehr. Früher haben die Lehrer Kinder mit dem Stock geschlagen.

   > Home is a very good place for a wife. It is cheaper for her to be there than wandering around the shops and she will come to far less harm in the kitchen, parlour, boudoir, drawingroom or salon than in a bookmaker's office or in a cocktail bar. ... While she is there she cannot very well be killed in a lift or crushed in a revolving door ... The only serious danger which threatens her there is that she may set herself on fire.
   > *Irish Times*, July 12th, 1938

   a) Heute finden die meisten Hochschulabsolventen und -absolventinnen Stellen in Irland.
   b) Heute leben Männer und Frauen auch ohne Trauschein zusammen.
   c) Heute gehen viele Frauen arbeiten, auch wenn sie verheiratet sind und Kinder haben.
   d) Heute fahren viele Leute mit dem Auto zur Arbeit.
   e) Heute machen viele Iren Urlaub im Ausland.
   f) Heute benutzen auch Männer Kosmetik.
   g) Heute tanzen die jungen Leute in einem Club.
   h) Heute trinken die Frauen auch Pints.

6. *Stellen Sie sich vor, Sie üben einen von diesen Berufen aus. Sie kommen abends nach Hause und erzählen Ihrem/Ihrer Partner/in, was Sie den ganzen Tag über gemacht haben.*

   a) Dozent/in
   b) Zahnarzt/ärztin
   c) Schauspieler/in
   d) Garda/Polizist/in
   e) Rockstar
   f) Fotomodell
   g) Journalist/in
   h) Kneipenbesitzer/in
   i) Taxifahrer/in

7. *Was haben Sie noch nie getan, möchten es aber gerne mal tun (wenn Sie Zeit und/oder Geld hätten)? Was fällt Ihnen zu diesen Themen ein?*

   z. B. Mode ➤ Ich habe mir noch nie die Haare gefärbt.

   a) Essen
   b) Sportarten
   c) Getränk
   d) Einkaufen
   e) Ausgehen
   f) Filme
   g) Urlaub
   h) Besichtigungen
   i) Buch
   j) Hausarbeit

8. *Wann ist das passiert? Benutzen Sie die vagen Zeitangaben.*

   z. B. Wann haben Sie heute Morgen mit dem Frühstück begonnen? ➤ *So um viertel acht.*

   a) Wann hat heute früh Ihr Wecker geklingelt?
   b) Wann sind Sie aufgestanden?
   c) Wann waren Sie mit dem Frühstück fertig?
   d) Wann haben Sie Ihre Wohnung/Ihr Haus verlassen?
   e) Wann sind Sie in Ihrer Hochschule angekommen?
   f) Wann hat die erste Unterrichtsstund/die erste Vorlesung begonnen?
   g) Wann haben Sie aufgehört zuzuhören?
   h) Wann hat die erste Unterrichtsstunde/die erste Vorlesung geendet?
   i) Wann haben Sie Frühstückspause gemacht?
   j) Und wie viel Uhr ist es jetzt?

9. *Was haben Sie (nicht) gemacht? Benutzen Sie Reflexivverben.*

   z. B. Ihre Haare sind nass. ➤ *Ich habe mich nicht geföhnt./Ich habe mir nicht die Haare geföhnt.*

   a) Ihre Hände sind schmutzig.
   b) Ihr Finger blutet.
   c) Sie haben einen Ferienjob bei einer deutschen Firma bekommen.
   d) Sie haben Schnupfen und Husten.
   e) Sie kommen zu spät zur Arbeit.
   f) Ihre Hände sind nass.
   g) Ihre Haare sind sehr unordentlich.
   h) Ihr/e Zahnarzt/Zahnärztin kritisiert Sie.

10. *Welches Reflexivpronomen fehlt?*

    z. B. Sie hat ~~sich~~ um die Stelle in dem Hotel beworben.

    a) Kannst du _____ an den Fall der Mauer erinnern?
    b) Wir haben _____ schnell umgezogen.
    c) Haben Sie _____ die Hände gewaschen?
    d) Hast du _____ den Computer gekauft?
    e) Warum habt ihr _____ nicht beeilt?
    f) Ich habe _____ schrecklich gelangweilt.
    g) Er wundert _____ , wo seine Freunde bleiben.
    h) Freust du _____ ?
    i) Darf ich _____ vorstellen, mein Name ist Gabi Roth.
    j) Katrin und Lara haben _____ im Dunkeln gefürchtet.

Kapitel 4:
Ämter, Arbeit und Ausländer

A: Von einem Amt zum anderen

A1: Sehen Sie sich die Bilder an. Was macht man an diesen Orten?

A2: Hören Sie die kurzen Dialoge und entscheiden Sie, auf welchem Amt oder in welcher Institution Eithne, Martin, Siobhán und Kevin sind.

Hörszene 1: Eithne ist ...
Hörszene 2: Siobhán ist ...
Hörszene 3: Kevin ist ...
Hörszene 4: Martin ist ...
Hörszene 5: Kevin ist ...
Hörszene 6: Eithne ist ...
Hörszene 7: Martin ist ...
Hörszene 8: Kevin ist ...
Hörszene 9: Eithne ist ...

A3: Hören Sie die Dialoge noch einmal und notieren Sie, warum die vier an diesen Orten sind.

ÄMTER, ARBEIT UND AUSLÄNDER 69

A4: Der folgende Plan dient als Lageplan für alle diese Institutionen und Ämter. Hören Sie die Dialoge noch einmal und zeichnen Sie ein, wie die vier gehen müssen. Sie stehen an der Auskunft.

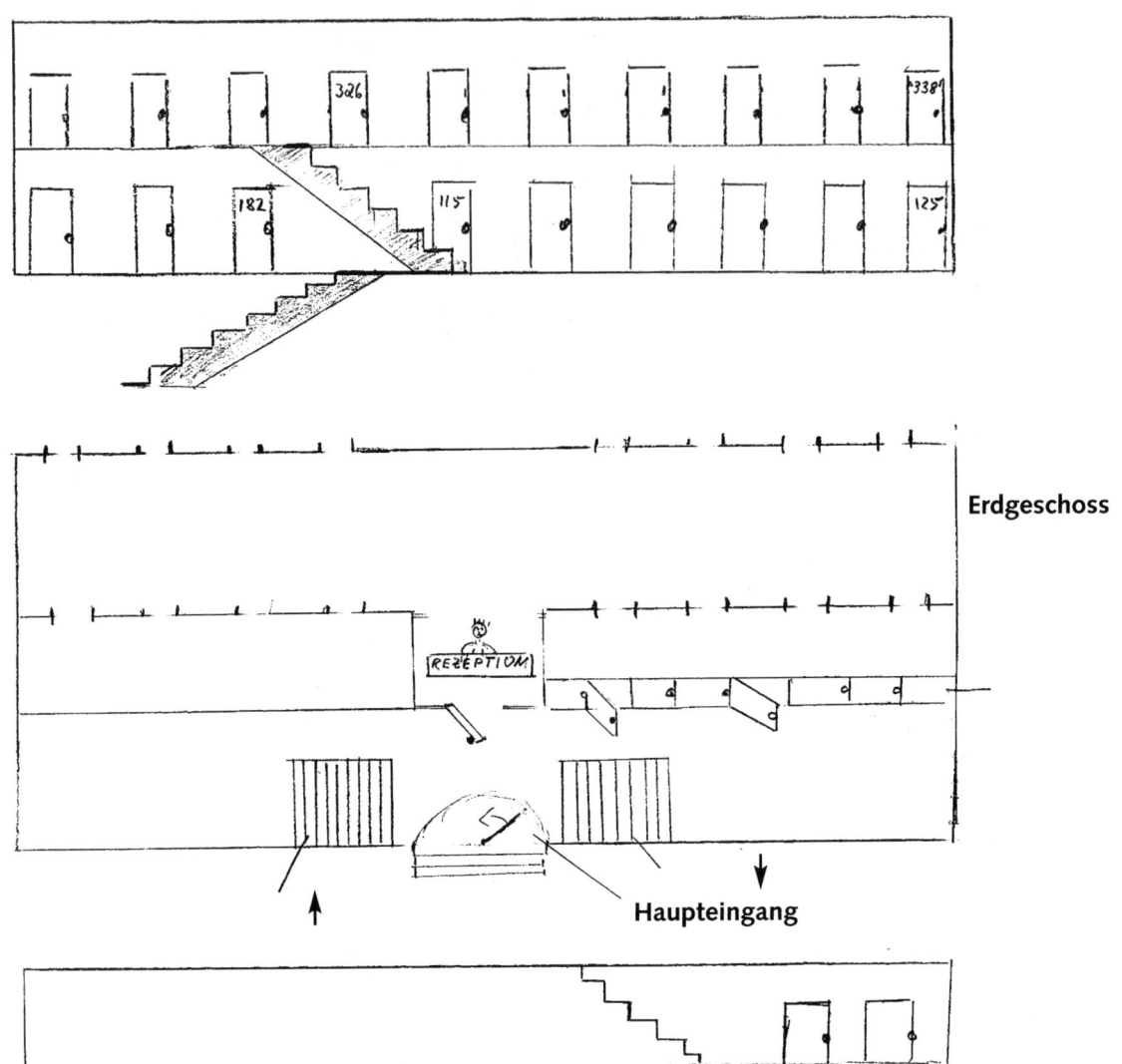

A5: Hören Sie die Dialoge noch ein- oder zweimal und notieren Sie die Redemittel für Wegbeschreibungen.

B: Modal verbs

B1: The short dialogues in A contain a lot of modal verbs. How are they being used in a sentence? Fill in the missing modal verb forms in the table on the next page. With the help of the forms already given you can figure out the rest.

→ S. 314

modal verbs in the present tense	dürfen	müssen	wollen	sollen	können	subjunctive II of "mögen"
ich	darf				kann	
du			willst			möchtest
er, sie, es, man		muss		soll		
wir						möchten
ihr			wollt			
sie				sollen		
Sie	dürfen	müssen			können	

B2:

Beachten Sie:
„nicht müssen": not having to, not being obliged to, not being required to
„nicht dürfen": not being allowed to, being forbidden to

„Nicht sollen", „nicht müssen" oder „nicht dürfen"? – Setzen Sie das richtige Verb ein.

a) „Musst du die Musik so laut stellen?" – „Nein, ich _____ nicht, aber ich will."

b) Du _____ nicht mit dem Essen auf mich warten. Ich komme sicher spät nach Hause.

c) „Muss ich vorher anrufen?" – „Nein, das _____ Sie nicht, Sie können einfach so vorbeikommen."

d) „Brauche ich eine Aufenthaltserlaubnis?" – „Oh ja, ohne eine Aufenthaltserlaubnis _____ Sie die Stelle nicht antreten."

e) Du _____ nicht so viel Alkohol trinken, du willst doch noch fahren!

f) „Beißt der Hund?" – „Nein, vor dem Hund _____ Sie wirklich keine Angst haben."

B3: Drücken Sie diese Sätze mit Hilfe von Modalverben aus.

z. B. Ist es notwendig, eine Gepäckversicherung abzuschließen? ➔ *Muss man eine Gepäckversicherung abschließen?*

a) Siobhán hat den Wunsch, später in Deutschland zu arbeiten.
b) Kevin hat die Chance, in Mannheim zu studieren.

c) Hast du die Möglichkeit, ein Praktikum in Deutschland zu machen?
d) Wir planen, mit dem Schiff zu fahren.
e) Es ist Pflicht, sich in Deutschland anzumelden.
f) Die Dame an der Rezeption hat mir gesagt: „Gehen Sie in Zimmer 121."
g) Heute ist es sehr wichtig, eine oder zwei Fremdsprachen zu beherrschen.
h) Ich habe mich entschieden, Informatik zu studieren.

C: Die liebe Bürokratie

C1: *Eithne, Kevin, Martin und Siobhán haben viele Fragen. Wissen Sie die Antwort auf eine oder mehrere dieser Fragen?*

a) Martin ist sich nicht sicher, ob er sich anmelden muss.
b) Eithne weiß nicht, ob sie eine Arbeitserlaubnis braucht.
c) Kevin hat keine Ahnung, ob er eine Aufenthaltserlaubnis braucht.
d) Siobhán weiß nicht, ob sie ein Visum braucht.
e) Martin möchte wissen, ob er auch seinen Lohn bekommt, wenn er krank ist.
f) Eithne möchte wissen, welche Sozialversicherungsbeiträge sie zahlen muss und wie viel von ihrem Lohn für die Sozialversicherung abgeht.
g) Martin fragt sich, ob er auch Kirchensteuer zahlen muss.
h) Kevin weiß nicht, wie das mit der Krankenversicherung ist, wenn er in Mannheim studiert.
i) Martin würde gerne wissen, wie viel Lohnsteuer er zahlen muss.
j) Siobhán ist sich nicht sicher, ob sie Rentenversicherung zahlen muss.
k) Martin weiß nicht, ob er eine Lohnsteuerkarte braucht.

C2: *Beantworten Sie bitte die Fragen der vier mit Hilfe der folgenden Informationen:*

Meldepflicht in Deutschland

- Bei einem Ferienaufenthalt besteht keine Meldepflicht.
- Bei einem längeren Aufenthalt besteht die Pflicht, sich innerhalb von acht Tagen beim Einwohnermeldeamt anzumelden und vor dem Verlassen Deutschlands auch wieder abzumelden.
- Zusätzlich müssen Ausländer, auch EU-Bürger, ab dem vierten Aufenthaltsmonat bei der örtlichen Ausländerbehörde eine Aufenthaltserlaubnis beantragen.

Visum/Arbeitserlaubnis

EU-Bürger sind visumfrei und brauchen keine Arbeitserlaubnis.

Lohnsteuerkarte

- Das Einwohnermeldeamt stellt bei einem Aufenthalt von mehr als sechs Monaten eine Lohnsteuerkarte aus. Diese müssen Sie beim Arbeitgeber abgeben. Sie bekommen sie am Ende des Aufenthaltes wieder zurück. Diese Lohnsteuerkarte ist wichtig für die Steuererklärung, die Sie am Ende des Jahres erstellen müssen.
- Wenn Sie sich weniger als sechs Monate in Deutschland aufhalten, bekommen Sie vom Einwohnermeldeamt keine Lohnsteuerkarte. Aber Sie müssen beim Finanzamt einen Antrag auf eine Bescheinigung für beschränkt einkommensteuerpflichtige Arbeitnehmer stellen. Das Finanzamt stellt dann eine Bescheinigung aus, je nach Sachlage mit oder ohne Steuerbefreiung. Wenn Sie nicht von der Steuer befreit werden, können Sie am Ende des Jahres eine Einkommensteuererklärung abgeben.

Lohnsteuer

Ledige Arbeitnehmer (mit und ohne Lohnsteuerkarte) sind in Steuerklasse I. Ein monatlicher Arbeitslohn bis zu 1624,65 DM ist in Steuerklasse I lohnsteuerfrei. Der Eingangssteuersatz liegt bei 23,9%, danach steigt der Steuersatz progressiv an, der Höchstsatz liegt bei 53%. (Stand: 2000)

Kirchensteuer

- Beschränkt steuerpflichtige Arbeitnehmer sind nicht kirchensteuerpflichtig.
- Unbeschränkt steuerpflichtige Arbeitnehmer müssen Kirchensteuer zahlen (8% von der Lohnsteuer), wenn sie Mitglied einer Religionsgemeinschaft sind, die Kirchensteuer erhebt.

Lohnfortzahlung im Krankheitsfall

Lohnfortzahlung im Krankheitsfall gibt es bei der Ferienbeschäftigung von Studenten grundsätzlich nicht. Entscheidend ist aber der jeweilige Arbeitsvertrag.

Sozialversicherung

In Deutschland gibt es gesetzlich festgelegte Beiträge zu den Sozialversicherungen (Krankenversicherung, Rentenversicherung, Pflegeversicherung und Arbeitslosenversicherung). Arbeitgeber und Arbeitnehmer zahlen jeweils die Hälfte der Beiträge. Die derzeit gültigen Beitragssätze sind (Stand: September 1999):

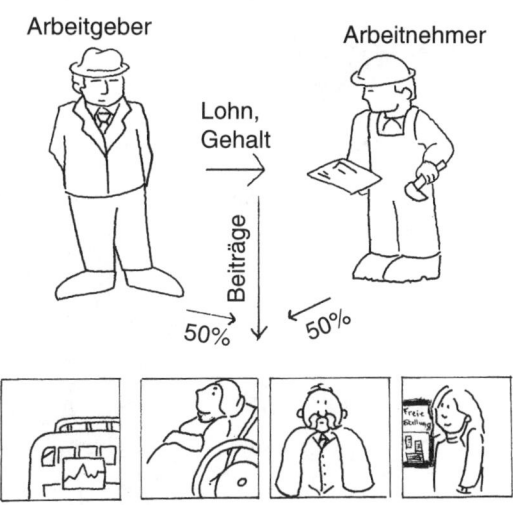

- 13,9% des Lohns oder Gehalts für die Krankenversicherung (Barmer Ersatzkasse); die Beiträgssätze variieren von Krankenkasse zu Krankenkasse
- 1,7% des Lohns oder Gehalts für die Pflegeversicherung
- 19,5% des Lohns oder Gehalts für die Rentenversicherung
- 6,5% des Lohns oder Gehalts für die Arbeitslosenversicherung

- Immatrikulierte Studenten, die nicht mehr als 20 Stunden pro Woche arbeiten, sind von der Kranken-, Pflege- und Arbeitslosenversicherung befreit. Während der Semesterferien gilt das auch bei Vollzeitarbeit.
- Rentenversicherungspflichtig sind Studenten, die während des Semesters mehr als 15 Stunden pro Woche arbeiten und dabei mehr als 620 DM im Monat verdienen. Während einer Ferienarbeit, die bis zu zwei Monaten dauert, sind Studenten dagegen rentenversicherungsfrei.
- Rentenversicherungspflicht besteht nicht, wenn die Studenten ein Praktikum absolvieren, das als Teil ihres Studiums vorgeschrieben ist.
- Ausländische Studenten, die in Deutschland studieren, müssen keine Krankenversicherung zahlen, wenn sie einen Internationalen Krankenschein (E 111) haben.

D: Erfahrungen auf dem Arbeitsamt

D1: Sehen Sie sich die Bilder und die Grafik an. Aus welcher Zeit stammen sie? Was erfahren Sie über diese Zeit?

Käthe Kollwitz

Zeit zwischen den Weltkriegen/Weltwirtschaft und Wirtschaftskrise (1919–1939)

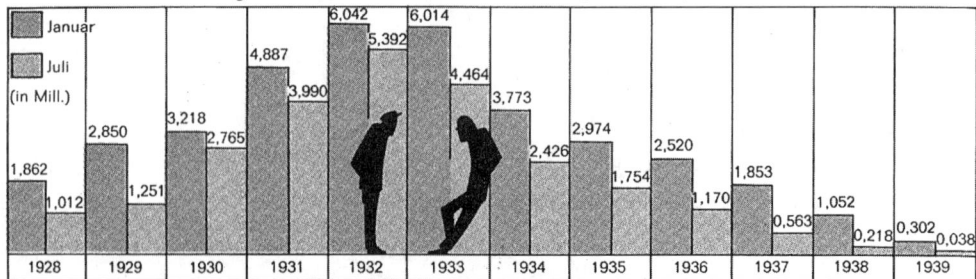

Die Entwicklung der Arbeitslosigkeit in Deutschland 1918–1939

> D2: *Fabian wohnt in der Schaperstraße Nr. 17 (Nähe Nürnberger Platz) in Berlin. Eines Morgens geht er zum Arbeitsamt seines Bezirks. Lesen Sie, wie es ihm dort ergangen ist.*

Nachdem er drei Beamte absolviert hatte, das heißt nach zwei Stunden, erfuhr er, daß er fehl am Ort sei und sich an eine westliche Filiale zu wenden habe, die speziell für Büroangestellte bestimmt war. Er fuhr mit dem Autobus zum Wittenbergplatz und ging in das angegebene Lokal. Die Auskunft war falsch gewesen. Er geriet mitten in eine Schar arbeitsloser Krankenschwestern, Kindergärtnerinnen und Stenotypistinnen und erregte, als einziger männlicher Besucher, die größte Aufmerksamkeit.

Er zog sich zurück, trat auf die Straße und fand, ein paar Hausnummern weiter, einen Laden, der wie das Geschäft eines Konsumvereins aussah, jetzt aber eben jene Filiale des Arbeitsamts darstellte, in der er sich melden sollte. Hinter dem ehemaligen Ladentisch saß ein Beamter, davor standen, in langer Kette, erwerbslose Angestellte, legten, einer nach dem anderen, die Stempelkarte vor und erhielten den erforderlichen Kontrollvermerk.

Fabian war erstaunt, wie sorgfältig diese Arbeitslosen gekleidet waren, manche konnten geradezu elegant genannt werden. . . . Vermutlich verbanden die Leute den morgendlichen Gang zur Stempelstelle mit einem Bummel durch die vornehmen Geschäftsstraßen. Vor den Schaufenstern stehen zu bleiben, kostete noch immer nichts, und wer wollte erkennen, ob sie nichts kaufen konnten oder ob sie es nur nicht wollten? Sie trugen ihre Feiertagsanzüge, und sie taten recht daran, denn wer hatte so viele Feiertage wie sie? . . .

Fabian las die Drucksachen, die an den Wänden hingen. . . . Es war verboten, Umsteigebillets der Straßenbahn von den Erstinhabern zu übernehmen und weiter zu benutzen. Es war verboten, politische Debatten hervorzurufen und sich an ihnen zu beteiligen. Es wurde mitgeteilt, wo man für dreißig Pfennige ein ausgesprochen nahrhaftes Mittagsessen erhalten könne. Es wurde mitgeteilt, für welche Anfangsbuchstaben sich die Kontrolltage verschoben hatten. . . . Es wurde mitgeteilt. Es war verboten. Es war verboten. Es wurde mitgeteilt.

Das Lokal leerte sich allmählich. Fabian legte dem Beamten seine Papiere vor. Der Mann sagte, Propagandisten seien hier nicht üblich, und er empfehle Fabian, sich an die Stelle zu wenden, die für freie Berufe, Wissenschaftler und Künstler zuständig sei. Er nannte die Adresse.

Fabian fuhr mit dem Autobus bis zum Alexanderplatz. Es war fast Mittag. Er geriet, in der neuen Filiale, in eine sehr gemischte Gesellschaft. Den Anschlägen entnahm er, daß es sich möglicherweise um Ärzte, Juristen, Ingenieure, Diplomlandwirte und Musiklehrer handelte.

„Ich bin jetzt bei der Krisenfürsorge", sagte ein kleiner Herr. „Ich kriege 24,50 Mark. Auf jeden Kopf meiner Familie kommen in der Woche 2,72 Mark, und auf einen Tag für einen Menschen 38 Pfennige. Ich habe es in meiner reichlichen Freizeit genau ausgerechnet. Wenn das so weitergeht, fange ich nächstens an, einzubrechen."

„Wenn das so leicht wäre", seufzte sein Nachbar, ein kurzsichtiger Jüngling. „Sogar Stehlen will gelernt sein. Ich habe ein Jahr im Gefängnis gesessen. Also, es gibt erfreulichere Milieus."

„Es ist mir egal, wenigstens vorher", erklärte der kleine Herr erregt. „Meine Frau kann den Kindern nicht mal ein Stück Brot in die Schule mitgeben. Ich sehe mir das nicht länger mit an."

„Als ob Stehlen Sinn hätte", sagte ein großer, breiter Mensch, der am Fenster lehnte. „Wenn der Kleinbürger nichts zu fressen hat, will er gleich zum Lumpenproletariat übergehen. Warum denken Sie nicht klassenbewußt, Sie kleine häßliche Figur? Merken Sie noch immer nicht, wo Sie hingehören? Helfen Sie die politische Revolution vorzubereiten."

„Bis dahin sind meine Kinder verhungert."

„Wenn man Sie einsperrt, weil Sie geklaut haben, verhungern Ihre werten Herren Kinder noch rascher", sagte der Mann am Fenster. ...

„Meine Sohlen sind völlig zerrissen", sagte der kleine Herr. „Wenn ich jedesmal hierherlaufe, sind die Schuhe in einer Woche hin, und zum Fahren habe ich kein Geld."

„Kriegen Sie keine Stiefel von der Wohlfahrt?" fragte der Kurzsichtige.

„Ich habe so empfindliche Füße", erklärte der kleine Herr.

„Hängen Sie sich auf!" meinte der Mann am Fenster.

„Er hat einen so empfindlichen Hals", sagte Fabian.

Der Jüngling hatte ein paar Münzen auf den Tisch gelegt und zählte sein Vermögen. „Die Hälfte des Geldes geht regelmäßig für Bewerbungsschreiben drauf. Porto braucht man. Rückporto braucht man. Die Zeugnisse muß ich mir jede Woche zwanzigmal abschreiben und beglaubigen lassen. Kein Mensch schickt die Papiere zurück. Nicht einmal Antwort erhält man. Die Bürofritzen legen sich vermutlich mit meinem Rückporto Briefmarkensammlungen an."

„Aber die Behörden tun, was sie können", sagte der Mann am Fenster. „Unter anderem haben sie Gratiszeichenkurse für Arbeitslose eingerichtet. Das ist eine wahre Wohltat, meine Herren. Erstens lernt man Äpfel und Beefsteaks malen, und zweitens wird man davon satt. Die Kunsterziehung als Nahrungsmittel."

Der kleine Herr, dem jeder Humor abhanden gekommen zu sein schien, sagte bedrückt: „Das nützt mir gar nichts. Ich bin nämlich Zeichner."

Dann ging ein Beamter durch den Warteraum, und Fabian erkundigte sich, vorsichtig geworden, ob er Aussicht habe, hier abgefertigt zu werden. Der Beamte fragte nach dem Ausweis des regionalen Arbeitsamts. „Sie haben sich noch nicht gemeldet? Das müssen Sie vorher erledigen."

„Jetzt geh ich wieder dorthin, wo ich vor fünf Stunden die Tournee begonnen habe", sagte Fabian. Aber der Beamte war nicht mehr da.

„Die Bedienung ist zwar höflich", meinte der Jüngling, „aber daß die Auskünfte immer stimmen, kann kein Mensch behaupten."

Fabian fuhr mit dem Autobus zu dem Arbeitsamt seines Wohnbezirks. Er hatte bereits eine Mark Fahrgeld verbraucht und blickte vor Wut nicht aus dem Fenster.

Als er ankam, war das Amt geschlossen. „Zeigen Sie mal Ihre Papiere her", sagte der Portier. "Vielleicht kann ich Ihnen behilflich sein."

Fabian gab dem Biedermann das Zettelpaket. „Aha", erklärte der Türsteher nach eingehender Lektüre. „Sie sind ja gar nicht arbeitslos." ... „Sie haben bis zum Monatsende gewissermaßen bezahlten Urlaub. Das Geld haben Sie doch von Ihrer Firma erhalten?"

Fabian nickte.

„Dann kommen Sie mal in vierzehn Tagen wieder", schlug der andere vor. „Bis dahin können Sie es ja mit Bewerbungsschreiben probieren. Lesen Sie die Stellenangebote in den Zeitungen. Viel Sinn hat es nicht, aber man soll's nicht beschreien."

„Glückliche Reise", sprach Fabian, nahm die Papiere in Empfang und begab sich in den Tiergarten, wo er ein paar Brötchen verzehren wollte. Zu guter Letzt verfütterte er sie aber an die Schwäne, die mit ihren Jungen im Neuen See spazieren fuhren.

D3: Notieren Sie sich die Stationen von Fabians „Reise".

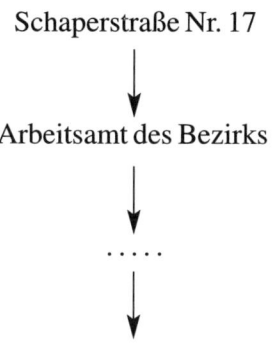

D4: Wie lange hat seine „Reise" gedauert?

D5: Welche Leute hat er getroffen? Was erfahren Sie über diese Leute?

D6: Was erfahren Sie über die Ämter und die Beamten?

D7: Woran kann man erkennen, dass der Text nicht in der Gegenwart spielt? Suchen Sie die Textstellen heraus.

D8: Was erfahren Sie über Fabian? Stellen Sie Vermutungen über ihn an.

D9: Welche Erfahrungen haben Sie mit Ämtern gemacht?

D10: Die Erstausgabe des Buches „Fabian – die Geschichte eines Moralisten" erschien 1931. Suchen Sie in Ihrer Bibliothek oder im Internet Informationen über seinen Autor Erich Kästner und schreiben Sie eine Kurzbiographie.

Erich Kästner wurde am 23. Februar 1899 in Dresden geboren. ...

E: Simple Past (Präteritum/Imperfekt)

E1: *Kästner used the simple past in his story, not the perfect tense. What is the difference between the two tenses? How do you form the simple past?*

→ S. 321/322

E2: *Read lines 7–17 of the text once more and look for the forms in the simple past. Put them into the table below:*

WEAK VERBS	STRONG VERBS	IRREGULAR WEAK VERBS
machen → er machte	kommen → er kam	kennen → er kannte

E3: *Schreiben Sie Ihren Lebenslauf im Präteritum/Imperfekt.*

F: Arbeitssuche in der heutigen Zeit

F1: *Kevin ist nach Deutschland gefahren, ohne einen Job zu haben. Jetzt sucht er Arbeit für den Sommer. Was kann er tun, um einen Job zu finden?*

F2: Was können Sie zu diesem Foto sagen? Lesen Sie den Text unter dem Foto und finden Sie heraus, was bei der Jobsuche wichtig ist.

Mit den Semesterferien hat beim Studentenservis Heidelberg der Ansturm auf die noch freien Arbeitsstellen begonnen. Bei der allgemein schlechten Lage gibt es auch Defizite für die Ferienarbeit. Besonders die gefragten Ganztagsjobs über mehrere Wochen, die viele Studierende zur Finanzierung ihres Studiums brauchen, werden rar. Eher noch sind längerfristige Anstellungen zu bekommen, die jedoch oft nicht mit der Vorlesungszeit zu vereinbaren sind. „Im Moment suchen viele Studis Fabrik- und Fließbandjobs, bei denen man die schnelle Mark machen kann. Da haben wir leider viel zu wenig," seufzt Elfriede Bergau vom Studentenservis. „Am effektivsten ist es, bereits morgens um sieben Uhr da zu sein oder auch mehrmals am Tag vorbeizuschauen. Manche Studenten kommen bereits seit über einer Woche. Wer am Ball bleibt, kriegt meist auch einen Job." Die Angebote kommen oft sehr kurzfristig, die Studenten müssen flexibel reagieren, zumal bis zu hundert Studenten pro Tag vor dem Servis Schlange stehen.

(Rhein-Neckar-Zeitung: 20. 2. 1997 und 2. 8. 1996, gekürzt und bearbeitet)

F3: Vergleichen Sie das Foto aus F2 mit diesem Cartoon. Welche Unterschiede und Gemeinsamkeiten stellen Sie fest?

F4: Schauen Sie sich die Jobangebote auf der folgenden Seite an. Was kommt für Kevin in Frage? Welche Jobs sind für ihn ungeeignet? Begründen Sie Ihre Meinung.

Gutbezahlter Job für Frühaufsteher

Liebe Studenten/Studentinnen,

für die täglich zu erstellende Presseschau bei der Knopf AG suchen wir Studenten/Studentinnen für wochentags etwa 1-2 Tage.

Falls Sie wirtschaftliche, technische und politische Themen interessieren, Sie gern früh arbeiten und nach einer spannenden Tätigkeit Ausschau halten, sind Sie bei uns genau richtig.

Wir freuen uns, wenn Sie sich unter 0621 44381-355 bei Frau Bergmann melden oder Ihre Anfrage per Fax 44381-837 an uns richten. Weiteres besprechen wir dann persönlich.

Mit freundlichen Grüßen

Dringend! Dringend! Dringend!

Ab sofort an Wochenenden für Juli – Oktober und länger weibliche Bedienung mit Erfahrung gesucht für Restaurant in Ludwigshafen, Lange Straße 53 "Zur Alten Schmiede", Tel: 0621 737642

Zwiesel GmbH
Obst-Gemüse Import Großhandlung

Wir suchen laufend Studenten für die Vermarktung einer Produktneuheit im Lebensmittelbereich. Die Arbeitszeit kann flexibel abgestimmt werden, gerne auch Ferienzeit, abends oder auch samstags. Die Bezahlung erfolgt stundenweise nach einer gewissen Einarbeitungszeit in Verbindung mit einer Provision. Ein Fahrzeug wird gestellt. Bitte informieren Sie sich unter 06204 206662.

Jobvermittlung
Stellenangebot

Sehr geehrte Damen und Herren,

wir bitten Sie um die Veröffentlichung des folgenden Stellenangebots

Studenten mit Erfahrung im Bürobereich ab 19.7.–31.8 gesucht.
Kenntnisse in EDV (Word, Excel), allgemeine Büroarbeiten
Ort: Heidelberg-Rohrbach ab DM 15,00 pro Stunde

Interesse? Dann melden Sie sich doch einfach bei:
Eulen GmbH,
Peter Riedel, 0621 812900–121

Vielen Dank im Voraus

Mit freundlichen Grüßen

Wir suchen einen **Studenten** als Ferienhelfer der kräftig zupacken kann
Rufen Sie uns einfach an
06202 / 4606

Getränke STRECK
Plankstadt, Schubertstr. 21 und Bismarkstr. 2a

Anzahl Berufsbenennung/Art der Tärtigkeit   **763 HD.**

1 M/W Tierpfleger/in (Mäuse und Ratten)

Beginn am	Uhr	Dauer Std	Tg	Wo	Lohn DM std.	tägl.	wö. brutto
füttern u. Käfige reinigen		☐	☐	☐ Tarif	☐	☐	☐

sof., bis Ende des Jahres

F5: Schauen Sie sich die Jobangebote auf dieser Seite an. Welche Arbeit würde Sie interessieren? Begründen Sie Ihre Wahl.

Dringend gesucht!

Für eine Promotionsveranstaltung eines namhaften Autohauses in Heidelberg suchen wir, natürlich gegen gute Bezahlung, dringend Studentinnen, möglichst mit Promotionserfahrung, die in der Zeit vom 12.7. - 15.7. jeweils von 8.00 - 18.00 gern für uns arbeiten möchten. Nähere Informationen erhalten Sie unter 06221 923844

Wir brauchen Verstärkung!!!

Für unsere Videoproduktion in Mannheim suchen wir für die nächsten 2-3 Wochen zuverlässige Studenten oder Studentinnen zur Verstärkung im Bereich Produktion
Meldet euch unter Tel: 0621 813733

Windheim Projekt GmbH
Neckarauerstraße 87
68764 Mannheim

Verdienen sie 150,-DM/Tag !!!
MO-FR 10-15 Uhr, Tel. 0800/1006971

Sie sind: zuverlässig, gesund, 18 - 50 Jahre alt, bereit, einige Tage (Tag und Nacht) bei uns im Institut zu verbringen.
Wir sind: ein unabhängiges Institut und führen seit vielen Jahren Arzneimitteluntersuchungen durch.
Wir bieten: für Ihre Teilnahme an einer Klinischen Studie 150,- DM/Tag bei freier Unterkunft und Verpflegung sowie eine umfassende kostenlose Untersuchung.

Institut für Klinische Pharmakologie
Bobenheim, Prof. Dr. Lücker GmbH,
Richard-Wagner-Str. 20,
67269 Grünstadt/Pfalz,

INSTITUT FÜR
KLINISCHE PHARMAKOLOGIE
BOBENHEIM
PROF. DR. LÜCKER GMBH

Jobangebot

Wir suchen für längerfristig
Filmvorführer

- Einarbeitung möglich-

Technisches Interesse,
Engagement und Flexibilität
Voraussetzung

Studenten mit Steuerkarte
bevorzugt

Atlantis-Kino (K 2, 32)
Tel.: 0621 / 1 56 38 03

Bis gleich ...

Anzahl Berufsbenennung/Art der Tätigkeit **781 Altstadt**

1 W, Verkaufshilfe Damenbekleidung

Beginn am	Uhr	Dauer			Lohn		
		Std	Tg	Wo	DM std.	tägl.	wö. brutto
Kaufhaus							
sof.		☐	☐	☐	*Tarif* ☐	☐	☐|☐

Krankheitsvertretung - voraussichtl
bis Ende Sept. - möglichst Vollzeit ad. n.V.

Breitwieser und Söhne, Lohengrinstraße 73, 68339 Mannheim

Für die Zeit sofort für ca 2-3 Wochen

Lagerarbeiten auf Anweisung
- möglichst mit kleinem Staplerführerschein
- körperlich belastbar
- rasche Auffassungsgabe
- zum Stundenlohn von DM 15,00
- Arbeitszeit 38,5 Stunden pro Woche, Mo-Fr

Wir bitten um umgehende Meldung über unsere Zentrale 0621 293838-0

F6: Entwerfen Sie eine Anzeige für Ihren idealen Ferienjob in Deutschland.

G: Arbeit auf dem Bau

G1: *Ein Landsmann von Kevin, Noel Latham, hat auf einer Baustelle in München Arbeit gefunden. Dort arbeitet er zusammen mit Benjamin Nanga, Milan Dragutinovic, Stan Slee, Michael Weiss und Seramed Balija.*

  a) *Woher kommen diese Männer Ihrer Meinung nach?*
  b) *Warum arbeiten sie auf einer Baustelle?*
  c) *Welche Probleme kann es bei der Zusammenarbeit geben?*

G2: *Lesen Sie, was Noel und zwei seiner Arbeitskollegen erzählen, und stellen Sie fest, ob Sie richtig geraten haben.*

Noel Latham

Irland ist so langweilig, da werde ich vom Erzählen schon müde. Dort gibt es nichts. Nur grüne Wiesen, Schafe und Iren. Ben glaubt mir das nicht. Und Michael auch nicht, aber der hat ja auch nie in Irland gelebt. Er würde vielleicht dort Urlaub machen und fände die Wiesen und die Schafe bestimmt ganz klasse. Wer aber dort aufgewachsen und zur Schule gegangen ist, der hat irgendwann die Nase voll von Irland. Wie ich. Deswegen bin ich hier. Gleich nach der Schule wollte ich weg, reisen, andere Kulturen kennenlernen, die Welt sehen. Auf dieser Baustelle kann ich mir prima meine Reisekasse verdienen, und außerdem bin ich endlich in Bayern. Mein älterer Bruder hatte früher immer erzählt, dass er in Bayern das beste Bier, die coolsten Clubs und die hübschesten Mädchen auf der ganzen Welt gesehen hat. Nun, wir Lathams sind neugierige Leute, also kam ich her. Das war vor neun Monaten. Und wenn ich mir das hier so ansehe, muss ich sagen: Er hatte verflixt recht. Die Mädchen, die Clubs, überhaupt die Leute hier und das Bier – herrlich! Auf der Baustelle sind alle cool. Und viel interessanter als die Leute bei uns. Ich hatte in meinem ganzen Leben noch nie einen Jugoslawen vor mir. Oder jemanden wie Ben aus dem Kamerun. Wie auch? Waren ja nur Iren in Irland.

Noel Latham, 20, kommt aus Dublin, Irland. Sein nächstes Reiseziel ist Australien.

Benjamin Nanga

Noel, der Ire, kann Skinheads auf den Tod nicht leiden. Neulich hat er gefragt, ob mir in Deutschland schon mal Neonazis auf die Nerven gegangen sind. Erst habe ich gedacht, der macht schon wieder irgendeinen Witz, wie immer, wenn er Schicht im Keller hat. Dann redet er nämlich merkwürdiges Zeug und kommt den ganzen Tag die Leiter nicht hoch. Na, jedenfalls war die Frage zur Abwechslung mal ernst gemeint. Ich sagte nur: „Klar! Andauernd! Schau mir doch ins Gesicht."

Die Neonazi-Nerverei an sich ist aber nichts Schlimmes. Es macht mir absolut nichts aus. Null. Es ist mir wirklich egal. Niemand hat mich gezwungen, hierherzukommen. Im Gegenteil. Für mich war es eine Riesenchance. In unserer Familie bin ich der einzige von zwanzig Kindern, der studieren durfte. 1991 bekam ich ein Stipendium an der TU Dresden. In München habe ich dann zu Ende studiert und letztes Jahr an die 150 Bewerbungen geschrieben – und habe leider immer noch keinen Job als Medizintechniker. Nein, und es liegt nicht an meiner Hautfarbe. Dann hätten meine Kommilitonen, und die sind zum Teil noch dunkler als ich, auch keinen Job bekommen. Haben sie aber.

Vor allem, und das sehen wir hier alle ähnlich, hat uns niemand gezwungen, auf dieser Baustelle zu arbeiten. Können Sie mir glauben. Wir lachen zwar alle gern und viel, aber so lieb haben wir uns nicht, dass ich schlecht schlafen würde, wenn ich mal nicht mit denen ein Haus renovieren dürfte.

Benjamin Nanga, 28, kommt aus Obala, Kamerun, und ist Diplom-Medizintechniker.

Milan Dragutinovic

Heute ist irgendwie nicht mein Tag, Sie entschuldigen. Hier ist so was okay, Gott sei Dank. Wenn es dir mal nicht so gut geht, wirst du in Ruhe gelassen. Das Dumme ist nur: Früher oder später wirst du hier auf den Arm genommen, wenn du nicht aufpaßt. Oder Noel kommt seine Leiter wieder nicht hoch. Egal, irgendwann müssen Sie hier trotz allem lachen. Geht nicht anders.

Seitdem ich auf dieser Baustelle arbeite, das ist jetzt beinahe ein Jahr, habe ich mehr neue Wörter gelernt als anderswo. Die werden mir aber wohl nicht viel nützen in Zukunft. Hat sowieso keinen Sinn, noch mehr zu lernen. Gestern habe ich einen Brief bekommen vom Kreisverwaltungsreferat, dass wir wegsollen. Weil der Krieg in Bosnien vorbei ist. Meine Frau, unser Sohn und ich hätten keinen Grund mehr, in Deutschland zu bleiben. Wo ich herkomme, müssen Sie wissen, ist alles kaputt. Verstehen Sie mich nicht falsch: Ich habe keine Angst, zurückzugehen. Wir haben schon einmal neu angefangen. Ich bin auch nicht böse auf die Deutschen. Dazu waren die Leute viel zu freundlich hier. Niemand hat uns in den letzten sechs Jahren das Gefühl gegeben, wir seien nicht willkommen. Alle waren hilfsbereit. Und sehen Sie: Genau deshalb verstehe ich das einfach nicht. Wir liegen doch niemandem auf der Tasche. Meine Frau ist Krankenschwester, sie arbeitet sehr gut; ihr Arbeitgeber, das Krankenhaus, würde sie gern behalten. Und ich habe diesen Job hier. Es macht Spaß, die Kollegen sind prima, man kommt ein wenig zur Ruhe, und jetzt so ein Brief! Keiner kann mir das erklären. Der Ben nicht, der aus dem Kamerun, Noel nicht, Michael nicht, und das Kreisverwaltungsreferat hat es auch nicht erklärt. Das ist fast genauso wie damals bei uns zu Hause. Als Krieg war. Das konnte uns auch niemand erklären.

Milan Dragutinovic, 29, kommt aus Duza, Bosnien. Er wohnt mit seiner Frau und seinem kleinen Sohn seit sechs Jahren in München.

(SZ – Magazin, 3.7. 1998)

H: Ausländer in Deutschland

H1: *Was sagen Ihnen diese Bilder und Textausschnitte über das Verhältnis von Deutschen zu Ausländern?*

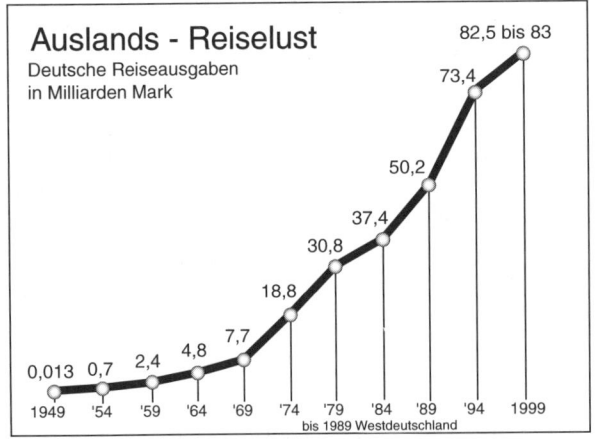

Quelle: Deutsche Bank

> Hochschulen
> Ausländer hofieren
>
> Die Universitäten gehen jetzt in die Offensive, um ausländischen Studenten den Aufenthalt in Deutschland schmackhaft zu machen ...
>
> **(Wirtschaftswoche, 40/98)**

84   DEUTSCHLAND ERLEBEN

H2: Welche Personen haben mehr, welche weniger oder keine Schwierigkeiten in Deutschland? Was glauben Sie? Begründen Sie Ihre Meinung.

- Kevin
- Bill Thomson, amerikanischer Soldat, in Deutschland stationiert
- Emine Ergüllü, in Frankfurt geboren, ihre Eltern sind 1968 aus der Türkei in die Bundesrepublik gekommen
- Eithne
- José Feirera, für 2 Jahre in die deutsche Niederlassung einer spanischen Firma versetzt
- Martin
- Shukrije Dema aus dem Kosovo, ist 1999 in die Bundesrepublik gekommen
- Milan Dragutinovic
- Noel Latham
- Nwankwo Obasanjo aus Nigeria, spricht kaum Deutsch, hat Asyl beantragt
- Jakob Schmied aus Kasachstan, Russlanddeutscher, spricht kaum Deutsch
- Takeda Shinji aus Japan, studiert Biochemie in Heidelberg
- Benjamin Nanga
- Siobhán

H3: Ein Zahlenüberblick

a) Welche Informationen liefert dieses Schaubild?

Ausländer in Deutschland

Ende 1998 lebten in Deutschland 7,32 Mio. Menschen mit ausländischer Staatsangehörigkeit

Woher sie kamen (in 1000):
Türkei: 2110
BRep. Jugoslawien: 719
Italien: 612
Griechenland: 364
Polen: 284
Kroatien: 209
Bos. Herzegowina: 190
Österreich: 185
Portugal: 133
Spanien: 131

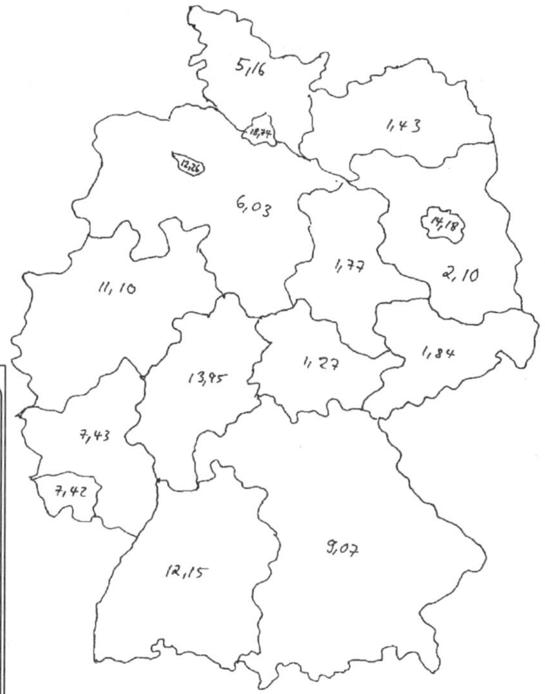

Anteil der ausländischen Bevölkerung an der Gesamtbevölkerung in den Bundesländern (in %)

Quellen: AZR/StBA/BMI

Redemittel:

Dieses Schaubild Diese Tabelle Diese Grafik Diese Statistik	beschreibt... zeigt... liefert Informationen über... enthält statistische Angaben über...
Aus dem Schaubild Aus der Tabelle Aus der Grafik Aus der Statistik	geht hervor, dass...
Dem Schaubild Der Tabelle Der Grafik Der Statistik	ist zu entnehmen, dass...

b) *Detailfragen zum Schaubild:*

  i) Welche Bundesländer hatten Ende 1998 einen hohen, welche einen niedrigen Ausländeranteil?
  ii) Gibt es Gründe für diese Verteilung?
  iii) Wie viele Ausländer lebten in Berlin?
  iv) Wie hoch war Ende 1998 der Anteil der Ausländer an der Gesamtbevölkerung?

c) *Lesen Sie nun den Text.*

Im Jahre 1994 wurden 6,99 Millionen Ausländer in Deutschland registriert. 1995 überschritt diese Zahl mit 7,17 Millionen zum ersten Mal die Sieben-Millionen-Grenze. 1996 stieg die Zahl auf 7,31 Millionen und ein Jahr später lag sie bei 7,4 Millionen. Der Anteil der Ausländer an der Gesamtbevölkerung betrug 1997 9%, im Jahr davor waren es 8,9%, 1995 lag der Anteil bei 8,8% und 1994 bei 8,6%. Die größte ausländische Volksgruppe bildeten 1997 die Türken mit 2,1 Millionen, gefolgt von Ausländern aus der BR Jugoslawien (Serbien und Montenegro, 721 029) und Italien (607 868). Etwa 50% der Ausländer leben seit über zehn Jahren, 29% seit mindestens 20 Jahren in Deutschland.

(Quellen: AZR, St BA, BMI)

  i) Füllen Sie mit Hilfe der Informationen im Text und der Informationen, die Sie bereits haben, die Tabelle aus.
  ii) Können Sie einen Trend erkennen?
  iii) Welche zusätzlichen Informationen erhalten Sie?

	1994	1995	1996	1997	1998
Zahl der Ausländer					
	8,6%				

H4: Gastarbeiter

a) *Lesen Sie diesen Text. Was erfahren Sie über Gastarbeiter?*

Mitte der fünfziger Jahre begann in der Bundesrepublik Deutschland ein wirtschaftlicher Aufschwung, der allgemein als „Wirtschaftswunder" bezeichnet wird. Gleichzeitig standen der Wirtschaft aufgrund der Verlängerung der Ausbildungsdauer, der Verkürzung der Arbeitszeit und des Aufbaus der Bunderwehr im Jahr 1955 weniger Arbeitskräfte zur Verfügung. Nach dem

Gastarbeiter Rodrigues

Bau der Berliner Mauer 1961 kamen auch keine Flüchtlinge mehr aus der DDR in die Bundesrepublik.

Daher begann die Bundesregierung ab Mitte der fünfziger Jahre, in Portugal, Spanien, Italien, Griechenland und vor allem in der Türkei Arbeitskräfte anzuwerben. Diese Menschen kamen als sogenannte Gastarbeiter nach Deutschland. Die Anwerbung der ausländischen Arbeitnehmer stieß auf allgemeine Zustimmung. 1964 wurde der einmillionste Gastarbeiter, Armado Sa. Rodrigues aus Portugal, von der Bundesvereinigung deutscher Arbeitgeber mit einem Blumenstrauß und einem Moped als Geschenk begrüßt.

(Quelle: Bundeszentrale für politische Bildung)

 b) Warum spricht man Ihrer Meinung nach in den letzten Jahren von Arbeitsimmigranten und nicht mehr so oft von Gastarbeitern?

H5: *Aussiedler*

 a) Schauen Sie sich zunächst auf den Seiten ix und x die Landkarten von Mitteleuropa in den Jahren 1871, 1919 und 1945 an. Wie haben sich die Grenzen verändert?

 b) Lesen Sie folgenden Text aus einem Geschichtsbuch und fassen Sie den Inhalt in einem Satz zusammen:

> An der Wiederbesiedlung Ungarns nach seiner Befreiung von den Türken [Ende des 17. Jahrhunderts] waren über 100.000 Deutsche beteiligt. Auch in Galizien und in der Bukowina siedelten deutsche Bauern. Und gegen Ende des 18. Jahrhunderts kamen deutsche Waldarbeiter in die Karpaten. Auch die russische Zarin Katharina II. warb deutsche Siedler an, um die weiten Steppengebiete am Schwarzen Meer zu kultivieren. Unter Katharinas Nachfolgern kamen deutsche Auswanderer auch in die Ukraine, nach Bessarabien, auf die Krim und in die Gegend um Tiflis.
>
> **(Grundzüge der Geschichte, Bd. 3)**

c) *Welche Informationen liefert dieses Schaubild?*

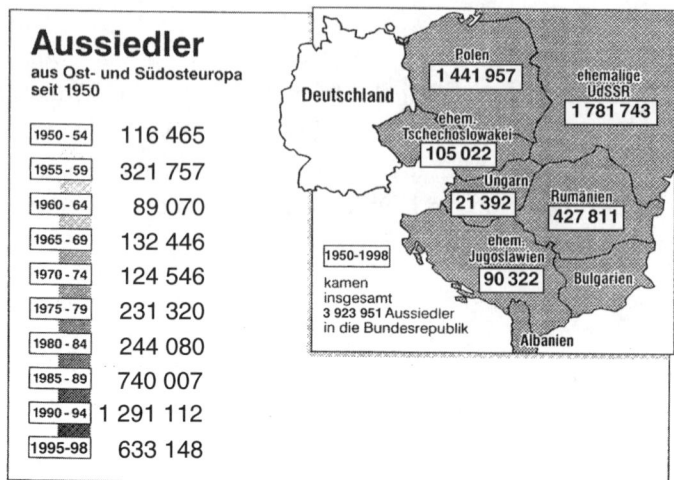

d) *Was sind wahrscheinlich die Gründe für diese Entwicklung?*
e) *Wie reagieren die Deutschen in Deutschland Ihrer Meinung nach auf die Aussiedler?*

f) *Der Beauftragte der Bundesregierung für Aussiedlerfragen hat diese Broschüre veröffentlicht. Ordnen Sie bitte die 10 Fragen den 10 Antworten zu.*

1. Warum kommen heute noch Aussiedler zu uns?
2. Sind die Aussiedler, die zu uns kommen, Deutsche?
3. Wie wird festgestellt, ob es sich um deutsche Aussiedler handelt?
4. Was will die Bundesregierung durch die Aussiedlerpolitik erreichen?
5. Wie hilft die Bundesrepublik in den Herkunftsgebieten?
6. Werden Aussiedler in Deutschland bevorzugt?
7. Kann unser Land den Zuzug bewältigen?
8. Nehmen uns die Aussiedler die Wohnungen weg?
9. Müssen wir um unsere Arbeitsplätze fürchten?
10. Wird der Zustrom der Aussiedler die Renten gefährden?

i) _____?

Durch Unterlagen und Zeugenaussagen müssen sie nachweisen, daß sie Deutsche sind.

ii) _____?

Die Bundesregierung versucht, den deutschen Minderheiten eine Alternative zur Aussiedlung zu bieten. Sie unterstützt z. B. deutschsprachige Medien, stellt Medikamente bereit und fördert die Wirtschaft und die Landwirtschaft.

iii) _____?

Viele Rußlanddeutsche haben noch immer darunter zu leiden, daß sie, nur weil sie Deutsche sind, für den Überfall Hitlers auf die Sowjetunion mitverantwortlich gemacht wurden. Viele haben sich jahrzehntelang um eine Ausreise bemüht. Das war aber erst ab 1988 richtig möglich.

iv) _____?

Die Aussiedler tragen durch ihre Sozialversicherungsbeiträge zur Finanzierung der Renten bei.

v) _____?

Die Aussiedler, überwiegend junge Familien mit Kindern, tragen zu einer ausgewogeneren Bevölkerungsstruktur bei.

vi) _____?

Die Rußlanddeutschen lebten bis 1941 in geschlossenen Siedlungsgebieten. Sie sprachen deutsch, hatten ihre eigenen Schulen und hielten Kontakt zum Mutterland. Infolge des Zweiten Weltkrieges wurden sie vertrieben und in den asiatischen Teil der ehemaligen Sowjetunion verschleppt. Um überleben zu können, mußten sie russisch lernen und sprechen. Dies ändert aber nichts daran, daß sie Angehörige der deutschen Volksgruppe sind.

vii) _____?

Aussiedler nehmen vielfach Beschäftigungen an, die einheimische Arbeitnehmer nur ungern übernehmen.

viii) _____?

Die Bundesregierung bemüht sich, die Lebensbedingungen der Deutschen in ihren heutigen Siedlungsgebieten zu verbessern. Andererseits respektiert sie die Entscheidung der Rußlanddeutschen, die aussiedeln wollen, wenn die gesetzlichen Aufnahmevoraussetzungen erfüllt sind.

ix) _____?

Die Bundesregierung fördert den sozialen Wohnungsbau. Das kommt allen zugute.

x) _____?

Aussiedler erhalten soziale Hilfen grundsätzlich in gleicher Höhe wie Einheimische.

g) Lesen Sie den folgenden Text und machen Sie anschließend eine Prognose: Wird die Zahl der Aussiedler in Zukunft weiter zunehmen oder abnehmen?

h) Besteht die Möglichkeit, dass die Nachfahren der Iren, die in den letzten 200 Jahren ausgewandert sind, zurückkommen? Wie würden die Iren in Irland darauf reagieren?

> Die Bundesregierung hat 1996 einen Sprachtest eingeführt, um die Deutschkenntnisse der Aussiedler schon im Herkunftsgebiet durch deutsche Beamte zu prüfen. Diese Sprachtests können gemäß dem geltenden Recht nicht wiederholt werden, denn es handelt sich um eine Statusprüfung, d.h eine Prüfung ihrer Rechtsposition als Deutsche. Rund ein Drittel der Bewerber besteht den Sprachtest nicht, weil die gesetzlich vorgeschriebenen Deutschkenntnisse nicht vorhanden sind.
> **(Quelle: BMI)**

H6: Asylbewerber

a) Welche Informationen können Sie dieser Grafik entnehmen?

b) Aus welchen Ländern kommen die Asylbewerber Ihrer Meinung nach?

c) Warum verlassen sie ihre Heimat?

d) Warum hat man Ihrer Meinung nach das Recht auf Asyl 1949 in der Verfassung verankert?

e) Warum hat man es 1993 neu geregelt?

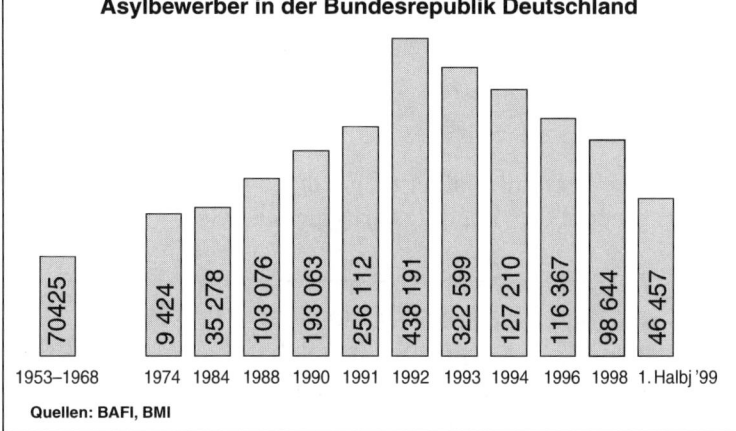

Asylbewerber in der Bundesrepublik Deutschland

1953–1968	1974	1984	1988	1990	1991	1992	1993	1994	1996	1998	1. Halbj '99
70425	9 424	35 278	103 076	193 063	256 112	438 191	322 599	127 210	116 367	98 644	46 457

Quellen: BAFI, BMI

> Auszug aus dem Grundgesetz für die Bundesrepublik Deutschland:
>
> Artikel 16a
> [Asylrecht]
>
> (1) Politisch Verfolgte genießen Asylrecht.
>
> Neuregelung des Asylrechts im Jahre 1993:
> Kein Asylrecht genießt, wer aus Ländern der EU oder einem Staat einreist, in dem die Anwendung der Genfer Flüchtlingskonvention und die Europäische Menschenrechtskonvention sichergestellt ist.
> (§ 29a Asylverfahrensgesetz Sichere Herkunftsstaaten)

H7: Abschließende Fragen zum Thema „Ausländer in Deutschland"

a) Warum ist es schwierig, einfach nur von „den Ausländern in Deutschland" zu sprechen?

b) Was würde wohl passieren, wenn von heute auf morgen alle 7,32 Millionen Ausländer Deutschland verlassen würden?

c) *Welche Vorurteile existieren gegenüber Ausländern in Deutschland? Was glauben Sie?*

Ausländerfeindlichkeit Festnahmen in Magdeburg
(Frankfurter Rundschau, 3. 12. 1998)

Molotow-Cocktails gegen Asylbewerber
(Süddeutsche Zeitung, 19. 1. 1999)

Angriffe auf Ausländer in Ostdeutschland.
(Süddeutsche Zeitung, 3.1.2000)

Ausländerfeinde als Täter vermutet Libanese nach Überfall in Lebensgefahr
(Süddeutsche Zeitung, 23. 3. 1999)

H8: *Und wie ist die Situation in Irland?*

a) *What do the following have in common?*

St. Patrick, the founder of Irish Christianity; Jonathan Swift, one of the greatest Irish writers; Frances Sheridan, the first substantial Irish woman novelist; James Gandon, Dublin's greatest architect; Charles Stewart Parnell and his sister, Anna, leaders of Irish politics and land agitation in the 19th century; Patrick Pearse and James Connolly, leaders of the 1916 Rising; James Larkin, creator of modern Irish trade unionism; Erskine Childers, Irish nationalist revolutionary, and his son, Erskine, a much-respected president; John Henry Newman, effectively the founder of what is now Ireland's largest university, UCD; Eamon de Valera, the dominant political figure of post-independence Ireland; Jack Yeats, the greatest modern Irish painter; Maud Gonne, his brother's muse; Seán McBride, co-founder of Amnesty International; Paul McGrath, the greatest contemporary Irish soccer player; Mick McCarthy, manager of the Irish soccer team?

(The Irish Times, 27. 3. 1998)

b) *Astrid hat diese Namen noch nie gehört. Sie fragt Eithne, wer diese Personen sind. Antworten Sie anstelle von Eithne.*

   z. B. St. Patrick war der Begründer des irischen Christentums.

c) *Zu Ihrer Information*

Between the early 19th century and the establishment of the Irish Free State in 1921-22, as many as seven million people emigrated from Ireland to North America.

(The Irish Times, 17. 1. 1998)

d) Astrid fragt Eithne, wie die Situation für Ausländer in Irland ist. Antworten Sie anstelle von Eithne.

Asylum-seekers call for tolerance after racist 'hatred call'
(The Irish Times, 19. 11. 1999)

Security guards beat Irish youth because of skin colour
(The Irish Times, 20. 3. 1999)

Welcome to Dublin, unless you're black
(The Irish Times, 24. 4. 1999)

Zusätzliche Übungen

1. *Wie soll der/die ideale Deutschlehrer/in sein? Was soll er oder sie machen? Sammeln Sie so viele Aussagen wie möglich. Und wie soll sich der/die ideale Student/in in den Augen der Deutschlehrer/innen verhalten?*

2. *Was muss der/die Student/in von heute einfach haben, um „echt cool" zu sein?*

3. *Wie sollen sich Eltern verhalten, deren Kinder schon studieren?*

4. *Drücken Sie die Anweisungen auf den Schildern anders aus.*

   z. B.  → *Man darf hier nicht rauchen.*

```
Studenten-Zeitarbeit
     Vermittlung

Öffnungszeiten
Mo-Fr. 7.00-12.00 Uhr
Mo/Di/Do auch 13.00 -
15.00 Uhr

Vorsprache bitte nur
    mit gültigem
   Studentenausweis
```

Bei Ärger zusammenknüllen und in die Ecke schmeißen!!

5. Werner Miesepeter braucht Ihren Rat. Was kann/soll/muss er in folgenden Fällen (nicht) tun?

z. B. Er möchte mit seinen Eltern Streit bekommen. ➤ Er soll nicht im Haushalt helfen. Er kann nachts oft wegbleiben usw.

a) Er möchte bei einer Prüfung durchfallen.
b) Er möchte zunehmen.
c) Er möchte keinen Ferienjob bekommen.
d) Er möchte möglichst wenig Leute kennen lernen.
e) Er möchte seine Gesundheit ruinieren.
f) Er möchte sich unbeliebt machen.
g) Er möchte möglichst wenig Deutsch lernen.

Es ist nicht genug zu wissen, man muß auch anwenden; es ist nicht genug zu wollen, man muß auch tun.
(Johann Wolfgang Goethe)

6. „mögen", „möchten" oder „etwas gerne machen"? Übersetzen Sie.

z. B. Kevin likes his aunt. ➤ Kevin mag seine Tante.   ➔ S. 314/337

a) Siobhán would like to work in Germany after her studies.
b) Eithne likes going to the cinema.
c) Do you like chocolate ice cream?

- d) Martin doesn't like getting up early.
- e) "Would you like some coffee?" – "No, thank you, I don't like coffee, but do you have some tea?"
- f) "Do you like flying?" – "No, I don't really like it."
- g) Do you think they like each other?

7. *Berufswünsche – Petra, Studentin in Heidelberg, erzählt.*

   Als ich sechs war, wollte ich Balletttänzerin werden.
   Als ich acht war, wollte ich Krankenschwester werden.
   Als ich elf war, wollte ich Pilotin werden.
   Als ich sechzehn war, wollte ich Politikerin werden.
   Als ich neunzehn war, wollte ich Schriftstellerin werden.
   Als ich zweiundzwanzig war, wollte ich Journalistin werden.
   Und heute, heute weiß ich nicht mehr, was ich werden möchte.

   Und Sie?

8. *Das 20. Jahrhundert: Welches Verb im Präteritum/Imperfekt fehlt?*

   z. B. 1998 *gewann* Frankreich die Fußballweltmeisterschaft.

| bauen | beginnen | bekommen | betreten | enden | erreichen |
| fallen | fliegen | ~~gewinnen~~ | kommen | sinken | übergeben |

- a) 1903 _____ Marie Curie für die Erforschung der Radioaktivität als erste Frau den Nobelpreis für Physik.
- b) 1911 _____ der Norweger Roald Amundsen als erster Mensch den Südpol.
- c) 1912 _____ die Titanic.
- d) 1918 _____ der Erste Weltkrieg.
- e) 1927 _____ Lindbergh von New York nach Paris.
- f) 1933 _____ Hitler an die Macht.
- g) 1939 _____ der Zweite Weltkrieg.
- h) 1945 _____ Atombomben auf Hiroshima und Nagasaki.
- i) 1961 _____ die DDR die Mauer.
- j) 1969 _____ Neil Armstrong als erster Mensch den Mond.
- k) 1997 _____ Großbritannien Hongkong an China.

9. *Wie war das Studentenleben in Irland vor 30 oder 40 Jahren? Fragen Sie Personen, die damals Student(inn)en waren.*

10. *Kennen Sie sich in der irischen Geschichte aus? – Wann war das?*

    z. B. Irlands Beitritt zur EU → Irland trat 1972 der EU bei.

    a) Besuch des Papstes in Irland
    b) Osteraufstand
    c) Präsidentschaft von Mary Robinson
    d) Bombenexplosion in Omagh
    e) Sendebeginn von TG4
    f) Ausbruch von Unruhen in Nordirland
    g) zwei Oscars für "My Left Foot"
    h) Tod Eamonn de Valeras
    i) irische Nationalmannschaft im Viertelfinale
    j) Sieg des protestantischen Königs von England, Wilhelm von Oranien, über den katholischen Monarchen Jakob II.

bekommen	erreichen	~~beitreten~~	sein	ausbrechen
sterben	explodieren	stattfinden	beginnen	
siegen	besuchen			

11. *Können Sie sich an Märchen aus Ihrer Kinderzeit erinnern? Was passierte in diesen Märchen?*

    a) Schneewittchen und die sieben Zwerge
    b) Dornröschen
    c) Hänsel und Gretel
    d) Aschenputtel
    e) Rotkäppchen
    f) Rumpelstilzchen
    g) Der Froschkönig
    h) Das häßliche Entlein

12. *Welche Sprache ist das? Beantworten Sie die Fragen.*

    a) Wis sensi ewi evi ele aus län derin deu tschlan dle ben?
    b) Gla uben si edass di ezahl deraus sie dlerw eiters teig enw ird?
    c) Wo herkom mendi emei stena uslän derin derb undes re pu blik?
    d) war umb eant ragen sovi elemen schenas ylin weste ur opa?

13. Beschreiben diese Verben ↑ oder ↓? Füllen Sie die Tabelle aus!

sinken	steigen	zurückgehen	(sich) verdoppeln
(sich) verdreifachen		fallen	abnehmen	zunehmen
(sich) halbieren	(sich) verringern	weniger werden	(sich) vervielfachen

↑	↓

14. Welche Entwicklungen hat es in Irland in den letzten Jahren gegeben: ↑ oder ↓?

   z. B. Die Zahl der Autos hat zugenommen.

   a) Häuserpreise
   b) Arbeitslosigkeit
   c) Zahl der Internetnutzer
   d) Preis von einem Pint
   e) Zahl der Bauern
   f) Telefongebühren
   g) Zahl der Nonnen und Priester
   h) Straßenverkehr
   i) Fleischverbrauch
   j) Zahl der Autounfälle

Kapitel 5:
Vom Bierbrauen und Biertrinken

A: In der Brauerei

A1: Martin hat den Job bei der Heidelberger Brauerei bekommen. Während seiner Zeit bei der Brauerei durchläuft er die verschiedenen Abteilungen und lernt dabei, wie Bier hergestellt wird. Sein Stundenlohn beträgt DM 15,00.

a) *Was sind die Aufgaben eines Brauers?*
b) *Würden Sie gerne in einer Brauerei arbeiten?*
c) *Dieses Bild zeigt die Brauerei im Jahre 1927. Was hat sich Ihrer Meinung nach seitdem geändert?*

A2:   Die Bierzutaten:

| Terminologie: | Dolde (f): fruit cone
Schaum (m): foam, head (on beer)
Kohlensäure (f): carbonic acid |

Hopfen: Der Hopfen war schon in früheren Jahrhunderten als Heilpflanze bekannt. Zum Bierbrauen nimmt man nur die Dolden der weiblichen Pflanze – sie enthalten die Bitter- und Aromastoffe. Außerdem machen sie das Bier haltbar und sie beeinflussen die Schaumstabilität.

Hefe: Hefe wird benötigt, um den Zucker in Alkohol und Kohlensäure umzuwandeln.

VOM BIERBRAUEN UND BIERTRINKEN

Wasser: Das Brauwasser spielt eine entscheidende Rolle bei der Qualität des Bieres, deshalb haben Brauereien oft eigene Brunnen oder Quellen. In vielen Fällen hat man sogar den Standort nach der Wasserqualität getroffen.

Gerste (Weizen oder Roggen für bestimmte Biersorten): Da das rohe Gerstenkorn nicht zum Brauen geeignet ist, wird die Gerste erst in Malz umgewandelt. Dies geschieht, indem man die Gerste zum Keimen bringt und danach darrt (= trocknet). Anschließend wird das Malz geschrotet (= zerkleinert).

Terminologie:	**Weizen** (m): wheat	**Roggen** (m): rye
	Gerste (f): barely	**keimen:** to germinate

A3: Der Brauvorgang

a) *Schauen Sie sich die schematische Zeichnung auf der folgenden Seite an und ordnen Sie die Textstücke den einzelnen Bildabschnitten zu.*

Terminologie:	**nachgären:** to ferment again	**reifen:** to mature	**löslich:** soluble
	Maische (f): mash	**Malztreber** (pl): malt husks	**Stärke** (f): starch
	Rückstand (m): residue	**ausscheiden:** to precipitate	**Würze** (f): wort

4 Bevor das Bier genießbar ist, muss es noch mehrere Wochen nachgären und reifen. Es wird in große Tanks im Lagerkeller umgefüllt und kommt zur Ruhe.

11 Bei der Filtration wird die letzte Hefe entfernt.

7 Die gekühlte Ware fließt nun in die Gärtanks. Dort wird Hefe hinzugegeben. Die Gärung dauert je nach Biersorte 4–8 Tage.

1 Das Bier wird in Flaschen, Dosen oder Fässer abgefüllt.

8 Anschließend werden die löslichen und unlöslichen Bestandteile voneinander getrennt, d. h. man befreit die Würze von den Malztrebern, die übrigens ein sehr gutes Futtermittel sind. In der Würze sind dann nur noch alle löslichen Stoffe des Malzkorns enthalten.

9 In einem Mischgefäß wird das Malzschrot mit Wasser vermischt. Anschließend wird diese Maische erhitzt. Dabei verflüssigen sich die sonst schwer löslichen Bestandteile des Malzschrotes. Biologisch gesehen passiert folgendes: Die Stärke des Gerstenkorns wird in vergärbaren Zucker umgewandelt.

10 Die Bierwürze läuft in die Würzepfanne und wird dort, unter Beigabe von Hopfen, etwa 1 1/2 Stunden gekocht. Je mehr Hopfen zugegeben wird, desto herber schmeckt das Bier.

2 Die Würze wird im Würzekühler auf Kellertemperatur abgekühlt, bevor sie in große Gärtanks gefüllt wird.

6 Im Whirlpool werden beim Kochen alle Rückstände ausgeschieden.

5 Das Malz wird geschrotet.

3 Flaschen und Fässer werden gründlich gereinigt und auf diese Weise immer wieder verwendet.

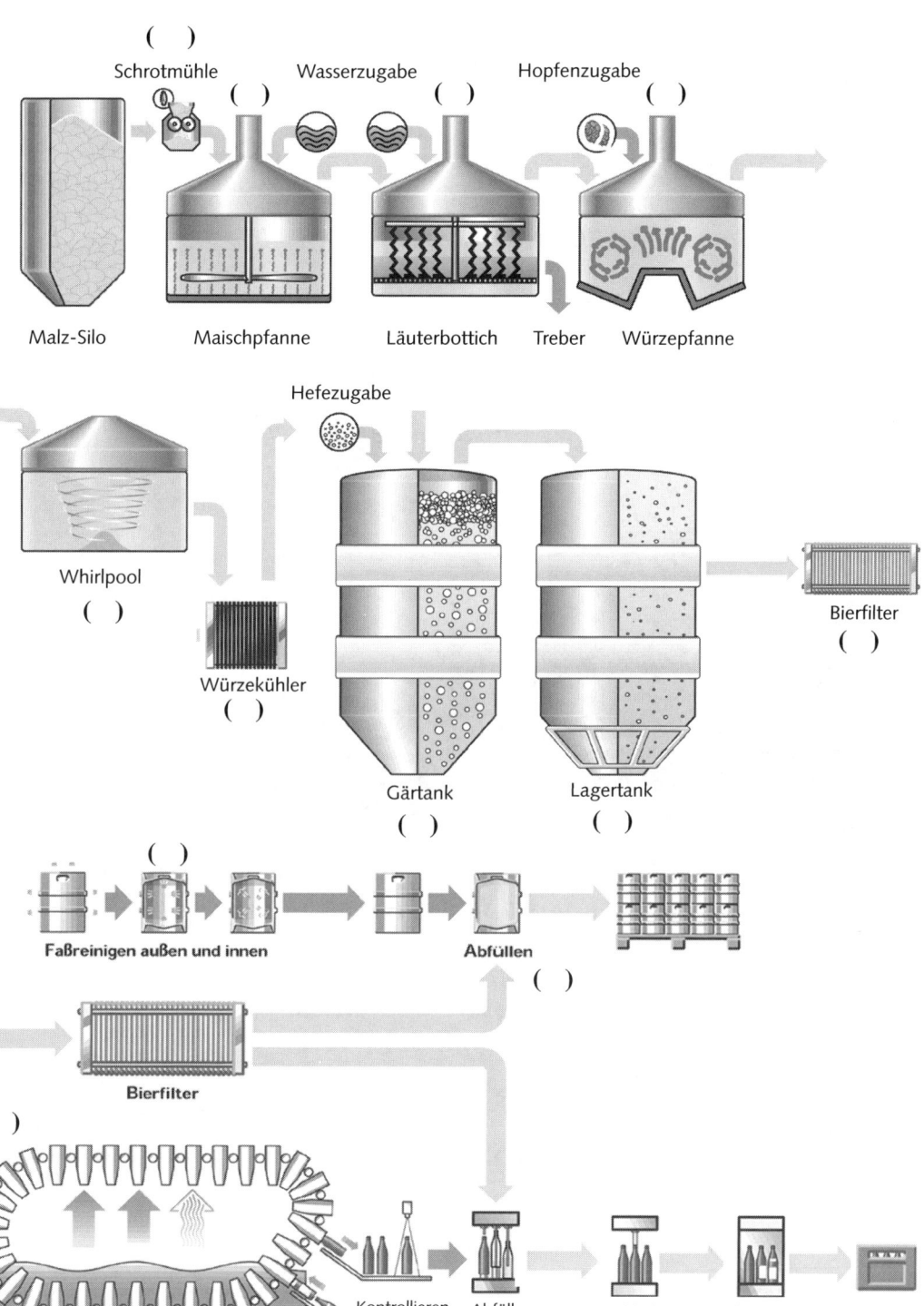

b) *Beantworten Sie folgende Fragen:*

    i) Was sind die Bierrohstoffe?
    ii) Welche Funktion hat die Hefe?
    iii) Welche Aufgaben hat der Hopfen?
    iv) Was ist Malz?
    v) Was sind Malztreber?
    vi) In welchem Gefäß entsteht Alkohol?
    vii) Wie oft werden die Bierrohstoffe erhitzt?
    viii) Ist im Bier noch Hefe enthalten?
    ix) Was geschieht bei der Gärung?
    x) Kann man gebrautes Bier sofort trinken?

c) *Warum ist Bier aus Flaschen und Fässern umweltfreundlicher als Dosenbier?*

A4: *Active and passive beer brewing*

Der Brauer braut das Bier.

Das Bier wird gebraut.

a) *Why is a sentence in the active voice used to describe the picture on the left hand side and a sentence in the passive voice to describe the one on the right hand side?*
b) *How is the passive voice formed?*
c) *Find the sentences in the passive voice in A3a.*

→ S. 348/349

> **Be careful:** Don't confuse "wurde" with "würde", see chapter 8!

A5: *Fassen Sie den Brauvorgang noch einmal zusammen: Zuerst wird das Malz geschrotet. Dann ...*

A6: *Wolfgang erklärt Martin, wie Grog gemacht wird.*

Also, zuerst werden pro Portion vier Stück Würfelzucker in ein Glas gegeben. Dann wird heißes Wasser und Rum zugegossen. Und zwar kommen auf drei Teile Wasser ein Teil Rum. Zum Schluss wird ein Spritzer Zitronensaft hineingegeben. Das Ganze umrühren und fertig ist der Grog.

Jetzt soll Martin Wolfgang erklären, wie heißer Whiskey oder heißer Portwein und Irish Coffee gemacht werden. Übernehmen Sie die Aufgabe.

A7: Besorgen Sie sich Material von einer irischen Whiskeybrennerei und beschreiben Sie, wie Whiskey hergestellt wird.

B: Deutschlands Biere

B1: Nennen Sie die Hauptpunkte in diesem Text.

> In keinem anderen Land der Erde gibt es mehr Braustätten als zwischen Nord- und Bodensee. Mehr als 1200 Brauereien offerieren etwa 5000 verschiedene Marken. Auf dem internationalen Markt spielen die deutschen Brauer aber keine große Rolle. Anheuser Busch, mit der Hauptmarke Budweiser die Nummer eins, verfügt mit etwa 105 Millionen Hektolitern nur über einen geringfügig kleineren Ausstoß als alle deutschen Brauereien zusammen. Die Importstatistik des Deutschen Brauer-Bundes weist aus, daß weniger als drei Millionen Hektoliter des deutschen Bierkonsums aus ausländischen Sudkesseln stammen. Dies entspricht einem Marktanteil von nur knapp 2 Prozent.
>
> **(Süddeutsche Zeitung, 20./21. 9. 1997, gekürzt und bearbeitet)**

B2: Welche Informationen liefert dieses Kreisdiagramm?

B3: Wissen Sie, was die Unterschiede zwischen Pils, Export, Weizen, Alt, Kölsch usw. sind? Im Internet können Sie Informationen über die verschiedenen Biersorten finden (www.bier.de; www.brauer-bund.de).

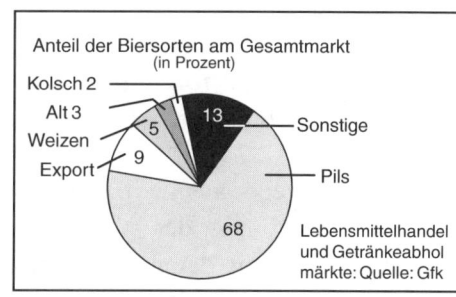

(Wirtschaftswoche 29/98)

C: Die erste lebensmittelrechtliche Verordnung der Welt

C1: Was steht auf dem Flaschenetikett? Was bedeuten diese Informationen?

VOM BIERBRAUEN UND BIERTRINKEN 101

C2: *1516 erließ der bayerische Herzog Wilhelm IV. das Reinheitsgebot für Bier.*

„Wie das Pier Summer vie Winter auf dem Land sol geschenkt und prauen werden"

„... wir wöllen auch sonderlichen das füran allenthalben in unsern Stetten, Märckthen un auff dem Lannde zu kainem Pier merer Stückh dan allain Gersten, Hopffen un Wasser genommen un gepraucht sölle werdn. ..."

a) Verstehen Sie etwas? Welche Wörter können Sie erkennen? Wie haben sich die Wörter verändert?
b) Haben sich die englische und die irische Sprache in den letzten 500 Jahren auch verändert?

C3: Lesen Sie den folgenden Text und entscheiden Sie, ob die Aussagen darunter falsch oder richtig sind.

Das Reinheitsgebot aus dem Jahre 1516 ist die älteste, heute noch gültige, lebensmittelrechtliche Verordnung der Welt. Sie sollte die Qualität des Bieres garantieren, denn der Gerstensaft war zur damaligen Zeit ein Hauptnahrungsmittel. Bis dahin wurde allerlei „teuflisches Zeug" ins Bier gemischt, um es angeblich schmackhafter und haltbarer zu machen. So wurden beispielsweise Zutaten wie Ochsengalle, giftige und berauschende Kräuter, Pech und Ruß verwendet.

Die nach dem Reinheitsgebot zugelassenen Rohstoffe zur Produktion von Bier sind: Malz, Hopfen und Wasser.

Die Hefe wurde in der mittelalterlichen Fassung des Reinheitsgebotes vermutlich nicht erwähnt, weil die Gärung durch Hefe aus der Luft ausgelöst wurde. Erst als Louis Pasteur die Nutzbarkeit der Hefe entdeckte, konnte man die Gärung des Bieres so richtig bestimmen.

Das Reinheitsgebot war zunächst nur in Bayern gültig. Seine Einhaltung wurde von offiziellen „Bier-Beschauern" laufend kontrolliert. Über die Jahrhunderte hinweg wurde es überall in Deutschland akzeptiert und galt ab 1906 in allen Gebieten des Kaiserreichs. Die Weimarer Republik übernahm das Reinheitsgebot im Biersteuergesetz sicherlich auch deshalb, weil der Freistaat Bayern 1918 erklärte, nur dann der Republik beizutreten, wenn das Reinheitsgebot im gesamten Reichsgebiet weiterhin gelte.

Auch in unserer Zeit richten sich die Brauer in Deutschland nach dem Reinheitsgebot, dessen rechtliche Begründung man im Biersteuergesetz findet. Sie tun dies nicht nur aus Gründen der Tradition, das Reinheitsgebot ist auch eine Qualitätssicherung.

Im Ausland sieht die Rohstoffliste zur Produktion von Bier oft ein wenig anders aus. Dort kann z. B. ein Teil des Malzes durch Reis oder Mais ersetzt werden. Manchmal werden auch chemische Zusätze verwendet, die in Deutschland nicht erlaubt sind. Diese Zusätze sind für Brauer ganz angenehm, weil sie meistens eine Herstellung mit geringeren Kosten ermöglichen. Darum kam es in den achtziger Jahren zu einer Diskussion um das Reinheitsgebot in der EU. Nach dem Urteil des Europäischen Gerichtshofes vom 12. 3. 1987 dürfen in Deutschland jetzt auch Biere verkauft werden, die nicht nach dem Reinheitsgebot hergestellt wurden.

- ☐ Im 16. Jahrhundert glaubte man, dass Bier ein Zeug des Teufels ist.
- ☐ Vor 1516 hat man zum Brauen manchmal Ochsengalle genommen.
- ☐ Hefe wird erst seit ihrer Entdeckung durch Pasteur zum Bierbrauen benutzt.
- ☐ Die „Bierbeschauer" waren eine frühe Form der Qualitätskontrolle.
- ☐ Wer in Deutschland nicht nach dem Reinheitsgebot braut, muss Biersteuern bezahlen.
- ☐ Außerhalb Deutschlands wird Bier manchmal mit Reis oder Mais gebraut.
- ☐ In vielen ausländischen Bieren findet man chemische Zusätze.
- ☐ Seit dem 12.3.1987 gilt das Reinheitsgebot nicht mehr, weil es dem EU-Recht widerspricht.

C4: *Welche ausländischen Biere gibt es in Irland? Wo werden sie gebraut? Entsprechen sie dem Reinheitsgebot? Studieren Sie einmal die Etiketten.*

D: Ein paar Zahlen zum Bier

D1: *Auf den Seiten 303 und 304 finden Sie Tabellen mit Daten aus der Brauwirtschaft. Nehmen Sie eine Seite, Ihr/e Lernpartner/in die andere und fragen Sie nach den Informationen, die Sie nicht haben.*

D2: *Beschreiben Sie Ihre vollständige Tabelle. Die folgenden Redemittel helfen Ihnen dabei.*

Bei (+ Dat.) **Hinsichtlich** (+ Gen.)	• steht (ein Land) an erster (zweiter, dritter, vierter . . .) Stelle • liegt (ein Land) an erster Stelle • nimmt (ein Land) den ersten (zweiten . . .) Platz ein • belegt (ein Land) den ersten (zweiten . . .) Platz	gefolgt von (Land)

z. B. Bei der Bierausfuhr steht Deutschland mit 7,719 Mio. Hektolitern an erster Stelle, gefolgt von dem Vereinigten Königreich mit 3,654 Mio. Hektolitern und Irland mit 3,2 Mio. Hektolitern.

D3: *Welche Entwicklung können Sie beim Getränkekonsum der Deutschen festellen?*

Getränkekonsum in Deutschland – Verbrauch pro Kopf (l)

	1950	**1960**	**1970**	**1980**	**1990**	**1992**	**1994**	**1996**	**1998**
Bier	35,6	94,7	141,1	145,9	142,7	142,0	138,0	131,7	131,1
Wein	4,7 1)	10,8 1)	15,3	21,4	21,9	18,4	18,0	18,2	18,2
Sekt	— 2)	— 2)	1,9	4,4	5,1	5,0	5,1	4,6	4,9
Spirituosen	2,5	4,9	6,8	8,0	6,2	7,3	6,7	6,3	6,1

ab 1992 inklusive neue Bundesländer   1) Inkl. Schaumwein.   2) nicht gesondert erhoben
Quelle: Deutsche Hauptstelle gegen Suchtgefahren

D4: *Was sagen Ihnen diese Schlagzeilen über die deutsche Brauwirtschaft? Was sind wohl die Gründe dafür?*

Weniger Braustätten, stagnierender Ausstoß/ Branche gegen Einschränkung der Alkoholwerbung
(Süddeutsche Zeitung, 17. 6. 1998)

Mit Werbung und neuem Flaschendesign für Bier versuchen die deutschen Brauereien, sich in der Krise zu behaupten.
(Wirtschaftswoche, 29/98)

Viele Brauereien stehen vor der Aufgabe
(Die Welt, 4. 2. 1999)

Demnächst Bier aus der Plastikflasche
(Süddeutsche Zeitung, 26. 1. 1999)

Bierkonsum im vierten Jahr rückläufig
(Berliner Morgenpost, 2.2. 1999)

E: Vom Kronkorken und anderen Erfindungen

E1: *Schauen Sie sich die Zeichnung an.*

a) *Welche Funktion hat ein Kronkorken?*
b) *War das Ihrer Meinung nach eine wichtige Erfindung?*

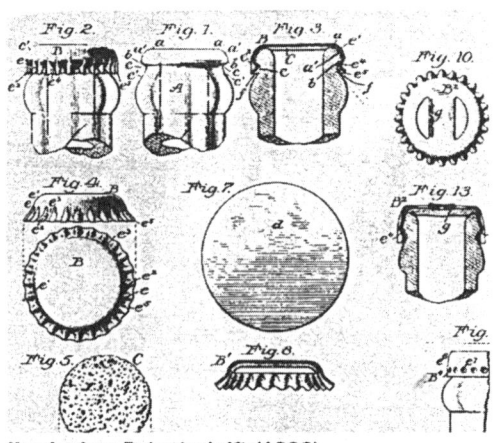

Kronkorken-Patentschrift (1892)
Rund mit 21 Zacken

c) *Glauben Sie, dass man mit der Produktion und dem Verkauf von Kronkorken Geld machen kann?*
d) *Lesen Sie den Text über den Kronkorken und bearbeiten Sie anschließend die Aufgaben.*

„Immer obenauf"

Mit den ersten 84 Erfindungen, die ihm bis zu seinem 60. Lebensjahr gelangen, hatte William Painter kein Glück. Sie blieben alle unbeachtet. Seine 85. und letzte Erfindung machte den gebürtigen Iren, der als 20jähriger nach Amerika ausgewandert war, dann doch noch zum Millionär.

Seine Gattin Alice, eine wiedergeborene Christin, die den Erfinder 1880 geheiratet hatte, schaffte es, seinen Eifer zielgerichtet auf ein Projekt mit kommerziellem Nutzen zu lenken: einen preiswerten Flaschenverschluß, der die Kohlensäure aus Getränken wie Bier oder Brause nicht entweichen ließ. Mehr als 150 Stöpselpatente gab es damals, keines taugte.

Anfangs scheiterte Painter immer wieder – bis er auf die geniale Idee mit den Zacken kam. Sie verteilten den Anpreßdruck der Metallkappe, der für einen luftdichten Abschluß notwendig ist, so gleichmäßig auf den Flaschenhals, daß dieser bei der Prozedur nicht zersprang. Außerdem war das Verfahren maschinengeeignet und so billig, daß ein Kronkorken auch heute nicht mehr als einen Pfennig kostet.

1892 wurde ihm auf seine Erfindung unter der Artbezeichnung „Crown Cork" das US-Patent No. 468 258 erteilt – in den 100 Jahren seither eroberte Painters Kronkorken die Flaschen dieser Welt.

Kein Getränkeverschluß wird so häufig verwendet wie das aus Weißblech gefertigte Rund mit den 21 Zacken. Weltweit werden jedes Jahr rund 50 Billionen Kronkorken auf Flaschen gepreßt, allein in Deutschland waren es im letzten Jahr über 20 Milliarden Stück.

Ende 1892 hatte der Erfinder in Baltimore die Crown Cork & Seal Company gegründet. Dort herrschte noch viele Jahrzehnte nach Painters Tod ein fideles Betriebsklima, das seiner irischen Wesensart entsprach: „Wenn zum Beispiel Weihnachten auf einen Donnerstag fiel, begannen die Partys schon am Montag. Und was wurde da getrunken", erinnert sich der alte Frank Field, der 41 Jahre lang als Chemiker bei Crown Cork gearbeitet hat.

Inzwischen ist das Unternehmen einer der größten Hersteller von Abfüllanlagen, Getränkedosen und, natürlich, Kronkorken: vier Milliarden Dollar Umsatz, 144 Fabriken weltweit, so gut wie keine Schulden, Aktien mit stolzen Zuwächsen – der Wert eines 1956 erworbenen 100-Dollar-Aktienpakets liegt bei derzeit 41 845 Dollar.

William Painter starb 1906. Es war natürlich ein Ire, der seiner Erfindung ein Denkmal setzte: „So ein Kronkorken hat die beste aller Existenzen", meinte der Dubliner Schriftsteller Brendan Behan, „stets obenauf und unter sich immer eine volle Flasche."

(Der Spiegel 8/1992, gekürzt und bearbeitet)

i) Schreiben Sie einen tabellarischen Lebenslauf für William Painter.
ii) War er ein erfolgreicher Erfinder? Begründen Sie Ihre Meinung.
iii) Warum wurde seine 85. Erfindung so erfolgreich?

iv) Belegen Sie den Erfolg des Kronkorken an Hand von Zahlen.
v) Welches Image wird in diesem Text von den Iren gegeben?

E2: Von welchen Personen wurden die folgenden Erfindungen gemacht?
z. B. Der Computer wurde von Konrad Zuse erfunden.

Alexander Behm	Guglielmo Marconi	Alexander Graham Bell
Johannes Gutenberg	John Logie Baird Sir Charles Parsons	~~Konrad Zuse~~
Gebrüder Wright	Thomas Alva Edison	Werner von Siemens

a) Glühbirne   b) Buchdruck   c) Dynamo   d) Radio
e) Motorflugzeug   f) Fernseher   g) Echolot   h) Dampfturbine
i) Telefon   j) ~~Computer~~

E3: Suchen Sie Informationen über den Erfinder, der Sie am meisten interessiert, im Internet oder in Ihrer Bibliothek und berichten Sie den anderen in Ihrer Lerngruppe.

F: Viel Wissenswertes über das Bier

F1: *Bier nach Wein, das laß sein! Wein nach Bier, das rat' ich dir!* (Trinkregel)

a) Was soll man (nicht) machen?
b) Was halten Sie von dieser Trinkregel?
c) Pay attention to the spelling of "Bier" and "Wein". How do you pronounce the 2 words?

   Apply this to the following words: Brie–Brei,   schrieben– schreiben

d) Listen to the words on the tape and tick which one you hear.

☐ zeigen – ☐ Ziegen   ☐ Wien – ☐ Wein
☐ blieben – ☐ bleiben   ☐ Schein – ☐ schien
☐ Wiese – ☐ weise   ☐ rieben – ☐ reiben
☐ miese – ☐ Meise   ☐ viele – ☐ Feile
☐ verziehen – ☐ verzeihen ☐ Reise – ☐ Riese

e) Listen to the words on the tape and tick the word you hear twice.

☐ Meile – ☐ Miele   ☐ schweigen – ☐ schwiegen
☐ Ziele – ☐ Zeile   ☐ entschieden – ☐ entscheiden
☐ Keil – ☐ Kiel   ☐ Miene – ☐ meine
☐ keimen – ☐ Kiemen   ☐ stiegen – ☐ steigen
☐ leider – ☐ Lieder   ☐ Liese – ☐ leise

F2: Lesen Sie den folgenden Text und beantworten Sie anschließend die Fragen:

Passionierte Biertrinker wissen es längst: Maßvoller Biergenuß ist gesund. Diese Volksweisheit hat auch eine wissenschaftliche Grundlage. Wichtige Fitmacher sind z. B. die leicht verdaulichen Kohlenhydrate des Bieres. Aus ihnen kann der Körper schnell verfügbare Energie gewinnen. Die B-Vitamine im Bier sind nicht nur wichtig für eine reine Haut und schönes Haar, sondern
5 auch für den gesamten Stoffwechsel, für Nerven, Immunsystem, Blutbildung und Sehvermögen. Die B-Vitamine gehören zu den Vitaminen, die der Körper nur in sehr geringen Mengen speichern kann. Deshalb ist es notwendig, sie täglich mit dem Essen und Trinken aufzunehmen. Bier enthält außerdem die Mineralstoffe Magnesium und Kalium, die der Körper braucht, damit Muskeln und Nerven richtig funktionieren. Kalium spielt auch bei der Regulierung des Blutdrucks eine
10 wichtige Rolle. So kann eine hohe Kaliumaufnahme den Blutdruck senken.

Hopfen gibt dem Bier nicht nur seine charakteristische Würze. Seine Inhaltsstoffe wirken als mildes, natürliches Beruhigungsmittel. ...

Unter maßvollem Alkoholkonsum verstehen die Wissenschaftler eine durchschnittliche Aufnahme von 20 bis 40 Gramm Alkohol pro Tag. Dies entspricht etwa einem halben bis
15 einem Liter Bier. Auf einer wissenschaftlichen Tagung der Deutschen Akademie für Ernährungsmedizin e. V. in Freiburg wurde jedoch betont, daß für Frauen mit großer Wahrscheinlichkeit niedrigere Werte gelten. ... Wie schon Schwester Doris, Braumeisterin der Klosterbrauerei in Mallersdorf, zu raten wußte: „Bier is g'sund, solang man's net sauft."

a) Wer hat Ihrer Meinung nach den Text geschrieben?
b) Sind die meisten Iren maßvolle Biertrinker? Was glauben Sie?
c) Sagen Sie mit Ihren eigenen Worten, was Schwester Doris gemeint hat.
d) Warum ist maßvoller Biergenuss gesund? Füllen Sie die folgende Tabelle aus:

Wirkstoff im Bier	positive Wirkung auf

F3: Interpretieren Sie dieses Schaubild.

F4: Von Katzen, Katern und anderen Tieren

a) Lesen Sie den Text. Was bedeutet „für die Katz"? Was ist „für die Katz" und warum ist das so?

Zwei Gläser Wein und alles für die Katz?
Englisch oder Französisch im Sprachkurs gebüffelt und danach noch zwei, drei Bierchen getrunken? Dann war die Lernerei fast umsonst. Nach einer neuen Studie trüben schon zwei Gläser Wein oder Bier das Erinnerungsvermögen. Neu erworbenes Wissen kann sich nämlich nur im Langzeitgedächtnis festsetzen, wenn sich Tiefschlaf und die sogenannten REM-Phasen regelmäßig ablösen. Alkohol aber reduziert den REM-Schlaf und bringt zudem die geordnete Reihenfolge der Schlafphasen durcheinander. Die Folge: Die neu gepaukten Vokabeln werden wahrscheinlich nicht ins Langzeitgedächtnis übernommen. Bis zu dreißig Prozent des erlernten Wissens kann auf diese Weise verschwinden. Also nach dem Lernen besser eine Apfelsaftschorle bestellen!

(Brigitte 8/98, bearbeitet)

b) Auf dem Bild auf der nächsten Seite sehen Sie Jochen, einen Freund von Martin. Jochen hat offensichtlich einen Kater. Was heißt „einen Kater haben"?

i) Was erfahren Sie anhand des Bildes über Jochen?
ii) Was sind die typischen Katersymptome?
iii) Was kann man gegen einen Kater machen? Geben Sie Ratschläge.

c) Lesen Sie den folgenden Text und listen Sie auf, was man tun soll, um einen Kater zu vermeiden.

Einen Kater können Sie auch mit natürlichen Methoden bekämpfen. Eine Kurzkur zur intensiven Leberstärkung sieht so aus: Drei Tage lang Verzicht auf Alkohol, Kaffee und fettreiche Ernährung. Zur Unterstützung drei- bis viermal täglich zwei Eßlöffel Artischocken-Saft einnehmen.

5 Bewährt hat sich „als Unterlage" ein fettreicher Snack. Außerdem empfiehlt es sich, möglichst bei einem Getränk zu bleiben, und nicht von Bier zu Schnaps, zu Sekt, zu Bowle zu wechseln. Vergessen Sie nicht: Liköre sind zuverlässige Katermittel. Sie enthalten eine Reihe von Zutaten und Aromastoffen, die Kopfschmerzen geradezu provozieren. Zur Vorbeugung eignet sich auch, nach jedem Glas Alkohol ein Glas Mineralwasser oder Orangensaft zu trinken. So
10 wird der katerfördernde Flüssigkeitsverlust vermieden. Und über das Vitamin C im Saft freut sich die Leber. Magnesium wird bei Alkoholgenuß in besonders großen Mengen verbraucht. Und Alkoholkonsum bei gleichzeitigem Magnesiummangel führt zu Kopfschmerzen. Deshalb wirken sich Nüsse und salziges (Vollkorn-)Gebäck vorteilhaft aus. Empfehlenswert ist, vor dem Schlafengehen zusätzlich ein Glas Wasser mit zwei Magnesium-Sprudeltabletten
15 zu trinken.

Erste Hilfe beim Brummschädel: Kalt-warme Wechselgüsse unter der Dusche sind nichts für jeden, aber ungemein wirkungsvoll. Auf Kaffee und Kopfschmerztabletten sollte man aber verzichten. Diese greifen gerade nach Alkoholgenuß den Magen an. Stattdessen zwei Äpfel auf nüchternen Magen essen. Das hemmt Kopfschmerzen und Schwindel innerhalb einer
20 Stunde. Fruchtzucker ist der Wirkstoff zum Alkoholabbau. Zusätzlich wirkt er schmerzstillend.

(Badische Anzeigen Zeitung 18. 2. 1998, gekürzt und bearbeitet)

d) *Welche dieser Methoden kennen Sie schon?*
e) *Welche Methode würden Sie jemandem (auf keinen Fall) empfehlen?*
f) *Katzen und andere Tiere spielen bei Redewendungen oft eine Rolle. Suchen Sie die englischen Entsprechungen zu den deutschen Redewendungen.*

1	das pfeifen die Spatzen von den Dächern	a	to have a screw loose
2	wo sich Fuchs und Hase gute Nacht sagen	b	to see pink elephants
3	einen Vogel haben	c	to kill two birds with one stone
4	mit jemandem ein Hühnchen zu rupfen haben	d	to be at one's wit's end
5	zwei Fliegen mit einer Klappe schlagen	e	to beat about the bush
6	sich vorkommen wie der Ochs vorm Berg	f	to have a bone to pick with somebody
7	weiße Mäuse sehen	g	at the back of beyond
8	der Spatz in der Hand ist besser als die Taube auf dem Dach	h	even the dogs in the street know that
9	wie die Katze um den heißen Brei herumschleichen	i	a bird in the hand is worth two in the bush

1	2	3	4	5	6	7	8	9

g) *Ergänzen Sie die Sätze mit einer Redewendung. Achtung! Manchmal müssen Sie die Verbformen konjugieren.*

  i) Ich habe 500 DM im Lotto gewonnen haben, das ist nicht viel, aber …
  ii) In der Prüfung wusste ich plötzlich gar nichts mehr, …
  iii) Er wohnt irgendwo allein am Waldrand, …
  iv) Nun sage mir endlich, was für ein Problem du hast, und …
  v) Das hast du wirklich nicht gewusst, da musst du die einzige Person sein, …
  vi) Bei dem Nebenjob verdient sie gut Geld und lernt noch etwas für ihr Studienfach, da …

h) *Hier haben Sie einen Ausschnitt aus dem Synonymwörterbuch der deutschen Sprache des Duden-Verlags. Wann können Sie welche Wörter benutzen? Mit welchen sollten Sie vorsichtig umgehen? Was sind die englischen Entsprechungen?*

betrunken, angetrunken, angeheitert, berauscht, ... volltrunken, ... alkoholisiert (österr.), sternhagelvoll (salopp), stockbetrunken (ugs.), stockbesoffen (derb), stinkbesoffen (derb), angesäuselt (ugs.), ... beschwipst (ugs.), benebelt (ugs.), ... betütert (ugs.), ... voll (salopp), blau (salopp), ... besoffen (derb)...

F5: Wie sollte das Bier serviert werden?

a) Ergänzen Sie Überschriften für die Textabschnitte.

Die richtige _____

Bier sollte kühl und in dunklen Räumen gelagert werden. Grelles (Sonnen-)Licht sowie starke Temperaturschwankungen schaden dem Geschmack. Weizenbier sollte darüber hinaus stehend gelagert werden.

Die richtige _____

Bier sollte 7–9 Grad kalt sein, wenn es getrunken wird. Dafür sorgt ein normal temperierter Kühlschrank. Aber: Bier sollte weder zu rasch erwärmt, noch zu schnell gekühlt werden! Heißes Wasser und auch die Tiefkühltruhe sind tabu!

Das reine _____

Biergläser oder -krüge müssen absolut fettfrei sein, sonst wird der Schaum zerstört. Damit keine Spülmittelreste zurückbleiben, muß ein Bierglas nach dem Abwaschen mit kaltem klarem Wasser nachgespült werden.

Das richtige _____

Die Flasche sollte schräg zum Glas gehalten und das Bier solange eingegossen werden, bis die Schaumkrone den oberen Rand erreicht hat. Nun läßt man das Glas stehen, damit sich der Schaum absetzen kann. Schließlich gießt man soviel nach, bis sich eine schöne, feste Schaumkrone gebildet hat.

(aus: Vom Halm zum Glas, Heidelberger Schlossquell-Brauerei AG, bearbeitet)

b) In these short passages you find a lot of passives with modal verbs. Read the sections once more and underline the forms. How is the passive with modal verbs formed?

→ S. 349

c) *Geben Sie Ratschläge und benutzen Sie Passiv mit Modalverben.*

z. B. Man soll die Biergläser immer gut spülen. ➤ *Die Biergläser müssen immer gut gespült werden.*

i) Man soll das Bier nicht zu kalt oder zu warm servieren.
ii) Man darf nur Hopfen, Gerste, Wasser und Hefe zum Bierbrauen verwenden.
iii) Chemische Zusätze können die Herstellungskosten senken.
iv) Man soll die Bierflaschen nicht in die Tiefkühltruhe stellen.
v) Man kann einen Kater auch mit natürlichen Methoden bekämpfen.
vi) Die deutschen Brauereien müssen neue Werbestrategien entwickeln.

G: Aus der Bierwerbung

G1: *Bierwerbung im Radio*

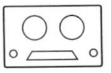

a) *Hören Sie die Funkspots der Brauerei Bitburger in Bitburg/Eifel, der Weldebrauerei Plankstadt und der Heidelberger Brauerei. Mit welchen Argumenten werben die Firmen für ihr Bier?*

	Argumente
Bitburger Brauerei	
Weldebrauerei	
Heidelberger Brauerei	

b) *Welche Funkspots gefallen Ihnen am besten? Begründen Sie Ihre Antwort.*

G2: *Lesen Sie den folgenden Text und beantworten Sie anschließend die Fragen:*

Neulich ist mir etwas Seltsames passiert. Ich habe mir einfach so eine Kiste Warsteiner gekauft. Vielleicht, weil ich gelesen habe, daß es das teuerste und zugleich meistgetrunkene Bier sei, was mir ein Widerspruch erschien. Vielleicht, weil mir die in der Werbung so edel präsentierte Flasche gefallen hat.

5 Wie soll ich mein Geschmackserlebnis beschreiben? Es war, als gingen die Lichter an. Ich hatte das Gefühl, das ist gar kein Bier mehr. Das will eigentlich Champagner sein. Kann es sein, daß ein Pils so verschieden ist von allen anderen? Machen andere Biertrinker die gleiche Erfahrung?

In diversen Getränkemärkten suchte ich mir an die dreißig Sorten Pils zusammen. Dann lud ich fünf Leute ein, sie blind mit mir zu probieren. Wir saßen am Wohnzimmertisch mit Brot und Wurst, über Bewertungsbögen gebeugt: Farbe? Klarheit? Aroma? usw. Die Fragen hatte ich aus einem Bierbuch abgeschrieben. Aus der Küche trugen zwei Assistentinnen alle paar Minuten in neutralen Gläsern zwei, drei Schluck frisch eingeschenktes Bier herein.

5 Am Ende der Probe sollte jeder Prüfer die drei nach seinem Eindruck besten und schlechtesten Proben benennen. Das Ergebnis war verblüffend: Ein Bier, mit dem keiner gerechnet hatte, belegte – sechsmal genannt – den ersten Platz: Kulmbacher Reichelbräu, das ich nicht einmal vom Hörensagen kannte. Ich hingegen erlebte mein blaues Wunder mit Probe Nummer 5, die mir „chemisch-pharmazeutisch", ja „eklig" vorkam. Es war mein geliebtes Dithmarscher. Und das Warsteiner? Es lag nicht auf den ersten Plätzen. Weder aus der Dose noch aus der
10 Flasche. Was noch erstaunlicher war: Bei sechs Testpersonen und 30 Bieren gelang es überhaupt nur zweimal, eine Marke zu identifizieren.

(Die Zeit, 3. 1. 1997, gekürzt und bearbeitet)

    a) Was hat der Autor mit Freunden durchgeführt?
    b) Warum hat er das gemacht?
    c) Was ist das Ergebnis? Welche Konsequenzen können Sie daraus ziehen?

H: Und wo wird das Bier getrunken?

H1: Im Biergarten

    a) Beschreiben Sie die Atmosphäre auf diesem Bild.

b) Lesen Sie den Text und finden Sie heraus, warum der Marstallhof bei den Studenten und Studentinnen so beliebt ist.

Was gibt es im Sommer Schöneres, als in einer lauen Nacht unterm Sternenhimmel zu sitzen, einen Brunnen plätschern zu hören und nebenbei ein kühles Getränk zu süffeln? Aus diesen Gründen treffen sich viele Heidelberger Studenten allabendlich in ihrem Marstallhof. „Während des Semesters haben wir oft mehr als tausend Gäste am Abend. Da haben wir ganz schön viel zu tun", berichtet die Leiterin des Marstallcafés, Renate Dietz. An warmen Tagen arbeiten sechs Barkeeper hinter der Theke, um die durstigen Gäste zu bedienen.

Seit knapp sieben Jahren existiert der lauschige Biergarten samt Café nun schon und ist wegen seiner romantischen Atmosphäre zu einer festen Institution für Studierende geworden. „Am schönsten ist es, wenn die Lichterketten angehen und ich in die Gesichter der Leute blicke. Du kannst hier Menschen aus vielen Ländern kennenlernen und die interessantesten Gespräche führen", meint der Politikstudent Christian. Das ist auch kein Wunder, denn von den rund 27 000 Studierenden in Heidelberg sind fast 4000 ausländische Studenten. Damit ist der Ausländeranteil der Universität Heidelberg mit 14,41 Prozent der höchste in Deutschland.

An manchen Tagen verwandelt sich der Rasenplatz im Marstallhof spontan zur Manege: Dann geben Jongleure, Feuerschlucker und Musiker im Innenhof ihre Kunststücke zum besten. Außerdem gibt es während des Semesters an jedem Donnerstag Konzerte mit Studenten-Combos und einmal im Monat die Marstalldisco und einen Flohmarkt. Neu in diesem Jahr ist der Pavillon vor dem Marstallcafé, wo man verschiedene Eis- und Biersorten und alkoholfreie Getränke bekommt. Die Preise sind für Heidelberger Verhältnisse sehr human. Meist reichen die rund 30 Bierbänke bei weitem nicht aus, doch stört das nicht weiter, da der weiche Rasen genug Platz bietet.

Um Mitternacht werden die Gäste langsam aufgefordert, sich auf ihre Drahtesel zu schwingen. „Von den Anwohnern gibt es meist keine Beschwerden. Und wenn es tatsächlich mal zu laut werden sollte, haben wir eine Art Hotline eingerichtet, wo sich die Leute beschweren können", erzählt die Leiterin des Marstallcafés. Das einzige, womit Renate Dietz überhaupt nicht zufrieden ist, sind die Müllberge und die vielen Zigarettenkippen, die nach Feierabend im gesamten Bereich des Hofes verteilt sind. „Da verstehe ich die Studenten nicht. Sonst zeigen sie sich immer so umweltfreundlich, aber hier führen sie sich auf wie die . . . ", ärgert sich die Leiterin. Morgens räumt eine Gartenputzschicht zwei Stunden lang wieder auf.

Leider ist der gemütliche Treff nur für Studenten, jedoch dürfen Gäste gerne mitgebracht werden.

(Rhein-Neckar-Zeitung, 25.8.1997, gekürzt und bearbeitet)

c) Beenden Sie den Satz für Renate Dietz in Zeile 28.
d) Gibt es so etwas wie den Marstallhof am Ort Ihrer Hochschule? Wenn ja, welche Unterschiede können Sie feststellen? Wenn nein, warum nicht?
e) Wo treffen Sie sich abends mit Ihren Kommilitonen und Kommilitoninnen?
f) Wie würde Ihr idealer Treffpunkt aussehen?

H2: *Kneipe, Lokal, Gasthaus, Gasthof, Restaurant, Wirtschaft, Gaststätte oder Pub?*

   a) Martin und sein Freund wollen ein Bier trinken gehen. Wo würden Sie an ihrer Stelle hingehen?

VOM BIERBRAUEN UND BIERTRINKEN

 b) Sehen Sie sich diese Bilder an und hören Sie den folgenden Dialog, um herauszufinden, was in Deutschland anders ist, wenn man ein Bier trinken geht.

c) Können Sie dieses Phänomen erklären?

Irisches Export Pub wird zum Renner

Wie Pilze schießen derzeit irische Pubs in allen Ecken der Welt aus dem Boden. Verantwortlich dafür ist The Irish Pub Company in Zusammenarbeit mit der Brauerei Guinness. Die Firma bietet ein Komplettprogramm für Design und Aufbau an und hat bis heute 250 Pubs in 37 Ländern weltweit eingerichtet.

(Business Ireland, Okt./Nov. 1998, gekürzt)

d) Martin soll die Begriffe „pub crawl" und „craic" erklären. Übernehmen Sie die Aufgabe für ihn.

H3: *Das Bier zu Hause*

Mairéad und Jürgen haben kein Bier mehr zu Hause. Kevin bietet an, Nachschub zu holen. Er fährt zum Getränkemarkt. Sehen Sie sich die Bilder an und hören Sie dann den Dialog an der Kasse. Was erfahren Sie über das Bierkaufen in Deutschland? Wie finden Sie das System?

Zusätzliche Übungen

1. *Ein Quiz: Wie viele Fragen können Sie beantworten?*

    z. B. Wann wurde Fianna Fáil gegründet? → *Fianna Fáil wurde 1926 gegründet.*

    a) In welchem Land wird am meisten Bier getrunken?
    b) Wann wurde das „Nordirland – Abkommen" unterschrieben?
    c) In welchem Land wurde Ketchup erfunden?
    d) Wo wurde zuerst Kakao angebaut?
    e) In welcher deutschen Stadt wird am meisten Bier gebraut?
    f) Wann wurde der Taschenrechner entwickelt?
    g) Wann wurde das erste Album von U2 veröffentlicht?
    h) In welchem europäischen Land wird am meisten Tee getrunken?
    i) Wo wurde das „Book of Kells" wahrscheinlich geschrieben?
    j) In welchem Film wurde die Erde von einem Asteroiden getroffen?
    k) Wann wurde die GAA gegründet?
    l) Wie wurde Anne Boleyn hingerichtet?
    m) Wann wurde das Scheidungsrecht in Irland eingeführt?
    n) In welchem Land wurde Chop Suey erfunden?
    o) Wo wurden die Pommes frites erfunden?
    p) Wann wurde die Berliner Mauer gebaut?
    q) Wo wurde als erstes Tee getrunken?
    r) Wann wurde Mary McAleese zur Präsidentin gewählt?
    s) Wann wurde der Euro eingeführt?

2. *Aus welchen Rohstoffen werden diese Getränke gemacht?*

    z. B. Bier wird aus Hopfen und Malz gemacht.

    | Trauben | Agaven | Anis | Wacholderbeeren | Reis |
    | Pflaumen | Kartoffeln | Saft des Zuckerrohrs | Malz | |
    | | Roggen | Mais | Hopfen | Äpfel |

    a) Wein
    b) Calvados
    c) Ouzo
    d) Tequila
    e) Slibowitz
    f) Genever
    g) Whiskey
    h) Rum
    i) Sekt
    j) Wodka
    k) Pernod
    l) Cognac
    m) Sake
    n) Champagner
    o) Gin
    p) Brandy

3. *In welchen Einheiten werden diese physikalischen Größen gemessen?*

   z. B. In welcher Einheit wird die Zeit gemessen? ➤ *Die Zeit wird in Sekunden gemessen.*

a) Stromstärke	b) Länge	c) Leistung	d) Temperatur
e) Masse	f) Radioaktivität	g) Arbeit	h) Fläche
i) Volumen	j) Ladung	k) Spannung	l) Frequenz

4. *Welche Verben können Sie ergänzen?*

   z. B. Bier ➤ *Bier wird gebraut, gelagert, getrunken ...*

a) Geld	b) Prüfungen	c) Häuser	d) Computer
e) Musik	f) Pullover	g) Brot	h) Filme
i) Bücher	j) Kriege	k) Energie	l) Arbeit

5. *Assoziieren Sie Länder mit diesen Begriffen.*

   z. B. In Deutschland wird „Der Spiegel" gelesen.

Flamenco	Kimonos (Pl.)	
Skat	Haggis	
Englisch	Le Monde	getanzt
Rugby	Paella	gespielt
Dudelsack	~~Der Spiegel~~	gegessen
Palatschinken	Alphorn	getrunken
Appenzeller	Dagens Nyheter	gesprochen
Tango	Pétanque	gelesen
El Pais	Dirndl (Pl.)	getragen
Chianti	Deutsch	
Sirtaki	Holzschuhe (Pl.)	

6. *Wo wird das in Deutschland gemacht?*

   z. B. Weinanbau ➤ *Wein wird in der Pfalz und in Hessen angebaut.*

a) Autoproduktion	b) Kohleförderung	c) Schiffsbau
d) Fischfang	e) Salzförderung	f) Hopfenanbau
g) Bierbrauen	h) Tabakanbau	

7. *Was geschieht an diesen Orten und/oder zu diesen Zeiten?*

   z. B. St. Patrick's Cathedral ➤ Es wird gebetet./In der St. Patrick's Cathedral wird gebetet.

   a) Landsdowne Road
   b) RTÉ
   c) Rose of Tralee Festival
   d) Tramore im Sommer
   e) Lough Corrib
   f) Dáil
   g) Galway Arts Festival
   h) Ihre Hochschule
   i) Slane Music Festival
   j) Temple Bar
   k) The Point Depot
   l) Wexford Festival Opera
   m) Lough Corrib
   n) Oyster Festival

8. *Die dreijährige Lara stellt Fragen und Kevin übt sein Passiv.*

   z. B. Kevin, wozu braucht man eine Schüssel auf dem Dach? ➤ Mit einer Schüssel auf dem Dach werden Signale empfangen.

   a) Thermometer
   b) Waschmaschine
   c) Computer
   d) Taschenrechner
   e) Videokamera
   f) Mikrowellengerät

9. *Erklären Sie einem Marsmenschen (der seltsamerweise Deutsch versteht) kurz, wie man die folgenden Dinge benutzt. Verwenden Sie das Passiv.*

   z. B. Toaster ➤ Ein oder zwei Scheiben Toastbrot werden in den Toaster geschoben. Dann wird die Taste nach unten gedrückt. Wenn die Toastscheiben fertig sind, werden sie herausgenommen.

   a) Telefon
   b) Tageslichtprojektor
   c) Fotokopierer
   d) Mikrowellengerät
   e) Videorekorder
   f) Kaffeemaschine

10. *Was muss gemacht werden, damit Ihre Hochschule der ideale Studienort wird?*

    z. B. Mehr Bücher müssen gekauft werden.

11. *Sie sind Oppositionspolitiker/in im Dáil und sprechen über Irland im 21. Jahrhundert. Was sind Ihre Forderungen? Was muss gemacht werden?*

    z. B. Mehr Busse müssen gekauft werden.

Kapitel 6:
Auf der Uni in Mannheim

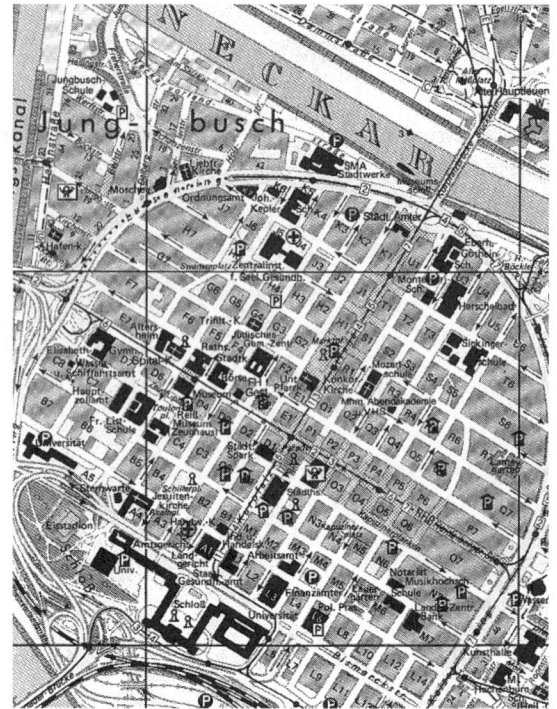

A: Mannheim und seine Universität

Kevin hat schon vier Semester Literatur und Sprachwissenschaft am UCD in Dublin studiert. Im Rahmen des Sokrates-Programms verbringt er jetzt zwei Semester in Mannheim.

A1: Schauen Sie sich diesen Stadtplan von Mannheim an. Was fällt Ihnen auf?

A2: Suchen Sie im Internet (www.mannheim.de) Informationen über Mannheim. Nennen Sie Unterschiede zwischen Mannheim und Heidelberg.

A3: Universität Mannheim

a) Betrachten Sie das Bild und stellen Sie Vermutungen über die Universität an.

b) Lesen Sie den Text und füllen Sie anschließend die Tabelle über die Mannheimer Universität aus.

Die Universität ist im Schloss von Mannheim untergebracht. Mit seiner 450 m langen Stadtfront und 1500 Fenstern ist es größer als Versailles. Erbaut wurde das Schloss von Kurfürst Karl Philipp. Nach einem Streit mit den Reformierten verlegte er im Jahre 1720 seinen Hof von Heidelberg nach Mannheim und ließ dann dieses Schloss bauen. Im Zweiten
5 Weltkrieg ist das Schloss zum großen Teil zerstört worden.

Doch es wurde wieder aufgebaut, die Außenfronten nach den alten Plänen, die Innenräume zweckmäßig umgestaltet für die neuen Aufgaben. Im Jahre 1955 zog die damalige Wirtschaftshochschule in das Schloss, 1967 wurde daraus eine Universität und zur Zeit studieren hier 5889 Studenten und 4651 Studentinnen. Damit gehört die Universität Mannheim
10 zu den mittelgroßen Universitäten Deutschlands. An den großen Universitäten sind zwischen 20.000 und 40.000 Studenten und Studentinnen eingeschrieben, in Köln und München sind es sogar fast 60.000. Die Mannheimer Universität kann außerdem auf ihren „Campus-Charakter" verweisen, d. h. alle Einrichtungen der Universität befinden sich innerhalb und außerhalb der barocken Schlossanlage. Es gibt sieben Fakultäten: Rechtswissenschaft,
15 Betriebswirtschaftslehre (BWL), Volkswirtschaftslehre (VWL), Sozialwissenschaften, Philosophische Fakultät, Sprach- und Literaturwissenschaft und Mathematik/Informatik. In diesen Fakultäten forschen und unterrichten 114 Professoren und 14 Professorinnen.

(Stand: Dezember 1999)

Jahr(e)	Wichtige Informationen über die Universität Mannheim
1720	
1939–1945	
Nachkriegszeit	
1955	
1967	
1999	

c) Kevin berichtet deutschen Studenten und Studentinnen über seine Hochschule. Schreiben Sie einen kurzen Text über Ihre Hochschule.

B: Aller Anfang ist schwer

B1: *Welche Informationen entnehmen Sie diesen Grafiken?*

Studierende an deutschen Hochschulen

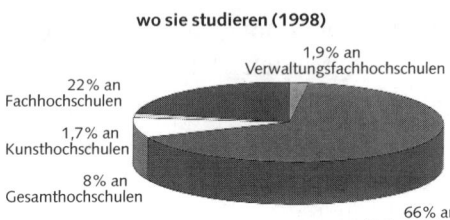

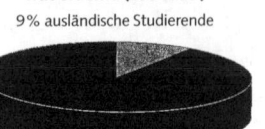

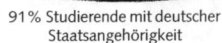

Quellen: Statistisches Bundesamt,
15. Sozialerhebung des Deutschen Stendentenwerks

B2: *Uniterminologie*

a) *Ordnen Sie die Wörter den Definitionen zu.*

1	Immatrikulation	a	Feier, Fest, Party
2	Hörsaal	b	Personen, mit denen man zusammen studiert
3	Vorlesungsverzeichnis	c	Kurzwort für Auditorium Maximum, den größten Hörsaal einer Hochschule
4	Klausur	d	eine Abteilung innerhalb einer Hochschule, die eine Gruppe von zusammengehörenden Wissenschaften umfasst
5	Mensa	e	schriftliche Prüfung
6	Dozent/in	f	Einschreibung an einer Hochschule
7	Audi Max	g	Hochschulkantine
8	Fete	h	größerer Raum für Vorlesungen, oft mit ansteigenden Sitzreihen
9	Akademisches Auslandsamt	i	alle Studierenden eines Studienfaches
10	Fakultät	j	Listennummer, die jeder Studierende bei der Immatrikulation erhält
11	Kommilitonen Kommilitoninnen	k	eine Broschüre, in der alle Vorlesungen, Übungen, Seminare und andere Veranstaltungen aufgeführt sind, die in einem Semester stattfinden
12	Matrikelnummer	l	berät deutsche Studierende bei der Planung, Organisation und Finanzierung von Auslandsaufenthalten und kümmert sich um Studierende aus dem Ausland
13	Fachschaft	m	Person, die an einer Hochschule lehrt

1	2	3	4	5	6	7	8	9	10	11	12	13

b) *Setzen Sie in die folgenden Sätze passende Begriffe aus B2 a) ein.*

  i) Ich habe Hunger. Kommst du mit in die _____ ?
  ii) „Weißt du, wann die Mathevorlesung anfängt?" – „Ich bin mir nicht sicher, aber das steht sicher im _____."
  iii) „Wie war die _____ gestern Abend?" – „Nicht so toll, die Musik war echt blöd."
  iv) Ich muss lernen, ich habe morgen eine _____ .
  v) In welchem _____ findet die Vorlesung von Frau Professor Weingärtner statt?
  vi) „Und wie sind deine _____ ?" – „Die sind ganz nett."
  vii) „Was ist Ihre _____ ?" – „93832."
  viii) Im Internet kannst du nachschauen, welche Unterlagen du für die _____ brauchst.

B3: *Drei Wege zum Studienplatz*

  a) *Welche Voraussetzungen muss ein/e Deutsche/r Ihrer Meinung nach erfüllen, wenn er/sie in Deutschland studieren möchte?*

  b) *Was passiert wohl, wenn es nicht genug Studienplätze gibt?*

  c) *Lesen Sie folgende Informationen der ZVS (Zentralstelle zur Vergabe von Studienplätzen) und finden Sie heraus, wie man in Deutschland einen Studienplatz bekommt.*

Möglichkeit Nummer eins: Der Zugang zum gewünschten Fach ist nicht beschränkt. Mit dem Abiturzeugnis hat der Abiturient einen Anspruch auf einen Studienplatz. Wenn es genug Studienplätze gibt, kann sich der Abiturient bei der Hochschule seiner Wahl bewerben und dort zum nächsten Semester mit dem Studium beginnen.

Möglichkeit Nummer zwei: Für den gewählten Studiengang gibt es an der gewünschten Hochschule einen sogenannten örtlichen Numerus clausus. Das heißt, grundsätzlich ist dieses Fach zwar frei zugänglich, an dieser Hochschule sind jedoch die Plätze knapp. Deshalb muß auf der Basis der Abiturnote und Wartezeiten eine Auswahl erfolgen. Man kann den örtlichen Numerus clausus umgehen, indem man sich bei einer anderen Hochschule bewirbt, wo es für den gleichen Studiengang keinen örtlichen Numerus clausus gibt.

Möglichkeit Nummer drei: Erst wenn es wegen der starken Nachfrage nach bestimmten Studienfächern einen Numerus clausus an den meisten Hochschulen gibt, kommt die ZVS in Dortmund ins Spiel. Dann müssen die Abiturienten ihre Bewerbungen direkt an die ZVS schicken, die als zentraler Marktplatz dafür sorgt, dass möglichst viele Studienwünsche in möglichst hoher Ortspriorität realisiert werden. Ein Auswahlverfahren entscheidet dann über die Vergabe von Studienplätzen an allen staatlichen Hochschulen in Architektur, Betriebswirtschaft, Biologie, Haushalts- und Ernährungswissenschaft, Lebensmittelchemie, Medizin, Pharmazie, Psychologie, Rechtswissenschaft, Tiermedizin und Zahnmedizin.

Die Abiturnote ist für 60 Prozent der Studienplätze das Auswahlkriterium. 40 Prozent der Plätze werden leistungsunabhängig nach der Länge der Wartezeit besetzt. Auch ohne „Superabitur" kann man so zum Studienplatz kommen. Die Wartezeit dauert in den meisten Fällen nicht länger als drei Jahre.

Bei der Verteilung der Studienorte geht die ZVS in folgender Reihenfolge vor:

- Schwerbehinderte Bewerber
- Bewerber, die mit ihrer eigenen Familie oder als Alleinerziehende am Hochschulort leben
- Bewerber mit besonderen gesundheitlichen oder familiären Gründen
- Bewerber, die mit ihren Eltern am Hochschulort oder in der Nähe des Hochschulortes wohnen
- Bewerber ohne Ortsbindung

Stichtag für die Bewerbung ist für ein Wintersemester der 15. Juli und für ein Sommersemester der 15. Januar.

(Quelle: ZVS, Stand: Juli 1998)

    d) Kevin muss erklären, wie das System der Studienplatzvergabe in Irland funktioniert. Erklären Sie es anstelle von Kevin.
    e) Welche Hauptunterschiede gibt es zwischen dem irischen und dem deutschen System?
    f) Welches System finden Sie besser? Begründen Sie Ihre Meinung.

    g) There are a lot of "ifs and buts" when applying for a place at university in Germany. What are the German words for "if"? What effect do they have on the word order?   → S. 343
    h) Make meaningful sentences.

        e.g. Ein/e Abiturient/in muss ihre/seine Bewerbung an die ZVS schicken, wenn er/sie Tiermedizin studieren möchte.

In Deutschland darf man erst studieren,	**WENN**	Für ein Fach gibt es einen allgemeinen Numerus clausus.
Jede Person kann ihr Lieblingsfach an der Hochschule ihrer Wahl studieren,		Man hat das Abitur.
Man spricht von einem örtlichen Numerus clausus,		~~Er/sie möchte Tiermedezin studieren.~~
Bewerber müssen ihre Bewerbung an die ZVS schicken,		Sie haben keine guten Abiturnoten.
		Es gibt weder einen örtlichen noch einen allgemeinen Numerus clausus.
Beim Warten auf einen Studienplatz für ein Fach mit Numerus clausus haben Bewerber bessere Chancen,		Man möchte im nächsten Wintersemester mit dem Studium beginnen.
Bewerber müssen bis zu drei Jahren auf einen Studienplatz warten,		Sie haben gute Abiturnoten.
Die Bewerbung muss bis zum 15. Juli bei der ZVS sein,		Für einen Studiengang gibt es nur an einigen Hochschulen einen Numerus clausus.
~~Ein/e Abiturient/in muss ihre/seine Bewerbung an die ZVS schicken,~~		

i) *How do you know when to use "wenn" or "ob"? Look at the following examples:* → S. 343

  i) Kevin weiß nicht, ob er seinen Reisepass bei der Immatrikulation braucht.
  ii) Was machst du, wenn die Sekretärin deinen Reisepass sehen will?
  iii) Können Sie mir sagen, ob ich diese Vorlesung besuchen muss?
  iv) Wenn ich alle Veranstaltungen besuche, die im Vorlesungsverzeichnis stehen, habe ich keine Zeit mehr zum Schlafen.

j) *It's easy to mix up "wenn" with "wann" and to use "wenn" when you should use "als". Look at these examples. What are the differences?* → S. 343/345

  i) Als ich klein war, wollte ich Medizin studieren.
  ii) Wenn ich mit dem Studium fertig bin, möchte ich eine Zeit lang im Ausland arbeiten.
  iii) Wann ist die Vorlesung zu Ende?
  iv) Gehen wir in die Mensa, wenn die Vorlesung zu Ende ist?
  v) Können Sie mir sagen, wann die Führung beginnt?
  vi) Als ich Studentin war, haben wir noch mit Lochkarten programmiert.
  vii) Wenn wir eine Vorlesung bei Professor Kirchgässner hatten, waren die Plätze schon eine halbe Stunde vorher belegt.

B4: *Worum geht es bei folgendem Anschlag, den Kevin bei der Immatrikulation im Auslandsamt gesehen hat?*

> *Akademisches Auslandsamt*
> *Universität Mannheim*
>
> *Freitag, 2. Oktober, 15 Uhr*
> *Orientierungsveranstaltung*
> *Führungen über das gesamte Unigelände in Kleingruppen*
> *Treffpunkt: Akademisches Auslandsamt*
>
> *anschließend*
>
> *Offizielle Begrüßung im Internationalen Begegnungszentrum:*
> *Gelegenheit, bei Wein und Brezeln, andere Kommilitonen und Mitarbeiter des Auslandsamtes kennen zu lernen*

a) *Warum entscheidet sich Kevin, an dieser Veranstaltung teilzunehmen?*

b) *Kevin wartet mit Studenten und Studentinnen aus anderen Ländern im Akademischen Auslandsamt. Da kommt die Studentin Susanne Görke, sie begrüßt die Gruppe und beginnt ihre Führung.*

  i) Hören Sie den Text und notieren Sie, über welche Orte Susanne spricht.
  ii) Hören Sie den Text ein zweites Mal und zeichnen Sie in den Lageplan die Orte ein, die Susanne erwähnt, und die Route, die sie mit Kevin und den anderen Studenten und Studentinnen nimmt.

① Rektorat   ② Zentralbibliothek
③ Ehrenhof Ost   ④ Ehrenhof West
⑤ Juristische Fakultät ⑥ Fakultät der BWL
⑦ "asta"   ⑧ Mensa

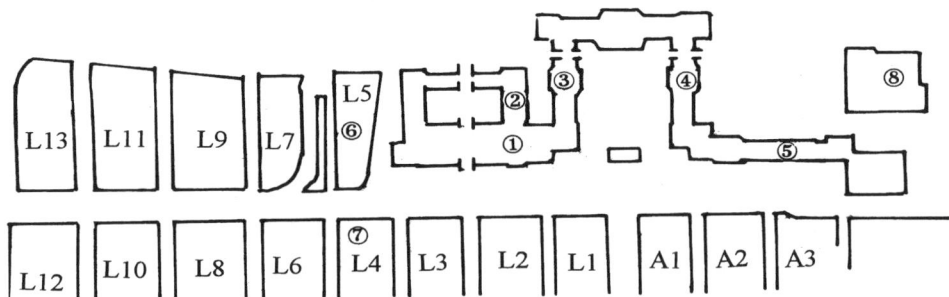

  iii) Hören Sie den Text noch einmal und notieren Sie sich die Informationen, die Sie zu einigen Orten bekommen.

c) *Am Ende der Führung erzählt Susanne der Gruppe, was Mannheim außer dem Universitätsleben sonst noch zu bieten hat (Sportmöglichkeiten, Kinos, Museen, Parks, Kneipen, Clubs, Einkaufsmöglichkeiten usw.) Forschen Sie im Internet und schreiben Sie den Kurzvortrag, den Susanne halten könnte.*

B5: *Erstsemestertag*

a) *Vergleichen Sie die beiden Bilder.*

b) *Der Uni-Report, die Zeitung der Universität Mannheim, hat am Erstsemestertag eine Gruppe von neuen Studierenden nach ihren ersten Eindrücken von der Universität und der Stadt Mannheim sowie nach ihren Gründen für die Wahl des Studienortes gefragt.*

   i) Hören Sie die Kurzinterviews und füllen Sie die Tabelle aus, soweit dies möglich ist.

Name	Alter	Herkunftsort	Studienfach	erste Eindrücke von Mannheim und der Uni	Gründe für die Hochschulwahl
Katja Seitz					
Arndt Veit					
Beate Schmidt					
Christian Gast					
Frank Wallstab					
Markus Törle					

   ii) Was war bei Ihnen ausschlaggebend für den Studienort/das Studienfach?
   iii) Welche Eindrücke hatten Sie in den ersten Tagen?

c) *Lesen Sie die beiden Texte und beantworten Sie die Fragen.*

   i) An wen richten sich die Texte?
   ii) Listen Sie die Ratschläge auf, die in diesen Texten gegeben werden.
   iii) Gibt es Unterschiede zu Ihrer Hochschule?

HOCHSCHULE

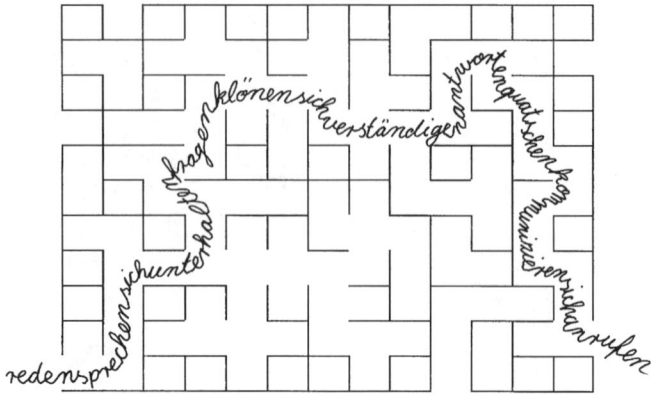

Don't panic...

Die Uni ist ein unübersichtliches Gebilde. Ganz wichtig sind deshalb erstens Kontakte, zweitens Kontakte und drittens nochmal Kontakte. Gemeinsam mit den Kommilitonen lassen sich Probleme leichter erkennen und bewältigen. Da alle Anfänger so ziemlich die gleichen Schwierigkeiten haben, sollte man meinen, daß sich alle besonders kommunikativ zeigen. Weit gefehlt: Verbreitet – und mit allzu menschlicher Schwäche zu erklären – ist eine gewisse Coolness, die dem anderen signalisiert: „Sieh her, ich weiß schon, wie's geht, und wenn du dir in die Hose machst, ich tu's nicht . . ." Von solcher Attitüde, „Uni-Bluff" genannt, sollte man sich aber nicht abschrecken lassen, sondern offensiv auf andere Kommilitonen zugehen.

Unbedingt empfehlenswert ist auch die Teilnahme an den „Erstsemester-Wochen". Sie informieren über Anmeldungen zu wichtigen Praktika und Übungen, Prüfungsfragen oder die Semester-Einstiegsfete. Meistens gibt es auch Merkblätter, in denen steht, was in den einzelnen Fächern wichtig ist.

Eine Universität hat außerdem zahlreiche Einrichtungen, die man unbedingt nutzen sollte. Das gilt vor allem für die Bibliothek. In Führungen wird erklärt, wie Ausleihe, Fernleihe und Katalog-Recherche funktionieren. Nicht zu vergessen ist das örtliche Studentenwerk. Es bietet Zimmer zu günstigen Preisen, zahlt Gelder nach dem BAföG und leitet die Mensa.

(Semestertip, Oktober/November 1995, gekürzt und bearbeitet)

Was „Erstis" wissen müssen

Schon vor Semesterbeginn sollten sich Erstsemestler mal auf dem Campus sehen lassen. Denn manche Kurse oder Einführungsveranstaltungen beginnen schon in den Semesterferien. Man sollte sich rechtzeitig das Vorlesungsverzeichnis und die Prüfungsordnungen besorgen. Und auch im Internet findet man viele Informationen zur Uni und zum eigenen Fach.

Wer direkt vom Gymnasium an die Uni kommt, muß sich erst mal umstellen. An der Schule ist alles organisiert, an der Uni muß der Studi im allgemeinen die Sache selbst in die Hand nehmen. Es gibt Fächer wie Medizin, die verschult sind. Dort gibt es einen festen Stundenplan. Wer aber eine Sozial- oder Geisteswissenschaft studiert, muß sich oft aus einer Vielzahl von Veranstaltungen seinen Stundenplan selbst zusammenstellen.

In den ersten zwei Wochen des Semesters sollte man sich alles anschauen, was einen interessiert. Dann ist es sinnvoll, mit dem Rotstift vieles auszustreichen und sich zu fragen, was man wirklich machen will. Wichtig ist, sich nicht zuviel vorzunehmen. Wenn ein Student Seminare im Umfang von 20 Semesterwochenstunden besucht, muß er mindestens noch einmal 20 Stunden für die Vor- und Nachbereitungen der Lehrveranstaltungen einplanen.

(Audimax, Oktober 1998, gekürzt und bearbeitet)

iv) Sokratesstudenten und -studentinnen aus deutschsprachigen Ländern kommen an Ihre Hochschule, um ein Jahr lang Ihr Fach zu studieren. Welche Tipps würden Sie ihnen geben?

d) *Das Campus Radio des Hessischen Rundfunks hat sich in der Semestereinführungswoche umgehört und sechs Studenten folgende Frage gestellt: „Welche Forderungen stellt die Uni an Euch? Was glaubt ihr?"*

Beantworten Sie die Frage zuerst für sich selbst. Hören Sie dann, ob die Studenten derselben Meinung sind wie Sie. Nennen sie vielleicht noch andere Punkte? Wenn ja, welche?

e) *Frank Eckhart vom Campus Radio des Hessischen Rundfunks hat dem Präsidenten der Technischen Universität Darmstadt, Johann Dietrich Wörner, folgende Fragen gestellt. Hören Sie, was Herr Wörner zu sagen hat, machen Sie sich Stichpunkte und beantworten Sie jede Frage mit einem Satz.*

  i) Was erwarten Sie vor allen Dingen von den Erstsemestern?
  ii) Welche Fähigkeiten sollen die Studenten bereits vor der Aufnahme des Studiums haben?
  iii) Wie viel Zeit und wie viel Engagement muss ein Student mitbringen?
  iv) Was soll der Student am Ende des Studiums vor allem gelernt haben?

C: Studieren kostet Geld

C1: *Die wirtschaftliche Lage der Studierenden*

  a) *Welche Informationen können Sie dieser Grafik entnehmen?*
  b) *Wie viel Geld brauchen Sie im Monat?*
  c) *Wofür geben Sie das Geld aus?*

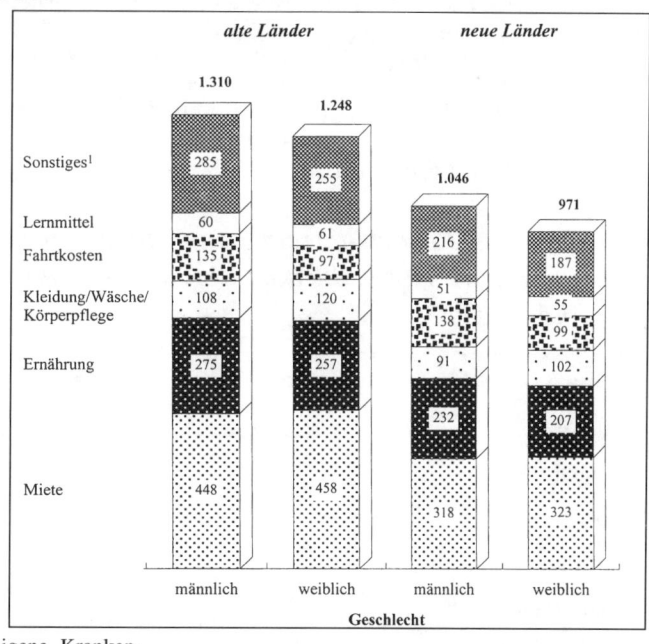

1 Sonstiges umfaßt Ausgaben für eigene Krankenversicherung, Telefon und Porto, Hobby, Sport u.a.m.

DSW/HIS 15. Sozialerhebung

C2: Der Job neben dem Studium

a) Welche Informationen liefert diese Grafik?

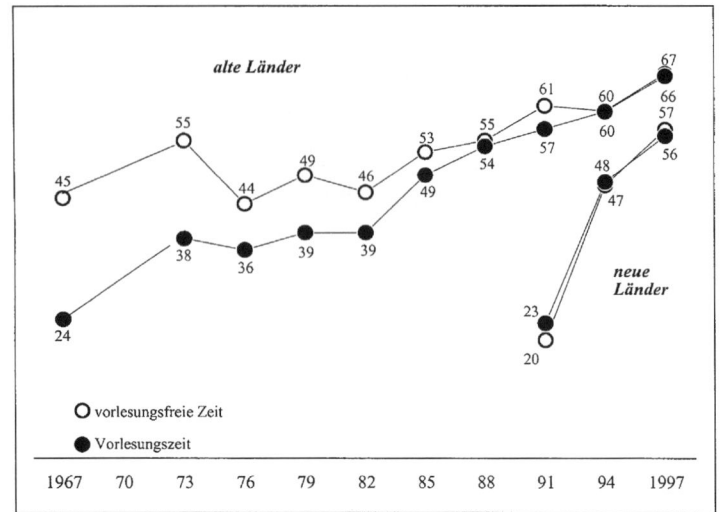

Prozentsatz der Studierenden an Universitäten, die neben dem Studium erwerbstätig sind.

DSW/HIS 15. Sozialerhebung

b) Welche zusätzlichen Informationen gibt der Text?

Die Lebenshaltungskosten der Studenten sind zwischen 1994 und 1997 in den alten Ländern um 4%, in den neuen Ländern um 19% gestiegen. Immer mehr Studenten gehen daher auch während des Semesters arbeiten. Nach den Ergebnissen der 15. Sozialerhebung des Deutschen Studentenwerks waren 1997 66% der Studierenden in den alten Ländern und 55% der Studierenden in den neuen Ländern während des Semesters zeitweise oder ständig erwerbstätig. Der Zeitaufwand für den Job neben dem Studium lag bei 13 Stunden pro Woche in den alten Ländern und bei 12 Stunden in den neuen Ländern. Fast die Hälfte der erwerbstätigen Studenten arbeitet zur finanziellen Grundsicherung, 35 % arbeiten, um sich höhere Ansprüche zu erfüllen, 25 % möchten von den Eltern unabhängiger werden und 14 % erhoffen sich vom Job einmal bessere Chancen auf dem Arbeitsmarkt.

Dabei werden die deutschen Studenten aber immer älter. 1997 lag das Durchschnittsalter der Studierenden in den alten Ländern bei 26 Jahren, in den neuen Ländern bei 23,6 Jahren. Laut „Aktuell 2000", dem Harenberg Lexikon der Gegenwart, betrug die durchschnittliche Studiendauer 1997 an den Universitäten 6,6 Jahre und an den Fachhochschulen 5,1 Jahre.

c) Wie ist die Situation bei Ihnen in der Lerngruppe?

C3: Der Uni-Report hat ein paar Studenten und Studentinnen über ihren Job interviewt. Hören Sie die Interviews und füllen Sie die Tabelle aus, soweit dies möglich ist.

Name	Beate	Tobias	Jutta	Karsten
Studienfach				
Semesterzahl				
Job				
Verdienst				
Arbeitszeit				
Zufriedenheit				

130 DEUTSCHLAND ERLEBEN

C4: Welche Informationen können Sie dieser Statistik entnehmen?

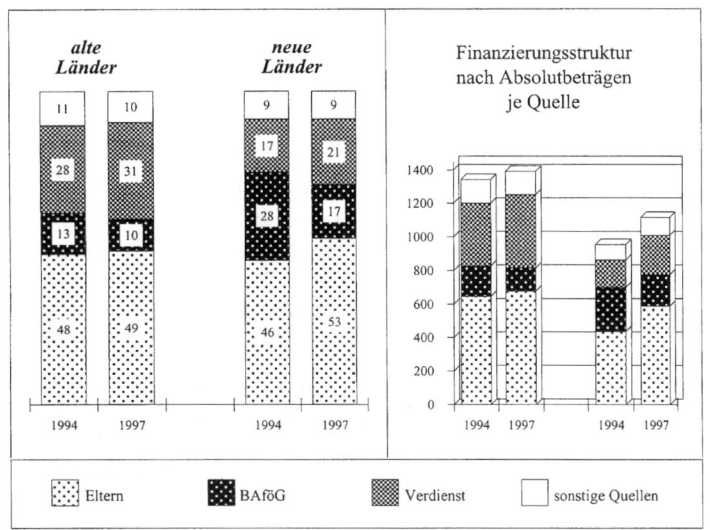

Woher kommt das Geld? Anteil der Quellen an den Gesamteinnahmen in %

DSW/HIS 15. Sozialerhebung

C5: Lesen Sie diesen Text und beurteilen Sie, ob BAföG eine positive oder eine negative Sache ist. Begründen Sie Ihre Meinung.

Das Bundesausbildungsförderungsgesetz (BAföG) regelt die staatliche Ausbildungsförderung der Schüler und Studierenden. Student(inn)en erhalten den monatlichen Förderungsbetrag in der Regel je zur Hälfte als Zuschuss und als unverzinsliches Staatsdarlehen. Bei schnellem Studium, besonders guter Abschlussprüfung und vorzeitiger Rückzahlung wird ein Teil der als Darlehen gewährten Ausbildungsförderung erlassen. Die Höhe der monatlichen Förderung hängt im Wesentlichen von den Einkommensverhältnissen des Auszubildenden und dessen Familie ab. Es spielt auch eine Rolle, ob der Auszubildende während der Ausbildung bei den Eltern wohnt oder auswärts untergebracht ist. Die monatliche Höchstförderung beträgt zur Zeit 1030 DM (Stand: 1.7. 1999).

Während 1972 noch rund 45% der Student(inn)en Ausbildungsförderung nach dem BAföG erhielten, waren es 1997 nur noch rund 22% (Alte Länder 20,6%, Neue Länder 30,0%). 1997 betrug der durchschnittliche monatliche Förderungsbetrag für Studierende 624 DM.

(Quelle: Bundesministerium für Bildung und Forschung)

C6: Schauen Sie sich die Grafik an. Was erfahren Sie über die soziale Herkunft der Studierenden?

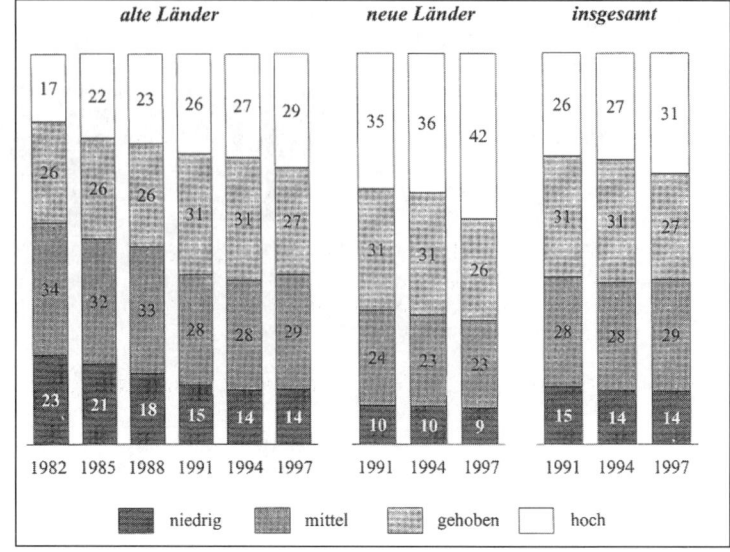

Bei der Bildung der vier Herkunftsgruppen (niedrig, mittel, gehoben, hoch) wurden die berufliche Stellung der Eltern, ihre Bildung und ihr Einkommen berücksichtigt

DWS/HIS 15. Sozialerhebung

C7: Der Studentenausweis spart Geld

a) Welche Vorteile bringt Ihnen Ihr Studentenausweis in Irland?

b) Listen Sie nach Lektüre dieses Textes die Vorteile auf, die der Studentenausweis in Deutschland bringt.

Studentenausweis bringt Vorteile
Ein Studierender spart pro Semester knapp 1200 DM
jup München (Eigener Bericht) – Der Studentenausweis bringt finanzielle Vorteile von durchschnittlich 1187 Mark pro Semester. Zu diesem Ergebnis kommt eine Untersuchung der Universität Mannheim.
Die Befragung von Studenten an den Universitäten Heidelberg, Mannheim und Karlsruhe ergab, daß Studierende allein durch den regelmäßigen Mensa-Besuch im Durchschnitt 144 DM pro Semester sparen. Fast 70 Prozent der Befragten nutzten die Möglichkeit eines kostenlosen Internet-Zugangs und sparten dadurch 122 Mark im Semester, heißt es in der Untersuchung. Weitere Vorteile des Studenten-Status seien niedrige Mieten in Wohnheimen, kostenlose Beratungsangebote, die Befreiung von der Zuzahlung für Arzneien oder Zahnersatz, von Rundfunk- und Fernsehgebühren. Studenten zahlten ermäßigte Krankenkassen-Beiträge und könnten als Familienmitglied kostenfrei in diversen Versicherungen geführt werden. Sie erhielten Rabatt beim Kauf von Computern und bei der Nutzung von öffentlichen Verkehrsmitteln. Reiseveranstalter und Bahn gewährten Studenten Sonderkonditionen. Die Vergünstigungen im Kulturbereich werden hingegen mit weniger als fünf Mark im Monat beziffert. Am beliebtesten ist die kostenlose Kontoführung, die von fast 90 Prozent der Studierenden genutzt wird.
(Süddeutsche Zeitung, 2. 3. 1999, gekürzt und bearbeitet)

D: Der Stundenplan

D1: Claudia, eine Kommilitonin von Kevin, hat in der Süddeutschen Zeitung folgenden Ausschnitt aus einem Artikel gelesen und findet, dass es so etwas auch in Mannheim geben müsste. Finden Sie das auch eine gute Idee für Ihre Hochschule? Funktioniert das für alle Fächer?

KOPIEREN GEHT ÜBER STUDIEREN

Kölner Studenten können sich in der Vorlesung entspannen – wenn sie überhaupt hingehen und selbst zuhören. Denn die angehenden Volks- und Betriebswirte schicken ihre professionellen Mitschreiber in den Hörsaal. Die 98köpfige Kölner Mitschriften-AG handelt mit Skripten im großen Stil: Sie ist ein Unternehmen mit mehr als einer halben Umsatzmillion im Jahr und 12000 Abnehmern – aber ohne Gewinn. Den verschlingen fünf Millionen Kopien pro Semester und die Löhne der Studenten, die für 400 bis 1000 Mark mitschreiben.
(Süddeutsche Zeitung, 23. 5. 1998, gekürzt)

D2: Stellen Sie an Stelle von Kevin Ihren Stundenplan für das Semester zusammen. Das Vorlesungsverzeichnis der Universität Mannheim finden Sie dazu im Internet (www.uni-mannheim.de/uni/vlz.html). Wie Kevin sind Sie außerdem an den Deutschkursen für ausländische Student(inn)en interessiert, die vom Auslandsamt angeboten werden (www.uni-mannheim.de/users/aaa/index.html).

E: In der Mensa

E1: Lesen Sie die Anzeige und den Text aus der Broschüre „Studieren in Mannheim 2000", herausgegeben vom Studentenwerk Mannheim. Stellen Sie Unterschiede zu Ihrer Mensa fest.

Die Mensa an der Universität Mannheim wird vom Studentenwerk Mannheim betrieben. 44% der Studierenden sind Stammesser, d.h. sie essen dreimal pro Woche oder häufiger ihr Mittagessen in der Mensa.

Um die Preise möglichst stabil zu halten, hat die Mensaküche eine eigene Metzgerei. 1998 wurden beispielsweise in der Metzgerei 90.000 kg Schweinefleisch, 19.000 kg Rindfleisch und 3400 kg Kalbfleisch verarbeitet. Gegessen wurden weiterhin 25.000 kg Geflügel und 18.000 kg Fisch. Über 1 Mio. Essen wurden 1998 aufgetischt. Gewählt werden kann zwischen einem Stammessen

(DM 3,90) und mehreren Wahlessen (vegetarische, Italienische und Bistro-theke) und der „Salatbar" mit 16 Varianten (Preis nach Gewicht). Außerdem gibt es immer wieder internationale Aktionswochen. Eine schmackhafte Tagessuppe ist beim Stammessen mit inbegriffen.

Essenbons erhalten Sie an der Bon-Kasse in der Zentralmensa montags bis freitags in der Zeit von 11.15 Uhr bis 14.00 Uhr und in den Ausgabestellen.

E2: Im Internet können Sie den aktuellen Speiseplan der Mensa einsehen (www.uni-mannheim.de/ext/studwerk/zmenaus.htm).

    a) Schauen Sie sich den Speiseplan an. Was verstehen Sie sofort?

    b) Welche Gerichte kennen Sie nicht? Was könnte das sein?

    c) Wie finden Sie das Angebot der Mannheimer Mensa?

    d) Welche Gerichte sind für Ihre Mensa typisch?

    e) Gibt es typisch irische Gerichte, worunter sich Studierende aus deutschsprachigen Ländern vielleicht nichts vorstellen können? Erklären Sie diese Gerichte auf Deutsch.

E3: *What is the plural of . . . ?*

Kevin is standing in the queue for the "Bonkasse" and would like to buy five vouchers. The problem is, he doesn't know the plural of "Bon". He asks his friends.

Kevin: Was ist der Plural von Bon?
Claudia: Bons?
Kevin: Aha, und von Stammessen?
Andreas: Stammessen, das ändert sich nicht.
Kevin: Woher wisst ihr das eigentlich? Manchmal passiert nichts, manchmal hängt ihr -e dran oder -er oder es kommt ein Umlaut . . .
Andreas: Ich weiß nicht, darüber habe ich noch nie nachgedacht.
Claudia: Ich glaube, der Plural von Bon ist Bons, weil es ein Wort aus dem Französischen ist, das gilt auch für die meisten anderen ausländischen Wörter, z. B. Job – Jobs.

Do you know any other guidelines that help you to determine the plural of a number of nouns? If not, check pages 333–334 and try to apply the guidelines to the nouns on the following page. Do you remember how to determine the gender of a good number of nouns?

    e.g. Bewerber (m) → Plural: Bewerber

→ S. 331–332

Kopie	Fakultät	Hochschule	Fach
Studienplatz	Amt	Brötchen	Dozentin
Plan	Studiengang	Note	Tipp
Stelle	Uni	Land	Kino
Vorlesung	Statistik	Möglichkeit	Naturwissenschaft
Geldbeutel	Garten	Definition	WG
Referenz	Kamera	Figur	Computer

F: Campus-Radio

F1) *Wie finden Sie den Namen des Radiosenders der Uni Mannheim? Welchen Namen würden Sie einer Radiostation an Ihrer Hochschule geben?*

F2) *Was müssen Sie machen, wenn Sie eine eigene Radiostation betreiben möchten?*

F3) *Wie würde Ihr Radioprogramm aussehen?*

F4) *Fragen zum Hörtext*

    a) Wo ist das Studio von RadioAktiv?
    b) Welches Problem hatten die RadioAktiv-Macher am ersten Tag?
    c) Warum engagieren sich die Studenten und Studentinnen bei RadioAktiv?
    d) Welche Aufgaben gibt es bei RadioAktiv?
    e) Welche Ziele haben die Studenten und Studentinnen bei RadioAktiv?
    f) Worüber wollen sie berichten?
    g) Wer ist Margit Berghaus?
    h) Was ist ihre Meinung zu RadioAktiv?

G: Vom Lernen und Prüfen

G1: *Was fällt Ihnen zum Thema „Lernen und Prüfen" ein?*

G2: *Wo/wann/wie/unter welchen Umständen lernen Sie am besten?*

- Tageszeit?
- Wetterlage?
- Essen?
- Ort?
- Jahreszeit?
- Musik?
- Getränke?
- alleine?

G3: *Lesen Sie diesen kurzen Text.*

    a) *Was machen diese Kommiliton(inn)en von Kevin? Was ist der Grund für ihr Verhalten?*

        Die eine findet, dass die Wohnung endlich mal wieder gestrichen werden muss. Einer bekommt plötzlich Lust, alle seine Dias einmal richtig zu ordnen. Ein anderer wiederum denkt, dass der Kühlschrank unbedingt abgetaut und saubergemacht werden muss. Eine vierte ist der Meinung, dass sie endlich lernen sollte, wie man Brot backt.

    b) *Was machen Sie in dieser Situation?*

G4: *Schauen Sie sich den folgenden Text aus dem Hochschulmagazin* **Unicum** *vom Juni 1998 an:*

    a) *Was für eine Textform ist das?*

    b) *Finden Sie eine Überschrift für den Text.*

    c) *Können Sie sich mit Marion Weber identifizieren?*

> Die Kälte sitzt mir im Nacken,
> Trotz 32 Grad im Schatten.
> Ich sehe alles grau in grau,
> Trotz der eitlen Sonnenschau.
> Das Wasser steht mir bis zum Kragen,
> Trotz Regenlosigkeit seit Tagen.
>
> Die Arbeitswut, sie will nicht kommen,
> Stattdessen sitz' ich wie benommen
> Vor einem weißen Blatt Papier
> Und frage mich: „Was tu' ich hier?
> Du könntest jetzt sitzen an einem See..."
> Und ehe ich mich dann verseh',
> Ist der Tag gelaufen.
> Ich könnte mir die Haare raufen.
> Schon wieder nichts geschafft.
> Ja dann mal gute Nacht!
>   Marion Weber

    d) *Ein/e Freund/in ruft abends an. Was wird Marion ihm/ihr erzählen? Schreiben Sie das Telefongespräch.*

    e) *What is the difference between "trotz" and "trotzdem"? Change the "trotz"-sentences into "trotzdem"-sentences.*

        z. B. Die Kälte sitzt mir im Nacken, trotz 32 Grad im Schatten. → *Es sind 32 Grad im Schatten, trotzdem sitzt mir die Kälte im Nacken.* → S. 342/343

    f) *What is the difference between "trotz" and "obwohl"? Change the "trotz"-sentences into "obwohl"-sentences.*

        z. B. Die Kälte sitzt mir im Nacken, trotz 32 Grad im Schatten. → *Obwohl es im Schatten 32 Grad heiß ist, sitzt mir die Kälte im Nacken.* → S. 342/343

g) *Which word is missing – "trotz", "obwohl" or "trotzdem"?*

  i) _____ Kevin noch keinen Sommerjob hatte, fuhr er nach Deutschland.
  ii) _____ des hohen Numerus clausus hat Cornelia einen Studienplatz bekommen.
  iii) _____ Ute schon zwei Jahre wartet, hat sie noch immer keinen Studienplatz in Medizin.
  iv) Markus hat das Skript von der Vorlesung, _____ geht er hin.
  v) Heike fand das Leben an der Uni _____ der vielen Informationsbroschüren in den ersten Wochen sehr unübersichtlich.
  vi) Jochen kauft jeden Tag Süßigkeiten, _____ er abnehmen möchte.
  vii) Die Bezahlung ist nicht sehr gut, _____ hat Sabine den Job angenommen.
  viii) _____ Kevin erkältet ist, geht er zum Seminar.

G5: *Ein schreckliches Gefühl*

  a) *Finden Sie einen Titel für dieses Bild.*

  b) *Geht es Ihnen manchmal ähnlich? Wie reagiert Ihr Körper in dieser Situation?*

  c) *Das Campus Radio des Hessischen Rundfunks hat Student(inn)en befragt, ob sie unter Prüfungsstress leiden und wie sich das bei ihnen äußert. Hören Sie die Antworten. Haben die deutschen Student(inn)en die gleichen Symptome wie Sie?*

  d) *Was machen Sie, um mit Prüfungsstress fertig zu werden?*

  e) *Frau Unverzagt hat ein Buch über Prüfungsangst geschrieben. Lesen Sie diesen kurzen Ausschnitt aus einem Interview mit ihr. Was halten Sie von ihren Vorschlägen?*

> Viele Prüfungskandidaten leiden unter übertriebenen Erwartungen von Eltern oder Freunden, oder am eigenen Perfektionismus. Man sollte daran denken, was wirklich auf dem Spiel steht. Denn es gibt immer Alternativen.
> Die Angst verliert ihre Macht, wenn man sich offensiv mit ihr auseinandersetzt. Oft hilft es, sich die Prüfungssituation konkret und positiv auszumalen. Bestimmte Körperübungen können Angstsymptome kurieren. Außerdem ist es gut, einen großen Bogen um alle Panikmacher, Angeber und pseudocoolen Zyniker zu machen. Und schließlich gibt es Hilfe von den psychologischen Beratungsstellen der Hochschulen.
> **(Süddeutsche Zeitung, 9. 5. 1998, gekürzt und bearbeitet)**

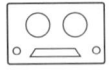

f) *Hören Sie das Gespräch zwischen einem Studenten und einer Studentin. Welche Vorschläge machen sie, damit die Prüfungsangst gar nicht erst kommt?*

g) *Stellen Sie sich vor, Sie haben morgen eine schriftliche Deutschprüfung und Angst davor. Sie schreiben sich einen Spickzettel. Was steht auf dem Zettel?*

h) *Wo kann man einen Spickzettel verstecken?*

i) *Wovor hatten Sie Angst, als Sie ein Kind waren?*

G6: Verbs with prepositions

a) Do you know any of the prepositions that go with the following verbs? Add as many as you know. Then try to form groups according to the meaning of the verbs as far as this is possible.

z. B. sprechen *mit* jemandem/*über* etwas; reden *mit* jemandem/*über* etwas

sich freuen	sich erinnern	warten
~~sprechen~~	denken	konzentrieren
glauben	teilnehmen	sich beschweren
sich interessieren	abhängen	bitten
sich bewerben	leiden	hoffen
Angst haben	sich fürchten	~~reden~~
sterben	sich treffen	sich ärgern

There are many verbs that take a certain preposition to form a prepositional phrase. You have the same in English: to look at something, to look after someone, to wait for someone etc. Unfortunately, the German equivalents might be different. Therefore, it's safer to learn the preposition together with the verb.

→ S. 318/319

b) *How do you use verbs with prepositions in questions? Can you figure out a pattern?*

„Wovor haben Sie Angst?" – „Ich habe Angst vor der Deutschprüfung."
„Worüber habt ihr euch beschwert?" – „Wir haben uns über das Essen beschwert."

➔ S. 346

c) *What do you do if the preposition is followed by a personal pronoun and this pronoun doesn't refer to a living being? Can you figure out a pattern?*

„Ich habe Angst vor der Deutschprüfung." – „Haben Sie auch Angst davor?"
„Wir haben uns über das Essen beschwert. Du solltest dich auch darüber beschweren, sonst wird es nie besser."

➔ S. 342

d) *Auf den Seiten 305 und 306 finden Sie zwei unvollständige Tabellen. Nehmen Sie die eine, Ihr/e Lernpartner/in die andere Tabelle und fragen Sie nach den fehlenden Informationen.*

G7: pro studente

pro studente ist ein Angebot der Diplom-Psychologen/innen des Studentenwerks Mannheim.

a) *Lesen Sie den Ausschnitt aus dem Angebot von pro studente und beantworten Sie anschließend die Fragen.*

Lernen ohne Stress
Gedacht für Studierende, die von der Saisonarbeit wegkommen und kontinuierlich lernen möchten. U. a. werden verschiedene Lerntechniken sowie die Themen Zeitmanagement, Motivation und Konzentration behandelt.
4 Termine ab 3.5.99: DM 70,–

Prüfungscoaching in der Gruppe
Gedacht für Studierende, die wegen Prüfungsängsten in ihrer Prüfungsvorbereitung und -leistung beeinträchtigt sind. Im Kurs werden angstauslösende Bedingungen analysiert sowie geeignete Bewältigungsmaßnahmen wie z. B. kognitive, imaginative mentale Techniken und Prüfungsstrategien vermittelt und eingeübt.
8 Termine ab 4.5.99: DM 90,–
im Einzelsetting: DM 120,– (nach Vereinb.)

Autogenes Training
Gedacht für Studierende, die eine bewährte Entspannungshilfe bei Stress, Nervosität, Angespanntheit, Schlafstörungen etc. erlernen wollen. Das Verfahren wird durch selbsthypnotische Übungen ergänzt.
8 Termine ab 5.5.99: DM 90,–

i) Würden Sie einen der Kurse besuchen?
ii) Gibt es solche Kurse an Ihrer Hochschule? Wenn ja, welche?
iii) Haben Sie Ideen für weitere Kurse?

G8: *Nightline*

  a) *Wie wirkt diese Anzeige auf Sie?*
  b) *Um was geht es wohl bei NIGHTLINE?*
  c) *Lesen Sie den Text.*
   i) Wer kann bei NIGHTLINE anrufen?
   ii) In welchen Situationen kann man bei NIGHTLINE anrufen?
   iii) Wer sitzt am anderen Ende?
   iv) Wie finden Sie so eine Institution?

Die NIGHTLINE ist eine telefonische Anlaufstelle von und für Studierende. Wer kann bei uns anrufen? JedeR. Wir bieten allen Anrufern die Möglichkeit über Dinge, die ihn oder sie gerade beschäftigen, zu reden. – Egal ob Ersti oder Doktorandin, ob 18 oder 48, egal ob jemand einfach was loswerden will oder ob alles über einem zusammenbricht. Es spielt auch keine Rolle, ob es sich dabei um Referatsstress, Ärger mit dem/r FreundIn, Examensprobleme oder die Studienplanung für das nächste Semester handelt. ... Und wie muß man sich den typischen NIGHTLINER vorstellen? Wir sind Studis aus allen möglichen Fachbereichen, Fakultäten und Semestern, die unter anderem eine Schulung erhalten. Typisch ist für uns eigentlich nur, daß wir gerne ein offenes Ohr für euch haben.
(Sozialhandbuch der Uni Heidelberg, Wintersemester 1998 gekürzt und bearbeitet)

H: Deutsch – eine Männersprache?

Kevin sitzt mit Claudia in der Mensa.

Kevin: Warum sagt ihr eigentlich „Studierende" oder „Studis"? Wir haben in Irland einfach „Studenten" gelernt.
Claudia: Weil es auch die Studentinnen gibt und Studierende und Studis ist geschlechtsneutral.
Kevin: Verstehe ich nicht.

  a) *Können Sie Kevin helfen?*
  b) *Schauen Sie sich die folgenden Sätze an. Sie sind grammatikalisch richtig. Aber irgendetwas stimmt da eigentlich nicht. „Verbessern" Sie die Sätze.*
   i) Jeder soll seinen Namen auf die Liste schreiben.
   ii) Wer seinen Studentenausweis nicht dabei hat, kann keine Essensbons kaufen.
   iii) Alle Menschen werden Brüder.

  c) *Ist Englisch auch eine Männersprache? Finden Sie Beispiele.*

I: Hochschulpolitik und Studentenproteste

I1: Welchen Zweck verfolgen die Verfasser/innen des Textes?

Siehe, ich mache alles neu!
Ich bin der Anfang und das Ende.

Offenb. 2.1.

Bildung

*irgendwann im alten Athen   † 1997/98

In tiefer Trauer und Dankbarkeit nehmen wir Abschied von ihr.

1,808 Millionen Studentinnen und Studenten der Bundesrepublik Deutschland im Wintersemester 97/98

Die bundesweite Trauerfeier fand in aller Stille bereits am Donnerstag, dem 27. November 1997 im Hofgarten vor der Universität Bonn statt. Für die bereits erhaltene Anteilnahme von Politikern und Professoren bedanken sich die Studierenden recht herzlich. Von noch zugedachter Anteilnahme bitten wir aber Abstand zu nehmen.

Anstelle zugedachter Blumen und Kränze bitten wir um eine Spende an die Hochschulen in Deutschland, besonders für Bibliotheken, den Hochschulbau, neue Hörsäle, Computer und Laborplätze, Kennwort „Lucky Streik".

Bonn und Bochum, zu Beginn des Jahres 1998

I2: Kevin hat gerade einen Kaffee in der Cafeteria getrunken und will jetzt gehen. Hören Sie das Gespräch zwischen ihm und Holger, einem anderen Studenten.

   a) Warum spricht Holger Kevin an?
   b) Welche Frage hat Kevin?
   c) Bekommt Kevin eine Antwort?
   d) Worüber beschwert sich Holger?

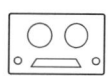

I3: Beschreiben Sie dieses Photo.

I4: Wofür oder wogegen würden Sie an Ihrer Hochschule demonstrieren? Was würden Sie auf die Banner schreiben? Freunde in Deutschland fragen, was Sie geschrieben haben. Übersetzen Sie es.

I5: Beantworten Sie nach der Lektüre des Textes die Frage, die Kevin im Hörtext gestellt hat.

Der „asta" vertritt die Studierenden der Uni Mannheim gegenüber der Universität und der Öffentlichkeit. Allerdings ist der „asta" in Baden-Württemberg seit 1977 keine unabhängige Interessenvertretung mehr, sondern finanziell von der Universitätsverwaltung abhängig. Die 17 Mitglieder des „asta" werden jeden Sommer von den Studierenden gewählt. Der Gesamt„asta" trifft sich regelmäßig zu öffentlichen Sitzungen, er wählt am Anfang des Wintersemesters den „asta" – Vorstand und die Referate, u. a. das AusländerInnen- und MigrantInnenreferat, das Referat für behinderte und chronisch kranke Studierende, das Kinoreferat und das Referat für Ökologie.

Darüber hinaus bietet der „asta"- verschiedene Serviceleistungen wie Jobbörse, Sozialberatung, Theatergutscheine, Studienplatztausch oder Wohnraumvermittlung an.

(Quellen: Infoheft des asta und Vorlesungsverzeichnis der Universität Mannheim)

I6: Auch sonst kann man sich an der Mannheimer Uni engagieren, z. B. bei AIESEC (www.de.aiesec.org), bei der Studenten-Initiative „Club of Rome" (www.uni-mannheim.de/studorg/sicor/), bei Amnesty International (www.amnesty.de), bei AEGEE in Heidelberg (www.rzuser.uni-heidelberg.de/~dl1) oder bei der Initiative „Marketing zwischen Theorie und Praxis" (www.mtp.org).

Finden Sie im Internet heraus, welche Ziele diese Gruppen haben. Würden Sie sich für eine der Gruppen interessieren? Gibt es diese Initiativen auch in Irland?

J: Die Zukunft der Universität

J1:   *Multimedia*

   a) *Was bedeutet Multimedia?*
   b) *Haben Sie bereits Erfahrungen damit gemacht? Welche Vor- und Nachteile sehen Sie?*
   c) *Was bedeutet „studieren" für Sie?*

   d) *Lesen Sie das Interview der Süddeutschen Zeitung mit Psychologieprofessor Hermann Körndle und beantworten Sie anschließend die Fragen.*

SZ: In Ihrem Projekt „Studierplatz 2000" wollen Sie den Lehrbetrieb mit Multimedia unterstützen. Wie sieht Ihre Universität der Zukunft aus?

K: Zum einen wollen wir den Zugang zu Lehrmitteln erleichtern. Studenten könnten zum Beispiel Originalpublikationen wie Folien und Videos, die in den Vorlesungen gezeigt wurden, jederzeit im Internet abrufen. Zum anderen kann Multimedia den Lernprozeß unterstützen. Mit interaktiven Frage- und Aufgaben-Katalogen läßt sich das eigene Wissen besser testen – und zwar nicht nur mit simplen Multiple-choice-Tests. Wir haben zum Beispiel Lückentexte entwickelt, die nicht nur Fakten, sondern auch Zusammenhänge abfragen.

SZ: Das kann man doch auch auf Papier. Was sind denn die Vorteile von multimedialen Tests?

K: Vor allem die vielfältigen Interaktionsmöglichkeiten. Auf Papier müssen Sie mit den Fragen selbst zurechtkommen. Im Internet ist es dagegen möglich, zusätzliche Hinweise zu liefern – zum Beispiel Links auf Literatur-Datenbanken oder vernetzte Arbeitsarchive.

SZ: Wird der Hörsaal in Zukunft also überflüssig?

K: Nein. Multimedia-Anwendungen haben nur Werkzeugcharakter. Studieren müssen Sie schon selber. Die Vision der virtuellen Uni, die derzeit sehr verbreitet ist, teile ich nicht. Das ist ein absolutes Modewort. Wir müssen nicht alle alten Konzepte über Bord werfen. Studieren bedeutet, daß Sie lernen, selbständig Lösungen zu finden. Werkzeuge können Ihnen dabei helfen.

SZ: Macht Ihnen die Entwicklung zum Multimedia-Studium Sorgen?

K: Multimedia ist eine Ergänzung, nicht ein Ersatz für die Formen der Wissensvermittlung in der Universität. Deshalb bin ich skeptisch, wenn Politiker nach dem Motto argumentieren: Wenn wir Tele-Teaching haben, brauchen wir nur noch einen Professor pro Fachgebiet für die ganze Republik.

(Süddeutsche Zeitung, 21. 3.1998, gekürzt)

i) Welche Vorteile sieht Professor Körndle in dem Einsatz von Multimedia?
ii) Welche Funktion hat Multimedia für ihn?
iii) Wie definiert Professor Körndle „studieren"? Vergleichen Sie seine Antwort mit Ihrer eigenen.
iv) Welchen Nachteil sieht er in dem zunehmenden Einsatz von Multimedia?
v) Sind Sie derselben Meinung wie Professor Körndle?

e) *Lesen Sie den Ausschnitt aus dem Interview des Hochschulmagazins Unicum mit Dr. Gottwald im Mai 1998 und vergleichen Sie seine Meinung mit der von Professor Körndle.*

> Unicum: Wie wird die Welt des Lernens an den Hochschulen zu Beginn des 3. Jahrtausends aussehen?
> Gottwald: In den kommenden zehn Jahren werden sich die Hochschulen fundamental ändern. Sie werden privatisiert, sie werden von Managern der Edutainment-Industrie geführt, sie werden mit integrierten Plattformen wie dem Multimedia-Campus virtualisiert. Die Lernorte der Zukunft werden von Gebäuden unabhängig sein.

J2: *Which tense is being used in the question which was put to Dr. Gottwald? Why is it used here? How do you form it?*

→ S. 322

a) *Wie werden Hochschulen im Jahre 2020 aussehen? Was glauben Sie?*

b) *Machen Sie Prognosen für Ihr Leben in zehn Jahren.*

i) Wo werden Sie wohnen? Wie wird die Wohnung ausgestattet sein?
ii) Wo werden Sie arbeiten? Welche Position werden Sie haben? Wie viel werden Sie verdienen?
iii) Werden Sie verheiratet sein? Werden Sie Kinder haben. Wenn ja, wie viele?

c) *Machen Sie Prognosen für die nächsten 12 Monate.*

    i) Welcher Film wird bei der nächsten Oscarverleihung wahrscheinlich den Oscar für „Besten Film" erhalten?
    ii) Wird es Weihnachten schneien?
    iii) Wer wird dieses Jahr das „All-Ireland Football Final" und „The FA Cup Final" gewinnen?
    iv) Wird Irland nächstes Jahr einen richtigen Sommer haben?
    v) Werden Sie alle Ihre Prüfungen bestehen?

d) *Fragwürdig*

– *Wann wird es eine amerikanische Präsidentin geben?*
– *Wer wird wen schlucken: Pepsi Coke oder Coke Pepsi?*
– *Wird man Handys in den Kopf einpflanzen?*
– *Was werden die Menschen in 100 Jahren über das 20. Jahrhundert denken?*
– *Wann werden sich Mann und Frau die Hausarbeit teilen?*
– *Wann wird es den ersten geklonten Menschen geben?*
– *Werden Computer irgendwann Gefühle haben?*
– *Werden die Menschen irgendwann aussterben?*

Stellen Sie weitere Fragen an die Zukunft.

e) *"werden" can be used as a full verb (to become or to get, in the sense of getting colder/warmer etc.) or as an auxiliary verb to form the passive voice or the future tense.*

→ S. 322/348/349

Do you know the rule?

    werden + ?   → full verb
    werden (in the present tense) + ?   → future tense
    werden + ?   → passive voice

f) Füllen Sie die Tabelle aus.

	full verb	auxiliary verb	active voice	passive voice	tense
Ich glaube, ich werde krank.	✗		✗		*present*
Wann wirst du wieder nach Irland fahren?					
Möchte sie wirklich Ingenieurin werden?					
Es wird jetzt aber schon früh dunkel.					
1949 wurde Irland Republik.					
In Tschechien wird am meisten Bier getrunken.					
Die Computer werden unser Leben verändern.					
Wann wurde das Heidelberger Schloss gebaut?					
Woraus wird Tequila gemacht?					
Es wird immer schwieriger, eine billige Wohnung zu finden.	✗		✗		

Zusätzliche Übungen

1. *Was machen Sie, wenn...*

    z. B. Sie haben Prüfungsangst. ➙ *Wenn ich Prüfungsangst habe, mache ich einen Spaziergang.*

    a) Sie können nicht einschlafen.
    b) Sie bekommen einen Liebesbrief von einer Person, an der Sie nicht interessiert sind.
    c) Sie haben Halsschmerzen.
    d) Sie haben den letzten Bus/Zug verpasst.
    e) Sie haben Kopfschmerzen.
    f) Sie haben keine Lust zum Arbeiten.
    g) Sie haben Ihren Haustürschlüssel vergessen.
    h) Jemand spricht Sie auf der Straße dumm an.
    i) Der Lift bleibt während der Fahrt stecken.
    j) Die Ampel ist rot, aber kein Auto kommt.

k) Sie sind beschwipst.
l) Ihr Handy piepst während des Unterrichts.

2. Welche Wann-Fragen können Sie in diesen Situationen stellen?

   z. B. Sie sind in einer Vorlesung. → Wann ist die Vorlesung zu Ende?

   a) Sie sind auf dem Flughafen.
   b) Sie sind im Bahnhof.
   c) Sie sind im Kino.
   d) Sie arbeiten in einer Fabrik.
   e) Sie sind in der Mensa.
   f) Sie sind in einem Hotel.
   g) Sie liegen im Krankenhaus.
   h) Sie sind gestresste/r Gastgeber/in.

3. In welchen Situationen brauchen Sie das?

   z. B. Abitur → Sie brauchen das Abitur, wenn Sie in Deutschland studieren möchten.

   a) Ballkleid oder Smoking
   b) Green Card
   c) Bikini/Badeanzug/Badehose
   d) Sonnencreme mit hohem Lichtschutzfaktor
   e) Computer und Modem
   f) internationaler Studentenausweis
   g) Hopfen, Malz, Hefe, Wasser
   h) Lebenslauf und Lichtbild
   i) Kamm oder Bürste
   j) Skier
   k) Zahnpasta und Zahnbürste
   l) Wok

4. „wenn", „wann" oder „als"?

   z. B. Wo waren Sie, _als_ Kennedy erschossen wurde?

   a) Weißt du, _____ in diesem Jahr Ostern ist?
   b) _____ Siobhán das letzte Mal in Deutschland war, hat sie bei ihrer Freundin in Hamburg gewohnt.
   c) _____ ich ein paar Tage während des Semesters frei hatte, bin ich meistens arbeiten gegangen.
   d) _____ Mairéad Urlaub hatte, ist sie immer nach Irland gefahren. Seitdem sie verheiratet ist, fährt sie nicht mehr so oft.
   e) Unser Professor hat immer erst mit der Vorlesung angefangen, _____ alle ganz still waren.
   f) Er hat mir nicht gesagt, _____ man die Essensbons kaufen kann.
   g) Weißt du, _____ die Universität gegründet wurde?
   h) _____ Siobhán die Zusage von Zeneca bekam, hat sie sich sehr gefreut.
   i) _____ wir als Kinder einen Ausflug gemacht haben, hat es immer geregnet.
   j) _____ es am Abend eine Fete gibt, ist die Hochschule am nächsten Morgen relativ leer.

5. *Jürgen ist ein nervöser Mensch, besonders, wenn er die Wohnung verlässt. Bilden Sie Sätze.*

   z. B. Er kann sich nicht erinnern, ob er den Herd ausgemacht hat.

   | zuschließen | zumachen | ausmachen | abschalten | zudrehen | ausschalten |

   a) Wasserhahn   c) Licht   e) Bügeleisen
   b) Fenster   d) Haustür   f) Fernseher

6. *Wie lautet der Singular zu diesen Pluralformen?*

   z. B. Hochschulen → Hochschule (f)

   a) Studienplätze   b) Kinos   c) Studentinnen   d) Kaninchen
   e) Rasierer   f) Burschenschaften g) Gläser   h) Läden
   i) Brauereien   j) Traditionen   k) Cafés   l) Familien
   m) Wirkungen   n) Mäntel   o) Techniken   p) Pkws
   q) Klausuren   r) Möglichkeiten   s) Aufgaben   t) Vorteile

7. *Im Deutschen kann man nicht nur „Angst haben" sondern auch andere Gefühle und immaterielle Güter. Vervollständigen Sie die Sätze.*

   z. B. Hast du was zum Trinken? Ich __habe Durst__ .

   | **Hunger haben** ~~Durst haben~~ **Langeweile haben**   **Glück haben** |
   | **gute/schlechte Chancen haben**   **Heimweh haben**   **Interesse haben an (Dativ)** |
   | **Lust haben (etwas zu tun)**   **Pech haben** |
   | **(nicht) den Mut haben (etwas zu tun)**   **Recht haben** |

   a) Kevin hat seit dem Frühstück nichts mehr gegessen. Jetzt _____.
   b) Eithne _____ , ins Kino zu gehen.
   c) Siobhán hat ihren Reisepass wiedergefunden. Sie _____ .
   d) Zuerst hat es Martin in Deutschland nicht so gefallen. Er hat seine Freunde vermisst. Er _____ .
   e) Kevin findet Geschichte faszinierend. Er _____ .
   f) Du hast doch schon Arbeitserfahrung als Zimmermädchen. Ich glaube, du _____ , den Job zu bekommen.
   g) In der Prüfung kam genau das dran, was Kevin nicht gelernt hat. Er _____ .

h) Sonntag Nachmittag, es regnet, im Kino läuft nichts Gescheites, Eithne _____.

i) Martin hatte letzte Woche die Chance zum Bungeejumping, aber er ist nicht gesprungen, er _____.

j) Du _____, Heidelberg ist so schön, wie du gesagt hast.

8. *Wogegen protestier(t)en oder wofür kämpf(t)en diese Personen und Organisationen?*

   z. B. Weiße Rose ➤ *Die Weiße Rose war eine studentische Widerstandsgruppe. Sie protestierte gegen die Willkürherrschaft der Nationalsozialisten.*

   a) Suffragetten b) Robin Hood c) PLO
   d) Martin Luther King e) Greenpeace f) IRA
   g) Jody Williams h) ETA i) Martin Luther
   j) Che Guevara k) Studenten und Studentinnen Ende der 60er Jahre

9. *Worauf warten diese Personen?*

   z. B. Fußballfans während eines Spiels ➤ *Sie warten auf ein Tor ihrer Mannschaft. Sie warten darauf, dass ihre Mannschaft ein Tor schießt.*

   a) Lottospieler am Samstag Abend
   b) Patient im Krankenhaus
   c) Arbeitnehmer den ganzen Tag
   d) Kinder im Dezember
   e) Studenten und Studentinnen während einer Vorlesung
   f) Schüler im Mai
   g) Menschen an einer Bushaltestelle
   h) manche Menschen in Irland am 27. Dezember morgens um 8.30 Uhr
   i) Kinder in Irland in der Nacht vom 24. auf den 25. Dezember

   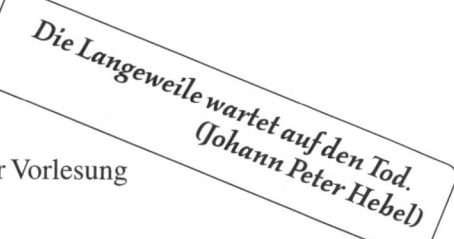
   Die Langeweile wartet auf den Tod. (Johann Peter Hebel)

10. *Beantworten Sie die folgenden Fragen:*

    z. B. Worüber freuen sich Studenten und Studentinnen? ➤ *Sie freuen sich über gute Noten.*

    a) Wofür sind die Iren bekannt?
    b) Wovor fürchten sich Vampire?
    c) Worauf freuen sich Puten nicht?
    d) Wovon hängt die Höhe des BAföGs ab?
    e) Worüber ärgern sich Touristen in Irland?
    f) An wen glauben Moslems?

11. Fragen Sie nach den unterstrichenen Satzteilen.

    z. B. Ich glaube, es riecht nach Gas. → Wonach riecht es?

    a) Eithne denkt an den Feierabend.
    b) Der Videofilm handelt von der Geschichte der Bundesrepublik.
    c) Eithne hat sich mit Astrid im Biergarten getroffen.
    d) Kevin interessiert sich für Geschichte und Literatur.
    e) Martin freut sich auf das Wochenende.
    f) Kevin redet mit seinen Kommilitonen in der Mensa.
    g) Siobhán konzentriert sich auf ihre Arbeit.

12. Ordnen Sie zu.

1	Der Text handelt	a	von der Abiturnote ab.
2	Sie bewirbt sich	b	für das Angebot von pro studente.
3	Das hängt	c	an der Veranstaltung teil.
4	Ich bitte	d	vor dem Treffen mit dem Dozenten.
5	Er wartet	e	über die hohe Telefonrechnung.
6	Es geht	f	um eine Erklärung.
7	Sie interessiert sich	g	von der Arbeitslosigkeit.
8	Ich nehme	h	direkt bei der Hochschule.
9	Er wundert sich	i	um die Erhöhung der Mensapreise.
10	Sie fürchtet sich	j	auf einen Studienplatz.

1	2	3	4	5	6	7	8	9	10

13. Was werden Sie in diesen Situationen wahrscheinlich/vielleicht/vermutlich tun?

    z. B. Sie haben Hunger. → Sie werden wahrscheinlich in die Mensa gehen.

    a) Sie sind müde und kaputt.
    b) Sie müssen sich auf eine Präsentation vorbereiten. Die Bibliothek ist voll.
    c) Die Busfahrer streiken.
    d) Sie hören abends auf dem Nachhauseweg Schritte hinter sich.
    e) Sie möchten etwas für die Umwelt tun.

f) Sie haben einen obszönen Anruf bekommen.
g) Sie sitzen in einer Prüfung und können sich plötzlich an nichts mehr erinnern.
h) Sie haben sich erkältet.
i) Sie sitzen in Deutschland in einer Straßenbahn, haben aber keine Fahrkarte. Der Kontrolleur steigt in die Straßenbahn ein.
j) Sie sitzen am Schreibtisch und lernen. Draußen scheint die Sonne und es ist sehr warm.
k) Sie lernen für eine wichtige Klausur. Aus der Nachbarwohnung kommt laute Musik.

14. *Wie sieht Irlands Zukunft aus? Machen Sie Prognosen zu folgenden Themen:*

   a) Hauspreise
   b) Autobahnen
   c) Tourismus
   d) irische Sprache
   e) TG4
   f) Müllproblem
   g) Klima
   h) Mitgliedschaft in der NATO

Zwischendurch

A: Über den Wein und die Weinfeste im Herbst

A1: Fast jeder Ort entlang der Deutschen Weinstraße in der Pfalz feiert irgendwann im Jahr ein Weinfest. Mairéad und Jürgen fahren im September mit Kevin zum größten Weinfest der Welt, dem Bad Dürkheimer Wurstmarkt.

a) Was sagen Ihnen diese Bilder über den Wurstmarkt?

b) Welche zusätzlichen Informationen bringt der Text?

Weit über 500 Jahre ist er schon alt, dieser ewig junge Wurstmarkt, den weniger die Wurst, vielmehr der Wein berühmt gemacht hat. An den Ständen, in kleinen Zelten und Festhallen können Sie mehr als 200 verschiedene Weine probieren. Aber auch für das leibliche Wohl ist gesorgt. Die Vielzahl der Leckereien reicht vom Pfälzer Saumagen, Blut- und Leberwürsten mit Sauerkraut und frischem Zwiebelkuchen bis hin zu feinen Fisch- und Wildspezialitäten.

Der ursprüngliche Kram-, Pferde- und Viehmarkt ist aber auch schon seit langem ein riesiger Vergnügungspark. So ist eine Fahrt mit dem Riesenrad eigentlich ein Muß. Nirgendwo sonst kann man den 45 000 Quadratmeter großen Festplatz so gut überblicken. Und die vielen Fahrgeschäfte versprechen Nervenkitzel für alle, denen das Riesenrad zu langsam ist.

(Quelle: Stadtverwaltung Bad Dürkheim, 1999)

A2: Beim Winzer

a) Sehen Sie sich die Landkarte an. Wo wird in Deutschland Wein angebaut?

b) Jürgen und Mairéad kaufen ihren Wein, wenn es geht, lieber direkt beim Winzer als im Supermarkt. Warum machen sie das Ihrer Meinung nach?

c) Kevin, Mairéad und Jürgen sind auf dem Weingut von Herrn Wiedemann in Edesheim und probieren verschiedene Weine, bevor sie sich entscheiden, welchen sie kaufen werden. Kevin hat die Qual der Wahl. Welchen Wein würden Sie probieren?

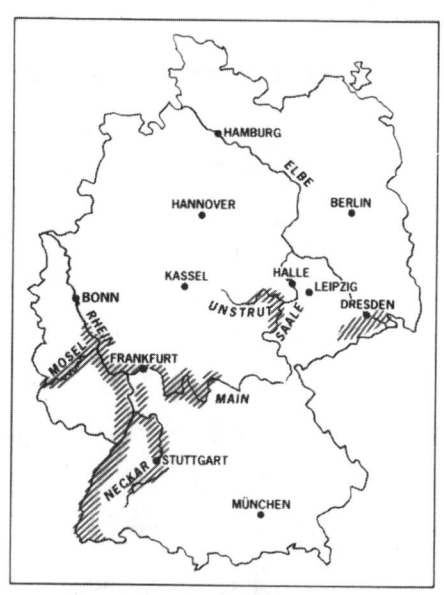

Dornfelder Rotwein trocken
Qualitätswein b.A.

Grauer Burgunder
Spätlese trocken

Kerner Kabinett
halbtrocken

Blauer Portugieser Rotwein
Qualitätswein b.A. halbtrocken

Huxelrebe
Qualitätswein b.A. lieblich

Heroldsrebe Weißherbst
Qualitätswein b.A. mild

Blauer Spätburgunder
Weißherbst Kabinett lieblich

d) Herr Wiedemann möchte etwas über den Markt für Wein in Irland wissen. Was kann Kevin ihm erzählen?

B: Der dritte Oktober

B1: *Wäre Siobhán, die ein einjähriges Praktikum bei der Firma Zeneca macht, ein Jahr später nach Deutschland gegangen, hätte sie am 3. Oktober einen freien Tag gehabt. Denn der 3. Oktober, der Tag der deutschen Einheit, ist der Nationalfeiertag in der Bundesrepublik. Aber 1999 fällt dieser Tag auf einen Sonntag.*

- a) *Seit wann ist der 3. Oktober deutscher Nationalfeiertag?*
- b) *Schauen Sie sich die Karten auf den Seiten viii und ix. Was erfahren Sie über die Geschichte „Deutschlands"?*

B2: *Nationalhymne*

Am 3. Oktober 1990 wurde das „Lied der Deutschen" am Brandenburger Tor gesungen. Dieses Lied stammt aus dem Jahre 1841 und wurde 1922 offizielle Hymne des Deutschen Reiches. Nach dem Zweiten Weltkrieg von den Alliierten zunächst verboten, wurde es 1952 wieder zur Nationalhymne erklärt. Allerdings wird heute nur noch die dritte Strophe gesungen.

- a) *Was hat der Autor des Liedtextes mit den ersten zwei Zeilen gemeint?*
- b) *Finden Sie es richtig, dass das Lied wieder zur Nationalhymne erklärt wurde?*
- c) *Warum werden heute die ersten zwei Strophen nicht mehr gesungen?*
- d) *Zu welchen Anlässen wird die Nationalhymne gesungen?*
- e) *Finden Sie es wichtig, dass ein Land eine Hymne hat?*

Das Lied der Deutschen

Deutschland, Deutschland über Alles,
Über Alles in der Welt,
Wenn es stets zu Schutz und Trutze
Brüderlich zusammenhält,
Von der Maas bis an die Memel,
Von der Etsch bis an den Belt –
Deutschland, Deutschland über Alles,
Über Alles in der Welt!

Deutsche Frauen, deutsche Treue,
Deutscher Wein und deutscher Sang
Sollen in der Welt behalten
Ihren alten schönen Klang,
Uns zu edler That begeistern
Unser ganzes Leben lang –
Deutsche Frauen, deutsche Treue,
Deutscher Wein und deutscher Sang!

Einigkeit und Recht und Freiheit
Für das deutsche Vaterland!
Danach laßt uns alle streben
Brüderlich mit Herz und Hand!
Einigkeit und Recht und Freiheit
Sind des Glückes Unterpfand –
Blüh' im Glanze dieses Glückes,
Blühe, deutsches Vaterland!

B3: *Frau Ebert, eine Kollegin von Siobhán, hat ein paar Fragen. Was könnte Siobhán ihr antworten?*

    a) Wovon handelt die irische Nationalhymne?
    b) Wann ist der irische Nationalfeiertag?
    c) Was feiern die Iren an diesem Tag?
    d) Wie wird der Tag gefeiert?

C: Weihnachtszeit

C1: *Advent*

    a) *Am Sonntag ist Kevin bei Mairéad und Jürgen zum Adventskaffee eingeladen. Welche Unterschiede zur Adventszeit in Irland wird er Ihrer Meinung nach feststellen?*

Das sind die Ergebnisse von Jürgens Weihnachts-bäckerei.

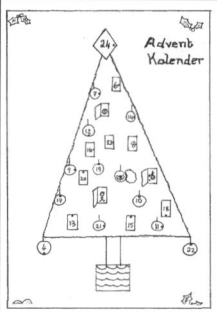

Das ist Katrins Adventskalender mit 24 Türchen. Fünf sind schon offen.

Advent! Advent!

Ein Lichtlein brennt.
Erst eins, dann zwei, dann drei, dann vier:
dann steht das Christkind vor der Tür.

Katrin putzt ihre Schuhe und erzählt Kevin, dass der Nikolaus in der kommenden Nacht nur etwas in ihre Schuhe stecken wird, wenn die Schuhe schön geputzt sind.

b) *Abends geht Kevin dann noch auf den Weihnachtsmarkt.*

Keramik Glühweinbecher – der Umwelt zuliebe. Sie können sie auf Ihrem Bummel mitnehmen und an den anderen Glühweinständen abgeben oder nachfüllen lassen.

Welche Dinge sind Ihrer Meinung nach typisch für einen Weihnachtsmarkt?

Computer	Handys	Sportartikel	Kerzen
Christbaumschmuck	Bratwürstchen	Holzspielzeug	Lebkuchen
CDs	Bücher	Wollpullover	
Keramikwaren	Werkzeug	Schuhe	
Krippen	Möbel		

C2: *Geschenke kaufen*

a) *Sind Sie der Meinung, dass es sich hier um gute Geschenkideen handelt?*

Ab sofort in Heidelberg

Newline

Aussehen wie ein Fotomodell
50,– Preisnachlass bei
Terminvereinbarung oder
dem Erwerb eines Gutscheins
bis zum 31. 12. 1998
Tel.: 0622 651958
JETZT ANRUFEN!!!

Stern 50/1974.

b) *Überlegen Sie sich originelle Geschenke für Ihre Eltern, Freunde und Verwandten. Geld spielt keine Rolle!!!*

c) *Wird der Geschenkeinkauf vor Weihnachten heute übertrieben? Was glauben Sie?*

C3: Heiligabend

a) Der Tannenbaum

i) Mairéad möchte, dass der Weihnachtsbaum dieses Jahr so wie in Irland geschmückt wird. Kevin hilft ihr. Wie wird der fertig geschmückte Baum wohl aussehen? Beschreiben Sie ihn.

O Tannenbaum, o Tannenbaum
O Tannenbaum, o Tannenbaum,
wie treu sind deine Blätter!
Du grünst nicht nur zur Sommerzeit,
nein auch im Winter,
wenn es schneit.
O Tannenbaum, o Tannenbaum,
wie treu sind deine Blätter!

ii) Beschreiben Sie diesen „Tannenbaum" von John Heartfield. Warum hat er den Baum so dargestellt? Was glauben Sie? Wie alt ist die Fotomontage Ihrer Meinung nach?

b) *Der Weihnachtsmann kommt*

Es ist der 24. Dezember. Katrin ist schrecklich aufgeregt und übt ein kleines Gedicht für den Abend. Warum macht sie das Ihrer Meinung nach?

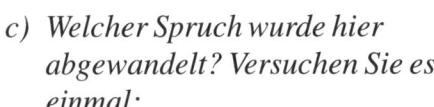

Lieber guter Weihnachtsmann,
schau mich nicht so böse an,
packe deine Rute ein,
ich will auch immer artig sein.

c) *Welcher Spruch wurde hier abgewandelt? Versuchen Sie es einmal:*
   i) Stell dir vor, es ist Heiligabend und ...
   ii) Stell dir vor, es ist St. Patrick's Day und ...
   iii) Stell dir vor, es ist Halloween und ...
   iv) Stell dir vor, es ist Sommer und ...
   v) Stell dir vor, es ist Deutschprüfung und ...
   vi) Stell dir vor, es ist Freitag Abend und ...
   vii) Stell dir vor, es ist Valentinstag und ...

C4: *Und nach der Bescherung*

a) *Stellen Sie Unterschiede und Gemeinsamkeiten zwischen Irland und Deutschland fest.*

Keine Experimente beim Weihnachtsfest
Altenstadt. (dpa) Beim Weihnachtsfest gibt es für die meisten Deutschen laut Umfrage keine Experimente: Nach Erhebung der Wickert-Institute unter 970 Bundesbürgern gestalten dreiviertel der Befragten die Feier jedes Jahr gleich. Und auch die bewährte Weihnachtsgans ist nicht vom Speiseplan wegzudenken. Sie steht in der Gunst ganz oben (18 Prozent) – gefolgt von der gleichfalls traditionellen Ente. Weit abgeschlagen ist dagegen der Karpfen: Nach der Erhebung kommt nur bei vier Prozent der Befragten Fisch frisch auf den Tisch.
(Rhein-Neckar-Zeitung, 19./20. 12. 1998)

b) *Wolfgang und Petra sind gleich nach den Feiertagen wieder nach Heidelberg gefahren und unterhalten sich jetzt bei einer Tasse Kaffee.*

  i) Hören Sie das Gespräch, um zu erfahren, welche Einstellung sie zu Weihnachten haben.

  ii) Hören Sie das Gespräch noch einmal. Wie fasst Wolfgang Weihnachten für sich und Petra zusammen?

  Petra: Weihnachten ist das Fest ...
  Wolfgang: Weihnachten ist das Fest ...

  iii) Versuchen Sie es nach dem gleichen Muster: Für mich ist Weihnachten das Fest ...

c) *Lesen Sie diese Auszüge aus der Rhein-Neckar-Zeitung, um herauszufinden, was viele Leute nach den Feiertagen machen.*

> Dem vorweihnachtlichen Kaufstreß folgt nun der nachweihnachtliche Umtauschstreß. Die Parkhäuser rund um die Innenstadt waren voll und auf der Heidelberger Hauptstraße herrschte ein hektisches Treiben ... Die Käufer sollten wissen, daß sie keinen Rechtsanspruch auf Umtausch von einwandfreien Waren haben, aber die meisten Händler bieten diesen Service freiwillig an.
> **(Rhein-Neckar-Zeitung, 28. und 29. 12. 1998)**

d) *Geben Sie Gründe dafür an, warum Sie ein Geschenk umtauschen möchten.*

  z. B. Der Pullover ist zu kurz.

  der Ring   das Buch   das Hemd
  die CD   die Krawatte   die Ohrringe
  das Parfüm   das Computerspiel   der Lippenstift

Kleine Geschenke erhalten die Freundschaft. (Sprichwort)

Geschenkt ist geschenkt. (Sprichwort)

Einem geschenkten Gaul schaut man nicht ins Maul. (Sprichwort)

D: Silvester und Neujahr

D1: Feuerwerk

a) Was kritisieren diese Zeitungs-
ausschnitte am Feuerwerk?

160 Millionen werden verpulvert – Für Knallkörper und Raketen – Welthungerhilfe: Brot statt Böller
Hamburg. (dpa) – Mit einem 160-Millionen-Mark-Feuerwerk starten die Deutschen ins Jahr 1999. Die pyrotechnische Branche rechnet damit, daß die Bundesbürger zum Jahreswechsel Knallkörper und Raketen in ähnlichem Wert wie vor einem Jahr verpulvern werden. Unter dem Motto „Brot statt Böller" riefen Welthungerhilfe, Kinderschutzbund und Deutscher Tierschutzverbund gestern dazu auf, Silvester auf das Feuerwerk zu verzichten und statt dessen zu spenden. Der Verzicht auf die „sinnlose Silvester-Knallerei" sei aktiver Menschen- und Tierschutz, hieß es. Weltweit hungerten zur Zeit rund 800 Millionen Menschen.
(Rhein-Neckar-Zeitung, 29. 12. 1998)

b) Sind Sie derselben Meinung?

c) Zu welchen Anlässen gibt es in Irland ein Feuerwerk?

Wie Dr.-Ing. Fred Dietzel der Rhein-Neckar-Zeitung mitteilt, ereignen sich jedes Jahr zu Silvester schwere Unfälle beim Umgang mit Feuerwerkskörpern. Als Folge unsachgemäßer Lagerung und falscher Handhabung komme es immer wieder zu Bränden und Explosionen, zu Brandverletzungen im Gesicht und an den Händen oder zu Trommelfellschädigungen.
(Rhein-Neckar-Zeitung, 29. 12. 1998)

D2: Viel Glück für das neue Jahr

Siobhán bekommt an Neujahr von ihren deutschen Freunden ein Marzipanschwein geschenkt. Es soll ihr Glück bringen.

a) Bringen diese Gegenstände in Irland auch Glück?

b) Und was bringt in Irland Unglück?

Es bringt Unglück, wenn ...

D3: *Pläne für das neue Jahr*

a) Übersetzen Sie diesen Gedanken von Oscar Wilde.

> *Gute Vorsätze sind Schecks, die man auf eine Bank ausstellt, bei der man kein Konto hat.*
>
> *(Oscar Wilde)*

b) Was sind Ihre guten Vorsätze für das neue Jahr?

Ich beabsichtige, ...
Ich plane, ...
Ich habe vor, ...
Ich werde versuchen, ...
Ich habe mich entschieden, ...

➔ S. 351

D4: *Der obligatorische Rückblick*

Das dritte Jahrtausend hat gerade angefangen. Von wem stammen Ihrer Meinung nach diese berühmten Zitate der letzten zwei Jahrtausende?

- Vater, vergib ihnen, denn sie wissen nicht, was sie tun!
- Land in Sicht!
- Ich denke, also bin ich.
- Und sie bewegt sich doch.
- Der Staat bin ich.
- Freiheit, Gleichheit, Brüderlichkeit
- Die Säugetiere haben die Dinosaurier verdrängt, weil sie schneller, kleiner und aggressiver waren.
- Die Proletarier haben nichts zu verlieren als ihre Ketten. Sie haben eine Welt zu gewinnen. Proletarier aller Länder, vereinigt euch!
- $E = mc^2$
- Ich aber beschloss, Politiker zu werden.
- Ein eiserner Vorhang ist über dem Kontinent heruntergegangen.
- Ich bin ein Berliner.
- Ein kleiner Schritt für einen Menschen, ein großer für die Menschheit.
- Wer zu spät kommt, den bestraft das Leben.

E: Die fünfte Jahreszeit

E1:   Karneval, Fasching oder Fastnacht?

Siobhán ist verwirrt. Es ist Anfang Februar. In den Kaufhäusern kann man Kostüme und Perücken kaufen. Sie hat eine Karte für einen Faschingsball, sieht etwas über den Kölner Karneval im Fernsehen und liest etwas über alte Fastnachtsbräuche. Lesen Sie den folgenden Text, um zu erfahren, ob das alles das Gleiche ist oder nicht.

Der Name Fastnacht geht wahrscheinlich auf das alte deutsche Wort *faseln* (= närrisch sein, dummes Zeug reden) oder *fasen* (= gedeihen, zeugen) zurück. Die Fastnacht ist als Vorfrühlings- und Fruchtbarkeitsfest gefeiert worden, lange bevor sie im 12. Jahrhundert durch die Kirche auf die Zeit vor den Fasten begrenzt wurde. Der Winter mit seinen dunklen Geistern und Dämonen sollte endgültig vertrieben und die guten Geister aufgeweckt werden. Daran erinnern die furchterregenden Masken, die Hexen mit ihren Besen und die lauten Rasseln, Trommeln und Schellen, wie man sie heute noch in der alemannischen Fastnacht in Südwestdeutschland und der Schweiz sieht.

Mit der fortschreitenden Christianisierung wurde der Tag vor der 40tägigen Fastenzeit die Fastnacht, der Tag, an dem noch einmal richtig gefeiert wurde. Der eine Tag war den Menschen aber bald zu wenig, und so wurde die Fastnachtzeit immer länger. Heutzutage beginnt die Fastnachtzeit am 11. 11. um 11.11 Uhr. Der Höhepunkt dieser 5. Jahreszeit sind allerdings die „drei tollen Tage" vor dem Aschermittwoch, vor allen Dingen der Rosenmontag.

Karneval ist eine seit dem 17. Jahrhundert bezeugte Bezeichnung der Fastnacht. Die genaue Herkunft des Wortes ist bis heute ungeklärt. Wahrscheinlich handelt es sich um eine Fleischwegnahme während der Fastenzeit (lat. *carne vale*, „Fleisch, lebe wohl") oder der Ausdruck kommt von *carrus navalis* (Schiffskarren). Denn früher fanden zur Wiedereröffnung der Schifffahrt nach dem Eisgang des Winters festliche Umzüge statt.

Karneval, wie er heute vor allem im Rheinland gefeiert wird, ist im 19. Jahrhundert in Köln entstanden. Als 1794 die französischen Revolutionstruppen kamen, war es zunächst vorbei mit der wilden Maskerade. Nach den Befreiungskriegen fiel Köln an die Preußen und die, besorgt um Zucht und Ordnung, lehnten das wiederauflebende Fastnachttreiben zunächst ab.
5 Bis dann 1823 das „Festordnende Karnevalskommitee" ins Leben gerufen wurde, das, inspiriert vom römischen Karneval, das Feiern in geregelte Bahnen lenkte.

Der Rosenmontagszug mit den Prinzenwagen, die Vereine und karnevalistische Sitzungen stammen aus dieser Zeit, die Uniformen der Vereine sind Karikaturen der napoleonischen Uniformen.

10 Der Fasching in den meisten anderen Gebieten Deutschlands ist eine Imitation des rheinischen Karnevals mit Faschingsbällen, Vereinssitzungen und kleineren Rosenmontagszügen.

E2: *Über Maskenbälle und den Spaß am Verkleiden*

    a) *Lesen Sie diesen kurzen Text. Warum hat man sich früher verkleidet? Gab es vielleicht noch andere Gründe?*

Fastnachtskostüme haben eine lange Tradition. Sie gehen bis auf das 14. Jahrhundert zurück, eine Zeit, in der strenge Kleiderordnungen kaum Platz für ein individuelles „Outfit" ließen. Der soziale Rang eines Menschen, sein Stand, war an der Kleidung sichtbar. Ein Ausbruch aus dieser Ordnung war nur während der Fastnacht erlaubt. (Mannheimer Morgen, 13.2.93), gekürzt und bearbeitet.

    b) *Warum verkleiden sich die Menschen heute?*

    c) *Siobhán und ein Freund von ihr sind zu vielen Faschingsbällen mit verschiedenen Mottos eingeladen. Wie sollten sie sich jeweils verkleiden? Als wen oder was sollten sie gehen? Da sie eine Bekannte bei einem Kostümverleih haben, sind ihrer Phantasie keine Grenzen gesetzt.*

Eiszeit	Startreck	20er Jahre	Hollywood
Rock n' Roll	Der wilde Westen	Berühmte Persönlichkeiten der Geschichte	

    d) *Denken Sie sich andere Mottos für Faschingsbälle aus. Was würden Sie dann tragen?*

E3: *Weiberfastnacht*

a) *Lesen Sie diesen kurzen Text, um zu erfahren, was Männern am Donnerstag vor dem Rosenmontag im Rheinland passieren kann.*

Noch bis ins 19. Jahrhundert hinein war die Fastnachtszeit für Frauen nicht immer besonders angenehm. Oft waren sie in dieser Zeit das Ziel des Spottes, sie wurden tätlich angegriffen und nicht selten unsittlich attackiert.

Als Gegenbewegung entwickelte sich die Weiberfastnacht am „schmutzigen Donnerstag". An diesem Tag durften es die Frauen den Männern heimzahlen. Heute dürfen die Frauen, vor allem im Rheinland, den Männern den Schlips abschneiden und die Männer müssen sich von ihnen küssen lassen.

b) *Was würden die Frauen in Irland machen, wenn es einen „schmutzigen Donnerstag" gäbe?*

E4: *Rosenmontagszug*

Kevin ist nach Mainz gefahren, um den Rosenmontagszug live mitzuerleben.

164　DEUTSCHLAND ERLEBEN

a) *Zurück in Mannheim, wird er von seinen Freunden gefragt, was der Unterschied zwischen dem Rosenmontagszug und der St. Patrick's Day Parade ist. Was würden Sie an seiner Stelle antworten?*

b) *Stellen Sie sich vor, es gäbe Karnevalsvereine und Rosenmontagszüge in Irland. Sie sind Mitglied in so einem Verein und sollen Vorschläge für einen Motivwagen für den nächsten Umzug machen. Wie sehen Ihre Ideen aus?*

F: Ostern

F1: *Die Kinder in Deutschland glauben, dass der Osterhase die Ostereier bringt. Aber er legt sie nicht einfach auf den Tisch, sondern versteckt sie. Wo hat der Osterhase die Eier für Katrin und Lara Ihrer Meinung nach versteckt?*

F2: *Seien Sie mal ehrlich: Glauben Sie an den Osterhasen? Natürlich nicht so romantisch-naiv wie kleine Kinder. Sondern im kulturhistorischen Sinne: Wie ist der Mythos Osterhase entstanden? Das wissen Sie nicht? Nun, dann könnte er doch eine Erfindung der Schokoladenhersteller sein, um den Umsatz zu steigern, oder? Und der Muttertag war vielleicht eine Idee der Blumengeschäfte...*

Welche Firmen könnten auf den Gedanken gekommen sein, folgende Tage oder Feste zu feiern?

Vatertag	Weihnachten	St. Patrick's Day
Karneval	Valentinstag	Halloween
Silvester		

F3: Der Osterhase als österlicher Eierbringer ist nur ein Kinderglaube. Woher kommen die Eier wirklich?

DER TIERSCHUTZ MACHT FORTSCHRITTE.
NUMMER 30287 HAT FREIGANG

Ostern – Fest für Betrüger?
Tierschutzbund warnt vor Etikettenschwindel mit Eiern
„Etikettenschwindel und Tierquälerei" lassen Ostern nach Meinung des Tierschutzbundes zu einem „Fest für Betrüger" werden. Noch immer stammten knapp 80% aller Hühnereier aus Käfighaltung, sagte der Präsident des bayerischen Landesverbandes des Deutschen Tierschutzbundes, Manfred Fleischer. Zwar gehe die Käfigtierhaltung langsam zurück, doch würden noch immer die meisten Hühner auf einer Fläche kleiner als ein DIN A-4 Blatt leben.
(Süddeutsche Zeitung, 30. 3. 1999, gekürzt)

G: Sommer

G1: Kommst du mit ins Schwimmbad?

a) In Deutschland gibt es in fast jeder Stadt ein Freibad. Was halten Sie von diesem Sommervergnügen?

b) Ein Freund von Martin möchte wissen, ob es in Irland auch so viele Freibäder gibt. Antworten Sie anstelle von Martin.

G2: *Folgender Anschlag hing am Schwarzen Brett in der Heidelberger Uni.*

PRÜFUNGEN GESCHAFFT – NICHTS WIE IN DEN URLAUB

Welche(r) begeisterte Biker/in hat Lust, mit dem Motorrad durch die französischen Alpen zu fahren und danach noch ein paar Tage an der Mittelmeerküste zu verbringen?

Zeitraum: 30. 7. – 20. 8.

Übernachtungen im 5-Sterne-Zelt oder Jugendherberge bei erstklassiger Verpflegung (was die Dosen so hergeben).

Also, wer Spaß am Motorradfahren hat, spontan und naturverbunden ist, der sollte sich schnell bei Ingo (23 Jahre) melden. Telefon: 06221 28787 (nach 19 Uhr).

---

a) *Würden Sie Ingo anrufen? Begründen Sie Ihre Antwort.*

b) *Markus, 24, studiert Französisch und Italienisch in Heidelberg. Er interessiert sich für das Angebot. Er ruft Ingo an. Wie würde das Telefongespräch zwischen den beiden ablaufen? Machen Sie ein Rollenspiel.*

c) *Stellen Sie sich vor, Sie sind Martin, Kevin, Siobhán oder Eithne. Sie haben drei Wochen frei und feste Urlaubspläne, Sie möchten aber nicht allein in Urlaub fahren und suchen Begleitung. Formulieren Sie einen Anschlag für das Schwarze Brett der Heidelberger Uni.*

G3: *Siobhán hat Urlaub und möchte in ein Land fahren, in dem auch Deutsch gesprochen wird.*

a) *Welche Länder kommen in Frage?*

b) *Sie möchte sich vorher über das Land ihrer Wahl informieren. Bereiten Sie in Zweier- oder Dreiergruppen eine kurze Präsentation zu den potentiellen Ländern vor.*

c) *Was können Sie machen, damit Ihre Präsentation nicht diese Wirkung auf Ihre Zuhörer hat?*

Loriot

G4: *Urlaub in Irland*

a) *Zwei Studenten in Mannheim möchten eine zweiwöchige Irland-Tour machen und bitten Kevin um Hilfe. Arbeiten Sie in Kleingruppen anstelle von Kevin eine Tour aus.*

b) *Welche Informationen können Sie dieser Statistik von Bord Fáilte entnehmen?*

Where did Ireland's tourists come from?
Tourism Numbers 1998

Number (000s)	1988	1995	1996	1997	1998	1999 Target
Britain	1,508	2,285	2,590	2,850	3,199	+8%
Mainland Europe	408	1,101	1,177	1,168	1,255	+4%
Germany	113	319	339	303	310	
France	111	234	262	250	270	
Italy	21	112	119	111	141	
Netherlands	38	94	109	131	134	
Belgium/Lux	20	53	60	73	71	
Spain	34	67	66	71	82	
Denmark	14	22	23	28	30	
Norway/Sweden	12	46	55	60	67	
Switzerland	24	62	62	58	54	
Other Europe	21	93	83	85	97	
North America	419	641	729	777	858	+7%
USA	385	587	660	718	789	
Canada	34	54	69	60	69	
Rest of World	90	204	186	213	221	+2%
Australia/New Zealand	46	89	88	107	124	
Japan	na	30	33	36	26	
Other Overseas	44	85	65	71	71	
Total Overseas	2,425	4,231	4,682	5,007	5,534	+7%
Northern Ireland*	582	587	607	580	530	
Total Out-of-State	4,252	4,818	5,289	5,587	6,064	
Domestic Trips**	4,161	6,924	6,170	6,850	6,934	

*Northern Ireland numbers revised for 1995 - 1997, inclusive.
**Domestic trips in 1988 are not comparable due to changes in survey methodology.
Annual variances for smaller markets are subject to lower levels of statistical confidence.

Source: CSO/Bord Fáilte/NITB

c) *Warum kommen die Touristen nach Irland?*

d) *Wie wird sich die Zahl der ausländischen Urlauber Ihrer Meinung nach entwickeln?*

e) Mit welchem Image von Irland wirbt Bord Fáilte in Deutschland?

f) Lesen Sie die folgenden Texte. Welches Image hat Irland in Deutschland?

Jeder liebt sich selbst, nur Irland lieben alle

Wenn ich die Augen schließe, sehe ich mich in einer Kneipe in Clifden, und ich bin an einem regnerischen Nachmittag reif für ein Guinness. Ich bin mit Sean verabredet, und wer nicht kommt, ist Sean, womit wir gleich bei den drei Lebenslügen der Iren sind. Eine („Der Scheck ist in der Post") ist harmlos, an die zweite („Wir treffen uns um halb sieben") gewöhnt man sich, und die dritte läuft immer auf dasselbe hinaus. Wenn ein Ire sagt, daß dies nun das letzte Pint für heute ist und daß wir hinterher alle nach Hause gehen, dann ist das erst ein Anfang. Irgendwann nämlich fängt noch einer an, zu singen, die alten Songs, die immer gegen die Briten gerichtet sind, und das Kaminfeuer schafft behagliche Sentimentalität. Das Pub ist das verlängerte Wohnzimmer der Iren, der Ort, an dem Fragen des Lebens entschieden werden. „Ein Ire", sagt mein alter Freund Sean, der das Gegenteil von politisch korrekt ist, „schiebt zehn schöne Frauen zur Seite, um an sein Pint zu kommen." Das stimmt nicht ganz, denn die Frauen haben immer schon das Sagen gehabt. Gerade haben sie wieder eine Frau zum Staatsoberhaupt gewählt. Die großen Themen sind bewältigt. Sogar die Scheidung ist neuerdings möglich, und Empfängnisverhütung ist kein Thema mehr. Als in einer Kneipe in Westport im County Mayo der erste Kondom-Automat aufgestellt worden war, als die Kneipe dann irgendwann wirklich geschlossen wurde, erinnerte sich der Wirt zu Hause plötzlich, daß er ihn gar nicht gefüllt hatte. Er lief zurück und fand 34 Pfund im Automaten und niemand hatte sich beschwert. Ein bißchen Schüchternheit haben sie sich doch noch bewahrt.
(Gerd Kröncke, Süddeutsche Zeitung, 1997)

Reiten auf der Grünen Insel
Wir kommen an alten Festungen vorbei, steinzeitlichen Gräbern, und manchmal sehen wir – tief unten – das Meer. Über uns spielt der Himmel unablässig Wolkentheater, und wir sind atemlose Zuschauer. Dann, fast haben wir es erwartet, kommt der berüchtigte irische Regen. Die Pferde stellen sich sofort mit dem Hinterteil zum Wind, lassen die Ohren hängen und warten. Sie wissen, daß es in der Regel zwar heftig, aber kurz schüttet. Und hinterher ist die Landschaft doppelt so schön: Alles glänzt, die Luft ist glasklar, die Farben sind intensiv wie nie. Und die Wolken türmen sich zum grandiosen Finale. Das muß man erlebt haben!
(Freundin, 13/98, gekürzt)

Booming demand for bilingual staff. Young continentals are flocking to Ireland to work for a few years, writes Áine de Paor
... At the lower end of the employment market there are signs that a continental workforce may be spawning problems of its own. "Hoteliers have reported negative responses from customers. For instance Germans don't want to be greeted in German, they want the redheaded waitress with a brogue. ...
(The Irish Times, 21. 5. 1999)

Kapitel 7:
Sport, Bewegung und vor allem Fußball

A: Sportarten

A1: Für welche Sportarten stehen diese Bilder?

A2: Ordnen Sie die auf den Bildern gezeigten Sportarten den folgenden Begriffen zu:
Ballspiele: Federball, ...
Bodyfitness: Krafttraining, ...
Mannschaftssportarten: Eishockey, ...
Natursportarten: Reiten, ...
Selbstverteidigungssportarten: Fechten, ...
Wassersportarten: Tauchen, ...
Wintersportarten: Skispringen, ...

A3: Welche anderen Sportarten kennen Sie? Ordnen Sie auch diese den Begriffen in A2 zu.

A4: Welche Sportarten treiben Sie?

A5: Auf welche Sportarten könnten die folgenden Aussagen zutreffen?

a) _____ ist sehr teuer.
b) _____ ist nur etwas für Verrückte.
c) _____ ist nur etwas für Frauen.
d) _____ ist nur etwas für Männer.
e) _____ ist erst seit einigen Jahren populär.
f) _____ ist schwer zu lernen.
g) _____ ist für Leute, die angeben wollen.
h) _____ ist total aus der Mode.
i) _____ ist sehr anstrengend.

Women in Sport
The announcement that Fräulein Cilii Aussem, Germany's woman tennis champion, has been compelled to abandon the game as a result of eye strain ought to come as a useful reminder to women that they belong to the female sex, after all. Mr. H. S. Scirvener, the well-known tennis referee, declares that the game of tennis is bad for women, inasmuch as it tends to make pretty girls ugly. This statement ought to send every pretty tennis player back to her needle and her shears. (The Irish Times, April 5th, 1929, shortened)

A6: Wählen Sie 12 Sportarten. Was braucht man, um diese Sportarten zu treiben?

z. B. Zum Schwimmen braucht man einen Badeanzug oder einen Bikini oder eine Badehose und eine Bademütze. Zum Federballspielen ...

A7: Wo kann man die Sportarten, die Sie in A6 gewählt haben, ausüben?

z. B. Tennis kann man auf einem Tennisplatz oder in einer Halle spielen.

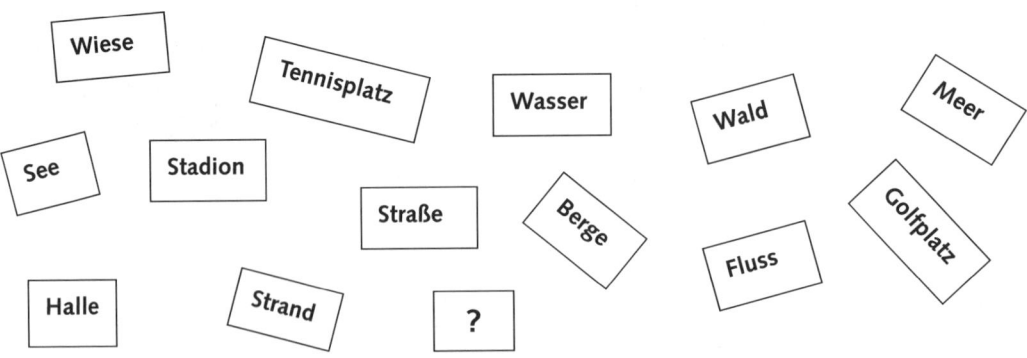

172 DEUTSCHLAND ERLEBEN

A8: Vergleichen Sie die zwei kurzen Textausschnitte. Was erfahren Sie dabei über Statistiken und den Persönlichkeitskult beim Sport in Deutschland?

> Die drei beliebtesten Sportarten bei Männern in Deutschland sind: Fußball (78 Prozent), Motorsport (67 Prozent) sowie Leichtathletik und Tennis (je 62 Prozent). Bei Frauen lautet die Reihenfolge Tennis (54 Prozent), Tanzsport (49 Prozent) und Leichtathletik (45 Prozent).
> (Informationsdienst IWD-Online, 13. 8. 1998)

> 1991 hatte sich noch jeder zweite Deutsche für die weiße Sportart interessiert, doch seit dem Rückzug von Boris Becker und Michael Stich geht es mit der Beliebtheit steil bergab. Nur noch 29 Prozent der Deutschen finden den Tennissport interessant. Ganz ähnlich sieht es im Motorsport aus. Konnten sich 1991 nur 17 Prozent für Autorennsport begeistern, so ist diese Zahl seit dem Aufstieg Schumachers zum Automobil-Weltmeister auf 31 Prozent gestiegen.
> (Süddeutsche Zeitung, 9. 2. 1999, bearbeitet)

B: Das Institut für Sport der Universität Mannheim

B1: Kevin ist zum Institut für Sport der Uni Mannheim gegangen, um sich zu informieren. Lesen Sie die Einleitung der Broschüre des Instituts für Sport und geben Sie die Gründe an, warum so viele Studierende und Mitarbeiter der Universität Mannheim die Kurse des Instituts besuchen.

Das Sportinstitut ist ein modernes Dienstleistungsunternehmen innerhalb der Universität, das für den Sport, die Bewegung und die Gesundheit aller Studierenden und Mitarbeiter der sechs Mannheimer Hochschulen zuständig ist. Im Augenblick bieten wir ein überaus vielseitiges Programm mit 140 Kursen und 320 Stunden in 55 Sportarten an. Viele tausend Studierende pro Woche nehmen unsere Kurse begeistert an, weil diese vermutlich modern, aktuell, fröhlich, gesellig, professionell, vielseitig und weitgehend kostenfrei sind und einen guten Ausgleich im Studium bieten. Der Unisport ist der Treffpunkt der Hochschule, Freizeitspaß Nummer Eins und Quelle einer bewegten Universität.

B2: In German there are several ways to express why or for what purpose something is done. Which one of these six conjunctions did you use? What is the difference between them?

um ... zu	weil	deswegen
damit	denn	deshalb

→ S. 342/343/351

B3: Lesen Sie die Beschreibungen einiger Kurse des Instituts für Sport. Suchen Sie sich an Kevins Stelle zwei aus. Welche Vorteile hätten Sie, wenn Sie daran teilnehmen würden?

Fit for Snow

Für alle Skifans! Ein regelmäßiger Besuch in lockerer Atmosphäre mit nur gutgelaunten Teilnehmern bereitet Euch optimal auf die kommende Wintersaison vor. Fit for Snow ist ein Ganzkörpertraining, bei dem die Beinarbeit besonders betont wird. Trainingsziel ist eine kompakte körperliche Fitneß, um auf den Pisten ohne Verletzungen und ohne Muskelkater bestehen zu können. Als krönenden Trainingsabschluß könnt Ihr in jeder Stunde testen, ob Ihr für die Abfahrt in Kitzbühel bereit seid. Was das bedeutet, könnt Ihr jeden Dienstag zwischen 18 Uhr und 19.00 Uhr herausfinden. Je früher der Einstieg, desto besser für Euch. Ski Heil!!!

Konditionelles Boxen für Frauen

Fitneß total! Experten haben das Boxtraining schon immer als bestes Allround-Workout gelobt. Durch gezieltes, ganzkörperliches Schnellkraft- und Ausdauertraining bieten wir den Frauen die Möglichkeit, den kontrollierten Schlag mit der Faust zu erlernen und zudem Körperbewußtsein und Reaktionsvermögen zu schulen. Ganz nebenbei steigern sich Selbstbewußtsein und die äußere Haltung.

Squash

An alle Fans des schnellen Sports!

Ein Sport, bei dem man sich so richtig austoben kann, den Lernstreß der Uni vergißt und hinterher kostenlos in der Sauna relaxen kann. Squash ist das Spiel der schnellen Reaktionen, der technischen Finessen und der Fitneß. Anfänger/Fortgeschrittene treffen sich jeden Freitag von 10.00–15.00 Uhr und Wettkämpfer jeden Dienstag von 15.00–16.30 Uhr im Squash Center Mannheim-Käfertal (Kostenbeteiligung).

Klettern

Hallo Kletterfreaks und Schnuppernasen, wir klettern unabhängig von Wetter, Können oder Geschlecht. Egal, ob in der Unisporthalle oder im Kletterzentrum Extrem in Ludwigshafen, ob Profi oder Anfänger, jeder kommt auf seine Kosten. Einfach 'mal 'ran an die Wand. Wir bringen Euch Sicherheits- und Klettertechniken bei. In der Unihalle könnt Ihr Euch zum spielerischen Ausprobieren, Bouldern oder Topropen treffen. An der Außenwand oder in der Halle im Extrem ist jeder richtig, der sich zudem die Finger langziehen möchte (Kostenbeteiligung).

Rock 'n Roll

Tanzen macht Spaß! Doch dieser Tanz bringt mehr: Ein bißchen Nostalgie, unendlich viel Schwung, Schweiß und Kondition. Wir wollen die Grundtechnik des Rock 'n Roll-Tanzes vermitteln und die ersten Akrobatikfiguren. Danach sind Eurer Kreativität keine Grenzen gesetzt. Wir freuen uns auf Paare, Singles, Anfänger, Fortgeschrittene und Formationstänzer, solange sie feste Schuhe, leichte Kleidung und tolle Laune mitbringen.

Eislauf

Herzlich willkommen in der bunten Familie der Eissportfreunde! Dieser anmutige Sport scheint die Menschen, die ihn betreiben, einfach freundlicher zu stimmen. Wir kurven so, wie jeder will, aber wer etwas lernen und Figuren fahren möchte, kann dies unter fachlicher Anleitung bei uns auch tun. Ihr müßt Euch nur im IfS anmelden. Wir trainieren im Winter immer montags von 20.00–22.00 Uhr im LZE.

Du lahme Ente kannst ruhig vorm Fernseher sitzen bleiben!

Wir anderen treffen uns jeden Montag um 19.00 Uhr zur Selbstverteidigung für Frauen!

Reiten

Wer pferdebegeistert ist und außerdem gerne an einem Stammtisch mit Gleichgesinnten teilnimmt, der ist bei uns genau richtig. Die Reitgruppe ist bunt zusammengewürfelt aus Anfängern, Fortgeschrittenen und Turnierreitern und trifft sich jeden Dienstag ca. 21.00 Uhr in der Pizzeria im Reiterverein Mannheim, Gartenschauweg 8. Die wichtigsten Aktivitäten der Gruppe sind die Teilnahme an Wettkämpfen in ganz Deutschland (ein eigenes Pferd ist nicht erforderlich!), sowie die Ausrichtung eines eigenen Turniers. Reitstunden müssen mit den Reitlehrern des Reitervereins vereinbart werden.

B4: Welche Sportarten können Sie an Ihrer Hochschule ausüben?

B5: Sie möchten für die deutschsprachigen Sokrates-Student(inn)en eine Homepage im Internet einrichten, auf der Sie diese Sportarten kurz vorstellen. Wählen Sie zwei aus und schreiben Sie die Texte.

C: Wie es euch gefällt

C1: Der Uni-Report hat einige Studenten und Studentinnen nach ihren sportlichen Ambitionen gefragt. Hören Sie die Interviews und listen Sie die Sportarten auf, die erwähnt werden.

C2: Hören Sie die Interviews noch einmal und finden Sie heraus, ob die Studierenden diese Sportarten zur Zeit ausüben, früher getrieben haben oder später ausüben möchten.

C3: The four students use expressions like "gefallen", "mögen", "gern(e)", "ich möchte" and "Spaß machen". What is the difference between them?

→ S. 314/317/337

C4: Beantworten Sie die folgenden Fragen:

    a) Welche Sportarten machen Ihnen Spaß?
    b) Welche Sportarten treiben Sie nicht gerne?
    c) Welche Sportler/innen mögen Sie?
    d) Welche Sportarten möchten Sie einmal ausüben?
    e) Welche Sportsendungen gefallen Ihnen gut?

C5: Übersetzen Sie.

    a) She likes fencing.
    b) He enjoys dancing all night.
    c) He likes it when the music is really loud.
    d) She would like to take part in a swimming competition.
    e) He likes his tennis teacher.
    f) We really enjoyed the match on Wednesday night.
    g) Would you like to play a game of squash with me on Saturday morning?
    h) We had a lot of fun kayaking on the river Corrib in Galway last weekend.

D: Fußball

> Football is not a matter of life and death, it's far more important than that.
>
> (Bill Shankly)

D1: Benennen Sie die Personen und Objekte auf dem Spielfeld.

Auswechselspieler
Ecke
Linienrichter
Linksaußen
Mannschaft
Mittelfeldspieler
Mittelstürmer
Netz
Rechtsaußen
Schiedsrichter
Strafraum
Tor
Torwart
Trainer
Tribüne
Verteidiger
Zuschauer

D2: Katrin, Laras sechsjährige Schwester, hat ein Fußballspiel im Fernsehen gesehen. Sie hat aber nicht alles verstanden. Jetzt stellt sie Kevin viele Fragen. Beantworten Sie die Fragen an Kevins Stelle.

a) Was bedeutet Abseits?
b) Was ist ein Elfmeter?
c) Wann ist Halbzeit?
d) Was ist ein Freistoß?
e) Wann bekommt ein Spieler eine gelbe oder eine rote Karte?

f) Was bedeutet Handspiel?
g) Was heißt Strafstoß?
h) Was ist der Unterschied zwischen „Gaelic Football" und Fußball?
i) Was heißt unentschieden?

D3: Finden Sie mit Hilfe des Wörterbuchs Verben zu diesen Substantiven:

z. B. Begegnung (f) → begegnen

| Einwurf | Foul | Schuss | Sieg | Anpfiff | Überraschung |
| Ausgleich | Abwehr | Trainer | Kopf | Deckung | Verteidiger |

D4: Man kann einen Ball *nicht*... Streichen Sie die entsprechenden Verben durch.

z. B. Ich kann einen Ball nicht rennen.

werfen	fangen	dribbeln	decken
verlieren	einwerfen	abwehren	schießen
besiegen	köpfen	ausgleichen	halten
~~rennen~~	foulen	gehen	passen

D5: Finden Sie Antonyme in dieser Liste.

z. B. Linksaußen – Rechtsaußen

Abpfiff	abwehren	angreifen	Anpfiff	Erfolg
fangen	foulen	Glückspilz	~~Linksaußen~~	Nachteil	fair spielen
	Niederlage	Pechvogel	~~Rechtsaußen~~	siegen	Stürmer
	verlieren	Verteidiger	Vorteil		werfen

D6: *Ein unvergessliches Spiel*

  a) *Aus welchem Spiel stammt die Szene auf dem Foto?*
  b) *Was ist gerade passiert? Was wissen Sie sonst noch über dieses Spiel?*
  c) *Lesen Sie den Text und notieren Sie, welche Informationen Sie über die folgenden Personen(gruppen) bekommen:*

das irische Team ... das englische Team ... das russische Team ... Jack Charlton ... Bobby Robson ... Ray Houghton ... Trevor Stevens ... Wolf Werner ... Franz Beckenbauer ... Peter Beardsley ... Udo Lattek ... Gary Lineker ... John Aldridge ... Peter Shilton ... Chris Morris ... Packy Bonner ... Ronnie Whelan ... Glenn Hoddle ... Mark Hateley ... Stuttgarter Polizei ... Fans ...

Die Iren überraschen England und Europa

1:0 im ersten Spiel der Gruppe 2 / Houghtons Kopfballtor in der sechsten Minute entscheidet / Lineker im Pech

re./sid. STUTTGART (sid). Irland hat für die erste große Überraschung bei der Endrunde der Fußball-Europameisterschaft gesorgt. Die irische Nationalmannschaft besiegte die Auswahl Englands durch ein Tor von Houghton in der sechsten Minute mit 1:0. Irlands englischer Trainer Jack Charlton stieß sich beim Jubelsprung den Kopf. Sein Kollege Bobby Robson
5 blickte starr vor Entsetzen auf das Spielfeld. 84 Minuten rannten die Titelanwärter dem Rückstand hinterher. Vergeblich: Es blieb beim 1:0. Der englische Stürmerstar Gary Lineker wurde zum großen Pechvogel. Vier sichere Tormöglichkeiten konnte er nicht nutzen. „Das waren die längsten 84 Minuten, die ich in meinem Leben mitgemacht habe", meinte Jack Charlton nach dem Abpfiff. „Jetzt müssen wir noch die Russen schlagen. Damit tun wir
10 erstens den Engländern einen Gefallen, und zweitens sind wir dann schon im Halbfinale." Der englische Trainer dachte im Gefühl seines irischen Sieges auch an seine Landsleute.

„Nicht mauern, nicht herumtaktieren. Wir machen unser Spiel – und zwar nach vorne", hatte Jack Charlton vor dem Anpfiff angekündigt. Die Iren hielten Wort. Unbelastet von jeglichem

Druck begann der Außenseiter die Endrunde. Die Engländer kamen lange Zeit nicht ins Spiel. Schon in der eigenen Hälfte wurden sie meist von den lauffreudigen Iren gestoppt. Erfolgstrainer Udo Lattek stellte verblüfft fest: „Ich habe das Gefühl, als wenn die Engländer in der Anfangsphase noch ihren Mittagsschlaf gehalten haben."

Schon nach sechs Minuten gingen die Iren in Führung. Nach einem krassen Abwehrfehler von Stevens folgte eine irische Kopfballstafette. Der für Liverpool spielende Houghton köpfte den Ball schließlich nach Vorlage seines Mannschaftskameraden Aldridge ins Netz. Torwart Shilton hatte keine Chance.

13 Minuten später fiel fast das 2:0. Shilton konnte noch mit letzter Mühe bei einem Schuß von Morris zur Ecke klären. Der Weltmeister von 1966 hatte seine liebe Mühe. Die Iren zeigten sich bissiger, spritziger und zweikampfstärker. Und die englischen Spitzen Beardsley und Lineker waren gut gedeckt.

Wolf Werner, Trainer von Borussia Mönchengladbach, von Teamchef Franz Beckenbauer als Spion eingesetzt, hatte für die Iren indes kein lobendes Wort übrig: „Das, was die Iren spielen, ist kein Fußball. Die machen ja nur die Räume eng."

In der zweiten Halbzeit wurden die Engländer dann immer stärker, unaufhörlich berannten sie das irische Tor. In der 49. Spielminute hatte Lineker die erste große Chance für England. Doch der Stürmer des FC Barcelona traf nur Torwart Bonner. Zehn Minuten später hatte Lineker abermals die Möglichkeit zum Ausgleich. Doch völlig freistehend vor Bonner setzte er den Ball über das Tor. In der gleichen Minute traf Whelan nur die Oberkante der Latte des englischen Tores.

Das kämpferisch gute Spiel war längst auch spielerisch interessant geworden. Dafür war vor allem der eingewechselte englische Spielmacher Glenn Hoddle verantwortlich. Doch Lineker vergab noch zwei weitere Einschußmöglichkeiten, und Sekunden vor dem Abpfiff hatte Hateley mit einem Kopfball Pech, den der irische Torwart Bonner an den Pfosten lenkte.

Die Iren, die ihrerseits einige Konterchancen hatten, brachten mit Glück das 1:0 über die Zeit.

Eine zufriedenstellende Bilanz zog nach dem Spiel die Stuttgarter Polizei. Nachdem in der Nacht vor der Fußball-Begegnung schon 45 randalierende Fans festgenommen worden waren, blieb es unmittelbar vor und nach dem Spiel weitgehend ruhig. Sechs weitere Personen wurden verhaftet sowie eine Schreckschußwaffe und ein Klappmesser sichergestellt. Kein Fan mußte bei den Einlaßkontrollen wegen Alkoholkonsums zurückgewiesen werden. „Wir haben gehofft, daß es so gut läuft", sagte Polizei-Pressesprecher Gaißmayer. Insgesamt waren 11000 irische und 8000 englische Anhänger im Neckarstadion.

(Frankfurter Allgemeine Zeitung, 13. 6. 1988)

d) *Wie sehen Sie die Chancen der jetzigen irischen Nationalmannschaft?*

e) *Wer ist heute Trainer?*

f) *Was hat sich seit damals sonst noch geändert?*

g) *Schreiben Sie einen kurzen Kommentar zu einem wichtigen Fußballspiel der letzten Tage.*

D7: *Auf den Seiten 307 und 308 finden Sie Informationen zur Bundesliga. Nehmen Sie eine Seite, Ihr/e Lernpartner/in die andere Seite und fragen Sie nach den Informationen, die in Ihrer Tabelle fehlen.*

D8: *Wie sieht die aktuelle Bundesliga-Tabelle aus? Schauen Sie im Internet nach (www.bundesliga.de).*

D9: *Fußball ist nicht nur Sport*

a) *Welche Informationen liefert diese Tabelle?*

Verein	Sponsoren (Mio. DM/Jahr)
FC Bayern München	Opel (6,0)
Bayer 04 Leverkusen	Bayer AG (6,0)
Borussia Dortmund	Continentale (4,2)
VfB Stuttgart	Südmilch (2,5)
VfL Bochum	Lotto Faber (2,3)
Karlsruher SC	Ehrmann (2,5)
TSV 1860 München	Löwenbräu (2,0)
SV Werder Bremen	DBV (2,7)
MSV Duisburg	Götzen Baumarkt (2,2)
1. FC Köln	Ford (3,0)
Borussia M'gladbach	Diebels (2,2)
FC Schalke 04	Kärcher (2,1)
Hamburger SV	Hyundai (2,5)
Arminia Bielefeld	Gerry Weber (2,0)
Hansa Rostock	Daewoo (3,6)
Fortuna Düsseldorf	Diebels (1,6)
SC Freiburg	Zehnder (3,2)
FC St. Pauli	Böklunder (1,6)

Stand: Saison 1996/97, Quelle: Handelsblatt

b) *Zeichnen Sie die Bundesligavereine in die Landkarte auf S. xi ein. Wo gibt es die meisten? Warum ist das so?*

c) *Finden Sie eine Überschrift für den Text auf der folgenden Seite:*

Früher war Fußball einfach: Der Ball war rund, der nächste Gegner immer der schwerste, und ein Spiel dauerte solange, bis der Schiedsrichter abpfiff. Die Spieler waren noch Helden, sie kämpften zuerst für die Ehre und dann für 'n Appel und 'n Ei.

Heute geht es um Millionen, und so mancher Club, der einmal als Verein für Ballspiele (VfB) oder Turn- und Sportverein (TSV) angefangen hat, spekuliert schon einmal mit dem Gang an die Börse.

Damit sich das Millionenkarussell kräftig weiterdreht, sind der Fußball, das Fernsehen und die Fans im Laufe der Zeit eine untrennbare Allianz eingegangen. Die Zuschauer speisen die Kassen der Stadien und die Quoten der Sender. Diese wiederum bezahlen dreistellige Millionenbeträge für die Übertragungsrechte an die Clubs, die ihrerseits versuchen, Fans und Fernsehen durch internationale Auftritte und Erfolge zufrieden zu stellen.

All dies funktioniert nur, wenn die Vereine nicht einfach nur Fußball spielen, sondern sich als Markenartikel präsentieren. Folglich werden Marketing und Merchandising großgeschrieben. So besitzen über 9 Millionen Fans Trikots, Mützen oder andere Fanartikel ihres Vereins. Immerhin mehr als die Hälfte der Fans ist bereit, dafür mehr als 90 DM im Jahr auszugeben. Insgesamt fließen so derzeit rund 600 Millionen DM in die Vereinskassen.

Manchester United, der reichste Verein der Welt, verkauft seine Trikots nicht nur in Großbritannien sondern auch in Sydney, Bangkok und Kapstadt. Kein Wunder, dass der britische Autor Ed Horton in seinem Buch „Moving the Goalposts" spöttisch fragt, ob „ManU" ein Fußballteam sei oder ein „Unternehmen für Freizeitbekleidung".

(Quellen: Institut der deutschen Wirtschaft Köln, 13. 8. 1998; Neue Zürcher Zeitung, 22. 5. 1998)

d) *Fußball vor 50 Jahren und heute – was hat sich geändert?*

e) *Im Text werden zwei Fanartikel genannt. Kennen Sie andere?*

f) Wie wird wohl die Zukunft des Fußballs aussehen?

g) Ordnen Sie die folgenden Sätze in die Tabelle ein:

Auf gar keinen Fall.
Da bin ich anderer Meinung.
~~Das kann ich so nicht akzeptieren.~~
Das ist richtig.
Dem möchte ich widersprechen.
Meiner Meinung nach ...
Ich glaube, ...
Ich bin davon überzeugt, dass ...
Ich bin der Meinung, dass ...
Ich bin sicher, dass ...
Da sind Sie falsch informiert.
Selbstverständlich.
Das ist doch Unsinn.
Das stimmt.
Da habe ich meine Zweifel.
So wie ich die Sache sehe, ...
~~Ich bin der gleichen Meinung.~~
Ich finde auch, dass ...
Ich stehe auf dem Standpunkt, dass ...
~~Ich meine, dass ...~~
Ich sehe das anders.
Ich habe auch die Erfahrung gemacht, dass ...

seine Meinung sagen	derselben Meinung sein	anderer Meinung sein
Ich meine, dass	Ich bin der gleichen Meinung.	Das kann ich so nicht akzeptieren.

h) Diskutieren Sie in Ihrer Lerngruppe das Thema „Verdienen Vereine zu viel Geld?"

D10: Die Geschichte des Fußballspiels

a) Was glauben Sie:

i) Wie alt ist das Fußballspiel?
ii) Seit wann ist es in Deutschland „gesellschaftsfähig"?
iii) Welches Volk hat zuerst Fußball gespielt?
iv) Warum hat man damals Fußball gespielt?
v) Welches Volk behauptet von sich, das Mutterland des Fußballs zu sein?
vi) War Fußball im 19. Jahrhundert ein faires Spiel?
vii) Warum ist Fußball überall populär?

b) *Professor Theo Stemmler, Professor für Anglistik an der Universität Mannheim, hat ein Buch mit dem Titel „Die Geschichte des Fußballspiels" geschrieben. Hören Sie das Radio-Interview mit Professor Stemmler und stellen Sie fest, ob Sie richtig vermutet haben.*

D11: Der Fan

    a) *Was ist ein Fan?*
    b) *Sind Sie ein Fan von irgendetwas oder irgendjemandem?*
    c) *Kann man es als Fan auch übertreiben?*
    d) *Was kritisieren die Autoren der folgenden zwei Texte am Fan?*

Die Sportdiskussion ist der bequemste Ersatz für die politische Diskussion. Anstatt sich ein Urteil über die Operation des Finanzministers zu bilden (wozu man etwas von Wirtschaft und anderem mehr verstehen müßte), diskutiert man über die Operation des Trainers; anstatt die Operation des Abgeordneten Soundso zu kritisieren, kritisiert man die Operation des Spielers Soundso. Das Reden über den Fußball verlangt eine sicher nicht vage, aber alles in allem begrenzte, genau umrissene Kompetenz. Es verlangt nicht, daß man sich überlegt, wie man persönlich eingreift, da man ja über etwas spricht, das weit außerhalb des eigenen Machtbereichs abläuft. Mit einem Wort, es erlaubt Politik zu spielen, ohne all die Beschwernisse, all die Pflichten, all die schwierigen Fragen der politischen Diskussion.
(Umberto Eco in PZ, Januar 1998)

Das Erlebniszeitalter kennt ein einziges Motiv: Die Angst, etwas zu verpassen, wenn draußen die Post abgeht. Es gibt Leute, die zu einem Fußballspiel fahren und nur für diese Zeit, drei Tage, 1000 Mark ausgeben, dann aber rund um die Uhr arbeiten müssen, um das Geld wieder reinzuholen. Eine Variante ist, den Konsum einzuschränken, zu Hause weniger Geld auszugeben. In Neapel soll's Fußballfans geben, die eine kleinere Wohnung nehmen, um für das Gesparte ins Stadion rennen zu können.
(Professor Opaschowski in PZ, Januar 1998)

E: Probleme mit dem Rücken?

E1: *Warum haben viele Leute – vielleicht auch Sie – Probleme mit dem Rücken?*

(Quelle: Bundesanstalt für Arbeitsschutz und Arbeitsmedizin)

E2: Lesen Sie diesen Text und finden Sie heraus, was man tun sollte, um Rückenschmerzen zu vermeiden.

Gegen Sitzblockaden

Da ist er wieder, dieser Schmerz im Rücken. Seit der letzten Seminar-Arbeit quält er Germanistik-Studentin Judith (24), sobald sie länger am Schreibtisch sitzt. Kein Wunder – stundenlanges Sitzen und Tippen führen nicht nur zu Verspannungen, sondern langfristig auch zu Rückenschmerzen. Judith ist kein Ausnahmefall. Viele Studierende leiden an den Folgen
5 von langem Sitzen und vieler Arbeiten am Computer.

Die beste Strategie: etwas tun, damit es gar nicht erst zu diesen Problemen kommt, am besten durch die ergonomische Einrichtung des Studi-Arbeitsplatzes. Basis ist ein ausreichend großer Schreibtisch. Der Tisch soll so hoch sein, daß sowohl die Füße auf dem Boden stehen als auch die Unterarme im rechten Winkel über der Tischplatte bzw. der Tastatur gehalten werden können.

10 Wichtig ist auch die Investition in einen guten Schreibtischstuhl, dessen Höhe und Rückenlehne verstellbar sind. Doch auch mit Ergo-Schreibumgebung sollte man nicht stundenlang vor sich hinarbeiten, sondern immer mal wieder kleine Pausen machen, die Handgelenke ausschütteln, die Augen schließen und sich strecken. Regelmäßige Dehn- und Streckübungen oder der Besuch eines Rückenkurses beugen ebenfalls dem Rückenschmerz vor.

(Semestertip 5–6/98, gekürzt und bearbeitet)

E3: In line 3 you find the word "nicht nur", in line 8 the words "sowohl". Both are the first part of two-part conjunctions. What are the second parts? → S. 343

Also complete these pairs:

„entweder . . . _____ "   „einerseits . . . _____ "
„weder . . . _____ "   „zwar. . . _____ "

Which two-part conjunctions are missing? Complete these sentences.

a) _____ findet sie es gut, dass er sich für Sport interessiert, _____ ist sie der Meinung, dass man es auch übertreiben kann.

b) Kevin hat _____ keine große Lust, _____ er geht trotzdem mit den anderen zum Eishockey.

c) Siobhán mag _____ Fußball _____ Rugby. Sie findet diese Sportarten zu aggressiv.

d) Eithne schwimmt _____ gerne, _____ sie mag das gechlorte Wasser in den Schwimmbädern nicht.

e) Das Institut für Sport bietet Kurse _____ für Studierende _____ für Mitarbeiter der Universität an.

f) Kevin spielt _____ Rugby _____ Gaelic Football. Beide Sportarten machen ihm viel Spaß.

g) _____ trainierst du von nun an mehr, _____ du kannst nicht an dem Wettkampf teilnehmen.

h) Ich habe nur am Dienstag Abend Zeit, aber leider habe ich _____ Lust, Federball zu spielen, _____ möchte ich Jazztanz lernen.

i) _____ findet Eithne Rugby sehr spannend, _____ aber auch sehr brutal.

E4: Siobhán sitzt bei Zeneca auch viel am Computer. Deswegen hat sie sich Broschüren mit Rücken- und anderen Lockerungsübungen besorgt.

a) Welche Instruktionen passen zu welchen Bildern?

1. Gehen Sie mit kräftigen Armbewegungen auf der Stelle.

2. Kreisen Sie jeweils einen Arm rückwärts.

3. Ziehen Sie aus der Rückenlage beide Beine in Richtung Brust, heben Sie gleichzeitig den Kopf an und schaukeln Sie langsam vor und zurück.

4. Schütteln Sie die Beine aus.

5. Drücken Sie mit Ihrer Fußsohle sanft auf einen Tennisball. Bewegen Sie nun ihren Fuß vor und zurück, ohne den Kontakt mit dem Ball zu verlieren.

6. Heben Sie das rechte Bein etwas an, und beschreiben Sie mit Ihrer rechten Fußspitze große Kreise. Das Gleiche mit dem linken Fuß.

7. Verschränken Sie die Hände hinter dem Kopf. Führen Sie die Ellenbogen weit nach hinten. Drücken Sie Kopf und Hände ca. 10 Sekunden gegeneinander.

8. Kreisen Sie mit den Schultern mehrmals vorwärts und rückwärts. Lassen Sie Ihre Arme dabei hängen.

9. Fassen Sie mit einer Hand über den Kopf, und ziehen Sie ihn ohne eine Bewegung der Schultern zur Seite. Halten Sie ihn circa 10 Sekunden und wechseln Sie dann zur anderen Seite.

10. Ziehen Sie abwechselnd das rechte und das linke Knie nach oben.

b) Which grammatical form is used to give the instructions? → S. 315

c) What is the difference between the instructions given in E4 a) and the instructions on the right hand side?

d) Wandeln Sie die Regeln 3 bis 10 in Sätze mit Modalverben um.

z. B. Du sollst den Rücken gerade halten.

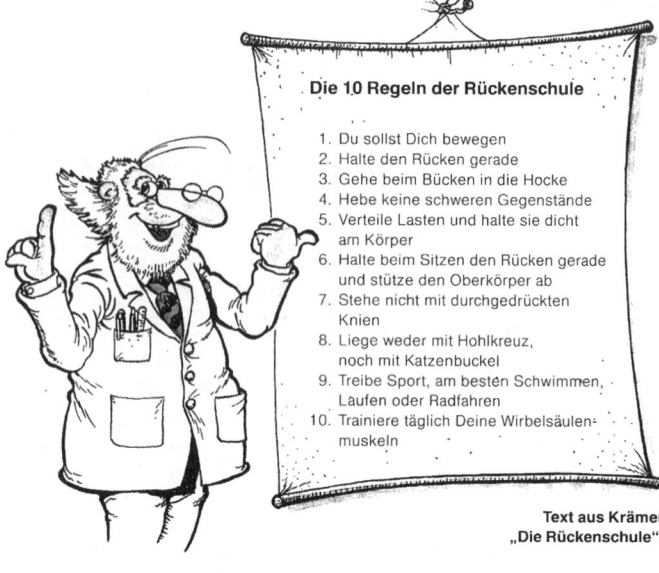

Die 10 Regeln der Rückenschule

1. Du sollst Dich bewegen
2. Halte den Rücken gerade
3. Gehe beim Bücken in die Hocke
4. Hebe keine schweren Gegenstände
5. Verteile Lasten und halte sie dicht am Körper
6. Halte beim Sitzen den Rücken gerade und stütze den Oberkörper ab
7. Stehe nicht mit durchgedrückten Knien
8. Liege weder mit Hohlkreuz, noch mit Katzenbuckel
9. Treibe Sport, am besten Schwimmen, Laufen oder Radfahren
10. Trainiere täglich Deine Wirbelsäulenmuskeln

Text aus Krämer „Die Rückenschule".

F: Inline-Skating

F1: Wofür wird in dieser Anzeige geworben?

F2: Finden Sie, dass die 99 DM für den Kurs eine Geldverschwendung sind?

F3: Mairéad Ziegler möchte wieder etwas Sport treiben. Sie hat sich für Inline-Skating entschieden. Welche Ratschläge können Sie ihr nach der Lektüre dieses Textes geben?

Inline-Skating wird immer beliebter. Viele Menschen machen aber den Fehler und gehen ohne große Kenntnisse über Fahrtechniken und richtiges Bremsverhalten auf die Straße. So kommt es nicht selten zu schweren Stürzen und Verletzungen.

Erschwerend kommt hinzu, dass viele an der Schutzkleidung sparen. So stellte eine Studie des Kantonspitals Winterthur fest, dass 23 der 25 Personen, die sich den Unterarm gebrochen hatten, keine Schoner für das Handgelenk trugen. Acht von neun Personen mit Kopfverletzungen hatten keinen Helm auf. Viele skaten ohne Ellenbogen- und Knieschützer. Aber auch bei den Skates sollte man nicht auf das Geld schauen. 300 DM sind mindestens fällig für Skates mit guten Kugellagern und Rollen.

Schließlich ist es wichtig, sich Zeit zum Aufwärmen zu nehmen und nicht gleich loszusprinten. Und wenn es schon so richtig schnell sein muss, dann bitte nicht auf nassen und holprigen Straßen.

F4: *Let's be negative!*

a) *Underline the words in the above text which are used to negate a clause, phrase or word. What is the difference between them? Do you know any other expressions of negation?*

→ S. 346/347

b) *Use these expressions of negation to "correct" the following sentences:*
   i) Bonn ist die Hauptstadt von Deutschland.
   ii) Irland hat ein kontinentales Klima.
   iii) Überall auf der Welt gibt es Bäume, auf denen Fußbälle wachsen.
   iv) Die Iren trinken mehr Bier als andere Völker.
   v) In Irland gibt es Schlangen.
   vi) Der Rhein fließt durch München.
   vii) Die Schweiz hat schon zweimal die Fußballweltmeisterschaft gewonnen.
   viii) Österreich liegt westlich von Deutschland.
   ix) In Irland hat es schon immer „leprechauns" gegeben.
   x) In Irland scheint fast immer die Sonne.
   xi) In Irland wird Wein angebaut.
   xii) Jeder Mensch weiß, wann er stirbt.
   xiii) Alle Iren haben rote Haare.
   xiv) Viele Menschen haben 1945 gesagt: „Ich habe alles gewusst."

c) *Beantworten Sie folgende Fragen:*
   i) Welche Speisen und Getränke mögen Sie nicht?
   ii) Welche Sportarten üben Sie nicht gerne aus?
   iii) Welche Fächer machen Ihnen keinen Spaß?
   iv) Welche Fernsehsendungen gefallen Ihnen nicht?
   v) Welche Musik können Sie nicht ausstehen?

d) *Was sollten die Menschen nicht mehr tun, damit die Erde auch in 20 Jahren noch bewohnbar ist?*

Zusätzliche Übungen

1. *Wohin müssen Sie fahren, um diese Sehenswürdigkeiten zu sehen?*

   z. B. Ich muss nach Paris fahren, um den Eiffelturm zu sehen.

die Freiheitsstatue	die Kleine Meerjungfrau	die Alhambra
die Akropolis	der Prater	der Schiefe Turm von Pisa
(der) Big Ben	der Reichstag	das Atomium

2. *Fehlt in diesen Sätzen ein „um" oder nicht?*

   z. B. Martin ist froh, _____ den Job zu bekommen.

   Eithne hat sich beeilt, __um__ den Zug nicht zu verpassen.

   a) Eithne hat gehofft, _____ den Job zu bekommen.
   b) Familie Ziegler spart Geld, _____ nächsten Sommer nach Australien zu fahren.
   c) Was muss ich tun, _____ schneller zu werden?
   d) Also, ich habe vor, am Wochenende _____ Eis laufen zu gehen.
   e) Kevin nimmt an den Kursen teil, _____ ein paar Leute kennen zu lernen.
   f) Siobhán durfte nicht ins Schwimmbecken, weil sie vergessen hatte, _____ eine Badekappe mitzubringen.

3. *Warum gehen Menschen an diese Orte?*

   z. B. Warum gehen Menschen in eine Bibliothek? ➤ *Sie gehen in eine Bibliothek, um ein Buch auszuleihen.*

   a) Kino   b) Bank   c) Arbeitsamt   d) Hochschule
   e) Einwohnermeldeamt   f) Konzert   g) Club   h) Museum

4. *Ergänzen Sie diese Sätze.*

   z. B. Kevin hat Muskelkater, weil er seit langem mal wieder Sport getrieben hat.

   a) Eithne ist müde, weil ...
   b) Siobhán hat einen Kater, weil ...
   c) Eithne spricht schon etwas besser Deutsch, weil ...
   d) Martin hat eine gute Kondition, weil ...
   e) Siobhán muss früh aufstehen, weil ...
   f) Martin möchte in einer WG wohnen, weil ...

5. *Verbinden Sie diese Sätze mit „anstatt ... zu + Infinitiv".* ➔ S. 351

   z. B. Karsten kocht lieber selber. Er geht nicht in die Mensa. ➤ *Karsten kocht lieber selber, anstatt in die Mensa zu gehen.*

   a) Kevin geht mit seinen Freunden in den Biergarten. Er lernt nicht.
   b) Martin nimmt nicht den Bus. Er geht zu Fuß.
   c) Siobhán kauft ein neues Paar Socken. Sie stopft die alten nicht.
   d) Annette und Marvin leihen sich keinen Videofilm aus. Sie gehen ins Kino.
   e) Kevin bleibt heute im Bett. Er geht nicht ins Seminar.

   Warum haben sich die Personen wohl gegen die eine Handlung entschieden?

6. *Verbinden Sie diese Sätze mit „ohne ... zu + Infinitiv".* → S. 351

   z. B. Eithne liegt in der Sonne. Sie benutzt keine Sonnencreme. ➤ Eithne liegt in der Sonne, ohne Sonnencreme zu benutzen.

   a) Manche Iren leben jahrelang in Deutschland. Sie lernen kein Deutsch.
   b) Andreas ist mit dem Fahrrad gefahren. Er hat keinen Helm getragen.
   c) Jochen ist mit dem Auto seiner Eltern gefahren. Er hat keinen Führerschein.
   d) Siobhán hat einen langen Text getippt. Sie hat den Text zwischendurch nicht gespeichert.
   e) Kevin hat stundenlang am Computer gearbeitet. Er hat keine Pause gemacht.

   Welche Konsequenzen kann das Verhalten dieser Leute haben?

7. *Was hat Jürgen Ziegler vergessen zu tun?* → S. 351

   z. B. Der Kühlschrank ist leer. ➤ Er hat vergessen einzukaufen.

   a) Die Wäsche ist noch nass.   b) Die Suppe ist angebrannt.
   c) Die Autobatterie ist leer.   d) Er bekommt eine Mahnung von der Stadtbücherei.
   e) Er hat verschlafen.   f) Sein Reisepass ist abgelaufen.
   g) Es riecht nach Gas.   h) Die Pflanzen sind vertrocknet.

8. *Was schlagen Sie Ihrem/Ihrer Freund/in vor?* → S. 351

   z. B. Er/sie möchte später einmal viel Geld haben. ➤ Ich schlage ihm/ihr vor, eine/n Millionär/in zu heiraten.

   a) Er/sie möchte irgendwohin fahren, wo die Sonne (fast) immer scheint.
   b) Er/sie möchte abnehmen.
   c) Er/sie möchte mehr Leute kennen lernen.
   d) Er/sie möchte nach Irland fahren, weiß aber nicht wohin.
   e) Er/sie möchte nach Irland fahren, weiß aber nicht, zu welcher Jahreszeit.
   f) Er/sie möchte Weihnachten einmal anders verbringen.
   g) Er/sie möchte umweltfreundlicher werden.
   h) Er/sie hat Kopfschmerzen.
   i) Seine/ihre Kondition ist sehr schlecht.
   j) Er/sie kann das Kleingedruckte nicht mehr lesen.
   k) Er/sie hustet seit Tagen.
   l) Er/sie ist jeden Morgen todmüde.
   m) Er/sie will mit dem Auto nach Hause fahren. Auf den Straßen ist Glatteis.

9. *Formulieren Sie Ihre Ratschläge aus Übung 8 mit Hilfe des Imperativs.*

   z. B. Ihr/e deutsche/r Freund/in möchte später einmal viel Geld haben. ➔ *Heirate doch eine/n Millionär/in!*

10. *Wandeln Sie die Anweisungen auf den Schildern in Übung 4, Kapitel 4, in höfliche Aufforderungen um.*

    z. B. Rauchen Sie bitte nicht!

11. *Drücken Sie diese Befehle freundlicher aus.*

    z. B. Lauter! ➔ *Sprechen Sie doch bitte ein bisschen lauter! (formal Sing. & Pl.)*
    ➔ *Sprich doch ein bisschen lauter! (informal Sing.)*
    ➔ *Sprecht doch ein bisschen lauter! (informal Pl.)*

    a) Los, Beeilung!
    b) Raus hier!
    c) Licht aus!
    d) Tür zu!
    e) Hinsetzen!
    f) Hiergeblieben!
    g) Ruhe!
    h) Finger weg!

12. Was sagen Jürgen und Mairéad in diesen Situationen zu Lara?

    z. B. Lara isst ihren Spinat nicht. ➤ *Iss deinen Spinat!*

    a) Lara spielt mit den CDs.
    b) Lara trinkt ihre Milch nicht.
    c) Laras Zimmer ist sehr unordentlich.
    d) Lara räumt die Schubladen aus.
    e) Lara will nicht ins Bett gehen.
    f) Lara ärgert ihre Schwester.

13. Katrin geht schon alleine zur Schule. Mairéad sagt ihr, was sie (nicht) tun soll.

    z. B. Sie soll sofort nach der Schule nach Hause kommen. ➤ *Komm direkt nach der Schule nach Hause!*

    a) Sie soll mit niemandem mitgehen.
    b) Sie soll von fremden Leuten keine Süßigkeiten annehmen.
    c) Sie soll nicht bei Rot über die Straße gehen.
    d) Sie soll sich nicht mit anderen Kindern schlagen.

Kapitel 8:
Alltag

A: Jeden Tag dasselbe

A1: *Was gehört für Sie zum Alltag?*

A2: *Sehen Sie sich diese Grafik an! Wann beginnt der Alltag für die Deutschen? Welche Konsequenzen hat das für den Rest des Tages? Wie ist das in Irland?*

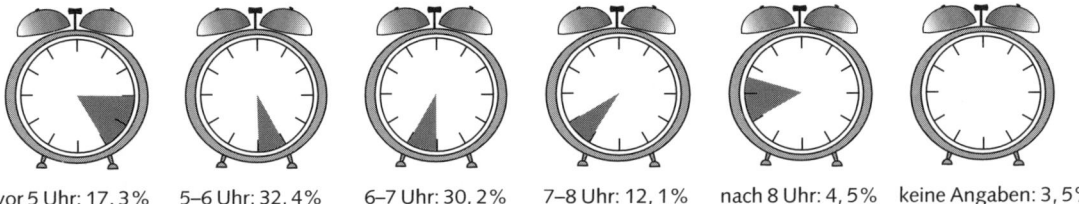

vor 5 Uhr: 17,3 %   5–6 Uhr: 32,4 %   6–7 Uhr: 30,2 %   7–8 Uhr: 12,1 %   nach 8 Uhr: 4,5 %   keine Angaben: 3,5 %

B: Höfliche Fragen

B1: *Hören Sie die vier kurzen Dialoge. Welche Probleme haben Martin, Eithne, Siobhán und Kevin?*

B2: *Listen to the dialogues again. Which grammatical structures do the four students use to phrase their requests?*

→ S. 349/350

B3: Imagine you are in Germany. Write down the polite questions you would ask in the following situations:

a) You would like to close the window but you don't know whether the others in the room would mind.
b) You are in a cinema and trying to concentrate on the film which is in German. The people behind you keep talking.
c) Ask the lady in the tourist office for a map of the town.
d) Inquire whether you can use somebody's phone.
e) Ask your boss whether it's o.k. to take your lunch break now.
f) Ask your boss whether you can leave earlier today.
g) Explain that you are not familiar with the dialect and ask the person to speak more slowly.
h) Ask somebody to correct your mistakes.
i) You have forgotten your glasses and therefore you can't read the timetable in the railway station. Ask somebody for help.
j) You didn't understand the announcement in the airport. Ask the person next to you to repeat it for you.

C: Einkaufen

C1: Was können Sie an diesen Orten machen oder kaufen?

- ☐ Zeitungskiosk
- ☐ Markt
- ☐ Bäcker/Bäckerei
- ☐ Fleischer/Metzger/Schlachter
- ☐ Käseladen
- ☐ Feinkostgeschäft
- ☐ Café
- ☐ Schreibwarenladen
- ☐ Fernseh- und Radiogeschäft
- ☐ Obst- und Gemüseladen
- ☐ Reinigung
- ☐ Lottoannahmestelle
- ☐ Drogerie
- ☐ Apotheke
- ☐ Bank
- ☐ Weinhandlung
- ☐ Wäscherei
- ☐ Reformhaus
- ☐ Dritte-Welt-Laden
- ☐ Kopierladen

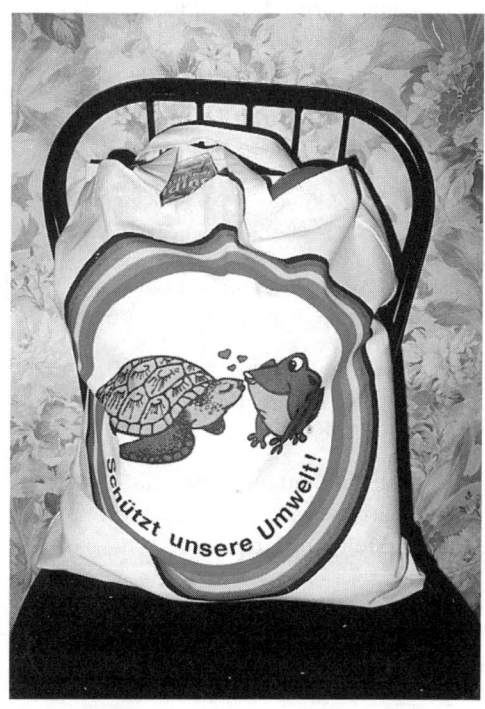

C2: *Kevin wohnt seit einer Woche bei seiner Tante Mairéad und ihrem Mann Jürgen Ziegler. Es ist Samstag gegen 10 Uhr. Jürgen kommt gerade vom Einkaufen zurück. Hören Sie den Dialog und kreuzen Sie in der Liste in C1 an, wo Jürgen wahrscheinlich gewesen ist.*

Warum wundert sich Kevin eigentlich über den Weißwein und das Bier?

C3: *Kevin stellt fest, dass keine Milch mehr im Kühlschrank ist. Lesen Sie den kurzen Text, um zu erfahren, wann das ein Problem werden kann.*

> Seit November 1996 dürfen Verkaufsstellen montags bis freitags von 6.00 bis 20.00 Uhr und samstags bis 16.00 Uhr öffnen. Allerdings waren laut ifo-Institut für Wirtschaftsforschung 1998 nur 31% der Läden nach 18.30 Uhr geöffnet. Bäcker dürfen sonntags drei Stunden lang frische Brötchen verkaufen.

Hätte Kevin dieselben Probleme in Irland? Warum?/Warum nicht?

C4: *Siobháns Wohnung ist möbliert, aber irgendwie fehlt noch der persönliche Touch. Viel Geld hat Siobhán nicht, also schaut sie im „SperrMüll", der lokalen Anzeigenzeitung, nach. Wo würden Sie an Siobháns Stelle anrufen?*

SperrMüll

Teekanne Zinn, 2 passende Teegläser, zus. 30,–. 06221 392823

Sehr schöner Wandteller aus teurem Kupfer, Dm 41 cm, Motiv: Hirsch im Wald, passend zu alten Möbeln, 150,–. 0621 9348882

Alte Milchkanne von 1959, weiß mit roten Tupfen, H/Dm 54/27 cm, 100,–. 0621 293878

Weißes Waschbecken, B 60 x T 45 cm, mit weißem Einhebelmischer, 65,–. 06202 923889

Verschenke Couch, 3 Sessel, Tisch und Beistelltisch, Anrichte, Büffet, alles aus 50er J., 06202 938411, ab So 19 h

Rustikale Wanduhr, Keramik, beige, 60,–, Nähmaschine Singer, von ca. 1957, mit Fuß und Motorantrieb, 130,–, grünes Oma Fahrrad, 70,–. 06224 723462

Rote IKEA Schreibtischlampe, 10,–. 06229 823777

Hellbrauner Schreibtisch mit großer Schublade, 35,–. 06221 173822

IKEA Ledersessel, dklbraun m. leichten Kratzern v. Katze, 350,–. 06226 523847

Schaukelstuhl, Gestell schwarz, helles Sitzgeflecht, helles Kissen mit kleinem Fleck, 45,–. 0621 487287

Neues Bücherregal, Kiefer massiv, HxBxT 200X90x36, NP 610, 350,–. 06251 237723

8eckiger Tisch, Rauchglasplatte in schwarzem Holzrahmen, Dm 114 cm, 40,–. 06252 394888

FF Samsung, neues Modell mit VT., erstklassiges Bild, 150,–. 06202 382733

3-Wege Standbox, schwarz, 1 J. alt, Belastbarkeit 200W. Probehören an guter Elektronik möglich, 500,–. 6224 237702

C5: *Mark the adjectives in these ads. Sometimes they have an ending, sometimes they don't. Why? Why do the endings differ? Can you figure out a pattern? What else does the adjective ending depend on?*

➔ S. 334/335

C6: *Stellen Sie sich vor, Ihr Zimmer/Ihre Wohnung ist in Deutschland. Sie brauchen dringend Geld und müssen etwas verkaufen. Schreiben Sie die Anzeige für den „SperrMüll".*

C7: *Flohmarkt*

    a) *Waren Sie schon einmal auf einem Flohmarkt? Welche Erfahrungen haben Sie gemacht?*

    b) *Auf welche Fragen gibt dieser Text über den Flohmarkt am Heidelberger Karlstorbahnhof Auskunft?*

    c) *Martin hat keine hohe Meinung von Flohmärkten. Er glaubt, es gibt dort nur Ramsch zu kaufen, und zählt auf: zerkratzte Platten, vergilbte Zeitschriften... Führen Sie die Liste an seiner Stelle weiter.*

21.8. Samstag 9-15 Uhr

Flohmarkt auf dem Vorplatz

Gibt es noch Lücken in der Camping- oder Balkonausstattung? Werden noch Sonnenschirm, Klapptisch, Bikini oder Grill gesucht? Oder für alle, die schon etwas weiter denken, ein wärmender Pulli für die kühleren Tage des Jahres? All den Suchenden können wir nur empfehlen, am 21. August zu unserem monatlichen Flohmarkt im Karlstorbahnhof vorbeizuschauen.
An diesem Tag kann man wieder gemütlich unter der schattigen Platane in Krimskram und Antikem stöbern und handeln, was das Zeug hält.
Und wer noch unentschlossen ist, ob er das 50er Jahre-Täschchen wirklich braucht, kann in Ruhe bei einem erfrischenden Getränk und einer kleinen Stärkung in unserem Restaurant zu einer Entscheidung kommen.
Anmeldung für die Flohmarktstände, Auskünfte über Gebühren und Informationen gibt es bei Jutta Bartsch, Tel. 06221/165882. Bitte nur private und keine kommerziellen Anbieter.
Die nächsten Flohmarkt-Termine 18.9. und 16.10. 99

D: Zeitungen, Nachrichtenmagazine und Zeitschriften

D1: *Familie Ziegler bekommt jeden Morgen den „Mannheimer Morgen" gebracht. Das ist eine regionale Zeitung für den Raum Mannheim. Daneben gibt es in Deutschland aber auch überregionale Zeitungen, Nachrichtenmagazine und Zeitschriften, die man überall in Deutschland und teilweise auch im Ausland bekommt. Kennen Sie eine? Wenn nicht, gehen Sie doch mal in Ihre Bibliothek. Wo könnte man sonst deutschsprachige Zeitungen und Zeitschriften finden?*

a) Vergleichen Sie das Angebot in Ihrer Bibliothek nach Erscheinungsort, Erscheinungshäufigkeit, Layout, Themen, Zielgruppe und Anzahl der Werbeanzeigen.

b) Siobháns Kollegin möchte wissen, welche Zeitungen, Nachrichtenmagazine und Zeitschriften man in Irland kaufen kann und was die Unterschiede zwischen ihnen sind. Erklären Sie es ihr anstelle von Siobhán.

c) An den deutschen Hochschulen können Sie diese Bestellkarten finden. Worum geht es? Gibt es so etwas in Irland? Wie finden Sie die Idee?

d) Der Bundesverband Deutscher Zeitungsverleger e.V. hat im Juli/August 1997 in Zusammenarbeit mit dem Institut für Demoskopie Allensbach folgende Umfrage gemacht:

„Manche Leute finden, wenn man täglich Fernsehnachrichten sieht und Radio hört und ein Anzeigenblatt mit Hinweisen auf wichtige Veranstaltungen und Termine liest, reicht das eigentlich aus, um auf dem Laufenden zu sein. Finden Sie das auch, oder sollte man auch eine Tageszeitung regelmäßig lesen?"

Schauen Sie sich die Grafik an. Würde eine Umfrage in Irland zu den gleichen Ergebnissen kommen?

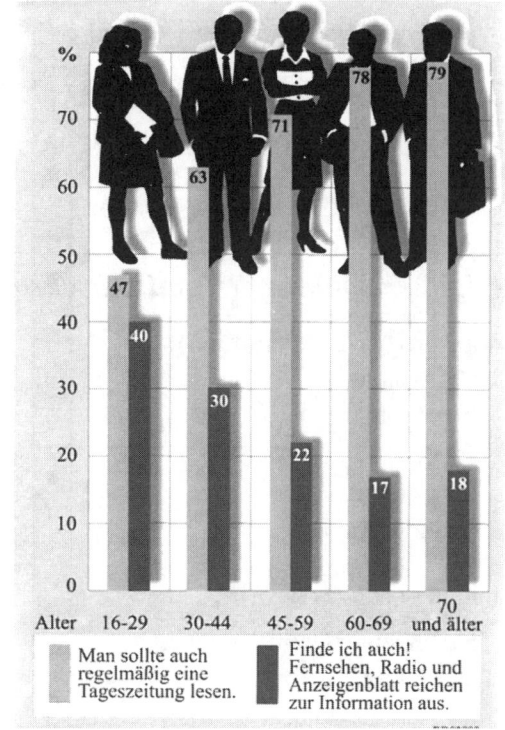

e) Wird man angesichts des Internets in Zukunft noch richtige Zeitungen haben? Was glauben Sie?

D2: Adjectives based on the names of cities, towns, regions and the country of Switzerland are formed by adding -er to the noun, i.e. Mannheimer Morgen.

Finden Sie geeignete Kombinationen.

z. B. Wiener Schnitzel → S. 335

Heidelberg	Kirschtorte
Nürnberg	Dom
Brandenburg	Würstchen
Berlin	Weine
Köln	Marzipan
Schwarzwald	Schloss
Frankfurt	~~Schnitzel~~
Hamburg	Käse
Schweiz	Tor
~~Wien~~	Woche
Lübeck	Hafen
Kiel	Lebkuchen
Pfalz	Weiße

E: Kochen

E1: *Eithne ist von Christian und Constance zum Essen eingeladen worden. Sie weiß, dass es Allgäuer Spinatspätzle mit Käsekruste und zum Nachtisch Marillenknödel gibt, hat aber keine Ahnung, was genau sie essen wird. Lesen Sie die Rezepte aus dem Kochbuch „Nachschlag – Studenten kochen für Studenten". Welche Erklärungen können Sie Eithne geben?*

Allgäuer Spinatspätzle mit Käsekruste

Zutaten (für 2–3 Personen):

150 g Spinat,
250 g Mehl,
  2   Eier,
  1 TL Salz,
  2   Zwiebeln,
250 g Champignons,
 20 g Butter,
125 g Kräuter Creme fraiche,
Salz, Pfeffer,
200 g Emmentaler

Zubereitung:
- Zwiebeln würfeln
- Champignons in Scheiben schneiden
- aus dem aufgetauten Spinat, Mehl, Eiern, Salz einen Teig herstellen; solange schlagen, bis er Blasen wirft
- den Teig durch eine Spätzlepresse in einen großen Topf mit kochendem Salzwasser drücken
- 2 Min. aufkochen lassen
- Käse reiben, Spätzle abschrecken und in eine Auflaufform schichten
- Zwiebeln und Champignons in Butter andünsten
- Creme fraiche zugeben und mit Salz und Pfeffer abschmecken
- Masse über die Spätzle gießen, mit Käse bestreuen
- 20 Min. bei 200°C überbacken

Marillenknödel

Zutaten (für 4 Personen):

- 500 g Quark,
- 200 g Mehl,
- 2 Eier,
- 10–12 Marillen (Aprikosen),
- 10–12 Stck. Würfelzucker,
- Butter, Zucker, Zimt

Zubereitung:
- aus Quark, Mehl und Eiern einen Teig rühren und 20 Min. quellen lassen
- Marillen aufschneiden, Kern entnehmen und durch ein Stck. Würfelzucker ersetzen
- jede Marille mit dem Teig dünn ummanteln
- in einem Topf Wasser aufkochen lassen und Knödel in das Wasser legen, ziehen lassen
- an die Oberfläche kommende Knödel mit Schaumlöffel rausnehmen, mit zerlassener Butter übergießen und mit Zimt und Zucker bestreuen

E2: Eithne haben die Spätzle sehr gut geschmeckt. Sie fragt Christian, wie er sie gemacht hat. Führen Sie Christians Beschreibungen fort: „Also, zuerst habe ich die Zwiebeln gewürfelt und die Champignons in Scheiben..."

E3: Eithne ist in der Küche, als Constance die Marillenknödel macht. Eithne soll Constance mit Hilfe des Kochbuchs Anweisungen geben: „Rühre aus dem Quark, dem Mehl und den Eiern einen Teig und..."

E4: Hören Sie das kurze Gespräch zwischen Eithne, Christian und Constance.

a) Spielt diese kurze Szene vor, während oder nach dem gemeinsamen Essen?

b) Was hat Eithne über die deutsche Küche gelernt?

c) Was möchte Eithne machen?

d) Was antwortet Eithne Ihrer Meinung nach auf Christians Frage?

e) Sie sind in Eithnes Situation. Was würden Sie kochen? Machen Sie eine Liste mit den Zutaten und beschreiben Sie die Zubereitung.

f) The verb "lassen" appears twice in the text. It can have different meanings. Look at the following examples:

    i) Lassen Sie die Knödel 20 Minuten ziehen.
    ii) Katrin lässt Lara nicht mit ihrer Lieblingspuppe spielen.
    iii) Mairéad lässt Katrin alleine zur Schule gehen.
    iv) Lass das Auto stehen, du hast zu viel getrunken.
    v) Unsere Nachbarin lässt sich jede Woche ihre Fingernägel maniküren.
    vi) Wo lässt du dir die Haare schneiden?

→ S. 315

g) Was lassen Sie an diesen Orten oder von diesen Personen machen?

z. B. Fahrradwerkstatt → Ich lasse mein Fahrrad reparieren.

    i) Reinigung   ii) Maurer
    iii) Fotoladen   iv) Wäscherei
    v) Dachdecker   vi) Schneider

Bevor man das Leben über sich ergehen läßt, sollte man sich narkotisieren lassen. (Karl Kraus)

F: Nahverkehr

F1: Erinnern Sie sich an Kapitel 2? Siobhán fuhr mit dem Zug nach Schwetzingen. Sie musste zweimal umsteigen. In Schwetzingen merkte sie, dass sie ihren kleinen Rucksack verloren hatte. Am nächsten Tag ging sie zum Schwetzinger Bahnhof. Dort hatte aber niemand etwas abgegeben. Sie bekam das Formular auf der nächsten Seite, das sie ausfüllen musste. Der Beamte sagte ihr, dass sie ihren Rucksack und seinen Inhalt so gut wie möglich beschreiben sollte.

Füllen Sie das Formular für Siobhán aus und erfinden Sie, wenn nötig, die gewünschten Informationen.

Absender (Verlierer):   Ort, Datum ....
Name .... Tel.: ....
Straße .... Fax: ....
PLZ, Ort ....

Fundbüro der DB AG

....

....

Nachforschungsauftrag

Hinweis: Die DB AG forscht nur nach Gegenständen, die auf Bahngebiet oder in Zügen (innerhalb Deutschlands) verloren wurden und einen geschätzten Zeitwert von mindestens DM 30,00 haben. Im Falle des Auffindens beträgt das Bearbeitungsentgelt pauschal DM 30,00 ggf. zuzüglich Verpackungs- und Versandkosten in Höhe von mindestens DM 20,00. Bleibt die Nachforschung erfolglos, berechnet die Bahn keine Kosten und erteilt keine Benachrichtigung.

Ich habe am ....

 ☐ im Zug von.. Abfahrt um .... Uhr

  nach ....Ankunft um .... Uhr
  Zugbezeichnung, (z. B.: ICE, IC, IR)..
  Zugnummer (wenn bekannt) ....
  Zugname (wenn bekannt)...

 ☐ im Bahnhof... um .... Uhr
   ☐ in der Empfangshalle   ☐ auf dem Bahnsteig
   ☐ im Reisezentrum   ☐ an anderem Ort
   ☐ im Warteraum   ☐ ....

folgenden Gegenstand verloren: (genaue Beschreibung: Inhalt, bes. Kennzeichen, Zeitwert, Farbe usw.)
....
....
....
....

Wenn Sie den Gegenstand auffinden bitte ich Sie, mich zu benachrichtigen.

....
Unterschrift

F2: Wie kommen Sie zur Hochschule?

F3: Lesen Sie den folgenden Text und beantworten Sie anschließend die Fragen.

Das Semester-Ticket – Die preiswerte Zeitkarte für Studierende

Viele glauben offenbar immer noch, es wäre besonders cool, mit dem Auto zur Hochschule zu fahren. Dafür stehen sie sogar extra früher auf, um die „Stauzeit" und die Parkplatzsuche zu kompensieren. Dabei geht's doch viel einfacher und bequemer: Mit dem Semester-Ticket. Für DM 120,– (Stand: 9/99) fahren Studierende nicht nur das ganze Semester mit Bussen und/oder Bahnen zur Hochschule und zurück – auch in der Freizeit macht dieses spezielle Ticket prima mobil.

Das Semester-Ticket ist nämlich eine persönliche, also nichtübertragbare, Zeitkarte, die jeweils volle 6 Monate gültig ist. Genauer gesagt vom 1. Oktober bis 31. März bzw. 1. April bis 30. September.* Fahrten in allen zuschlagfreien Bussen und Bahnen im gesamten Verbundgebiet – bei der DB in der 2. Klasse – sind damit erlaubt. Und warum das Semester-Ticket so günstig ist, ist in einem Satz gesagt: weil sich alle Studierenden der jeweiligen Hochschule über einen geringfügig erhöhten Studentenwerksbeitrag an diesem Projekt beteiligen.

Dieses Ticket besteht jede Klausur!

Achtung: Der Studierendenausweis muß unbedingt mitgenommen werden, denn ohne diesen ist das Semester-Ticket nicht gültig.

*(Versuchsweise für einige Hochschulen auch vom 1.9 bis 28./29/2. bzw. 1.3. bis 31.8.)

a) Was für eine Textsorte ist das?

b) Sind die folgenden Aussagen richtig oder falsch?

	richtig	falsch
– Wenn man das Semester-Ticket hat, kann man mit jeder Bahn und jedem Bus im Verbundgebiet fahren.	☐	☐
– Das Ticket ist nur für den Weg von und zur Hochschule gültig.	☐	☐
– Am Wochenende kann man das Ticket nicht benutzen.	☐	☐
– An den Hochschulen im Rhein-Neckar-Gebiet ist es relativ einfach, einen Parkplatz zu finden.	☐	☐
– Alle Studierenden müssen das Semester-Ticket kaufen.	☐	☐
– Das Ticket kostet von Oktober bis September 120,– DM.	☐	☐

c) Wie finden Sie die Idee des Semester-Tickets? Glauben Sie, dass dieses System auch an Ihrer Hochschule funktionieren würde? Begründen Sie Ihre Antwort.

F4: Schwarz, weiß und andere Farben

a) Beschreiben Sie diese Anzeige.

b) Was geht wahrscheinlich in den Köpfen der Personen auf dem Bild vor?

c) Ein Kontrolleur kommt. Schreiben Sie einen Dialog zwischen dem Schwarzfahrer und dem Kontrolleur.

d) Wo findet man Ihrer Meinung nach diese Anzeigen in Deutschland?

e) Gibt es in Irland auch solche Anzeigen? Warum?/Warum nicht?

f) Welche Farben fehlen hier? Achten Sie auch auf die Adjektivendungen.

→ S. 335

i) Das _____ Kreuz ist eine (inter)nationale Organisation, die u. a. erste Hilfe leistet.
ii) Der amerikanische Präsident wohnt im _____ Haus.
iii) Afrika wird manchmal als der _____ Erdteil bezeichnet.
iv) In der Sowjetunion gab es die _____ Armee.
v) Monty Python war für seinen _____ Humor bekannt.
vi) Wenn sich ein Fußballspieler während eines Spiels unsportlich verhält, soll er die _____ Karte bekommen.
vii) Tennis wird manchmal der _____ Sport genannt.
viii) Wenn ein Fußballspieler während eines Spiels ein grobes Foul begeht, soll er die _____ Karte bekommen.
ix) Die Türkei liegt am _____ Meer.
x) Die _____ Panther setzen sich für die Rechte alter Menschen ein.
xi) Irland wird oft die _____ Insel genannt.
xii) Warum nennt man die Erde den _____ Planeten?

G: Anziehen – aber was?

G1: Welche Kleidungsstücke kennen Sie?

G2: Welches Kleidungsstück kann Ihrer Meinung nach von Männern und Frauen, Lehrlingen und Studenten, Arbeitern und Intellektuellen, Jungen und Alten, sowohl in der Freizeit als auch bei der Arbeit getragen werden?

G3: Lesen Sie diesen Text. Finden Sie heraus, um welches Kleidungsstück es geht, und beantworten Sie anschließend die Fragen.

1829 wurde im fränkischen Windsheim ein gewisser Levi Strauss geboren. Mit achtzehn Jahren verließ er seine Heimat, um in Amerika sein Glück zu suchen. Er gründete auch bald in New Yorks Lower Eastside eine Tuchfabrik, die er 1850 nach San Francisco verlegte. Seine
5 Spezialität waren Segeltuchhosen für Goldgräber. Da die Taschen durch Werkzeuge und Gesteinsproben oft stark strapaziert wurden, nahm Strauss dankbar die Idee eines Mister Davis aus Virginia auf und benutzte Nieten zur Verstärkung der Nahtstellen. So daß man in einer Zeit, da in Deutschland Amerikanismen wie „Jeans" noch nicht gerne gehört wurden, von „Nietenhosen" sprach. Ab 1873 wurden diese Hosen aus blauem Stoff gefertigt, der aus
10 Frankreich kam und „Serge de Nîmes" hieß, woraus mittels schnoddriger amerikanischer Sprechweise schnell „Denim" wurde. Den Namen „Jeans" haben die Hosen vom italienischen Ortsnamen Genua (englisch ausgesprochen), denn schon im 16. Jahrhundert war die Berufskleidung der italienischen Matrosen blau.

Welchen Erfolg die Jeans hatten, braucht man nicht im einzelnen zu schildern. Die Werbung funktionierte. Ein Slogan wie „Der Westen wurde in Jeans erobert" traf die amerikanische Mentalität mitten ins – sagen wir Herz, schon 1945 hatte die Fa. Levi Strauss & Co. einen Jahresumsatz von ungefähr drei Milliarden Dollar. In der Folgezeit wurden solche Zahlen durch Exporte und Lizenzen um ein Vielfaches übertroffen.

Nach Europa sind die Jeans am Ende des Zweiten Weltkrieges mit den amerikanischen Soldaten gekommen. Die Älteren erinnern sich sicher noch an die Tabuisierung in den Schulen und Büros oder an die vielbelächelte Gewohnheit, mit den neuen Hosen zuerst in die Badewanne zu gehen. Denn sie sollten auf keinen Fall neu aussehen und möglichst eng anliegen.

Die Jeanskleidung ist nicht einfach Mode oder Anzug oder Klamotte, sie scheint auch ein Stück Weltsicht zu symbolisieren. In der Zeit der Hippies verkörperte sie das Anti-Establishment, in der Zeit des Vietnamkriegs fühlten sich viele amerikanische Jeans-Anhänger als das „bessere Amerika, das gegen sich selbst protestiert".

(aus: Roger Rössing, Wie der Hering zu Bismarcks Namen kam)

a) Warum heißen die Jeans „Jeans"?
b) Warum heißen sie auch „Denims"?
c) Warum hat man sie in Deutschland auch „Nietenhosen" genannt?
d) Warum heißen viele von ihnen „Levis"?
e) Was hat man früher mit den Jeans gemacht, damit sie nicht neu aussahen?
f) Symbolisieren die Jeans Ihrer Meinung nach heute noch ein Stück Weltsicht oder verkörpern sie längst das Establishment?
g) Welche Jeansmarken kennen Sie? Was sind die Unterschiede zwischen diesen Marken?

G4: Kleidung und Mode

a) „Kleider machen Leute", so lautet ein deutsches Sprichwort. Ist das auch Ihre Meinung?

Kleider machen wohl Leute, aber keine Menschen

(Friedl Beutelrock)

b) *Welche Kleidung braucht man in diesen Situationen?*
   bei einer Hochzeit   bei einer Kommunion   im Club
   bei einem Vorstellungsgespräch   im Fußballstadion   beim Skifahren

c) *Was werden Eithne, Martin und Siobhán wohl bei der Arbeit tragen?*

d) *Mode wird im Brockhaus als „der sich wandelnde Geschmack in den verschiedensten Lebensbereichen" definiert. Kleidung ist sicherlich ein Lebensbereich. In welchen anderen Bereichen spielt Mode auch eine Rolle?*

e) *Welche Kleidung ist zur Zeit modisch? Wo kaufen Sie Ihre Kleidung?*

f) *Wer bestimmt eigentlich, was gerade Mode ist?*

g) *Campus & Karriere, eine Sendung des DeutschlandRadios hat im Januar 1999 eine Umfrage unter Bonner Studenten und Studentinnen gemacht. Das Thema war: Was trägt der modebewusste Student heute?*

i) Hören Sie die Umfrage. Wie viele Studenten und Studentinnen wurden befragt?
ii) Hören Sie die Umfrage mehrere Male und machen Sie sich Notizen zu den verschiedenen Meinungen. Mit welcher Meinung können Sie sich am besten, mit welcher am wenigsten identifizieren?

G5: *Mode im Wandel der Zeit*

a) *Beschreiben Sie die Kleidung dieser Menschen aus verschiedenen Jahrhunderten. Die Tabelle wird Ihnen dabei helfen.*

Schuhe, Stiefel, Sandalen	hoch, flach, spitz, breit, offen, weich
Absätze	hoch, flach
Haare	lang, kurz, glatt, lockig, offen, toupiert, kunstvoll frisiert
Kleid, Rock, Oberteil	kurz, knielang, bodenlang, eng, weit, glatt, tailliert, hochtailliert, geschlitzt, ärmellos, geschlossen
Hosen, Ärmel	lang, kurz, eng, weit, geschlitzt, gepufft, gepolstert
Mantel, Umhang	lang, kurz, eng, weit, geschlossen, offen
Jacke, Jäckchen	kurz, offen, eng, weit, tailliert
Kopfbedeckung, Mütze, Hut	kapuzenartig, hoch, spitz, breit, flach, weich, steif, rund
Kragen, Halskrause	hochstehend, rund, viereckig, weich, steif, hoch
Halsausschnitt	breit, tief, spitz, viereckig
Stoff	gemustert, gestreift, einfarbig, leicht, schwer

b) *Frauen trugen vom 16. Jahrhundert bis Anfang des 20. Jahrhunderts fast ununterbrochen Korsetts. Diese bestanden aus festem Stoff, der in regelmäßigen Abständen mit Stäben aus Metall, Holz oder Fischbein verstärkt war. Sie dienten zur Hervorhebung der Brüste und einer unnatürlich schlanken Taille.*

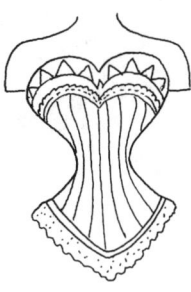

Wie gefährlich das Tragen des Korsetts war, beweist eine Geschichte aus einer Pariser Zeitung aus dem Jahre 1859: Eine junge Dame, die vor allem wegen ihrer schönen schlanken Taille bewundert wurde, war zwei Tage nach einem Ball tot. Die Familie wollte wissen, warum sie so jung gestorben war und ließ eine Autopsie vornehmen. Man kam darauf, daß sich drei Rippen in die Leber gebohrt hatten . . . Erst 1910 konnte sich eine Mode ohne Korsett durchsetzen und mit dem Ersten Weltkrieg verschwand das Korsett schließlich völlig.

(Petra Sommeregger)

    i) Was ist ein Korsett?
    ii) Warum kann man sagen, dass die junge Dame aus Paris am Korsett starb?
    iii) Warum waren es in erster Linie Frauen aus höheren Ständen, die ein Korsett trugen? Was glauben Sie?
    iv) Warum verschwand Ihrer Meinung nach das Korsett nach dem Ersten Weltkrieg?
    v) Glauben Sie, dass das Korsett je wiederkommen könnte?

c) *Und was machen die Leute heute im Namen der Mode und der Schönheit?*

H: Die liebe Gesundheit

H1: Was kann man tun, um gesund zu bleiben? Sammeln Sie Ideen.

H2: *Zahnarzt*

Martin hat Zahnschmerzen und muss zum Zahnarzt. Mit dem Internationalen Krankenschein ist das kein Problem.

a) Lesen Sie den folgenden Text, um zu erfahren, warum seine deutschen Kommilitonen und Kommilitoninnen regelmäßig zum Zahnarzt gehen sollten.

Mehr Geld für Zahnersatz

Auch Kosten für Implantate werden teilweise übernommen

Köln. Patienten, die für die vergangenen zehn Jahre jährliche Zahnarztbesuche in ihrem Bonusheft nachweisen können, erhalten von 1999 an einen höheren Zuschuß von ihrer Krankenkasse für Zahnersatzleistungen. Dies beschloß der Bundesausschuß Zahnärzte/ Kassen.

Danach erhalten diese Patienten vom 1. Januar 1999 an einen um 30 Prozent höheren Zuschuß als Versicherte, die nicht regelmäßig zum Zahnarzt gingen. Bisher waren es 20 Prozent mehr. Versicherten, die seit fünf Jahren regelmäßige Zahnkontrollen belegen können, zahlen die Kassen weiter 20 Prozent mehr Geld zu als anderen Patienten.

(Schwetzinger Zeitung, 28. 7. 1998, gekürzt)

---

b) Was hat der Bundesausschuss Zahnärzte/Kassen geändert?
c) Wie finden Sie diese Regelung?
d) Wie ist das mit den Zahnarztkosten in Irland?
e) Und wie oft gehen Sie zum Zahnarzt?

H3: *Frequenzangaben*

a) Ordnen Sie diese Frequenzangaben in aufsteigende Folge.

alle 3 Wochen – alle 10 Minuten – viermal pro Jahr – jeden Monat – stündlich – montags – täglich – jede Woche – abends – alle 14 Tage – jedes Jahr – fünfmal pro Sekunde

b) Why is it "jede Woche", but "jeden Monat" and "jedes Jahr"? → S. 327

c) Beantworten Sie diese Fragen:

   i) Wie oft gehen Sie zum Frisör?
   ii) Wie oft wählt man in Irland eine/n neue/n Präsidenten/in?
   iii) Wie oft regnet es in Irland?
   iv) Wie oft schlägt ein menschliches Herz?

v) Wie oft findet die Fußballweltmeisterschaft statt?
vi) Wie oft gehen Sie in die Kneipe?
vii) Wie oft gehen Sie ins Kino?
viii) Wie oft wird auf der Welt ein Kind geboren?
ix) Wie oft haben Sie Deutschunterricht pro Woche?
x) Wie oft gehen Sie zum Deutschunterricht?

H4: *Eine kleine Geschichte: Was draußen passiert*

Beste Geschichte meines Lebens. Anderthalb Maschinenseiten vielleicht. Autor vergessen; in der Zeitung gelesen. Zwei Schwerkranke im selben Zimmer. Einer an der Türe liegend, einer am Fenster. Nur der am Fenster kann hinaussehen. Der andere keinen größeren Wunsch, als das Fensterbett zu erhalten. Der am Fenster leidet darunter. Um den anderen zu entschädigen, erzählt er ihm täglich stundenlang, was draußen zu sehen ist, was draußen passiert. Eines Nachts bekommt er einen Erstickungsanfall. Der an der Tür könnte die Schwester rufen. Unterläßt es; denkt an das Bett. Am Morgen ist der andere tot; erstickt. Sein Fensterbett wird geräumt; der bisher an der Tür lag, erhält es. Sein Wunsch ist in Erfüllung gegangen. Gierig, erwartungsvoll wendet er das Gesicht zum Fenster. Nichts; nur eine Mauer.

(aus: Wolfdietrich Schnurre, Der Schattenfotograf)

a) *In welchem Stil hat Wolfdietrich Schnurre diese Geschichte erzählt?*

b) *„Polstern" Sie die Geschichte sprachlich „aus".*

c) *Sie sind der Kranke am Fenster. Beschreiben Sie, was Sie draußen „sehen".*

d) *Was wird Ihrer Meinung nach passieren, nachdem der Überlebende die Mauer sieht?*

e) *Zehn Jahre später. Der Mann ist gesund geworden, hat aber immer noch ein schlechtes Gewissen. Eines Abends spricht er mit einer/einem Freund/in darüber, was damals passiert ist. Schreiben Sie auf, was er wohl erzählt.*

H5: Redewendungen mit Körperteilen

a) Ordnen Sie die Redewendungen den Körperteilen zu.

> *Das Leben ist schwer – ein Grund mehr, es auf die leichte Schulter zu nehmen.*
> *(Emil Gött)*

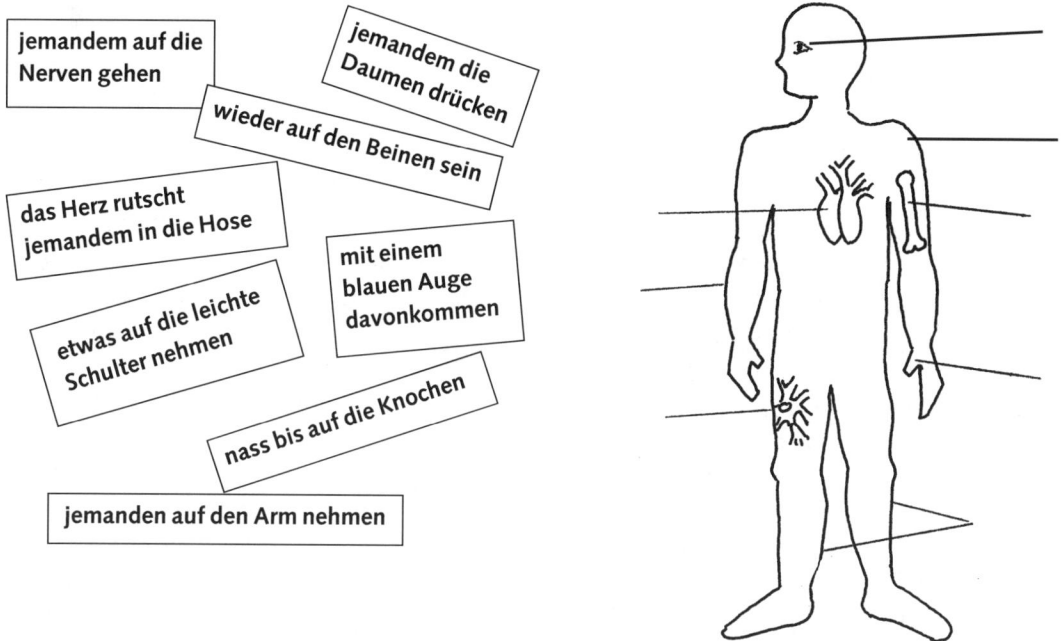

jemandem auf die Nerven gehen

jemandem die Daumen drücken

wieder auf den Beinen sein

das Herz rutscht jemandem in die Hose

mit einem blauen Auge davonkommen

etwas auf die leichte Schulter nehmen

nass bis auf die Knochen

jemanden auf den Arm nehmen

b) Finden Sie an Hand des Kontextes heraus, was die Redewendungen bedeuten.

i) Wolfgang hat morgen eine Prüfung in Anatomie. Ines drückt ihm die Daumen, dass alles gut geht.

ii) Unsere Nachbarin geht mir mit ihren ewigen Krankengeschichten wirklich auf die Nerven.

iii) Gabi war lange krank, aber jetzt ist sie wieder auf den Beinen.

iv) Als ich die dicke Spritze des Zahnarztes gesehen habe, ist mir das Herz in die Hose gerutscht.

v) Du bist ja nass bis auf die Knochen. Zieh sofort die Kleider aus, sonst bekommst du noch einen Schnupfen.

vi) Es gibt jetzt Tabletten gegen Prüfungsangst?! Du willst mich wohl auf den Arm nehmen.

vii) Jasmin ist beim Snowboardfahren an einen Baum gefahren, aber sie ist noch einmal mit einem blauen Auge davongekommen. Sie hat sich nichts gebrochen.

viii) So einen Husten würde ich nicht auf die leichte Schulter nehmen. Da kann leicht etwas Schlimmeres draus werden.

ALLTAG 211

H6: Erste Hilfe

Martin ist beim Fußballspielen gefoult worden. Jetzt ist sein Schienbein geschwollen. Petra hat kürzlich in einer Zeitschrift von ihrer Apotheke etwas über „Erste Hilfe" bei Prellungen gefunden und liest vor:

> Als erstes sollte die betroffene Körperstelle mit Eis gekühlt werden. Eiswürfel sollten aber nicht direkt, sondern in ein Tuch gepackt auf die Haut gebracht werden, um lokale Erfrierungen zu vermeiden. Noch besser sind „Cold Packs" aus der Apotheke. Sie enthalten ein kältespeicherndes Gel und werden im Gefrierfach vorgekühlt. Geprellte Beine und Arme sollten hochgelagert werden. Salbenverbände können den Heilungsproze{ss} beschleunigen. Lassen die Schmerzen auch nach Stunden nicht nach, sollte ein Arzt aufgesucht werden.

(Gesundheit in Wort und Bild, 8/98, gekürzt und bearbeitet)

 a) Das war zu kompliziert für Martin. Erklären Sie ihm in einfacheren Worten, was er machen soll.
 b) Geben Sie „Erste Hilfe"-Ratschläge in den folgenden Fällen:

Nasenbluten	Einschlafstörungen	Erkältung/Grippe
Mückenstich	Muskelkater	Sonnenbrand
Schluckauf	Schlangenbiss	Lebensmittelvergiftung

I: Am Telefon

I1: Beschreiben Sie dieses Bild und lesen Sie den Text. Um welche Textform handelt es sich?

 a) Wofür wird geworben?
 b) An welche Zielgruppe richtet sich die Anzeige?
 c) Was ist das Verkaufsargument?

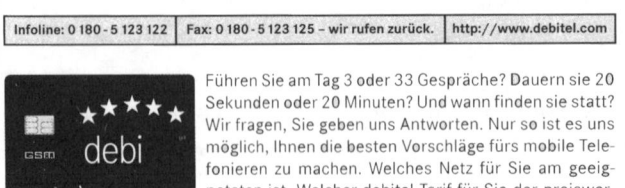

Infoline: 0 180 - 5 123 122   Fax: 0 180 - 5 123 125 – wir rufen zurück.   http://www.debitel.com

Führen Sie am Tag 3 oder 33 Gespräche? Dauern sie 20 Sekunden oder 20 Minuten? Und wann finden sie statt? Wir fragen, Sie geben uns Antworten. Nur so ist es uns möglich, Ihnen die besten Vorschläge fürs mobile Telefonieren zu machen. Welches Netz für Sie am geeignetsten ist. Welcher debitel Tarif für Sie der preiswerteste ist. Welche debitel Serviceleistungen für Sie attraktiv sind. Kurz, wir lassen Sie nicht allein. Rufen Sie an: 0 180 - 5 123 122. Oder gehen Sie zu einem unserer Handelspartner. **debitel: Aber hallo.**

d) *Wie soll der oder die angesprochene Konsument/in auf die Anzeige reagieren?*

e) *Wie finden Sie die Anzeige?*

f) *Beantworten Sie die in der Anzeige gestellten Fragen. Welche Rolle spielt das Telefon in Ihrem Leben?*

g) *Martin findet Handys schrecklich. Was ist Ihre Meinung?*

I2:
> **Beachten Sie:**
> (jemanden (Akk.)) anrufen – to call (someone)
> (mit jemandem (Dat.)) telefonieren – to be on the phone (to someone)

„anrufen" oder „telefonieren" – welches Wort passt?

a) „Wo ist denn Martin?" – „Er _____ gerade."

b) Ich habe fünfmal versucht, hier _____ , aber es war immer besetzt. Wer hat denn da stundenlang _____ ?

c) Die Heizung funktioniert immer noch nicht. Willst du nicht den Vermieter _____ ?

d) Wie oft _____ ihr eigentlich miteinander?

e) „Bei denen meldet sich niemand." – „Komisch, ich habe doch erst gestern mit ihnen _____ , und sie haben nichts davon gesagt, dass sie wegfahren."

f) Es ist billiger, am Wochenende zu _____ .

g) „_____ du mich morgen _____ ?" – „Ja, natürlich."

I3: *In the ad on page 212 you find the adjectives "heilbar" and "bezahlbar". Which verbs are these adjectives based on? What does the suffix (last syllable) "-bar" mean? Can you work out the underlying principle?*

a) *Apply this to the following adjectives:*

trinkbar	teilbar	brauchbar	vermeidbar	essbar	haltbar
waschbar	hörbar	lesbar	machbar	strafbar	tragbar

b) *Use adjectives from the above list to complete these sentences.*

  i) Bei der Geschwindigkeit war der Unfall kaum _____ .

  ii) Ist 3412 durch 3 _____ ?

  iii) Die Prüfung war gar nicht so schwer. Sie war _____ .

iv) Ein Laptop ist ein _____ Computer.
v) Dieser Pilz sieht komisch aus. Ich weiß nicht, ob der _____ ist.
vi) Der Brief ist nass geworden. Deshalb war der Text nicht mehr _____ .
vii) Die Lederjacke ist nicht _____ . Die musst du in die Reinigung bringen.
viii) Wasser gibt es genug auf der Erde, aber nur 2,5% davon sind _____ _____ .
ix) „Der Jogurt schmeckt aber komisch. Ist der noch gut?" – „Was steht denn auf dem Deckel? – Na, kein Wunder, _____ bis zum 17.8.!"
x) Wenn du nach den 4 Halben Auto fährst, dann machst du dich _____ _____ .

c) Wandeln Sie die Sätze 2–8 in Passivsätze mit Modalverben um.

z. B. Bei der Geschwindigkeit konnte der Unfall kaum vermieden werden.

I4: Telefonwerbung im Radio

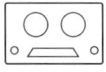
a) Hören Sie die zwei Funkspots der Deutschen Telekom.
   i) Wofür wirbt die Deutsche Telekom?
   ii) Wie wirbt sie?

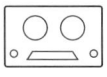
b) Hören Sie diesen Funkspot.
   i) Wer wirbt hier?
   ii) Welches Werbegeschenk kann man bekommen?

J: Regenschirm oder Sonnencreme?

J1: Beschreiben Sie das Wetter auf diesen beiden Bildern.

J2: Lesen Sie diese Kommentare der Umgangssprache zum Wetter und ordnen Sie die Kommentare den Bildern zu.

J3: Schauen Sie im Internet nach, wie das Wetter zur Zeit im Gebiet um Heidelberg und Mannheim ist (www.wetteronline.de; www.wetter.de).

J4: Warum ist es eigentlich wichtig, etwas über das Wetter und das Klima einer Region zu wissen?

J5: Regen ist nicht gleich Regen, Wind nicht gleich Wind. Bringen Sie mit Hilfe eines Wörterbuches die folgenden Ausdrücke in eine logische Reihenfolge:

a) nieseln – tröpfeln – niederschlagsfrei – gießen – regnen – schütten

b) Lüftchen – schwacher Wind – Sturm – Orkan – mäßiger Wind – Brise – starker Wind – böiger Wind

c) frisch – kühl – kalt – eiskalt – warm – lau – heiß – mild

d) heiter – bedeckt – wolkig – wolkenlos – bewölkt

J6: Erklären Sie:

a) Was bedeutet „schwül" oder „drückend"?

b) Was ist der Unterschied zwischen „maritimem" und „kontinentalem" Klima?

c) Wann spricht man von einem „Gewitter"?

d) Wann spricht man von „Frost"?

e) Was ist „Glatteis"?

f) Was ist „wechselhaftes Wetter"?

g) *Was ist kein Niederschlag?*

Schnee – Hagel – Aussichten – Regen – Nebel – Tiefstwerte – Graupel – Schauer – Hochdruck

J7: *Was kann man machen, wenn Schnee liegt?*

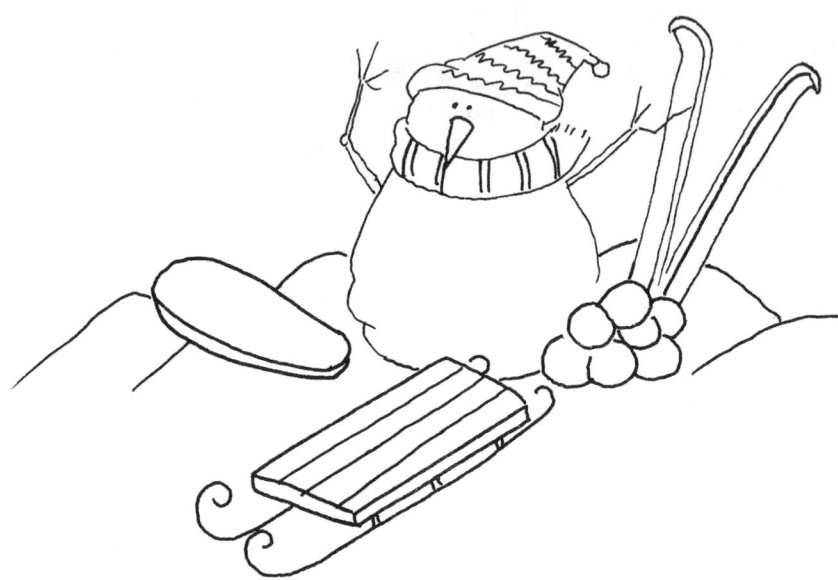

J8: *Was bedeutet „schönes Wetter" für Sie?*

J9: *Ein Vergleich – Lesen Sie die Wettervorhersage in der Irish Times und die in der Süddeutschen Zeitung. Was fällt Ihnen auf?*

WEATHER
Mist, fog and low cloud early today will clear to give another dry day with bright or sunny periods. Winds will freshen along the west coast but will remain fairly slack elsewhere, apart from local sea breezes. It will become warm again, especially inland, with temperatures ranging from 17° to 21° Celsius.
(Irish Times, 29. 8. 1998)

Wechselhaft und kühl

München (SZ) – Zwischen einem Hoch über Irland und Tiefs über Skandinavien strömt kühle Luft nach Deutschland. Vorhersage: Meist wolkig, gebietsweise Schauer. Tags 20, nachts um 5 Grad.
(Süddeutsche Zeitung, 27. 8. 1998)

J10: Betrachtungen über den irischen Regen

Der Regen ist hier absolut, großartig und erschreckend. Diesen Regen schlechtes Wetter zu nennen, ist so unangemessen, wie es unangemessen ist, den brennenden Sonnenschein schönes Wetter zu nennen.

Man kann diesen Regen schlechtes Wetter nennen, aber er ist es nicht. Er ist einfach Wetter, und Wetter ist Unwetter. Nachdrücklich erinnert er daran, daß sein Element das Wasser ist, fallendes Wasser. Und Wasser ist hart. . . .

Und wieviel Wasser sammelt sich über viertausend Kilometern Ozean, Wasser, das sich freut, endlich Menschen, endlich Häuser, endlich festes Land erreicht zu haben, nachdem es so lange nur ins Wasser, nur in sich selbst fiel. Kann es dem Regen schließlich Spaß machen, nur immer ins Wasser zu fallen? . . .

Gut ist es, immer Kerzen, die Bibel und ein wenig Whiskey im Hause zu haben, wie Seeleute, die auf Sturm gefaßt sind; dazu ein Kartenspiel, Tabak, Stricknadeln und Wolle für Frauen, denn der Sturm hat viel Atem, der Regen hat viel Wasser, und die Nacht ist lang. . . . dann ist es gut, in der Bibel nachzuschlagen, ob das Versprechen, keine Sintflut mehr zu schicken, wirklich gegeben worden ist. . . .

Spät erst hörten wir das Pochen an der Tür. . . . Schnell die Tür geöffnet, einen durchnäßten Zeitgenossen hereingezogen, die Tür geschlossen, und da stand er: mit durchgeweichtem Pappkoffer, Wasser lief aus den Ärmeln, Schuhen, vom Hut herab, fast schien es, als liefe Wasser ihm aus den Augen: so sehen Schwimmer aus, die an einem Wettbewerb für Rettungsschwimmen in voller Bekleidung teilgenommen haben; aber diesem hier war solcher Ehrgeiz fremd: er war nur von der Bushaltestelle gekommen, fünfzig Schritt durch diesen Regen . . .

(Heinrich Böll, Irisches Tagebuch, in Auszügen)

a) Wann hat Böll Ihrer Meinung nach die Erzählung „Irisches Tagebuch" geschrieben? Was hat sich seitdem geändert?

b) Finden Sie Bölls Betrachtungen über den irischen Regen angemessen?

J11: Schreiben Sie einen kurzen Wetterbericht für diese beiden Tage.

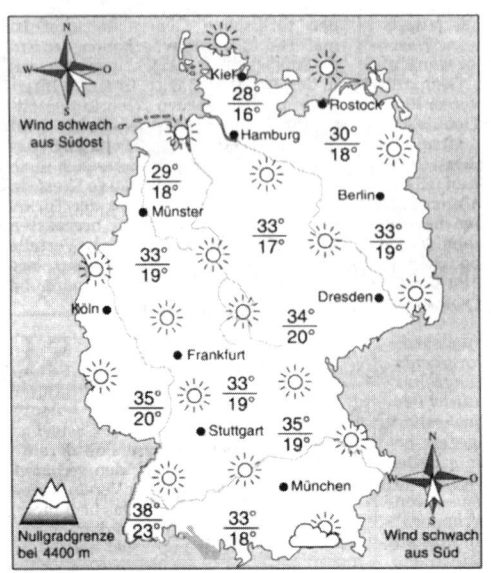
Süddeutsche Zeitung, 11.8.1998

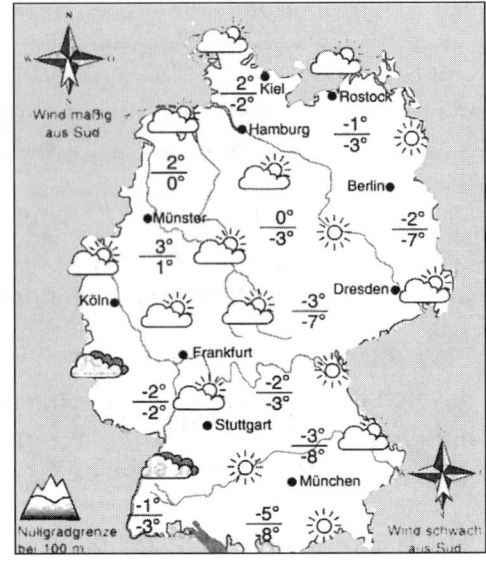
Süddeutsche Zeitung, 22.12.1999

J12: Wettervorhersagen im Radio

a) Hören Sie die Wettervorhersage im Südwestrundfunk.

i) Sind die folgenden Aussagen richtig oder falsch? richtig falsch

– In der Nacht wird es wahrscheinlich regnen. ☐ ☐
– Morgen wird es viel Sonnenschein geben. ☐ ☐
– Morgen wird es im Bergland schneien. ☐ ☐
– Am Samstag und Sonntag wird es regnen. ☐ ☐

ii) Hören Sie den zweiten Teil der Wettervorhersage noch zwei- oder dreimal und füllen Sie die Tabelle aus.

	Wetterlage	Temperatur
Mannheim	*Regen*	*7° C*
Öhringen		
Stuttgart		
Karlsruhe		
Feldberg		
Freiburg		
Ulm		
Konstanz		

218 DEUTSCHLAND ERLEBEN

b) *Hören Sie die zwei Wettervorhersagen des Radiosenders „radio sunshine live" mehrmals und füllen Sie die Tabelle aus.*

	Hörtext 1	Hörtext 2
Tagestemperaturen im Rhein-Neckar-Kreis		
Tagestemperaturen im Odenwald		
Nachttemperaturen im Rhein-Neckar-Kreis		
Nachttemperaturen im Odenwald		
Schnee		
Regen		
Sonnenschein		
Sonstiges		

Zusätzliche Übungen

1. *Nennen Sie Ihre Wünsche.*

    z. B. Zeitung ➤ *Ich hätte gerne die Süddeutsche.*

    a) Zeitschrift
    b) Süßigkeit
    c) alkoholfreies Getränk
    d) Gemüsesorte
    e) Obstsorte
    f) Kuchen
    g) Blumen
    h) Fahrkarte für den Zug
    i) Zimmer im Hotel

2. *"ü" oder "u" – Kreuzen Sie an, was Sie hören:*

    ☐ mussten ↔ ☐ müssten   ☐ wurden ↔ ☐ würden
    ☐ dunkel ↔ ☐ Dünkel   ☐ Mull ↔ ☐ Müll
    ☐ Kuchen ↔ ☐ Küchen   ☐ gucken ↔ ☐ Küken
    ☐ wussten ↔ ☐ wüssten   ☐ Mücken ↔ ☐ mucken

3. *"ö" oder "o" – Kreuzen Sie an, was Sie hören:*

    ☐ losen ↔ ☐ lösen   ☐ schon ↔ ☐ schön
    ☐ Vogel ↔ ☐ Vögel   ☐ rosten ↔ ☐ rösten

ALLTAG

4. *"a" oder "ä" – Kreuzen Sie an, was Sie hören:*

☐ Alter ↔ ☐ älter   ☐ hatten ↔ ☐ hätten
☐ Waren ↔ ☐ wären   ☐ zahlen ↔ ☐ zählen

5. *Geben Sie an, in welcher Reihenfolge Sie die Wörter hören:*

☑ 3 rösten	☑ 1 rosten	☑ 2 rüsten	☑ 4 rasten
☐ fehlen	☐ fällen	☐ fallen	☐ fühlen
☐ wählen	☐ Wellen	☐ wühlen	☐ wallen
☐ kühl	☐ kahl	☐ Kohl	☐ Kiel
☐ Fähre	☐ führe	☐ Föhre	☐ wäre
☐ Küche	☐ Kirche	☐ Köche	☐ koche
☐ mögen	☐ Magen	☐ morgen	☐ Mücken
☐ Kissen	☐ küssen	☐ Kassen	☐ kosen
☐ siezen	☐ Soßen	☐ saßen	☐ süßen
☐ Hölle	☐ Hülle	☐ Höhle	☐ Halle

6. *Das sind die Antworten auf höfliche Fragen. Wie lauteten die Fragen?*

   z. B. Ja, hier ist er. → Könnte ich Ihren Reisepass sehen?

   a) Es ist gerade fünf Minuten vor vier.
   b) Hier geradeaus und an der zweiten Kreuzung rechts. Dann sehen Sie es schon.
   c) Keine Ahnung, wie man das macht.
   d) Und wie viele hätten Sie gern?
   e) Nein, natürlich nicht. Ich mache es sofort zu.
   f) Nein, das können Sie leider nicht, wir haben heute zu viel Arbeit.
   g) Gerne, die sind aber von gestern.
   h) Ja, eine Tüte können Sie haben, aber die kostet 30 Pfennig.

7. *Was fragt Martin in diesen Situationen seine Arbeitskollegen und -kolleginnen?*

   Können Sie mir eine gute/einen guten/ein gutes ... empfehlen?
   Gibt es hier eine gute/einen guten/ein gutes ... in der Nähe?
   Wo kann ich ...?

   z. B. Er braucht frisches Brot. → Gibt es hier einen guten Bäcker in der Nähe?

   a) Er hat keine saubere Wäsche mehr.
   b) Er hat seinen Reisepass verloren.
   c) Er möchte ein paar Steaks kaufen.

d) Er braucht eine Geburtstagskarte für seine Mutti.
e) Er muss ein Girokonto eröffnen.
f) Er hat eine Frage zu seiner Lohnsteuer.
g) Er braucht ein Paar Jeans.
h) Er hat Zahnschmerzen.
i) Er braucht Hustensaft.
j) Er möchte seinen Arbeitsvertrag kopieren.
k) Er braucht Zahnpasta und Rasierschaum.
l) Er hat seinen ersten Lohn bekommen und möchte chic essen gehen.
m) Er soll ein paar Stückchen Kuchen mitbringen.
n) Er soll Kaffee aus fairem Handel kaufen.

8. Kevin bekommt eine Einkaufsliste. Er ist sich aber nicht ganz sicher, was er kaufen soll, also fragt er nach.

   z. B. 200 g Schinken ➤ gekochten oder rohen Schinken

   a) drei Paprika   b) Zucker   c) Spinat   d) Rotwein   e) Butter
   f) Äpfel   g) Reis   h) Sojasoße i) eine Dose Ananas

9. Assoziieren Sie: Adjektiv + Substantiv.

   z. B. Biergarten: warme Sommernächte, kühles Bier, fröhliche Menschen usw.

   a) Zahnarzt   b) Universität/Fachhochschule   c) Fußballstadion
   d) Flughafen   e) Connemara   f) Dublin
   g) Nordirland   h) Feten   i) irischer Pub

10. Was mögen Sie nicht?

    z. B. Ich mag keine _blöden_ Übungen.

    a) ... Telefonrechnungen   b) ... Vokabellisten   c) ... Badezimmer
    d) ... Prüfungen   e) ... Filme   f) ... Wetter
    g) ... Politiker   h) ... Regeln   i) ... Geschirr

11. Siobhán war im Heidelberger Zoo. Sie hat viele Tiere gesehen, aber sie kennt die Namen für die Tiere nicht. Sie kann sie nur beschreiben. Welche Tiere hat sie wahrscheinlich gesehen? Helfen Sie ihr bei den Beschreibungen und lassen Sie die anderen in Ihrer Lerngruppe raten, welches Tier Sie beschrieben haben.

    z. B. Ein sehr großes graues Tier mit großen Ohren und einem langen Rüssel ➤ ein Elefant

12. *Eine internationale Konsumwelt*

    z. B. Die Iren trinken *brasilianischen* Kaffee.

    a) Die Iren fahren _____ Autos.
    b) Die Iren essen _____ Oliven.
    c) Die Iren benutzen die _____ Schrift.
    d) Die Iren tragen _____ Kleidung.
    e) Die Iren trinken _____ Wein.
    f) Die Iren benutzen die _____ Zahlen.
    g) Die Iren sehen _____ Filme.
    h) Die Iren lesen _____ Zeitungen.
    i) Die Iren sind Fans von _____ Fußballmannschaften.

13. *Finden Sie passende Adjektive und achten Sie auf die Endungen.*

    z. B. Die Frankfurter Rundschau ist eine *überregionale* Zeitung.

    a) Deutsch ist ein _____ Fach.
    b) Irland ist eine _____ Insel.
    c) Viele Leute bezeichnen Heidelberg als eine _____ Stadt.
    d) Irland hat ein _____ Klima.
    e) EU bedeutet _____ Union.
    f) Die Schweiz hat einen _____ Lebensstandard.
    g) Bankfachleute tragen meistens _____ Kleidung.

14. *Was möchten Sie? Was brauchen Sie? Was wünschen Sie sich?*

    z. B. Die Musik ist zu leise. → Ich möchte laute Musik.

    a) Der Drucker ist sehr langsam.
    b) Ihr Koffer ist zu klein.
    c) Der Flug ist zu teuer.
    d) Das Fleisch ist zu fett.
    e) Der Schreibtischstuhl ist zu hart.
    f) Das Fußballspiel ist sehr langweilig.
    g) Der Text ist sehr schwierig.
    h) Der Bus ist überfüllt.

15. *Ein Arbeitskollege von Martin war letztes Jahr in Irland. Dort und in den Büchern, die er gekauft hat, hat er viele Wörter gesehen, die er nicht in seinem Wörterbuch gefunden hat. Er bittet Martin, die Wörter zu erklären.*

    z. B. „Was bedeutet TG4?" → „TG4 ist der gälische Fernsehsender in Irland."

    a) poitín
    b) Garda
    c) Bord Fáilte
    d) leprechaun
    e) banshee
    f) Tír na nÓg
    g) Aer Lingus
    h) camogie
    i) Caitlín Ní hUallacháin
    j) fleadh ceol
    k) bodhrán
    l) slán

16. *Adjektiv + Substantiv oder Kompositum?*

    z. B.   kleingeld ➤ Kleingeld (n)   süßesahne ➤ süße Sahne (f)

    a) modischekleidung   b) frischmilch   c) altpapier
    d) braunesei   e) kleinespeisen   f) neuentdeckung
    g) schlechtwettergebiet h) großeinkauf   i) alteisen
    j) kurzenachricht   k) tiefebene   l) ernstfall
    m) gemischtersalat   n) hochzeit   o) mageresfleisch
    p) blauhelm   q) schwerelosigkeit   r) schwarzertee

17. *Welche Farben passen?*

    z. B. kirsch rot

    a) marine _____   b) schnee_____   c) maus_____
    d) zitronen _____ e) feuer _____   f) raben_____
    g) gras _____   h) himmel _____   i) gold_____
    j) blüten _____   k) blut _____   l) silber_____

18. *Andreas, 24 Jahre alt, Jurastudent in Mannheim, ist sehr verwöhnt. Er tut fast nichts selber, sondern lässt andere für sich arbeiten.*

    z. B. Er hat noch nie seine Wäsche gewaschen. ➤ Er lässt seine Mutter die Wäsche waschen.

    a) Er hat noch nie ein Hemd gebügelt.
    b) Er hat noch nie seinen Blutdruck gemessen.
    c) Er hat noch nie sein Fahrrad repariert.
    d) Er hat noch nie einen Knopf angenäht.
    e) Er hat noch nie seinen Anzug gereinigt.
    f) Er hat noch nie Brot gebacken.
    g) Er hat noch nie das Klo geputzt.
    h) Er hat noch nie seine Haare geschnitten.
    i) Er hat noch nie die Küche aufgeräumt.

    Was könnte man Andreas verzeihen?

19. *Die Nachbarskinder von Lara und Katrin haben es nicht so leicht. Ihre Mutter lässt sie fast nichts machen.*

    z. B. Ihre Mutter lässt sie nicht in den Kindergarten gehen.

    Was lässt sie ihre Kinder sonst noch alles nicht machen?
    Sammeln Sie weitere Verbote.

Kapitel 9:
Feierabend und Wochenende

A: Die Alternativen

A1: Was können Eithne, Martin, Siobhán und Kevin am Abend oder am Wochenende unternehmen? Was würde Sie interessieren?

---

unikat –
das Wahlabo für Studenten
6 x Theater
für nur DM 72,-

Außerdem folgende Ermäßigungen:
- im Vorverkauf: 50 % ab Platzgattung III
- Last Minute Tickets ab 20 Minuten vor Vorstellungsbeginn
  Oper   DM 20,-
  Schauspiel DM 15,-

Bei allen Vorstellungen mit Ausnahme der Festlichen Opernabende, Opernpremieren und Sonderveranstaltungen.

tickets: 0621/2 48 44
nationaltheater mannheim

ARD

- 20.00 **Tagesschau**
- 20.15 **Drei mit Herz** (2) Das liebe Geld. Serie. Mit Bettina Kupfer, Heike Falkenberg, Katharina Schubert u.a.
- 21.05 **Hallervordens Spott-Light**
- 21.30 **Plusminus** U.a.: Lebensmittel: Heftiger Preiskampf zur Freude der Verbraucher; Plastikgeld; Arbeitsmarkt: Was bringt das Sofortprogramm für Jugendliche?
- 22.05 **Sissi – Die Perlinger-Show** Mit Uwe Friedrichsen, Max Tidof, Hans Werner Olm
- 22.30 **Tagesthemen**
- 23.00 **Boulevard Bio** Daheim und unterwegs Gäste u.a.: Thomas Gottschalk, Gaby Dohm
- 0.00 **Zwei in der Tinte** Skandalgeschichten. Comedyserie
- 0.25 **Nachtmagazin**
- 0.45 **Der Kongreß tanzt** Dt. Liebeskomödie 1931. Mit Lilian Harvey, Willy Fritsch R.: Eric Charell (bis 2.20)

Die Mannheimer Kleinkunstbühne
Klapsmühl' am Rathaus

Klapsmühl' am Rathaus
D 6, 3
68159 Mannheim
Telefon: 0621 / 2 24 88
Telefax: 0621 / 1 56 44 36

Museen

Mannheim (0621)
Kunsthalle Moltkestr. 9 (293-6431)
Mannheimer Kunstverein
Augustaanlage 58 (402208)
Landesmuseum für Technik und Arbeit Museumsstr. (4298-9)
Museumsschiff Am Neckarsteiger, Kurpfalzbrücke (1565756)
Museum für Kunst-, Stadt- und Theatergeschichte C 5
Museum für Archäologie und Völkerkunde D 5 (293-3151)
Reiss-Museum Zeughaus C 5 und D 5 (293-9729)

Club Galerie
Mannheim I 7, 16
0621 13382

CAVE 54
Deutschlands ältester Studenten-Jazz-Keller
Krämergasse 2 (Nähe Heiliggeistkirche)
Sonntags Jam Session - Live Musikveranstaltungen nach Ankündigung

---

Nur im Odeon Kino!
DM 2.- Studentenermäßigung in allen Vorstellungen (außer bei NICE PRICE Filmen)
Zusätzliche Ermäßigung von DM 2.- mit Kinopaß!

ABEL's Café- und Weinstube
mit Straßencafe
Hauptstraße 133 · Telefon 21431

Landesmuseum für Technik und Arbeit in Mannheim

Ausstellungen

Laufende Sonderausstellungen

bis 1. Februar
LTA, Ebene C, Sonderausstellungsfläche
Körperwelten.
Einblicke in den menschlichen Körper
Eine faszinierende Schau zur Anatomie des Menschen. Der Besucher erhält einen Einblick in die Welt des gesunden und kranken Körpers, wie er bislang nicht einmal Ärzten in dieser umfassenden Form möglich war. Ausgestellt werden über 200 menschliche Präparate, darunter ganze präparierte Körper, einzelne Organe und transparente Körperscheiben.

A2: *Oder ganz was anderes?*

Eine Nacht mit Mördern und Zombies - Grusel live liegt beim Party-Volk im Trend

Es ist nicht die Dunkelheit, die Juliane angst macht. Vielmehr irritiert sie der schmale Streifen Licht im sonst nachtschwarzen Gang – etwa dort, wo der Käfig des mordenden Psychopathen Hannibal Lector ist. Zögernd tastet sich Juliane durch das dunkle Labyrinth des Horrorhauses. Da streift Hannibal Lectors Atem Julianes Wange. Er ist direkt hinter ihr. Sie schreit. Dann
5 beginnt sie hysterisch zu lachen.

Eine Viertelstunde später spült die 24jährige Jurastudentin aus München an der Bar der „Villa Shockers" ihren Schrecken mit einem blutfarbenen „Scream Cocktail" weg. Zusammen mit ihren Freunden sitzt sie zwischen Spinnweben, Kronleuchtern und Gummivampiren. Ein Scheintoter mit Glassplittern in der Stirn mixt ihr noch einen „Zombie" mit viel Rum. Es ist
10 Samstagabend, und Juliane will sich amüsieren: „Immer nur Kino oder Disco, das langweilt. Sich mal so richtig gruseln ist doch viel aufregender."

Die „Villa Shockers" bietet Horror pur: In der Eingangshalle können sich die Besucher an der Horrorbar in Stimmung trinken. Wer dann noch nicht genug hat, den heißt „Butler Tom" mit Grabesstimme gerne im Horrorhaus willkommen. Der Schrecken aus Filmen wie „Das
15 Schweigen der Lämmer", „Psycho" oder „Nightmare" hat seinen Weg von der Leinwand nicht nur in die Köpfe der Zuschauer, sondern auch in ihre Welt gefunden. Ein Alptraum zum Anfassen. Die Monster, die den Besuchern angst machen, sind aus Fleisch und Blut. Anders als in herkömmlichen Geisterbahnen halten sich in der „Villa Shockers" lebende Darsteller hinter blutverschmierten Duschvorhängen oder in schummrigen Heizungskellerkulissen verborgen.

20 Besitzer Randy Mikels hat ein klares Konzept: „Zukunft hat nur die Erlebnisgastronomie. Es reicht nicht mehr, den Leuten einfach ein Bier hinzustellen. Die wollen was geboten haben für ihr Geld."

(Rebecca Smit/jetzt — das jugend magazin der Süddeutschen Zeitung, 17.10.1998, gekürzt und bearbeitet)

a) *Stellen Sie sich vor, Sie sind Juliane. Ein/e Freund/in von Ihnen möchte wissen, wie Sie Ihren Abend verbracht haben. Was erzählen Sie?*

b) *Würden Sie die „Villa Shockers" besuchen? Begründen Sie Ihre Meinung.*

c) *Gibt es auch eine Erlebnis-Gastronomie in Irland?*

A3: *Vorschläge aus dem Radio*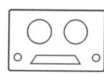

a) *Kevin möchte Jens dazu überreden, mit ihm zur MensaMania zu gehen. Jens weiß noch nichts über die MensaMania. Hören Sie den Werbespot von RadioAktiv zwei- oder dreimal. Was kann Kevin Jens erzählen?*

b) *„Radio sunshine live" über die Nachtschicht*

i) Hören Sie den Text einmal. Was ist die „Nachtschicht"?
ii) Hören Sie den Text mehrmals und machen Sie sich Notizen, so dass Sie anschließend eine Anzeige der „Nachtschicht" für das Stadtmagazin schreiben können.

c) *Veranstaltungshinweise von „Radio Regenbogen"*

i) Hören Sie die Veranstaltungshinweise zwei- oder dreimal und füllen Sie die Tabelle aus.

Ort	Veranstaltung	Beginn der Veranstaltung
Alte Mälzerei in Mosbach		
Pfalzbau in Ludwigshafen		
	Russ Spiegel's Big Band	
	Mundartkomödie	
	Liederabend: Die Stunde Null oder die Kunst des Servierens	

ii) Was muss man machen, um Freikarten für den Liederabend zu bekommen?
iii) Welche Firma sponsert die Veranstaltungshinweise?
iv) Wo würden Sie hingehen? Begründen Sie Ihre Wahl.

A4: *Wie sieht das kulturelle Programm Ihres Hochschulortes aus? Schreiben Sie die Veranstaltungshinweise dafür. Was würden Sie Kommilitonen und Kommilitoninnen aus deutschsprachigen Ländern empfehlen?*

B: Schöne Aussichten

B1: *Was erwarten Sie von einem Text mit der Überschrift „Dunkle Wolken über einem glücklichen Leben"? Lesen Sie den Text und beantworten Sie anschließend die Fragen.*

> Eigentlich kann ich auf ein glückliches Leben zurückblicken. Meine Eltern liebten mich abgöttisch und das, obwohl ich nur ihr Adoptivkind bin. Ich war stets der Mittelpunkt ihres Lebens; sie verbrachten sehr viel Zeit mit mir, mehr als mit ihren beiden leiblichen Kindern. Jeden Abend spielten sie mit mir. Oft schickten sie meine beiden Geschwister zum Spielen außer Haus, um sich lieber mit mir zu beschäftigen. Doch jetzt ist etwas passiert, was mich unglücklich macht – aber der Reihe nach.
>
> Geboren wurde ich im Ausland, in Taiwan, in einem kleinen Ort, dessen Namen ich mir nie merken kann. Ich kam dann per Schiff mit vielen anderen nach Europa. Wir lebten auf engstem Raum, es war schrecklich, unwürdig. Ich hatte panische Angst, die Überfahrt nicht zu überleben. Nach unserer Einreise wurden wir dann nach gewissen Quoten auf die einzelnen Länder verteilt. Ich kam zu einer wahnsinnig netten Familie, die in einem großen Einfamilienhaus am Stadtrand von München wohnt. Ich fühlte mich gleich wohl. Sie gaben mir ein Gefühl der Geborgenheit, das ich noch nie gekannt hatte. Mein Zimmer war wirklich wie für mich gemacht. Mir fehlte es an nichts. Sie waren so lieb zu mir. Einmal sind wir sogar zusammen in Urlaub gefahren.
>
> Aber seit neuestem nörgeln meine Eltern an mir herum. Ihnen paßt meine Größe nicht: „Er ist einfach zu klein." Und das sagen sie sogar in meiner Gegenwart. Können Sie sich vorstellen, wie mich das kränkt?
>
> **(Audimax, 7/8/1998, bearbeitet)**

a) *Was haben Sie bis jetzt über das Leben dieses Adoptiv-Kindes erfahren?*

b) *Welches Problem hat er?*

c) *Wie endet die Geschichte Ihrer Meinung nach? Ihr/e Lehrer/in hat den Rest des Textes.*

d) *Was für ein Text ist das? Warum benutzt der Autor die Metapher des Adoptivkindes? Was möchte er bewirken?*

B2: Vergleichen Sie die Prognose Darryl F. Zanucks mit der bundesdeutschen Realität im Jahre 1998:

Laut Institut für deutsche Wirtschaft in Köln sah jeder Bundesbürger 1998 im Durchschnitt täglich 201 Minuten fern.

„Das Fernsehen wird nicht mehr an Marktanteil gewinnen, als es bis jetzt hat. Man wird es schnell leid sein, jeden Abend auf eine Holzkiste zu starren."
Darryl F. Zanuck, Chef der 20th Century-Fox, 1948

Wie sieht Ihrer Meinung nach die Zukunft des Fernsehens aus?

B3: Kevin sitzt mit Sabine in der Mensa. Die regt sich über den Fernsehkonsum ihres WG-Mitbewohners Frank auf. Das Wort „Fernseher" benutzt sie aber nicht. Was sagt sie stattdessen?

Frank geht mir manchmal echt auf die Nerven. Sobald er nach Hause kommt, schaltet er den Apparat ein und schaut dann bis Ultimo in die Röhre. Wir haben ihm schon so oft gesagt, komm doch mit ins Kino oder lass uns was zusammen spielen, aber nein, der sitzt lieber stundenlang vor der Glotze und bewegt sich nicht. Bis auf seine Finger, denn mit der Fernbedienung kann er natürlich alle zwei Minuten umschalten. Und all den blöden Kram, den er sich anschaut. Sogar seine Freundin macht mit. Da sitzen die doch glatt gemeinsam vor dem Flimmerkasten. Also wenn ich die wäre, hätte ich die Kiste schon längst aus dem Fenster geschmissen.

B4:
> **Beachten Sie:**
> Fernseher (m), Fernsehapparat (m): television set
> Fernsehen (n): television
> fern/sehen, er sieht fern, er sah fern, er hat ferngesehen: to watch TV
> Ich habe einen Bericht über Irland im Fernsehen gesehen. → I watched a report about Ireland on television

Übersetzen Sie.

a) I have seen her on television.
b) Can you turn on the telly?
c) I spent the whole of last night watching telly.
d) He can't live without his TV set.

B5: *Das Fernsehangebot*

  a) *Schauen Sie sich die Tabelle an und stellen Sie Unterschiede zwischen den Fernsehsendern in Deutschland fest.*

Fernsehen: Programmstruktur im Vergleich										
Kategorie	Sendedauer (min/Tag)									
	ARD		ZDF		RTL		SAT.1		PRO 7	
	1995	1994	1995	1994	1995	1994	1995	1994	1995	1994
Information/Bildung	531	482	549	547	196	288	200	239	136	71
Fiction[1]	431	394	406	394	494	505	738	683	766	849
Non-fiction[2]	125	125	47	56	251	221	78	85	92	69
Musik	54	16	51	37	7	11	11	8	–	–
Sport	51	56	42	34	113	35	46	56	–	–
Kinder-/Jugendsendungen	96	122	103	89	116	119	38	66	199	196
Sonstiges	35	42	40	39	56	52	59	48	42	48
Werbung	20	19	20	20	207	209	270	251	184	200
Gesamt	1343	1256	1258	1216	1440	1440	1440	1437	1419	1434

Untersuchungszeitraum 14.–20. März, 25.–31. Juli, 12.–18. September, 28. November – 4. Dezember 1994, 3.–9. April, 26. Juni – 2. Juli, 11.–17. September, 21.–27. November 1995, jeweils 6.00 Uhr bis 6.00 Uhr; 1) z.B. Spielfilme, Serien, Bühnenstücke; 2) z.B. Talkshows, Spielshows; **Quelle: Media Perspektiven 8/96**

  b) *Welche Fernsehsender können Sie in Irland empfangen? Was sind die Unterschiede zwischen diesen Sendern?*

c) *Was kommt heute im Fernsehen?/Was gibt es heute im Fernsehen?/Was läuft heute im Fernsehen?* Schauen Sie im Internet (www.tvmovie.de oder www.tvspielfilm.de) nach, was Sie heute in Deutschland sehen könnten. Stellen Sie sich Ihr Programm für einen Fernsehabend zusammen.

C: Improbable, unlikely and hypothetical

C1: Do you remember the subjunctive II from chapter 8? There it was used to form polite questions. But there is more to it. Go back to the story of the "adopted child" → "Was gäbe ich dafür, größer zu sein!" and "Wäre er doch nur 16:9 groß!" Why is the subjunctive II used in these sentences?

→ S. 349/350

Was wünschen Sie sich in diesen Situationen?

z. B. Es regnet seit Stunden. → Ich wünschte, es würde aufhören zu regnen.

    a) Der Bus kommt nicht.
    b) Es ist eiskalt.
    c) Der Bus fährt zu langsam.
    d) Sie stecken im Stau auf der Datenautobahn.
    e) Sie haben Zahnschmerzen.
    f) Die Frau neben Ihnen im Bus versucht ständig, ein Gespräch mit Ihnen anzufangen.
    g) Sie sind müde.
    h) Sie müssen am nächsten Tag eine Prüfung schreiben.
    i) Sie haben nicht genug Zeit.
    j) Das Fernsehprogramm ist langweilig.
    k) Ihr/e Freund/in ruft nicht an.
    l) Sie können nicht einschlafen.

C2: RadioAktiv hat eine kleine Umfrage gemacht und den Studenten und Studentinnen folgende Frage gestellt: "Wie würde euer Leben aussehen, wenn es kein Fernsehen gäbe?"

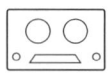

a) Hören Sie die Antworten. Wie viele Studenten und Studentinnen werden befragt?
b) Hören Sie die Antworten noch zwei- oder dreimal und machen Sie sich Notizen.
c) Mit welcher Antwort können Sie sich am besten identifizieren?
d) Why do the students all use the subjunctive II?

→ S. 349/350

e) *Answer these questions. Give reasons for your opinion.*

   i) Was würden die Deutschen/Iren machen, wenn man Fernsehen verbieten würde?
   ii) Würden Sie mit einem U-Boot hinab zum Wrack der Titanic tauchen?
   iii) Wüssten Sie gerne, wen Sie heiraten werden?
   iv) Welche Persönlichkeit würden Sie gerne einmal treffen?
   v) Würden Sie einen Ausflug ins Weltall buchen?
   vi) In welchem anderen europäischen Land würden Sie gerne wohnen?
   vii) Bei welcher Fernsehserie würden Sie gerne einmal mitspielen?
   viii) Stellen Sie sich vor, Sie hätten H. G. Wells' Zeitmaschine. In welche Zeit würden Sie reisen?

f)

> **Metaphysisches**
>
> Ein Mensch erträumt, was er wohl täte,
> Wenn wieder er die Welt beträte.
> Dürft er zum zweiten Male leben,
> Wie wollt er nach dem Guten streben
> Und streng vermeiden alles Schlimme!
> Da ruft ihm zu die innre Stimme:
> „Hör auf mit solchem Blödsinn, ja?!
> Du bist zum zwölften Mal schon da!"
>
> Eugen Roth

> Erfahrungen wären nur dann von Wert, wenn man sie hätte, ehe man sie machen muß.
>
> (Karl Heinrich Waggerl)

Was würden Sie anders machen, wenn Sie noch einmal die Welt betreten könnten?

g) man
   man müsste
   man müsste unbedingt
   man müsste unbedingt mal
   man müsste unbedingt mal richtig
   man müsste unbedingt mal richtig seine
   man müsste unbedingt mal richtig seine Meinung
   _____.

Wie müsste die letzte Zeile dieses Textes lauten?

C3: *Ein Film im Fernsehen*

    a) Lesen Sie diese kurze Ankündigung. Wie lautet wohl die Antwort auf die Frage, die der Film stellt?

Das ZDF sendete am 1. Dezember 1998 um 20.15 Uhr den neunzigminütigen Film **Der Dritte Weltkrieg**; Buch: Ingo Helm und Robert Stone, Regie: Robert Stone; Inhalt: **Was wäre passiert, wenn 1989 nicht die Mauer, sondern Gorbatschow gekippt worden wäre? Das Drehbuch einer Katastrophe – der letzten.**

    b) There is another subjunctive II in the above question. In what way is it different to the ones you have covered so far?

→ S. 350/351

    c) Beantworten Sie andere Fragen der Historiker.

        i) Was wäre passiert, wenn man Michael Collins nicht erschossen hätte?
        ii) Was wäre passiert, wenn England Irland nicht zu seiner ersten Kolonie gemacht hätte?
        iii) Was wäre passiert, wenn Hitler den Krieg gewonnen hätte?
        iv) Was wäre 1990 passiert, wenn der Irak kein Öl gehabt hätte?
        v) Was wäre passiert, wenn es in Irland keine Hungersnot gegeben hätte?
        vi) Was wäre passiert, wenn Irland nicht Mitglied der EU geworden wäre?

C4: *As if!*

Der Text „Dunkle Wolken über einem glücklichen Leben" hört sich an, als ob er von einem richtigen Kind handeln würde.

What function does the subjunctive II have in this sentence?

→ S. 349/350

Ergänzen Sie die Sätze.

    z. B. Er aß so schnell, als ob er am Verhungern wäre.

    Er aß so schnell, als ob er tagelang nichts gegessen hätte.

    a) Wenn Menschen auf der Straße an einem Bettler vorbeigehen, tun viele so, als ob ...
    b) Die Menschen verbrauchen die Ressourcen dieser Welt, als ob ...
    c) Manche Menschen geben das Geld aus, als ob ...
    d) Manche Menschen fahren so schnell Auto, als ob ...
    e) Manche Menschen bestellen kurz vor der Sperrstunde noch so viele Pints, als ob ...

D: Musik

D1: Welche Rolle spielt Musik in Ihrem Leben?

Ohne Musik wäre das Leben ein Irrtum. (Friedrich Nietzsche)

Der Ton macht die Musik. (Sprichwort)

D2: Love Parade

a) Constance möchte zur Love Parade fahren und hat Eithne gefragt, ob sie mitfahren möchte. Eithne weiß gar nicht, was das für eine Parade ist, wann bzw. wo sie stattfindet, wie lange es diese Parade schon gibt und wie wichtig sie ist. Beantworten Sie ihre Fragen mit Hilfe der folgenden Informationen:

Jahr	Teilnehmer	Strecke	Motto
1989	150	Kurfürstendamm	
1990	2000	Kurfürstendamm	
1991	6000	Kurfürstendamm	
1992	15.000	Kurfürstendamm	
1993	31.000	Kurfürstendamm	
1994	120.000	Kurfürstendamm	
1995	280.000	Kurfürstendamm	Peace on earth
1996	750.000	Straße des 17. Juni	We are one family
1997	<1.000.000	Straße des 17. Juni	Let the sun shine in your heart
1998	800.000	Straße des 17. Juni	One world one future
1999	1,2 Mio.	Straße des 17. Juni	Music is the key

Pressestimmen zur Parade 1999

Frankfurter Rundschau: Love Parade ließ die Hauptstadt erbeben/Raver – Musikspektakel brach alle bisherigen Rekorde

Märkische Allgemeine: Größte Party der Welt – Die Love Parade versetzt Berlin in einen fröhlichen Ausnahmezustand – Selbstinszenierung pur – 1,5 Millionen Glücksansprüche vereinigen sich und feiern, feiern, feiern!

Frankfurter Allgemeine Zeitung: Sogar der Herzschlag verschwindet. Es kann nur einen geben: Der Rhytmus der Love Parade beherrscht ein Wochenende lang Berlin

Süddeutsche Zeitung: Unsere Musik ist der Schlüssel zum Frieden. Die Love Parade platzt aus allen Nähten – und mit dem ersten Toten ist die Unschuld verflogen

Süddeutsche Zeitung: Als Wirtschaftsfaktor zu wichtig. 200 Tonnen Love Parade – Müll entzweiten die Lokalpolitiker

b) *Schauen Sie im Internet nach und aktualisieren Sie die Tabelle zur Loveparade (www.loveparade.de; www.BerlinOnline.de/kultur/loveinfo/.html).*

c) *Hören Sie folgenden Text über Susis Laden in Schöneberg, einem Stadtteil von Berlin, und listen Sie auf, was man dort kaufen kann.*

D3: Musik aus Irland

a) *Lesen Sie diesen Text aus dem Rhein-Neckar-Magazin „Pavillon" und finden Sie heraus, welchen Ruf die Dubliners in Deutschland haben.*

The Dubliners!
Mehr Worte braucht es eigentlich nicht, um die bekannteste irische Folkband anzukündigen. Am 28. Oktober sind sie, wie schon so oft, mal wieder in Mannheim zu Gast und werden sicherlich wie immer im ausverkauften Rosengarten spielen. Für die Dubliners gibt es keine musikalischen Grenzen. Ihre Popularität ist unumstritten und ihr Beitrag zur weltweiten Folkmusik ist einmalig. In mehr als 35 Jahren, in denen sie um die Welt reisten, sind sie niemals Kompromisse gegenüber dem sich ändernden Musikgeschmack eingegangen. Sie sind wahrscheinlich das beste, was der Welt der Folk-Musik passieren konnte, nicht nur aufgrund ihrer außergewöhnlichen Stimmen, sondern auch durch ihr Talent als Musiker und Entertainer. Also, was soll ich da noch weiter sagen, am besten, Ihr schaut sie Euch selbst an und laßt Euch von der tollen Stimmung dort verzaubern und mitreißen.

(Pavillon, Oktober 1998)

b) Stellen Sie sich vor, Ihre Lieblingsgruppe oder Ihr/e Lieblingssänger/in aus Irland tritt im Rosengarten in Mannheim auf. Schreiben Sie einen kurzen Text für das Rhein-Neckar-Magazin.

D4: Rock am Ring

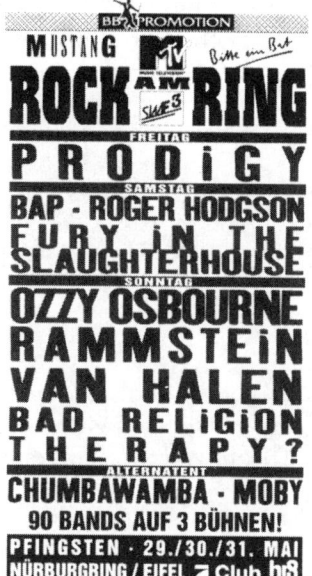

a) Martin möchte zum Festival „Rock am Ring" fahren. Suchen Sie auf einer Deutschlandkarte, wo das ist. Wie kommt Martin wahrscheinlich dahin?

b) Waren Sie schon einmal bei einem Rockfestival? Welche Erfahrungen haben Sie gemacht?

c) Hier haben Sie Informationen aus dem Festivalguide. Vergleichen Sie dieses Festival mit denen in Irland.

ANREISE:

Auch dieses Jahr heißt es: Mit Nulltarif zum Ring! Marek Lieberberg Konzertagentur GmbH und Nürburgring GmbH bieten bei „Rock am Ring" erneut einen kostenlosen Bustransfer zwischen dem Hauptbahnhof Koblenz und dem Nürburgring an. Insbesondere bei den internationalen Großveranstaltungen ist das Verkehrsaufkommen auf den Zu- und Abfahrtsstraßen um den Nürburgring sehr hoch. Entscheidet Euch deshalb zur Anreise mit Bus und Bahn. Sorgt für Eure Entspannung und leistet einen Beitrag zum Umweltschutz.

MITFAHREN:

Um die Umwelt zu schonen und Verkehrswege und Parkplätze zu entlasten, bieten wir eine Zusammenarbeit mit den ADM-Mitfahrzentralen an.

CAMPING:

Bitte benutzt nur die ausgeschilderten Campingflächen, die für alle Platz bieten, wenn Ihr ein wenig zusammenrückt. Zur Orientierung sind die Campingplätze nummeriert. Fest- und Partyzelte sind verboten. Das Campinggelände sollte so verlassen werden, wie es vorgefunden wurde. Wildcampen ist verboten.

STADION/CENTERSTAGE

Hier treten die Headliner auf.

ALTERNATENT

Die alternative Musikszene findet in einem großen Zirkuszelt mit Live-Bühne ihre ideale Plattform. Es treten dort am Freitag, Samstag und Sonntag zahllose angesagte Bands und Live-Acts auf.

DANCEHALL

Jede Nacht von 23.00 Uhr bis in den frühen Morgen die fette Party mit Dancemusic zum Abhotten. Von Rock-Oldies bis hin zum deutschen Schlager, alles, was das Musik-Herz begehrt.

HOUSE OF COMEDY

Ablachen zu Stand-Up-Comedy, Music-Comedy und Kabarett in einem großen Theaterzelt mit Rängen und Bestuhlung.

CINEWORLD

Im House of Comedy werden jede Nacht ab 1.00 Uhr Kinohighlights präsentiert.

MEETING POINT

Treffpunkt, um Eure verlorengegangene Begleitung wieder zu finden.

BEHINDERTE BESUCHER

Im Veranstaltungsgelände, links von der "Center Stage", ist ein Podest errichtet, welches einen ungehinderten und freien Blick auf die Bühne ermöglicht.

SURVIVAL MARKET

Wichtiges zu Hause vergessen? Hier könnt Ihr alle Dinge des täglichen Bedarfs kaufen, insbesondere auch Getränke. Keine Schlepperei bei der Anreise. Nichts stinkt, nichts verrottet.

GASTRO-AREAS

Hier gibt es ein reichhaltiges kulinarisches Angebot für jeden Geldbeutel: Internationale Küche, mit Spezialitäten aus aller Welt rund um die Uhr.

ROCK-FAIR

Nostalgie-Jahrmarkt mit verschiedenen Attraktionen.

INTERNETCAFÉ

An 15 Computern kann rund um die Uhr im Internet gesurft werden.

INFO-/SERVICECENTER

Am Eingang A findet Ihr die Gepäckaufbewahrung, das Fundbüro, eine Mitfahrzentrale, sowie Antwort auf alle Eure Fragen. Das Center ist immer geöffnet.

DUSCHEN/WASCHBEREICH

Die Duschen können rund um die Uhr gegen Gebühr benutzt werden.

FOTOAPPARATE/VIDEOKAMERAS/TONBANDGERÄTE

Sie sind auf dem Campingplatz kein Problem, im Veranstaltungsgelände und in den Festivalzelten allerdings nicht erlaubt.

MÜLL UND UNFALLVERMEIDUNG

Bitte arbeitet beim Recycling und der Mülltrennung aktiv mit. Alle Besucher müssen beim Befahren der Parkplätze einen Müllsack gegen 10,– DM Pfand erwerben. Beim Verlassen der Parkplätze wird dieser gefüllt gegen Rückerstattung des Pfandes entgegengenommen. In den Survival Markets bieten wir Getränke in Recyclingverpackungen zu günstigen Preisen. Laßt daher bitte Eure Bierkästen und alle Glasbehältnisse gleich ganz zu Hause. Ansonsten benutzt die bereitgestellten Müllcontainer.

d) Wie finden Sie die Organisation dieses Festivals?

e) Was darf man als Besucher/in dieses Festivals nicht machen? Was sollte man nicht machen?

f) Welche Bands, Sänger, Komiker und Kabarettisten würden Sie engagieren?

E: Kino

E1: Eithne hat etwas von einem Open-Air-Kino in Heidelberg gehört.

a) Welche Fragen hat sie wohl? Auf der folgenden Seite ist ein Text dazu, den sie im Internet gefunden hat.

b) Auf welche ihrer Fragen gibt der Text Antwort?

> ### *Heidelberger Open Air Kino schon im fünften Jahr erfolgreich*
>
> Es ist wieder so weit: Die Frischluftfetischisten unter den Cineasten können aufatmen. Zum fünften Mal schon öffnet das Heidelberger Open Air Kino seine luftigen Tore.
>
> Veranstalter sind die Gloria Filmbetriebe, mitpräsentiert wird das Ganze vom „meier", Radio Regenbogen, Krombacher und MTV. Die exquisite Playlist umfaßt Hits der vergangenen Saison und Kultfilme.
>
> 1500 Besucher finden auf der „bequemen Einzelbestuhlung" (Pressemitteilung) Platz; für Leute, die unbedingt beim Filmgucken Krach machen müssen, gibt es Popcorn, Eis, Gummibärchen, warme Baguettes und allerlei Getränke, sogar Pils vom Faß. Die Kasse öffnet um 21 Uhr, bei ausreichender Dunkelheit (ca. 22 Uhr) startet das Programm. Vor dem Hauptfilm wird ein wöchentlich wechselnder Kurzfilm vorgeführt. Die mit einem „K" (für Kult!) gekennzeichneten Filme gibt's zum Billigtarif. Extremen Kinogängern sei der Open Air Kinopaß ans Herz gelegt: einmal 5 Mark zahlen und dafür an 6 Abenden 2 Mark sparen.
>
> Regulärer Eintritt ist 11 Mark (ermäßigt: 9 Mark)
>
> http://ruprecht.fsk.uni-heidelberg.de/ausgaben/neu/ru07.htm#Heading46

   c) *Welche zusätzlichen Informationen bekommt sie?*

   d) *Wo scheint die subjektive Meinung der Verfasser/innen durch?*

   e) *Gefällt Ihnen die Idee eines Open Air Kinos? Gibt es so ein Kino in Ihrer Heimatstadt/an Ihrem Studienort?*

E2: *Filmgenres*

Abenteuerfilm	Dokumentarfilm	Horrorfilm	Komödie
Kriminalfilm (Krimi)	Kurzfilm	Liebesfilm	Politsatire
Science-Fiction-Film	Stummfilm	Western	Musical
Zeichentrickfilm	Kostümfilm	Kinderfilm	Actionfilm

In welche Kategorien passen die Filme, die gerade in den Kinos Ihres Studienortes laufen? Welches Genre gefällt Ihnen am besten?

E3: *Kevin arbeitet beim Filmreferat des „asta" in Mannheim mit. Ein Kommilitone von ihm hat diese drei Filme für das Programm im nächsten Semester vorgeschlagen.*

Psycho. USA 1960, 108 Min., Regie: Alfred Hitchcock
Hauptdarsteller: Janet Leigh, Anthony Perkins

Eine Sekretärin flüchtet mit gestohlenen 40 000 Dollar und übernachtet in einem Motel, in dem sie brutal ermordet wird – anscheinend von der Mutter des Motelbesitzers. Nachdem ein weiterer Mord geschehen ist, wird der Fall geklärt, und die Erläuterungen eines Psychiaters schließen den Film ab. Psycho ist eine Kombination aus Thriller, Kriminalfilm und grotesker Komödie; mit seiner langen und irreführenden Einleitung vom Diebstahl des Geldes und dem zentralen Gag, der die Identität des Mörders betrifft, ist er typisch für Hitchcocks Beherrschung der Filmtechnik und seine Manipulation der Zuschauererwartungen.

Krieg der Sterne. USA 1977, 112 Min., Regie: George Lucas
Hauptdarsteller: Mark Hamill, Harrison Ford, Carrie Fisher
Die Imperial Forces unter dem bösen Darth Vader halten die schöne Prinzessin Leia als Geisel. Um sie zu retten, verbünden sich Luke Skywalker und Captain Han Solo mit den Androiden R2-D2 und C-3PO. Ihnen gelingt die Befreiung. Doch die Rebellen lassen es auf einen finalen Kampf zwischen der Allianz und den Sturmtruppen des Imperiums ankommen. Eine gigantisch futuristische Weltraumschlacht entbrennt; der Todesstern wird zerstört. Jetzt in der digitalen Wiederauferstehung mit neuen Bildern und einem deutlich verbesserten Ton.

Titanic. USA 1997, 194 Min., Regie: James Cameron
Hauptdarsteller: Leonardo DiCaprio, Kate Winslet, Bill Paxton
Der Untergang der Titanic – ohne Zweifel einer der spannendsten realen Stoffe der Kinogeschichte.
Im Rückblick erzählt die wohlhabende, in der Zwischenzeit 101 jährige Rose, wie sie den dramatischen Untergang am 10. April 1912 erlebt und überlebt hat. Dabei spielt die Liebe zum Dritte-Klasse-Passagier Jack Dawson, den sie an Bord kennenlernte, eine entscheidende Rolle. Er zeigt ihr, wie lebenswert das Leben sein kann. Im hochspannenden Finale kämpfen er und der langweilige Snob Hockley nicht nur um ihr Leben, sondern auch um die schöne Rose.
250 Millionen Dollar Produktionskosten, verschobene Starttermine, gigantische Spezialeffekte. James Cameron (Aliens – Die Rückkehr, Terminator) scheute keine Kosten und Mühen, um den Film so realistisch wie möglich erscheinen zu lassen. Das Ergebnis ist eine perfekte Kombination aus Spezialeffekten, Spannung und Liebesgeschichte.

> a) *Haben Sie diese Filme gesehen? Wie haben sie Ihnen gefallen? Würden Sie sie als Kultfilme bezeichnen?*
>
> b) *Kevin soll einen vierten Film vorschlagen und einen kurzen Text zu dem Film für das Programmheft schreiben. Nehmen Sie Kevin die Arbeit ab.*

E4: Finden Sie im Internet heraus, welche deutschen Filme zur Zeit in deutschen Kinos laufen. Suchen Sie sich einen Film heraus, der Sie interessieren würde und berichten Sie in Ihrer Lerngruppe darüber.

www.kinoweb.de   www.cinema.de   www.movieline.de
www.film-dienst.de   www.film.de   www.spielfilm.de

E5: Ein Film ist zu Ende. Die Leute strömen aus dem Kino. Sie hören Gesprächsfetzen. Wem hat der Film gefallen, wem nicht, bei wem war es ein „so lala"-Erlebnis?

Ordnen Sie die Sätze in die Tabelle ein.

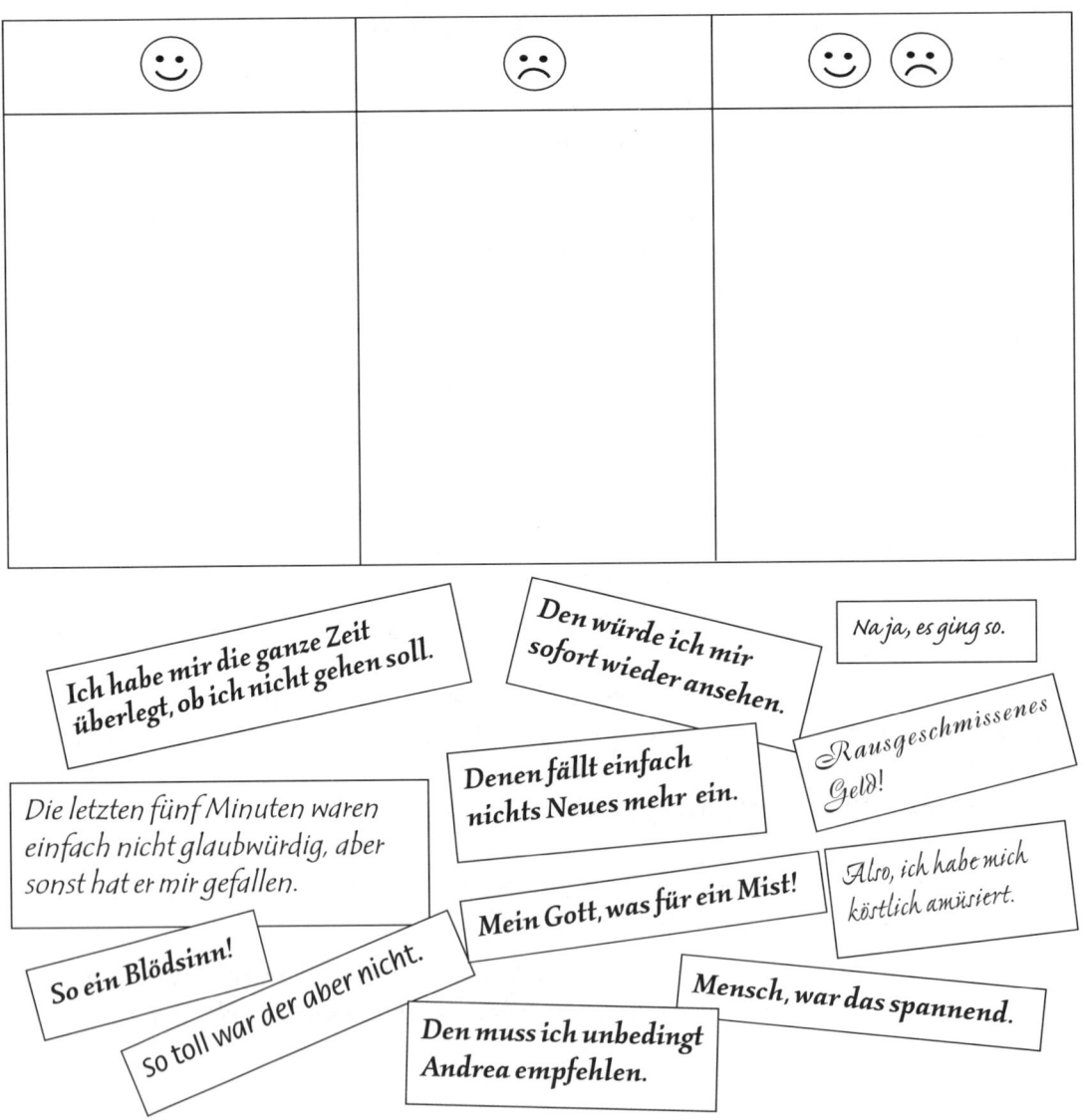

Ich habe mir die ganze Zeit überlegt, ob ich nicht gehen soll.

Den würde ich mir sofort wieder ansehen.

Naja, es ging so.

Die letzten fünf Minuten waren einfach nicht glaubwürdig, aber sonst hat er mir gefallen.

Denen fällt einfach nichts Neues mehr ein.

Rausgeschmissenes Geld!

Mein Gott, was für ein Mist!

Also, ich habe mich köstlich amüsiert.

So ein Blödsinn!

So toll war der aber nicht.

Mensch, war das spannend.

Den muss ich unbedingt Andrea empfehlen.

E6:   Die deutsche Kinolandschaft

   a) Lesen Sie diesen Text. Welcher Trend ist in Deutschland zu erkennen?

Kinos erzielen Rekorderlös mit Eintrittskarten

Fast 12 Prozent Umsatzsteigerung/Multiplexe verdrängen kleine Häuser

itz. FRANKFURT, 13. Februar. Die deutschen Filmtheater haben im vergangenen Jahr mit dem Verkauf von Eintrittskarten einen Rekordumsatz erzielt. Nach Angaben der Filmförderungsanstalt in Berlin (FFA) wuchs der Erlös um 11,75 Prozent auf 1,469 Milliarden DM. Die Zahl der Besucher stieg um 10,2 Millionen oder 7,7 Prozent auf 143,1 Millionen.
5 Übertroffen wurde dieses Ergebnis nur vom Rekordjahr 1981. Damals hatten die deutschen Kinos 143,8 Millionen Besucher angezogen. Die Beliebtheit deutscher Filme ist 1997 weiter gestiegen. Sie wurden von 23,9 Millionen Zuschauern gesehen (plus 3,1 Millionen). Damit erreichten sie 17 Prozent (1996: 16 Prozent) aller Kinogänger.

Begleitet wurden die Rekorde von einer weiteren Konzentrationsentwicklung. Zwar wurden
10 1997 rund 380 Kinosäle gebaut oder wiedereröffnet, und es wurden 3000 neue Arbeitsplätze geschaffen. Aber das Wachstum wurde vor allem von Großkinos, den sogenannten Multiplex-Theatern angestoßen. 203 der neuen Säle mit 45 000 Sitzplätzen liegen in diesen Spielstätten. Der Anteil der Großkinos am Kinobesuch betrug 1997 fast 22,5 Prozent (1996: 14,6 Prozent), am Kartenumsatz erreichten sie sogar einen Anteil von mehr als 25,5 Prozent (1996: 17,1
15 Prozent).

Die FFA wies darauf hin, daß viele kleine Kinos in der Nähe der großen Häuser hohe Besucherverluste gehabt hätten. 1997 sank die Zahl der Kinounternehmen um 20 auf 1210. Die meisten der Kinos, die aufgaben, hätten Umsätze von weniger als 100 000 DM gehabt. Auch bei der Zahl der Häuser zeigt sich die Konzentration. Sie sank von 2003 auf 1978.

20 Der Hauptverband Deutscher Filmtheater wies außerdem daraufhin, daß die Einnahmen durch Werbung auf der Leinwand und aus dem Verkauf von Getränken und Eßwaren für die Kinobetreiber wichtiger seien als die Eintrittsgelder. So liege die Gewinnspanne für Kaffee bei 500 Prozent, für Popcorn sei sie noch höher.

(Frankfurter Allgemeine Zeitung, 14. 2. 1998, gekürzt und bearbeitet)

   b) Machen Sie aus den Informationen im Text eine Statistik.

   c) Vergleichen Sie die Entwicklung in Deutschland mit der Situation in Irland.

   d) 17% der Kinogänger sahen 1997 einen Film aus Deutschland. Aus welchen Ländern kamen wahrscheinlich die anderen Filme? Wie ist die Situation in Irland?

   e) Was ist bei einem Kinobesuch wichtig für Sie? Haben Sie ein Lieblingskino?

F: Erfolgreich → erfolgreicher → am erfolgreichsten!

F1: *Aus dem Guinness Buch der Rekorde 1999 – Film, Fernsehen, Musik, Kunst und Medien*

Bilden Sie Kleingruppen. Jede Gruppe versucht, so viele richtige Antworten wie möglich zu finden.

1. Wie heißt die reichste Popgruppe?
2. Wer ist der kleinste amerikanische Schauspieler in Hauptrollen?
3. Was ist das wertvollste Gemälde?
4. Wer ist der beliebteste Poster-Star?
5. Wer hat das kürzeste „Theaterstück" der Welt geschrieben?
6. Wer ist zur Zeit der höchstbezahlte Fernsehschauspieler?
7. Wie heißt der bekannteste Film-Spion?
8. Wer war der erfolgreichste Solo-Künstler der Rock-Ära?
9. Was ist das meistbesuchte Grab?
10. Welche Firma ist der größte Produzent von Spezialeffekten?
11. Wer war die meistfotografierte Frau?
12. Wer ist der reichste Mann?
13. Von welchem Film stammt die meistverkaufte Filmmusik?
14. Wer hat die „teuersten" Beine?
15. Wie heißt das größte Medienunternehmen?
16. Welche Band schaffte 1997 den schnellsten Album-Verkauf aller Zeiten?
17. Wer ist, gemessen an der Zahl der Verfilmungen, die beliebteste Horrorfigur?
18. Wie heißt die höchstbezahlte Fernsehköchin?
19. Welche Fernsehserie hat die meisten Spin-offs hervorgebracht?
20. Welche Rockgruppe hatte die stärksten Laser, die je auf einer Tour mitgenommen wurden?
21. Wie heißt der meistverfilmte Autor von Horrorromanen?
22. Wie heißt die längste Zeichentrickserie?
23. Wer ist der meistverfilmte Autor?
24. Wie heißt der teuerste Film?
25. Wer ist der größte Cyberstar?

F2: *Underline the superlative forms in the questions. What are the basic forms of the adjectives? What is the missing link, i.e. the comparative form? What is the pattern?*

→ S. 336

What is the problem with adjectives like "verheiratet", "tot" or "leer"? Do you know any others like that?

F3: *Schreiben Sie Ihr privates Guinness Buch der Rekorde über die Medienwelt.*

z. B. gut ➤ *Meiner Meinung nach ist* **?** *die beste Fernsehserie.*

spannend	romantisch	gutaussehend
langweilig	albern	lustig
interessant	talentiert	kreativ

F4: *Drücken Sie Ihre Präferenzen aus.*

Fair City ist	bess**er**/schlecht**er**/langweilig**er**/interessant**er** ... als fast <u>so</u> gut <u>wie</u> genau<u>so</u> gut <u>wie</u> nicht (ganz) <u>so</u> gut/witzig/spannend ... <u>wie</u>	Glenroe

3rd Rock from the Sun	Brookside	Buffy – The Vampire Slayer
Coronation Street	Dawsons's Creek	Eastenders
ER	Frasier	Friends
South Park	Match of the Day	The Late Late Show
The Simpsons	Ally McBeal	Sabrina, the Teenage Witch

Man sollte die Dinge so einfach machen wie möglich. Aber auch nicht einfacher.
(Albert Einstein)

G: Essen gehen

G1: *Die Sätze in diesem kurzen Zeitungstext sind durcheinandergeraten. Bringen Sie sie wieder in die richtige Reihenfolge.*

Deutsche gehen gerne essen

a) Sie liegen nach einer repräsentativen Erhebung des Marktforschungsinstituts Taylor Nelson in 16 europäischen Staaten noch vor den Briten und Franzosen.

b) Der Fast-Food-Sektor hat den Anteil der herkömmlichen Restaurants also deutlich überrundet:

c) In der Gunst der Restaurantbesucher steht das traditionelle deutsche Gasthaus ganz oben, gefolgt vom Italiener.

d) Nach der Studie gehen 58 Prozent der Deutschen über 14 Jahre mindestens einmal in der Woche auswärts essen.

e) Die Deutschen sind Europameister beim Essengehen.

f) Zählt man Imbisse wie die Wurst an der Ecke dazu, nimmt jeder Deutsche im Durchschnitt drei Mahlzeiten pro Woche auswärts ein.

g) Aus Hamburgern oder Pommes bestehen 60 Prozent aller Auswärtsmahlzeiten, die restlichen 40 Prozent verspeisen die Deutschen in Restaurants.

G2: Beantworten Sie die folgenden Fragen:
- a) Wie oft essen Sie auswärts?
- b) Wo essen Sie dann?
- c) Ihre Kommilitonen und Kommilitoninnen aus dem deutschsprachigen Ausland möchten essen gehen. Was würden Sie ihnen empfehlen?

G3: Hören Sie die kurzen Interviews mit Studenten und Studentinnen zum Thema „essen gehen" und füllen Sie die Tabelle aus, soweit dies möglich ist.

	wie oft?/ wann?	wohin?/wo?	was?
Ulrike			
Stefan			
Matthias			
Silvia			
Kai			
Jochen			

H: Allein am Wochenende?

H1: Manche Student(inn)en nutzen den kostenlosen Kleinanzeigenmarkt auf den Webseiten verschiedener Hochschulzeitschriften (z. B. www.unicum.de oder www.audimax.de), um Leute kennen zu lernen. Was ist Ihre Meinung zu den folgenden Anzeigen?

Heidelberg – Einsamer Student sucht nette Menschen zum Kennenlernen. Bitte nur ernstgemeinte Zuschriften an meine Adresse richten. Antwort garantiert und spätere Heirat nicht ausgeschlossen. Chiffre: 982726

Raum Heidelberg/Mannheim – Junge Irin möchte nette Deutsche kennen lernen. Ich bin mindestens alle 8 Wochen in Deutschland und brauche Hilfe, um mein terrible Deutsch zu verbessern. Chiffre: 243948

Mannheim – Lust auf was Neues? Vielleicht auf einen schönen und intelligenten Studenten des Maschinenbaus? Chiffre: 2734867

Mannheim – Hallo du! Du hast auf der letzten „asta"-Fete (Okt.) schwarze Jeans und ein weißes T-Shirt angehabt, du trägst eine Brille, hast kurze dunkle Haare und hast mich die ganze Zeit angelächelt. Ich bin die kleine Brünette mit den vielen Sommersprossen. Melde dich, wenn du immer noch an mir interessiert bist! Chiffre: 383288

Mainz – Ganz netter Medizinstudent sucht süße Juristin/BWLerin zwecks gemeinsamer Karriereplanung! Keine ernsten Antworten! Chiffre: 283023

Ludwigshafen – Wanted! Kennst du das Gefühl, trotz vieler Freunde einsam zu sein? Große blonde Soziologie-Studentin sucht Dich für eine tolle Freundschaft (bei Sympathie mehr). Chiffre: 236872

  a) Wie finden Sie diese Art, Kontakt zu bekommen?

  b) Kevins Kommilitonen überreden Kevin, aus Spaß eine Kontaktanzeige ins Internet zu setzen. Schreiben Sie den Text für ihn.

H2: Getroffen aber nicht wiedergefunden?

  a) Hören Sie den Anfang der Sendung RadioInterAktiv, einen Service von RadioAktiv. Worum geht es bei dieser Sendung?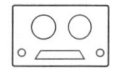

  b) Hören Sie den Anfang noch einmal. Wie kann man eine Suchmeldung aufgeben?

  c) Hören Sie jetzt mehrmals die vier Suchmeldungen und machen Sie sich Notizen, so dass Sie die Suchmeldungen weitergeben könnten.

I: Ausflüge

I1: Martin, Kevin, Siobhán und Eithne möchten auch Wochenendausflüge in die nähere Umgebung machen. Hier sind einige Vorschläge. Was würde Sie interessieren?

Das Zisterzienserkloster Maulbronn (erbaut 1147–1537) ist eine der besterhaltenen mittelalterlichen Klosteranlagen nördlich der Alpen. Seit Dezember 1993 steht es auf der Liste der UNESCO als Weltkulturdenkmal.

Das Schwetzinger Schloss, urkundlich erstmals 1350 erwähnt, diente den Kurfürsten von der Pfalz ab 1719 als Jagdsitz und Sommerresidenz. Der Schlossgarten, Deutschlands größte und schönste Gartenanlage der Barock- und Rokokozeit, ist den Anlagen in Versailles nachempfunden, und hat neben Tempelbauten und Grotten auch eine Moschee zu bieten.

10 km von Heidelberg entfernt liegt Neckargemünd mit seiner über 1000 jährigen Geschichte. Die alte Stadtmauer, die malerischen Gassen, die Fachwerkhäuser und historischen Gaststätten laden zum Bummel ein.

Die herausragende Sehenswürdigkeit der mehr als 2000 Jahre alten Stadt Speyer ist der Dom aus dem 11. Jahrhundert. Er ist der größte erhaltene und bedeutendste Kirchenbau der romanischen Epoche. Die Kaisergruft des Doms ist letzte Ruhestätte von acht deutschen Kaisern und Königen. Bis zur Mitte des 13. Jahrhunderts gehörte Speyer zu den wichtigsten Judengemeinden Mitteleuropas. Heute sind noch die Ruine der Synagoge (1104) und das Ritualbad (vor 1120) mit einem ca. 10 m tiefen Badeschacht erhalten.

Die Burgen des Neckartals sind ein Eldorado für Abenteurer und Romantiker. Einige werden heute noch von Nachfahren der Fürsten und Grafen bewohnt. Auf diesem Bild sehen Sie die Burg „Schwalbennest" in der Vierburgenstadt Neckarsteinach.

I2: Die deutschsprachigen Sokratesstudenten und -studentinnen an Ihrer Hochschule möchten einen Wochenendausflug machen. Schlagen Sie etwas vor und beschreiben Sie, was es da zu sehen gibt.

Zusätzliche Übungen

1. *Wenn Sie jetzt an diesem Ort wären, was würden oder könnten Sie dann tun?*

    z. B. Wenn ich jetzt in New York wäre, könnte ich im Central Park spazieren gehen.

    a) Berlin
    b) Mount Everest
    c) Torremolinos
    d) Sizilien
    e) Moskau
    f) Nordpol
    g) Paris
    h) Sidney
    i) Hawai

2. *Was würden Sie machen, wenn Sie einen Tag lang eine der folgenden Personen wären?*

    z. B. Wenn ich einen Tag lang

    a) ein/e Vampir/in
    b) ein/e berühmte/r Schauspieler/in
    c) der Papst
    d) der /die Deutschlehrer/in
    e) Taoiseach
    f) Präsident/in der USA
    g) Direktor/in meiner Hochschule
    h) ein Mann/eine Frau

    wäre, ...

3. *Was würden Sie in diesen Situationen machen?*

    z. B. Sie bekommen ein Stipendium. ➤ Wenn ich ein Stipendium bekäme, müsste ich am Wochenende nicht mehr arbeiten.

    a) Irland ist im Finale der nächsten Fußballweltmeisterschaft.
    b) In Ihrer Hochschule bricht ein Feuer aus.
    c) In Sellafield gibt es einen Unfall.
    d) Die Eismassen am Nord- und Südpol schmelzen noch schneller.
    e) Eine Werbeagentur bietet Ihnen die Hauptrolle in einem lukrativen Werbespot für Waschpulver an.
    f) Sie müssen den Energieverbrauch an Ihrer Hochschule senken.
    g) Irland richtet 2008 die Olympischen Spiele aus.
    h) Sie finden einen Koffer mit einer Million Dollar in kleinen Scheinen.
    i) Ihr Nachbar kauft sich einen Pit-Bull-Terrier.

4. *Was wäre ohne diese Erfindung heute nicht möglich?*

    z. B. Ohne Schallplatten, Kassetten und CDs gäbe es heute keine Rockstars.

    a) Elektrizität
    b) Flugzeug
    c) Computer
    d) Fahrstuhl
    e) Handy
    f) Kronkorken
    g) Mikrochip
    h) Transistor
    i) Buchdruck

5. *Wandeln Sie die Sätze aus Übung 8, Kapitel 7 um.*

   z. B. Wenn ich du wäre, würde ich eine/n Millionär/in heiraten.

6. *Ein/e ältere/r Dozent/in klagt.*

   z. B. Die Studenten von heute arbeiten nicht genug. → Ach, wenn die Studenten doch mehr arbeiten würden!

   a) Die Studenten von heute trinken zu viel Alkohol.
   b) Die Studenten von heute stellen keine Fragen mehr.
   c) Die Studenten von heute kommen meistens zu spät in die Vorlesungen.
   d) Die Studenten von heute interessieren sich für nichts mehr.
   e) Die Studenten von heute kommen so selten in die Seminare.
   f) Die Studenten von heute haben keinen Respekt mehr.
   g) Die Studenten von heute kennen die Bibliothek nur von außen.

   Klagen Sie über die Dozenten und Dozentinnen.

7. *Was war das für ein schrecklicher Dozent! – Ergänzen Sie die Sätze.*

   z. B. Er sprach meistens mit dem Rücken zu uns, als ob wir gar nicht da wären.

   a) Er gab uns so viele Hausaufgaben auf, als ob …
   b) Wenn wir ihm eine Frage stellten, tat er meistens so, als ob …
   c) Manchmal sprach er so laut, als ob …
   d) Er empfahl nur die teuersten Bücher, als ob …
   e) Wenn ich eine Frage falsch beantwortete, schaute er mich an, als ob …

8. *Beantworten Sie die folgenden Fragen:*

   a) Wie hätten Sie bei der letzten Oscar-Verleihung entschieden?
   b) Hätten Sie lieber ein anderes Fach studiert? Wenn ja, welches?
   c) Hätten Sie lieber ein Jahr zwischen der Schule und dem Studium ausgesetzt? Was hätten Sie dann gemacht?
   d) Wären Sie lieber in einem anderen Land geboren? Wenn ja, in welchem?
   e) Welches Spielzeug hätten Sie als Kind gerne gehabt (haben es aber nicht bekommen)?
   f) Wie hätte Ihr Leben ausgesehen, wenn Sie fünfzig Jahre früher auf die Welt gekommen wären?

9. *Frau Gundt weiß immer alles besser. Was sagt sie wahrscheinlich zu diesen Leuten?*

   z. B. Die Tochter eines Kollegen hat eine Prüfung nicht bestanden. ➤ *Hätte sie doch mehr gelernt!*

   a) Ein Nachbar hatte einen Autounfall.
   b) Ein Nachbar hat im Urlaub Durchfall bekommen.
   c) Die Küche einer Nachbarin steht unter Wasser.
   d) Die Daten, die eine Kollegin in den Computer eingegeben hat, sind plötzlich weg.
   e) Der Pullover ihrer Tochter hat einen Rotweinfleck.
   f) Das weiße T-Shirt ihres Sohnes kommt pink aus der Waschmaschine.

10. *Jürgen Ziegler ärgert sich. Nehmen Sie die Sätze aus Übung 7, Kapitel 7.*

    z. B. Wenn ich doch nur eingekauft hätte!

11. *Wie gut kennen Sie sich mit Religion aus? Was wäre passiert, ...?*

    a) wenn Eva den Apfel nicht gegessen hätte?
    b) wenn die Arche Noah gesunken wäre?
    c) wenn ein christlicher, lateinisch sprechender Junge namens Patrick nicht als Sklave nach Irland verkauft worden wäre?
    d) wenn Martin Luther als Kind an den Masern gestorben wäre?
    e) wenn die erste Frau Heinrichs VIII. einen Sohn geboren hätte?
    f) wenn Judas Jesus nicht verraten hätte?

12. *Was hätten diese Personen sonst getan?*

    z. B. Es hat geregnet, sonst wäre Eithne aufs Schloss gelaufen.

    a) Martin hatte kein Geld, sonst ...
    b) Siobhán hat den Film schon gesehen, sonst ...
    c) Eithne hat ihren Studentenausweis vergessen, sonst ...
    d) Martin war krank, sonst ...
    e) Kevin ist gefoult worden, sonst ...

13. *Welcher Komparativ fehlt?*

    z. B. In Irland wird _weniger_ *Bier getrunken als in Deutschland.*

    a) In Deutschland leben _____ Menschen als in Irland.
    b) Der Jupiter ist _____ von der Sonne entfernt als die Erde.
    c) Ein Porsche ist _____ als ein Polo.

d) Ein Blauwal ist _____ als ein Elefant.
e) Im Winter sind die Tage _____ als im Sommer.
f) Silber leitet _____ als Aluminium.
g) In Süddeutschland wird es im Sommer meistens _____ als in Norddeutschland.

14. Was verspricht die Werbung?

    z. B. Unser Waschpulver wäscht <u>weißer</u> als die anderen.

    a) Auto   b) Fertiggerichte
    c) Drucker   d) Weichspüler
    e) Handy   f) Schokolade
    g) Monitor   h) Glühbirnen

flach sein	zart sein	gut schmecken
handlich sein	lang brennen	leise sein
weich spülen	wenig Benzin verbrauchen	

15. Noch mehr Werbung. Bilden Sie Sätze nach diesem Muster.

    z. B. Unser Waschmittel, bestimmt das beste Waschmittel in der Welt.

    a) Jogurt   b) Shampoo   c) Kindersitze
    d) Zahnpasta   e) Handtaschen   f) Fruchtsaftgetränk
    g) Chips   h) Schuhe   i) Toilettenpapier

| bequem | elegant | erfrischend | frisch | weich |
| gesund | | sicher | pflegend | wirksam |

16. Vergleichen Sie.

    z. B. Cork – Galway ➤ Cork ist größer als Galway.

    a) Manchester United   –   Arsenal
    b) Pint of Guinness   –   Pint of Budweiser
    c) The Corrs   –   U2
    d) Marian Finucane   –   Pat Kenny Show
    e) Shannon   –   Liffey
    f) Irish Times   –   Irish Independent
    g) Tesco   –   Dunnes Stores
    h) McDonald's   –   Supermac
    i) Coronation Street   –   Eastenders

17. Ein 80-jähriger Herr schimpft über die heutige Zeit. Was sagt er Ihrer Meinung nach?

    z. B. Die Wasserqualität wird immer schlechter.

    a) Studenten
    b) Bier
    c) Fernsehprogramme
    d) Politiker
    e) Verkehr
    f) Ozonloch
    g) Irische See
    h) Sommer
    i) CO_2-Gehalt der Atmosphäre
    j) Wartelisten in den Krankenhäusern

18. Was meinen Sie?

    z. B. Es gibt viele irische Bands. Aber meiner Meinung nach ist **?** die _beste_ Band.

    a) gefährliche Sportarten   b) gemütliche Kneipen
    c) coole Nachtclubs   d) gruselige Filme
    e) langweilige Fernsehsendungen   f) schreckliche Grammatikthemen
    g) schwere Fächer   h) gute Tanzmusik

Kapitel 10:
Ein Praktikum bei der Firma Zeneca

A: Die Firma

A1: Siobhán macht ein einjähriges Praktikum bei der Firma Zeneca in Plankstadt. Lesen Sie den folgenden Text und füllen Sie mit Hilfe der Informationen die Tabelle aus:

Zeneca Pharmaceuticals mit Hauptsitz in Alderly Park, Cheshire, gehört zu den weltweit führenden Unternehmen auf den Gebieten Arzneimittel (z. B. Präparate gegen Herz-Kreislauf-Erkrankungen und Krebs), Agro (Produkte zur Bekämpfung von Insekten und Unkräutern) und Spezialitäten (Farbstoffe zum Färben von Jeans und biologisch voll abbaubare Kunststoffe). Viele Produkte des Unternehmens haben Forschungsgeschichte geschrieben. So hat eines seiner Forscherteams den ersten Betablocker zur Bekämpfung des Bluthochdrucks erfunden und dafür 1988 den Nobelpreis für Medizin bekommen. Auch heute steht die Forschung im Vordergrund. So werden zur Zeit pro Jahr mehr als 900 Millionen Dollar in diesen Bereich investiert.

Weltweit arbeiten mehr als 30.000 Menschen für Zeneca und erwirtschafteten 1996 einen Umsatz von 12,5 Mrd. DM. In der Zeneca GmbH Deutschland sind über 1000 Menschen beschäftigt. Ihr Umsatzvolumen lag 1996 bei 550 Mio. DM. Die Produkte der Zeneca GmbH werden in 11 europäische Länder und die USA exportiert. Im Arzneimittelwerk Plankstadt, dem Hauptsitz der Zeneca in Deutschland, werden verschreibungspflichtige Arzneimittel hergestellt, Wirkstoffe für diese Medikamente gereinigt und Tabletten und Ampullen, die von Zeneca-Niederlassungen im Ausland produziert wurden, verpackt. Das Werk Plankstadt hat etwa 500 Beschäftigte, hinzu kommen noch knapp 300 Mitarbeiter im Außendienst. Die anderen Mitarbeiter verteilen sich auf die Werke in Hamburg und Frankfurt.

Branche:	
Rechtsform:	
Sitz der Firma:	
Produktpalette:	
Niederlassungen in Deutschland:	
Umsatz:	
Beschäftigte:	
Exportmärkte:	
Forschungsausgaben	
besonders erwähnenswert	

A2: *Stellen Sie sich vor, Sie müssen oder wollen ein Praktikum in Deutschland machen. Entscheiden Sie sich für eine Firma, bei der Sie sich bewerben möchten, und erstellen Sie mit Hilfe von Informationen aus dem Internet ein Kurzporträt dieser Firma.*

    www.jobware.de   www.job.de
    www.job-suche.de   www.jobinteractive.de

B: Der erste Tag

B1: *Siobhán ist schon vier Tage vor ihrem ersten Arbeitstag in Schwetzingen angekommen. Frau Bauer, eine Mitarbeiterin von Zeneca hat sie vom Bahnhof in Schwetzingen abgeholt und zu ihrer Werkswohnung gefahren. Siobhán hat die freien Tage genutzt, sich Schwetzingen und Plankstadt schon ein wenig anzusehen. Außerdem hat sie ein gebrauchtes Rad gekauft, denn von Schwetzingen nach Plankstadt sind es nur zehn Minuten mit dem Rad. Jetzt ist es Montag Morgen, 7.30 Uhr, und sie steht vor der Firma.*

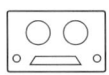

a) *Was wird Ihrer Meinung nach zuerst passieren?*

b) *Hören Sie den ersten Abschnitt des Textes.*

    i)   Wie viele Personen trifft Siobhán?
    ii) Welches Problem haben die Personen?

c) *Hören Sie den ersten Abschnitt noch ein- oder zweimal. Stellen Sie sich vor, Sie sind vom Werkschutz und beobachten Siobhán. Was sehen Sie?*

d) *Wenn man sich zum ersten Mal trifft, kommt es meistens zum „small talk". Worüber werden Frau Sternberg und Siobhán Ihrer Meinung nach zuerst sprechen?*

e) *Hören Sie den zweiten Abschnitt. Haben Sie richtig geraten?*

f) *Jetzt wird es ernst. Siobhán wird etwas über ihr Praktikum bei Zeneca erfahren. Was muss sie Ihrer Meinung nach alles wissen, bevor sie mit der Arbeit anfängt? Machen Sie eine Liste.*

g) *Hören Sie den dritten Abschnitt! Über welche Punkte sprechen die beiden? Vergleichen Sie das mit Ihrer Liste.*

h) *Hören Sie den dritten Abschnitt noch ein- oder zweimal und notieren Sie sich die Einzelheiten.*

i) *Hören Sie den vierten Abschnitt. Frau Sternberg bringt Siobhán jetzt zu ihrem zukünftigen Arbeitsplatz. Welche Personen trifft Siobhán? In welchen Abteilungen sind diese Personen beschäftigt?*

j) *Hören Sie den vierten Abschnitt noch ein- oder zweimal und kreuzen Sie an, welche der folgenden Redewendungen gebraucht werden.*

- ☐ Dann mache ich Sie miteinander bekannt.
- ☐ Kennen Sie schon ... ?
- ☐ Freut mich, Sie persönlich kennen zu lernen.
- ☐ Darf ich vorstellen, das ist Frau/Herr ....
- ☐ Darf ich Ihnen Frau/Herrn ... vorstellen?
- ☐ Darf ich mich vorstellen? Mein Name ist ...
- ☐ Darf ich bekannt machen?
- ☐ Freut mich.

B2: *Siobhán schreibt an diesem Abend einen Brief an ihre Freundin Karin in Hamburg, die sie während eines Schüleraustausches kennen gelernt hat. Sie erzählt von ihrem ersten Tag in der Firma. Formulieren Sie den Brief für sie.*

B3: *Im Semester-Tip 3/4–98, einer Zeitschrift, die vom Deutschen Studentenwerk herausgegeben wird, gibt es einen Artikel mit dem Titel „Rechte und Pflichten für Praktikanten". Lesen Sie die folgende Auflistung der Rechte und kreuzen Sie an, was sich für Siobhán schon erfüllt hat:*

- ☐ Das Praktikum sollte mindestens sechs bis acht Wochen dauern. Praktika von kürzerer Dauer sind wenig effektiv.
- ☐ Der Praktikant sollte seinen eigenen Arbeitsplatz haben.
- ☐ Am besten beim Bewerbungsgespräch klären, welche Tätigkeiten und Einsatzbereiche vorgesehen sind, um falsche Erwartungen auf beiden Seiten zu vermeiden.
- ☐ Der Praktikant sollte einen Ansprechpartner haben, an den er sich wenden kann.
- ☐ Der Praktikant sollte dem Team vorgestellt und in die Arbeitsmittel und -methode eingeführt werden.
- ☐ Nach der Einarbeitungsphase sollte man darauf bestehen, eigene Projekte zu bekommen.
- ☐ Die Arbeitsergebnisse sollten bewertet werden.
- ☐ Die „Weiterverarbeitung" der Arbeitsergebnisse sollte transparent gemacht werden, sonst fehlt dem Praktikanten rasch die Motivation, und er fühlt sich nur als Zuarbeiter.
- ☐ Man sollte Gelegenheit haben, andere Unternehmensbereiche kennenzulernen.
- ☐ Aufgabenstellungen, Projekte und sonstige Tätigkeiten sollten im Zeugnis vermerkt und beurteilt werden.

B4: *Siobhán musste für den Pförtner ihren Namen buchstabieren.*

    a) *Können Sie ohne Probleme Ihren Namen im Deutschen buchstabieren?*

    b) *Schreiben Sie die Namen auf, die Sie buchstabiert bekommen.*

    c) *Auf den Seiten 305 und 306 finden Sie eine Reihe von Namen. Arbeiten Sie mit einem/er Lernpartner/in. Sie arbeiten mit einer Seite, Ihr/e Lernpartner/in mit der anderen. Buchstabieren Sie sich gegenseitig die Namen und schreiben Sie auf, was Sie hören.*

B5: *Siobhán wonders why it was „Das ist Herr Öttinger." but „. . . mit Herr<u>n</u> Leibnitz haben Sie schon gesprochen." It couldn't have been the plural form, after all it was just one man. She looks it up in her grammar book. What will she find out?*

                                                                                ➔ S. 329/330

C: The other object and personal pronouns

C1: *Look at this sentence which was taken from the aural text.*

    Dann zeige ich Ihnen jetzt Ihren zukünftigen Arbeitsplatz.

    Do you remember how to make your way through a German sentence? Determine the verb, the subject as well as the direct object, expressions of time, manner and place (if there are any). What is left? What is the function of this part of the sentence?

                                                                                 ➔ S. 326

C2: *Determine the indirect objects in the following sentences:*

- . . . , da stelle ich Ihnen für heute erst mal einen Besucherausweis aus.
- Frau Bauer hat mir auch einen Plan gegeben.
- Dieser Ausweis gibt Ihnen das Recht, . . .
- . . . dann überweisen wir Ihnen monatlich Ihr Gehalt.
- Ich werde gleich Frau Höfler Bescheid sagen, . . .
- Er wird Ihnen sicher irgendwann erklären, . . .
- Darf ich Ihnen unsere neue Praktikantin vorstellen?
- Ich wünsche Ihnen viel Spaß und Erfolg.

C3: Which personal pronouns are used in these sentences? Do you remember the others? Fill in this table.

→ S. 339

	nominative	accusative	dative
1st person sing.			
2nd person sing., informal	du	dich	
3rd person sing.			
			ihr
	es		ihm
1st person pl.		uns	
2nd person pl., informal	ihr		euch
3rd person pl.		sie	
2nd person, sing. & pl., formal	Sie		

D: All those "z" and "s"

D1: Siobhán has problems with the words "Zabel" and "Zeneca". It sounds as if she says "Sabel" and "Seneca". Can you pronounce the words correctly?

D2: Listen to the words on the tape and indicate which word you hear twice.

- ☐ Zoll — ☐ soll
- ☐ Sehne — ☐ Zähne
- ☐ Saal — ☐ Zahl
- ☐ zog — ☐ Sog
- ☐ sie — ☐ zieh

- ☐ sauber — ☐ Zauber
- ☐ säugen — ☐ Zeugen
- ☐ Graz — ☐ Gras
- ☐ so — ☐ Zoo
- ☐ kurz — ☐ Kurs

D3: Listen to the words on the tape and decide which one was said.

- ☐ zelten — ☐ selten
- ☐ heißen — ☐ heizen
- ☐ ganz — ☐ Gans
- ☐ reizen — ☐ reisen
- ☐ Zaum — ☐ Saum

- ☐ Zehen — ☐ sehen
- ☐ seit — ☐ Zeit
- ☐ Sucht — ☐ Zucht
- ☐ Zinken — ☐ sinken
- ☐ See — ☐ Zeh

E: Arbeitszeit, Betriebsrat und Gewerkschaften

E1: Sehen Sie sich das folgende Schaubild an.

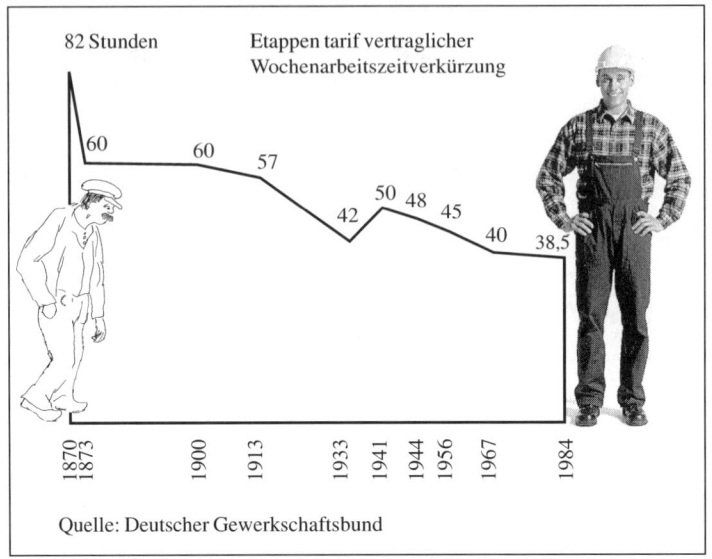

a) Wie hat sich die Wochenarbeitszeit zwischen 1870 und 1984 entwickelt?

b) Beschreiben Sie den Arbeitnehmer von 1870 und den von 1984. Welche Unterschiede gibt es?

c) Wie viele Stunden hat ein/e Industriearbeiter/in im Jahre 1870 täglich gearbeitet? Wie viel Freizeit ist ihm/ihr geblieben?

d) Wie hoch ist die Wochenarbeitszeit der Deutschen heute? Was glauben Sie?

e) Wie viele Stunden in der Woche möchten Sie später gerne arbeiten? Was möchten Sie mit dem Rest der Zeit machen?

E2: Der Betriebsrat

Siobhán trifft Herrn Öttinger in der Kantine. Sie erinnert sich daran, dass er im Betriebsrat ist und stellt ihm viele Fragen. Lesen Sie seine Erklärungen zum Betriebsrat und schreiben Sie die Fragen auf, die Siobhán wohl gehabt hat.

Also, Frau Ní Mhaoldomhnaigh, der Betriebsrat ist die Interessenvertretung der Arbeitnehmer in der Firma. Jeder Betrieb der privaten Wirtschaft mit mehr als fünf Arbeitnehmern kann einen Betriebsrat haben. Zur Zeit gibt es bei uns elf Betriebsratsmitglieder – die Zahl richtet sich nach der Gesamtmitarbeiterzahl – diese werden alle vier Jahre von allen Mitarbeitern, mit Ausnahme der leitenden Angestellten, gewählt. Es gibt also keine Berufsbetriebsräte. Ab 300 Beschäftigten wird mindestens ein Betriebsratsmitglied von seiner normalen Arbeit freigestellt.

Der Betriebsrat besitzt eine ganze Reihe von Beteiligungsrechten. Diese Rechte reichen von dem Informationsrecht über das Vorschlagsrecht und das Anhörungsrecht bis hin zum Recht auf Mitbestimmung im sozialen Bereich. Ob es um die tägliche Arbeitszeit, den Urlaubsplan, Einstellungen oder Entlassungen geht, der Betriebsrat darf mitreden und mitentscheiden.

Viermal pro Jahr gibt es eine Betriebsversammlung, die während der Arbeitszeit stattfindet und vom Arbeitgeber nicht verhindert werden darf. Da berichten wir von unserer Arbeit und die Arbeitnehmer können ihre Probleme vorbringen. Die Geschäftsleitung wird dazu eingeladen und berichtet über die wirtschaftliche Lage des Unternehmens.

Der Betriebsrat hat ein eigenes Büro, und dort kann man jederzeit hingehen, wenn man irgendwelche Probleme hat.

E3: *Gewerkschaften*

   a) *Siobhán sieht diesen Aushang am Schwarzen Brett. Sie liest ihn, um zu erfahren, ob er wichtige Informationen für sie enthält. Zu welcher Entscheidung wird sie kommen?*

Industriegewerkschaft Bergbau-Chemie-Energie

Gewerkschaften sind wichtig!
Wenn es sie nicht gäbe, müsste man sie erfinden!

Sicher halten auch Sie Gewerkschaften für notwendig, um die allgemeinen Beschäftigungsbedingungen abzusichern.

Gewerkschaften sind auch heute noch Selbsthilfeorganisationen. Das heißt, sie erhalten ihre Finanzmittel zur Erfüllung ihrer Aufgaben nur von den Beschäftigten, die Mitglied der Gewerkschaft sind.

Von der Gewerkschaftsarbeit profitieren aber alle Beschäftigten durch

- Schaffung neuer Arbeitsplätze durch Forderung verschiedener Modelle der Arbeitszeitverkürzung
- Sicherung der Lohnfortzahlung im Krankheitsfall
- geregeltes tarifliches Monatseinkommen
- 13. tarifliches Monatseinkommen
- 30 Tage Urlaub
- zusätzliches Urlaubsgeld etc.

Leisten Sie Ihren Beitrag für unsere gemeinsame Aufgabe. Gewerkschaften können ihre zukünftigen Aufgaben nur erfüllen, wenn sie durch Gewerkschaftsmitglieder unterstützt werden.

Zu diesem und zu anderen Themen stehen wir Ihnen am Mittwoch, den 18. Oktober ab 16.15 Uhr in den Räumen 071 für ein persönliches Gespräch zur Verfügung. Wir freuen uns darauf, Sie zu sehen.

b) Was möchte die Gewerkschaft mit diesem Aushang erreichen?

c) Was ist der Unterschied zwischen einer Gewerkschaft und dem Betriebsrat?

d) Welche Informationen können Sie der nebenstehenden Tabelle entnehmen? Wie kann man diese Zahlen erklären?

Gewerkschaften (1995)	
Land	Gewerkschafter-Anteil an Beschäftigten
Schweden	87,6%
Finnland	79,3%
Belgien	51,9%
Irland	46,6%
Italien	43,3%
Österreich	41,2%
Deutschland	34,9%
Japan	24,0%
Schweiz	22,0%
USA	14,2%
Frankreich	9,1%

Gewerkschaften: Immer weniger Anhänger	
Organisationsgrad in Deutschland	
1992	39,0%
1994	36,2%
1996	33,8%
1998	32,2%

Quelle: Institut der deutschen Wirtschaft Köln

F: Wie heißt das noch mal?

F1: Siobhán sitzt an ihrem Schreibtisch und braucht dringend „a pair of scissors". Leider weiß sie nicht, wie das auf Deutsch heißt, und ihr Wörterbuch hat sie nicht dabei, sie kann also nicht ihre Kollegen und Kolleginnen danach fragen. Was kann sie tun?

Entschuldigung, ich brauche ein . . ., leider weiß ich nicht das Wort auf Deutsch.

Entschuldigen Sie bitte, ich brauche ein . . ., leider komme ich nicht darauf, wie das Wort auf Deutsch heißt.

> **Redemittel, um etwas zu umschreiben:**
> - Was kann man damit machen:
>   Man kann damit schneiden, kochen, schreiben, Fehler korrigieren . . .
>   Man braucht es zum Schneiden, zum . . .
>   Man braucht es, um Papier zu schneiden, um . . . zu . . . .
> - Wie sieht es aus:
>   Es ist groß, rund, flüssig, lang, klein, eckig, blau, grün, gestreift, hart, weich . . .
>   Es ist aus Gold, Silber, Holz, Plastik, Metall, Leder, Gummi . . .
> - Wo befindet es sich normalerweise:
>   Es ist/liegt/steht/hängt in/auf/neben/unter dem Tisch, dem Stuhl, der Schublade . . .

Siobhán versucht es mit der Umschreibung einer „pair of scissors": Es ist aus Metall, man kann damit Papier schneiden, es liegt normalerweise in der Schublade.

F2: Im Laufe des Tages braucht Siobhán noch viele Dinge. Helfen Sie ihr, danach zu fragen.

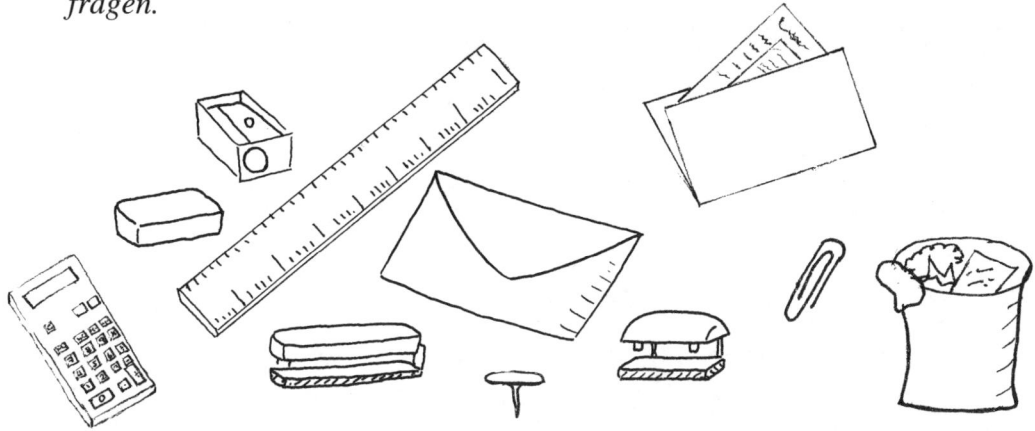

G: Es muss nicht immer Studium sein

Frau Sternberg hat Siobhán zur dreitägigen Ausbildungsfahrt eingeladen, die jedes Jahr für die Auszubildenden (Azubis) veranstaltet wird, damit Siobhán auch einige Leute in ihrem Alter kennen lernt. Zeneca bildet u. a. Chemielaboranten, Pharmakanten, Industriekaufleute und Köche aus.

Siobhán bedankt sich für die Einladung und fragt, was ein Azubi eigentlich ist. Frau Sternberg zeigt ihr die Grafiken auf dieser und der nächsten Seite und erklärt:

Nach Angaben des Bundesministeriums für Bildung und Forschung erlernen die meisten Jugendlichen in Deutschland (rund 70% eines Altersjahrgangs) nach Beendigung der Schule einen staatlich anerkannten Ausbildungsberuf im dualen System der Berufsausbildung. Der Zugang dazu ist an keinen bestimmten Schulabschluss gebunden und steht grundsätzlich allen offen.

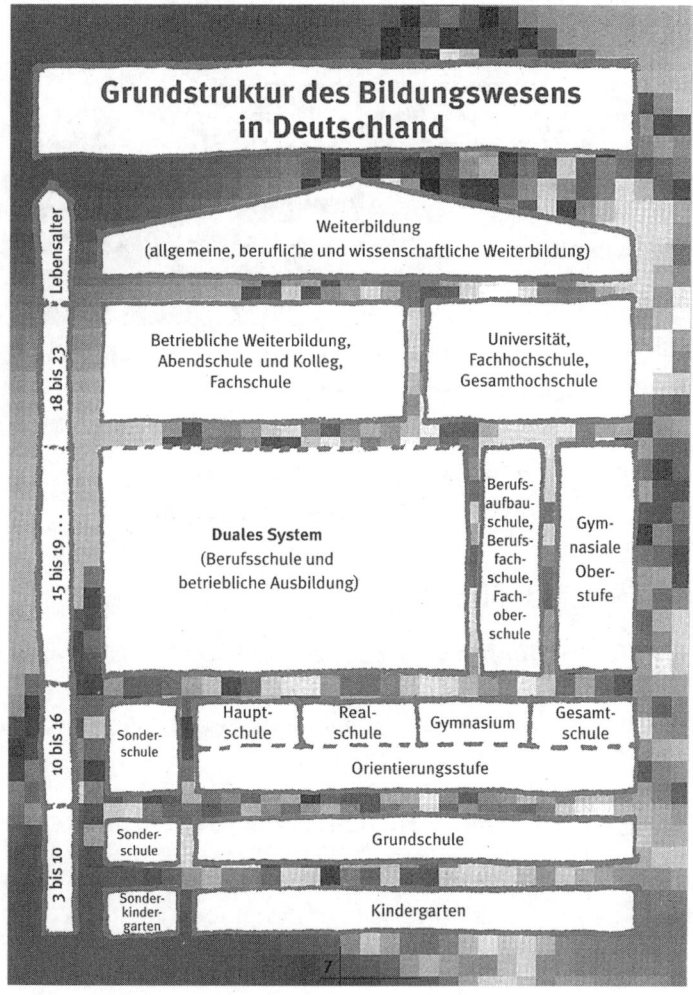

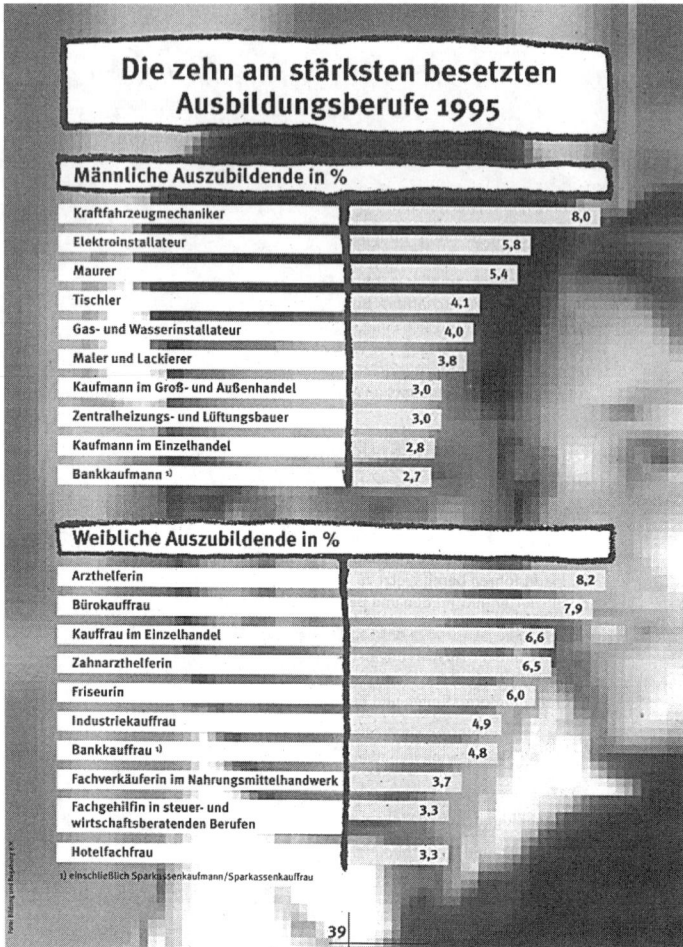

Die Ausbildung findet sowohl im Betrieb (3 bis 4 Tage pro Woche) als auch in der Berufsschule (1 bis 2 Tage pro Woche) statt. Der Schwerpunkt der schulischen Ausbildung liegt mit etwa $^2/_3$ beim Fachunterricht, etwa $^1/_3$ nimmt der allgemeinbildende Unterricht ein.

Je nach Beruf dauert die Ausbildung zwischen zwei und dreieinhalb Jahren. Die Auszubildenden erhalten eine monatliche Ausbildungsvergütung, die nach Lebensalter und Ausbildungsfortschritt mindestens jährlich ansteigen muss. 1996 lag diese Vergütung in den alten Bundesländern durchschnittlich bei 1055 DM, in den neuen Ländern bei 952 DM. Zur Zeit gibt es übrigens rund 380 staatlich anerkannte Ausbildungsberufe.

Ach ja, und für viele ist danach nicht Schluss mit der Ausbildung. Nach den Ergebnissen der 15. Sozialerhebung des Studentenwerks haben 33% der Studierenden bereits vor Studienbeginn eine Berufsausbildung absolviert.

Zum Schluss soll Siobhán erklären, wie das mit der Ausbildung in Irland ist. Antworten Sie anstelle von Siobhán.

H: Zivildienst

H1: *Während der Ausbildungsfahrt lernt Siobhán Ralf kennen. Er erzählt ihr, dass er vor der Ausbildung Zivildienstleistender (Zivi) war, also den Wehrdienst verweigert hatte. Über Wehr- und Zivildienst weiß Siobhán gar nichts, natürlich hat sie viele Fragen.*

    a) Überlegen Sie sich die Fragen, die sie Ralf wohl stellen wird.

    b) Stellen Sie sich vor, Sie sind Ralf und müssen Siobháns Fragen beantworten. Das Material auf den nächsten zwei Seiten wird Ihnen dabei helfen.

Das Grundgesetz garantiert – aus Gewissensgründen – das Recht auf Kriegsdienstverweigerung. Es gibt kein Wahlrecht zwischen dem Wehr- und dem Zivildienst. Aber man kann einen schriftlichen Antrag auf Anerkennung als Kriegsdienstverweigerer stellen. Der Antrag wird dann in einem besonderen Verfahren geprüft. In dem Antrag muß sich der Antragsteller auf das Grundrecht der Kriegsdienstverweigerung aus Gewissensgründen berufen. Außerdem braucht er einen ausführlichen Lebenslauf, eine Begründung, die es deutlich macht, wie die Gewissensentscheidung zustande gekommen ist, und ein polizeiliches Führungszeugnis, das nicht älter als drei Monate sein darf.

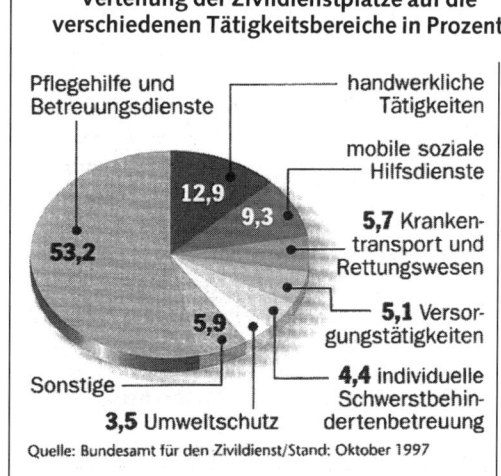

Der Zivildienst ist die Form der Erfüllung der Wehrpflicht für anerkannte Kriegsdienstverweigerer. Die Ableistung des Zivildienstes erfolgt bei gemeinnützigen Einrichtungen, die vom Bundesamt für den Zivildienst in Köln anerkannt worden sind.

Der Zivildienst hat eine Laufzeit von 11 Monaten, der Grundwehrdienst eine von 10 Monaten, denn Wehrpflichtige können z. B. nach dem Ende ihrer eigentlichen Dienstzeit zu Wehrübungen einberufen werden und haben in der Regel eine längere wöchentliche Dienstzeit.

Die Zivildienstleistenden erhalten den gleichen Sold wie die Wehrdienstleistenden.
(Quelle: Bundesamt für den Zivildienst, Stand: 1.7.2000)

ZAHL DER ANTRAGSTELLER NACH KALENDERJAHREN

Jahr	Gesamtzahl	Jahr	Gesamtzahl	Jahr	Gesamtzahl
1958	2 447	1990	74 309	1994	125 694
1960	5 439	1991	150 722	1995	160 493
1970	19 363	1992	133 856	1996	156 681
1980	54 193	1993	130 041	1997	155 239

(Quelle: Bundesamt für den Zivildienst)

Neuer Rekord bei Wehrdienstverweigerungen

Bonn (AFP/dpa) – Immer mehr junge Männer verweigern den Wehrdienst. Nach einer Hochrechnung des Bonner Verteidigungsministeriums werden bis zum Jahresende insgesamt 170.000 junge Männer Anträge auf Wehrdienstverweigerung gestellt haben – das sind 34,3 Prozent aller Wehrpflichtigen. 1997 hatten 31,2 Prozent der Wehrpflichtigen den Dienst in der Bundeswehr abgelehnt.
(Süddeutsche Zeitung, 8.12.1998, gekürzt)

Geschichtlicher Überblick

1949 Das Grundgesetz für die Bundesrepublik Deutschland vom 23.5.49 bestimmt in Artikel 4 Abs. 3: „Niemand darf gegen sein Gewissen zum Kriegsdienst mit der Waffe gezwungen werden. Das Nähere regelt ein Bundesgesetz."

1956 Die allgemeine Wehrpflicht in der Bundesrepublik Deutschland wird eingeführt. In Art. 12 Abs. 2 des Grundgesetzes wird ein Ersatzdienst für diejenigen vorgesehen, die aus Gewissensgründen den Kriegsdienst mit der Waffe verweigern.

1960 Das Gesetz über den zivilen Ersatzdienst tritt in Kraft.

1961 Am 10. 4. treten die ersten 340 Kriegsdienstverweigerer ihren Dienst an. Die Dienstzeit wird noch im gleichen Jahr von 15 auf 18 Monate angehoben.

1973 Der zivile Ersatzdienst wird in Zivildienst umbenannt.

1984 Das neue Anerkennungsverfahren für Kriegsdienstverweigerer tritt in Kraft. Das mündliche Anerkennungsverfahren wird durch ein schriftliches ersetzt. Die Zivildienstdauer wird auf 20 Monate festgesetzt.

1990 Der Zivildienst wird auf 15 Monate verkürzt. Nach dem Einigungsvertrag wird das bestehende Zivildienstsystem auf die neuen Bundesländer übertragen.

1996 Finanzielle Verbesserungen für die Zivildienstleistenden und die Verkürzung der Zivildienstdauer auf 13 Monate treten in Kraft.

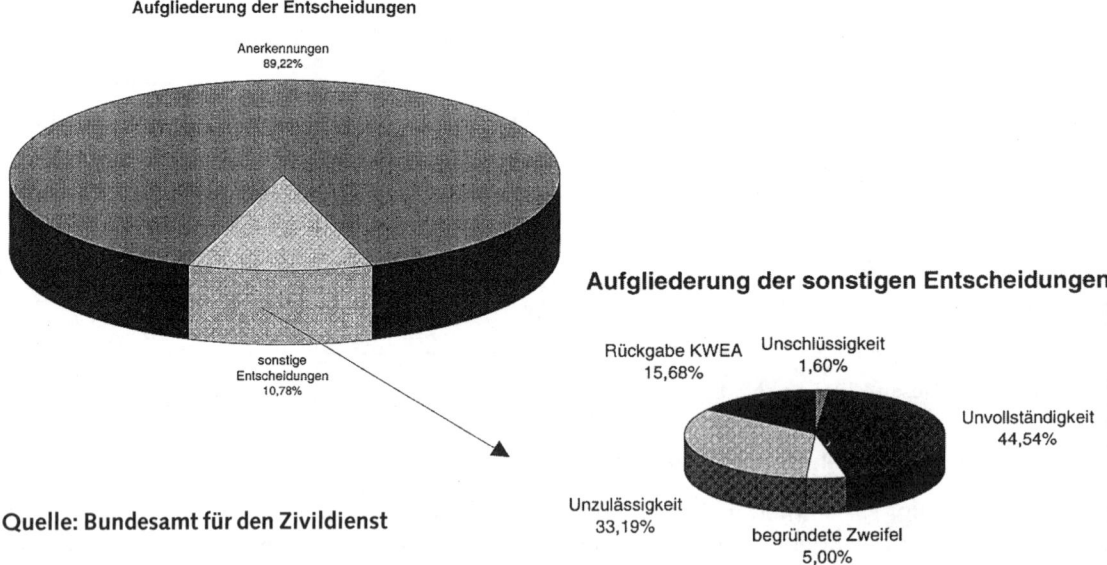

Quelle: Bundesamt für den Zivildienst

c) *Zusätzliche Fragen*

  i) Wie hat sich die Zahl der Wehrdienstverweigerer über die Jahre entwickelt? Welche Gründe gibt es Ihrer Meinung nach für diese Entwicklung?
  ii) Stellen Sie sich vor, Sie sind ein junger Mann in Deutschland und haben verweigert. Wo würden Sie gerne Ihren Zivildienst leisten? Begründen Sie Ihre Entscheidung.
  iii) Ralf fragt Siobhán, ob es Wehrdienst und Zivildienst auch in Irland gibt. Anworten Sie anstelle von Siobhán.

H2: *Hören Sie, was Ralf über seine Arbeit als Zivi zu erzählen hat.*

  a) *Wo hat er seinen Zivildienst gemacht?* c) *Wie fand er seine Arbeit?*
  b) *Was waren seine Aufgaben?* d) *Was hat er nicht gut gefunden?*

H3: *Siobhán hat jetzt zwei neue Wörter gelernt: „Wehrdienst" und „Kriegsdienst". Sie fragt Ralf, was der Unterschied ist.*

Ja, dem Wörterbuch nach keiner. Aber ich würde immer Kriegsdienst sagen und nie Wehrdienst. Wehrdienst klingt nämlich positiver, sich wehren, das ist doch etwas Verständliches. Aber Kriegsdienst sagt, was es für mich bedeutet, man lernt, dem Krieg zu dienen. Und das ist doch vollkommen verrückt! Und sage nicht, dass das nur Wörter sind. Die Wörter, die wir benutzen, beeinflussen die Art und Weise, wie wir denken. Schau mal, damals im Dritten Reich hat man nicht vom Massenmord an den Juden gesprochen, sondern von der Endlösung, das klang gut, nach der Lösung eines Problems. Und es ist doch interessant, dass man im Zusammenhang mit Atomkraftwerken meistens nur von Störfällen und nicht von Unfällen spricht. Und bei der Lagerung von radioaktivem Abfall benutzt man das Wort Entsorgung, als ob wir damit unsere Sorgen los wären, wenn wir das Zeug in die Salzbergwerke bringen. Das Problem ist damit ja nicht weg.

  a) *Stimmen Sie Ralf zu? Begründen Sie Ihre Meinung.*

  b) *Überlegen Sie sich, was der Unterschied ist, je nachdem, ob man das eine oder das andere Wort benutzt.*

Körperbehinderter	↔	Krüppel
Arbeitnehmer	↔	Lohnsklave
Freitod	↔	Selbstmord
Seniorenwohnheim	↔	Altenheim
Bulle	↔	Polizist
Schule	↔	Penne
Waldzustandsbericht	↔	Waldschadensbericht

  c) *Gibt es solche Beispiele auch im Englischen?*

I: Ein abgebrochenes Studium – na und!

I1: *Während der Ausbildungsfahrt kommt Siobhán auch mit Susanne ins Gespräch. Sie erzählt ihr, dass sie ihr BWL-Studium in Mannheim abgebrochen hat und jetzt eine Ausbildung als Industriekauffrau macht.*

a) Schauen Sie sich zunächst die Tabelle und die Grafik an. Was erfahren Sie über Studienabbrecher?

Land	Referenz-jahr	Anfangs-jahr	Erfolgs-Anzahl von Jahren zum Abschluss im typischen Studiengang	Abbruch-quote in %
Österreich	1996	1989	7	47
Frankreich	1995	1991	5	45
Deutschland	1995	1990	6	28
Irland	1995	1992	4	23
Schweiz	1996	1991	6	30
Italien	1996	1991	6	66
Türkei	1995	1992	4	45
Portugal	1993	1991	3	51

Quelle: OECD Bildungsdatenbank

Studienabbrecher im Studienjahr 1993/94*) nach Geschlecht und Gründen für den Studienabbruch in Prozent (Mehrfachantworten)

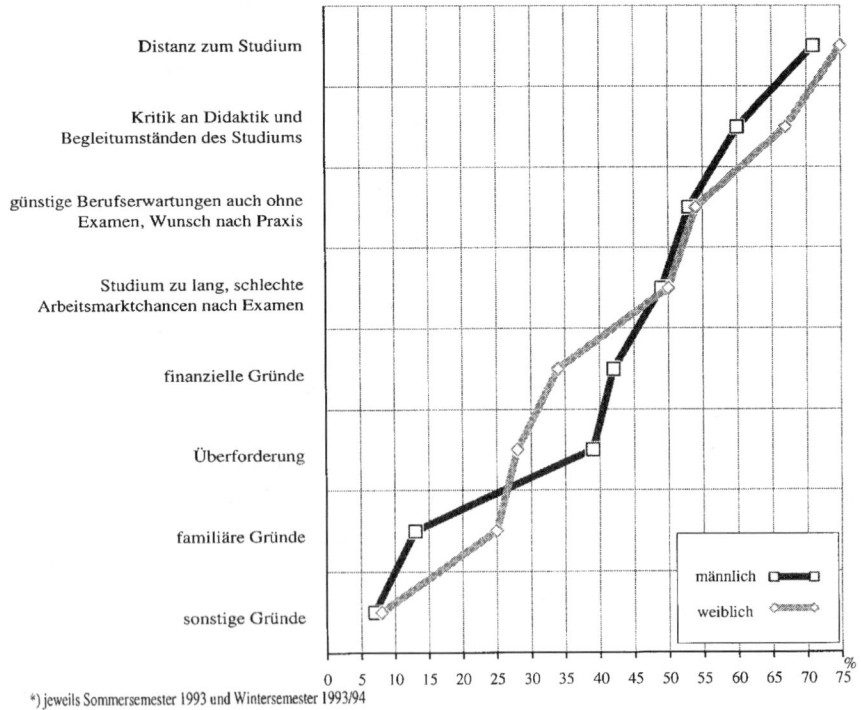

*) jeweils Sommersemester 1993 und Wintersemester 1993/94
Quelle: HIS (6)

b) Hören Sie, was Susanne Siobhán erzählt. Aus welchen Gründen hat Susanne ihr Studium abgebrochen?

c) Aus welchen Gründen brechen irische Studentinnen und Studenten ihr Studium ab?

I2: There are a number of dative cases throughout Susanne's monologue although there is no preposition that requires the dative case, and these dative cases are not indirect objects. Find the dative cases and explain why they are being used. Your teacher has the text.

→ S. 317/335

I3: Füllen Sie diese Tabelle aus und fragen Sie anschließend Ihre/n Lernpartner/in. Benutzen Sie dabei die informelle Anrede.

	Sie	**Ihr/e Lernpartner/in**
Welche Farbe steht Ihnen nicht?		
Schmeckt Ihnen Sauerkraut?		
Wird Ihnen auf einem Boot leicht schlecht?		
Wie geht es Ihnen im Augenblick?		
Macht Ihnen Ihr Studium Spaß?		
Helfen Sie Ihren Eltern im Haushalt?		
Fehlt Ihnen im Moment etwas?		
Passt Ihnen Ihr Stundenplan?		
Welches Lied gefällt Ihnen zur Zeit am besten?		
Ist Ihnen im Moment kalt?		
Genügt Ihnen zum Frühstück eine Tasse Tee/Kaffee?		
Ähneln Sie jemandem in Ihrer Familie?		
Wann haben Sie zum letzten Mal gesagt: „Mir reicht's!"?		

J: Andere Länder, andere Sitten

Es ist Mittagspause. Siobhán ist auf dem Weg in die Kantine. Hören Sie folgendes Gespräch zwischen ihr und ihren Kollegen und Kolleginnen.

J1: Wie grüßen sich die Menschen?

J2: Was erfährt Siobhán darüber, wie in Deutschland Geburtstage gefeiert werden?

J3: Beantworten Sie anstelle von Siobhán die Frage von Frau Zabel.

K: Eine seltsame Geschichte

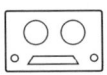

Beim Kaffee in der Kantine erzählt Herr Körner vom Zentraleinkauf Siobhán eine seltsame Geschichte mit dem Titel „Der mechanische Doppelgänger."

„Ein Herr wünscht Sie zu sprechen", meldete die Sekretärin. Ich las auf der Besucherkarte: Tobias Hull, B.A. – Keine Vorstellung. Auf meinen fragenden Blick: „Ein Herr in den besten Jahren, elegant".

Anscheinend ein Ausländer. Immer diese Störungen. Irgendein Vertreter. Oder? Was weiß man. – „Ich lasse bitten."

Herr Tobias Hull tritt mit vorsichtigen Schritten ein. Er setzt Fuß vor Fuß, als fürchte er, zu stark aufzutreten. Ob er leidend ist? Ich schätze sein Alter auf Mitte vierzig. Eine große Freundlichkeit strahlt aus seinem glattrasierten, nicht unsympathischen Gesicht. Sehr korrekt angezogen, beinahe zu exakt in seinen verbindlichen Bewegungen, scheint mir. Nun, man wird sehen. Mit der Hand zum Sessel weisend:

„Was verschafft mir die Ehre Ihres Besuches?"

„Oh! Ich wollte mich Ihnen nur vorstellen."

„Sehr angenehm", sage ich.

„Oh! Sie verstehen!" Dieses mit einem leicht jaulenden Ton vorgebrachte Oh! ist unnachahmlich. Seine müde, etwas monotone Stimme hat einen kleinen fremden Akzent. Er sieht mich mit freundlicher Erwartung an.

Über das Benehmen meines Besuches doch ein wenig erstaunt, wiederhole ich: „Sehr angenehm. Aber darf ich Sie fragen–"

Da werde ich sogleich mit seinem „Oh!" unterbrochen: „Bitte fragen Sie mich nicht." Und dann beginnt er seine Geschichte zu erzählen, die er anscheinend schon hundertmal vorgebracht hat:

Der Ich-Erzähler, nennen wir ihn Herrn X, hat Besuch von einem gewissen Tobias Hull bekommen. Was wissen Sie jetzt über diesen Menschen? Was wird er Herrn X Ihrer Meinung nach erzählen? Denken Sie dabei an den Titel der Geschichte.

„Ich bin nämlich ausgestopft!"

„Aber – erlauben Sie mal!"

Das eigentümliche Wesen, das mich überlegen fixiert, beachtet den Einwurf nicht, sondern fährt unbeirrt fort: „Erschrecken Sie nicht, weil ich eine Art Automat bin, eine Maschine in Menschenform, ein Ersatz sozusagen. Mr. Tobias Hull existiert wirklich. Der Chef einer großen Fabrik zur Herstellung von mechanischen Doppelgängern. Ich bin, wie man sagt, seine Projektion, ja, Agent in Propaganda. Ich kann Ihnen natürlich meinen Mechanismus im einzelnen nicht erklären – Sie verstehen – Fabrikationsgeheimnis! Aber wenn Sie daran denken, daß die meisten Menschen heutzutage ganz schablonenmäßig leben, handeln und denken, dann werden Sie sofort begreifen, worauf sich unsere Theorie gründet! Herz und Verstand werden bei uns ausgeschaltet. Sie sind es ja, die im Leben so oft die störenden Komplikationen hervorrufen. Bei uns ersetzt die Routine alles. Sehr einleuchtend, nicht wahr?"

Ich nickte verstört.

„Oh! Mein Inneres ist ein System elektrischer Ströme, automatischer Hebel, großartig! Eine Antennenkonstruktion, die auf die feinsten Schwingungen reagiert. Sie läßt mich alle Funktionen eines menschlichen Wesens verrichten, ja, in gewisser Weise noch darüber hinaus. Sie sehen selbst, wie gut ich funktioniere."

Zweifelnd, mißtrauisch betrachte ich das seltsame Geschöpf. „Unmöglich!" sage ich. „Ein Taschenspielertrick. Sehr apart. Indessen –"

„Oh! Ich kann mich in sieben Sprachen verständigen. Wenn ich z. B. den obersten Knopf meiner Weste drehe, so spreche ich fließend englisch, und wenn ich den nächsten Knopf berühre, so spreche ich fließend französisch, und wenn ich –."

„Das ist wirklich erstaunlich!"

„Oh! In gewisser Weise; aber vor allem angenehm. Wünschen Sie ein Gespräch über das Wetter, über Film, über Sport? Über Politik oder abstrakte Malerei? Fast alle Themen und Vokabeln des modernen Menschen sind in mir vorrätig. Alles sinnreich, komfortabel und praktisch. Wie angenehm wird es für Sie sein, wenn Sie sich erst einen mechanischen Doppelgänger von sich halten – oder besser, wenn Sie gleich zwei Exemplare von sich zur Verfügung haben. Sie können gleichzeitig verschiedene Dienstreisen unternehmen, an mehreren Tagungen teilnehmen, überall gesehen werden und selber obendrein ruhig zu Hause sitzen. Sie haben einen Stellvertreter Ihres Ich, der Ihre Geschäfte wahrscheinlich besser erledigt als Sie selbst. Sie werden das Doppelte verdienen und können Ihre eigene Person vor vielen Überflüssigkeiten des Lebens bewahren. Ihr Wesen ist vervielfältigt. Sie können sogar sterben, ohne daß die Welt etwas davon merkt. Denn wir Automaten beziehen unsere Existenz aus jeder Begegnung mit wirklichen Menschen."

„Aber dann werden ja die Menschen allmählich ganz überflüssig."

„Nein! Aus eben diesem Grunde nicht. Zwei Menschenautomaten können mit sich selber nur wenig anfangen. Haben Sie also einen Auftrag für mich?"

Mit jähem Ruck sprang das Wesen auf und sauste im Zimmer hin und her.

„Oh! Wir können auch die Geschwindigkeit regulieren. Berühmte Rennfahrer und Wettläufer halten sich schon Doppelgänger-Automaten, die ihre Rekorde ständig steigern."

„Phantastisch! Man weiß bald nicht mehr, ob man einen Menschen oder einen Automaten vor sich hat."

5 „Oh!" zischte es an mein Ohr, „das letzte Geheimnis der Natur werden wir nie ergründen. – Darf ich also ein Duplikat von Ihnen herstellen lassen? Das hineingesteckte Kapital wird sich bestimmt rentieren. Morgen wird ein Herr kommen und Maß nehmen. Sie sind nicht besonders kompliziert zusammengesetzt, das ist günstig."

„Die Probe Ihrer Existenz war in der Tat verblüffend, jedoch–"

10 Mir fehlten die Worte und ich tat so, als ob ich überlegte.

„Jedoch, sagen Sie nur noch: Der Herr, der morgen kommen soll, ist das nun ein Automat oder ein richtiger Mensch?"

„Ich nehme an, noch ein richtiger Mensch. Aber es bliebe sich gleich. Guten Tag."

Mr. Tobias Hull war fort. Von Einbildung kann keine Rede sein, die Sekretärin ist mein Zeuge.
15 Aber es muß diesem Gentlemangeschöpf unmittelbar nach seinem Besuch bei mir etwas zugestoßen sein, denn weder am nächsten noch an einem späteren Tage kam jemand, um für meinen Doppelgänger Maß zu nehmen. Doch hoffe ich, wenigstens durch diese Zeilen die Aufmerksamkeit der Tobias-Hull-Gesellschaft wieder auf meine Person zu lenken.

Denn eines weiß ich seit jener Unterhaltung gewiß: Ich bin inzwischen vielen Menschen
20 begegnet, im Theater und im Kino, im Klub und beim Stammtisch, die bestimmt nicht sie selber waren, sondern bereits ihre mechanischen Doppelgänger.

(Hermann Kasack)

K1: Was kann ein Doppelgänger nach den Angaben des Automaten namens Tobias Hull alles machen?

K2: Stellen Sie sich vor, Sie sind der Doppelgänger von Tobias Hull und müssen dem echten Tobias Hull Bericht erstatten. Was erzählen Sie ihm?

„Also heute bin ich bei einem Herrn X gewesen..."

K3: Wie reagiert Herr X auf den Automaten? Will er einen Auftrag erteilen?

K4: Was könnte dem Doppelgänger von Tobias Hull passiert sein?

K5: Herr X gibt eine Zeitungsanzeige auf, um den Doppelgänger von Tobias Hull zu finden. Entwerfen Sie die Anzeige.

K6: Was würden Sie Ihren Doppelgänger für sich machen lassen?

K7: Wie alt ist die Geschichte Ihrer Meinung nach?

K8: Wie gefällt Ihnen diese Geschichte? Könnte sie irgendwann Wirklichkeit werden?

L: Dialekte – jetzt hab' ich so lange Deutsch gelernt und versteh' kein Wort!

L1: Siobhán sitzt mit mehreren Leuten beim Essen und versucht zu verstehen, was die Leute sagen. Aber es hilft nichts. Die Leute sprechen Dialekt und irgendwie glaubt sie, dass es sogar verschiedene Dialekte sind. Nach dem Essen spricht sie Frau Ebert darauf an.

Hören Sie, was Frau Ebert über ihren Dialekt zu sagen hat. Ihr/e Lehrer/in hat den Text.

a) Woher kommt Frau Ebert?
b) Welchen Dialekt spricht man dort?
c) Spricht Frau Ebert immer Dialekt?
d) Welche Einstellung hat sie zu ihrem Dialekt?
e) Gibt es viele Dialekte in Deutschland?

L2: Wie sagt man das bei Ihnen?

a) Frau Ebert zeigt Siobhán am nächsten Tag diese Karte aus dem dtv Atlas der deutschen Sprache. Es ist nur ein Beispiel dafür, wie Dinge je nach Region eine verschiedene Bezeichnung haben können.

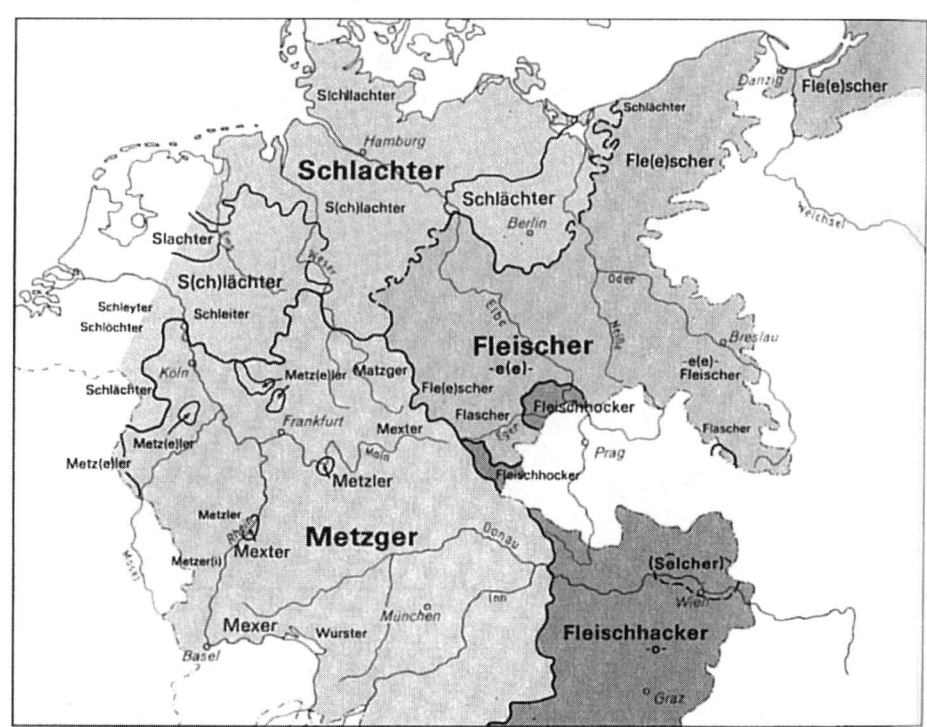

Die Bezeichnungen für *Fleischer/Metzger* in den Mundarten des ehem. dt. Sprachgebiets

b) Welche der folgenden Wörter könnten das Gleiche bedeuten?

z. B. Januar (dt.) ↔ Jänner (österr.)

Abitur (dt.)	Blaukraut (bayr., österr.)
Fahrrad (dt.)	~~Jänner (österr.)~~
~~Januar (dt.)~~	Kartoffeln (dt.)
Morgenessen (schweiz.)	sich verkühlen (österr.)
sich erkälten (dt.)	Velo (schweiz.)
Erdäpfel (österr.)	Frühstück (dt.)
Bulette (berlin.)	Matura (schweiz., österr.)
Rotkohl (norddt.)	Bratklops (norddt.)
Sonnabend (norddt.)	Samstag (süddt., österr., schweiz, westdt.)

c) Gibt es dieses Phänomen auch im Englischen?

L3: Frau Ebert fragt Siobhán, ob Gälisch ein Dialekt in Irland ist und ob es noch andere Dialekte gibt. Antworten Sie für Siobhán.

L4: Frau Ebert ist der Meinung, dass es keinen Sinn hat, in der heutigen Zeit noch Gälisch zu lernen. Was würden Sie anstelle von Siobhán antworten?

L5: Über das Sprachensterben

Hören Sie diesen Text mehrmals und beantworten Sie die Fragen.

a) Wie viele Sprachen gibt es heute auf der Welt?

b) Warum ist der Verlust einer Sprache so schwerwiegend?

c) Unter welchen Bedingungen gibt ein Volk seine Sprache auf?

d) Wie viele Sprachen wird es in 100 Jahren vielleicht nur noch geben?

e) Welche Aspekte sind wichtig, damit eine Sprache überleben wird?

f) Welche regionalen Sprachen gibt es in Spanien?

g) Welche Minderheitensprachen gibt es in Deutschland?

h) Was macht man seit Jahren in Spanien und Deutschland, um die „kleinen" Sprachen zu fördern?

i) Was erfahren Sie über die Sorben in Deutschland?

j) Behindern „kleine" Sprachen die internationale Kommunikation? Warum/warum nicht?

Zusätzliche Übungen

1. Lesen Sie die folgenden Akronyme. Was bedeuten sie?

   z. B. DDR bedeutet <u>D</u>eutsche <u>D</u>emokratische <u>R</u>epublik

   BRD, VW, GmbH, VWL, LKW, TÜV, VDI, PLZ, SPD, CDU, DFB

2. Versuchen Sie es andersherum: Was sind die Akronyme für diese Begriffe?

   z. B. Das Akronym für <u>V</u>olks<u>w</u>agen ist VW.

   a) Ultrakurzwelle
   b) Personenkraftwagen
   c) Kraftfahrzeug
   d) Betriebswirtschaftslehre
   e) Bayerische Motorenwerke
   f) Aktiengesellschaft
   g) Wohngemeinschaft
   h) Bruttosozialprodukt
   i) Zentralstelle für die Vergabe von Studienplätzen
   j) Bundesausbildungsförderungs-Gesetz

3. Eine Arbeitskollegin, die sich sehr für Irland interessiert, fragt Siobhán, was diese Abkürzungen bedeuten. Was würden Sie an Stelle von Siobhán sagen?

   z. B. AIB → Das ist die Abkürzung für Allied Irish Banks, eine der großen Banken Irlands.

RTE	RUC	DART	GPO	SDLP	ESB
GAA	CIE	FAI	IFA	UCC	CAO

4. Wer führt mit wem Gespräche?

   z. B. Frau Sternberg spricht mit Herrn Schwab.

Bauer	Demonstrant	Fotograf	~~Herr Schwab~~
Kollege	Kommilitone	Kunde	Nachbar
Pilot	Journalist	Student	

   a) Das Mannequin spricht mit ein ...
   b) Die Stewardess spricht mit ein ...
   c) Die Dozentin spricht mit ein ...
   d) Der Politiker spricht mit ein ...
   e) Kevin spricht mit ein ...
   f) Siobhán spricht mit ein ...

g) Der Landwirtschaftsminister spricht mit ein ...
h) Der Verkäufer spricht mit ein ...
i) Der Polizist spricht mit ein ...
j) Mairéad Ziegler spricht mit ein ...

5. *Petra war gestern Abend aus. Wen hat sie kennen gelernt?*

   z. B. Ich habe einen netten *Franzosen* *kennen gelernt. Er kommt aus Marseille.*

   a) Ich habe einen netten _____ kennen gelernt. Er kommt aus Kopenhagen.
   b) Ich habe einen netten _____ kennen gelernt. Er kommt aus Youghal.
   c) Ich habe einen netten _____ kennen gelernt. Er kommt aus Helsinki.
   d) Ich habe einen netten _____ kennen gelernt. Er kommt aus Glasgow.
   e) Ich habe einen netten _____ kennen gelernt. Er kommt aus Warschau.
   f) Ich habe einen netten _____ kennen gelernt. Er kommt aus Athen.

6. *Sie brauchen bestimmte Informationen. Welchen Institutionen schicken Sie eine E-Mail oder einen Brief, um diese Informationen anzufordern?*

   z. B. Sie brauchen Informationen über Deutschkurse in München. → *Ich schicke dem Goethe Institut in München einen Brief.*

Fremdenverkehrszentrale in Mannheim	Ausländeramt in Mannheim
Institut für Sprache in Mannheim	Langenscheidt Verlag in München
Jugendherberge Mannheim	Finanzamt in Mannheim
Studentenwerk in Mannheim	Bundesministerium für Arbeit und Sozialordnung
~~Goethe Institut in München~~	

   a) Sie brauchen Informationen über die Rechtschreibreform.
   b) Sie hätten gerne eine Liste mit den Studentenwohnheimen in Mannheim.
   c) Sie möchten wissen, welche deutsch-englischen Fachwörterbücher auf dem Markt sind.
   d) Sie haben letzten Sommer in Mannheim gearbeitet. Jetzt möchten Sie Ihren Lohnsteuerjahresausgleich machen.
   e) Sie möchten etwas über das kulturelle Angebot von Mannheim erfahren.
   f) Sie müssen ein Projekt über Mitbestimmung in Deutschland machen.
   g) Sie möchten wissen, ob Sie eine Aufenthaltserlaubnis brauchen, wenn Sie im Sommer in Mannheim arbeiten.
   h) Sie möchten nächsten Sommer in Mannheim arbeiten und planen Ihre Unterkunft für die ersten paar Tage.

7. Was könnte Siobhán tun, um ihren Kollegen, Freunden und Verwandten eine Freude zu machen?

   z. B. Siobháns Großmutter hat schon lange nichts mehr von ihrer Enkelin gehört.
   → Siobhán könnte ihrer Großmutter einen Brief schreiben.

empfehlen	erklären	leihen	schenken	schicken
~~schreiben~~	spendieren		vorstellen	

   a) Frau Frei möchte sich etwas in der Kantine kaufen, aber sie hat heute ihr Portmonee vergessen.
   b) Frau Naber lernt Englisch, sie hat Probleme mit den „if"-clauses.
   c) Herr Vörg möchte seinen nächsten Urlaub in Irland verbringen, weiß aber nicht wo.
   d) Frau Böttger hat Geburtstag.
   e) Siobhán sitzt mit Ralf, der im Moment nicht viel Geld hat, in der Kneipe.
   f) Siobháns Eltern möchten gerne wissen, wie es in Plankstadt und Schwetzingen aussieht.
   g) Susanne würde gerne einen Freund von Siobhán kennen lernen.

8. Was könnte man folgenden Leuten zum Geburtstag schenken?

   z. B. Siobhán ist ein Fan von Manchester United. → Man könnte ihr einen Schal mit den Vereinsfarben schenken.

   a) Lara und Katrin spielen gerne mit Lego.
   b) Jürgen Ziegler möchte das Rauchen aufgeben.
   c) Mairéad möchte wieder etwas Sport treiben.
   d) Wolfgang ist ein Technik-Freak.
   e) Martins Eltern wünschen sich etwas typisch Deutsches.
   f) Ines wünscht sich etwas typisch Irisches.
   g) Eithne möchte immer topmodisch gekleidet sein.
   h) Astrid möchte im Herbst mit ihrem Freund zusammenziehen.
   i) Martin geht leidenschaftlich gerne ins Kino.
   j) Jürgen und Mairéad gehen gerne essen.
   k) Kevin vermisst nach 3 Monaten irisches Essen.

9. Bestimmen Sie die direkten und indirekten Objekte in diesen Sätzen und ersetzen Sie sie durch Personalpronomen.

   z. B. Eithne hat <u>ihrer Freundin</u> <u>das Lichtbild</u> gezeigt. → Eithne hat es ihr gezeigt.

   a) Martin trifft ein paar Leute im Biergarten.
   b) Wo haben Sie Ihr Praktikum absolviert?
   c) Wir bieten allen ausländischen Studenten und Studentinnen eine Führung an.
   d) Hast du meine Brille irgendwo gesehen?
   e) Eithne hat ihren Freunden Fotos von Heidelberg geschickt.
   f) Kevin hat mal wieder seine Eltern angerufen.
   g) Siobhán hat bei Ikea ein paar Gläser und eine Schreibtischlampe gekauft.
   h) Eithne hat Astrid ihr Wörterbuch geliehen.

10. Welche Personen bekommen hier Empfehlungen?

    z. B. Die Ärztin empfiehlt *dem Patienten*, weniger zu rauchen.

Ausländer	Fahrschüler	Fluggast	Gast	Tourist
~~Patient~~	Publikum	Schüler	Student	

    a) Der Lehrer empfiehlt _____, deutsche Zeitschriften zu lesen.
    b) Der Kritiker empfiehlt _____ einen bestimmten Film.
    c) Der Beamte empfiehlt _____, die Formulare genau auszufüllen.
    d) Der Kellner empfiehlt _____ die Gemüseplatte.
    e) Die Stewardess empfiehlt _____, einen Bonbon zu lutschen.
    f) Die Dozentin empfiehlt _____ eine bestimmte Grammatik.
    g) Der Reiseleiter empfiehlt _____ das Restaurant „Zur Sonne".
    h) Der Fahrlehrer empfiehlt _____, langsamer zu fahren.

11. Ersetzen Sie in der Antwort die unterstrichenen Satzteile durch ein Personalpronomen.

    z. B. Wie heißt <u>der größte Bierproduzent</u> in Irland? → Er heißt Guinness.

    a) Haben Sie <u>den letzten James Bond Film</u> gesehen?
    b) Wie finden Sie <u>Ihre Hochschule</u>?
    c) Wie heißt <u>Ihre Lieblingsband</u>?
    d) Wie hieß <u>das erste Album der Corrs</u>?
    e) Wie war <u>die letzte Fete</u>, auf der Sie waren?
    f) Wie finden Sie <u>Ihren Stundenplan</u>?
    g) Wie alt ist <u>Ihre Hochschule</u>?
    h) Wie kommen Sie mit <u>Ihren Nachbarn</u> zurecht?
    i) Wie hat Ihnen <u>der Film „Angela's Ashes"</u> gefallen?

12. *Ersetzen Sie die Personalpronomen in diesen Sätzen durch Nomen.*

    z. B. <u>Er</u> passt Eithne nicht. ➤ Der Pullover passt Eithne nicht.

    a) Sie ist gestern kaputtgegangen.
    b) Hat Martin ihn schon gepackt?
    c) Wann hat Martin ihn abgeschickt?
    d) Es ist um 20.00 Uhr gelandet.
    e) Wo hat er sie getroffen?
    f) Christian hat sie an die ZVS geschickt.
    g) Der Schiedsrichter hat sie ihm gezeigt.
    h) Er hat sie bestanden.
    i) Siobhán hat es jeden Morgen und jeden Abend gefüttert.
    j) Sie haben ihn noch nicht gesehen.

13. *Drücken Sie diese Sätze auf Deutsch aus.*

    z. B. Can you help me? ➤ Können Sie mir helfen?

    a) This bag doesn't belong to me.
    b) Black doesn't suit you.
    c) I can't think of the word right now.
    d) What happened to you?
    e) I don't believe him.
    f) That is of no use to me.
    g) He doesn't trust her.
    h) My eyes are hurting.

Kapitel 11:
In der WG

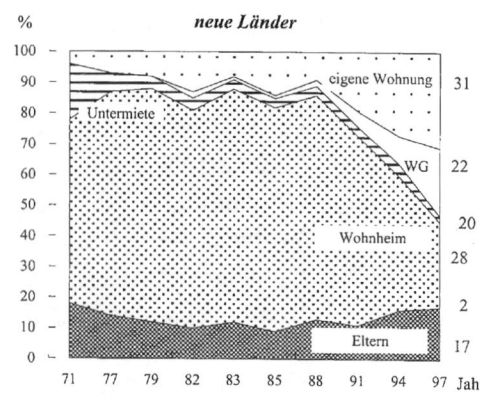

A: Studentisches Wohnen

A1: Welche Informationen können Sie diesen Grafiken entnehmen?

A2: Vergleichen Sie die Situation in Deutschland mit der in Irland und suchen Sie Gründe für eventuelle Unterschiede.

A3: Das Campusradio des Hessischen Rundfunks hat Student(inn)en gefragt, warum sie noch zu Hause wohnen. Hören Sie die Antworten von drei Student(inn)en. Welche Gründe haben sie?

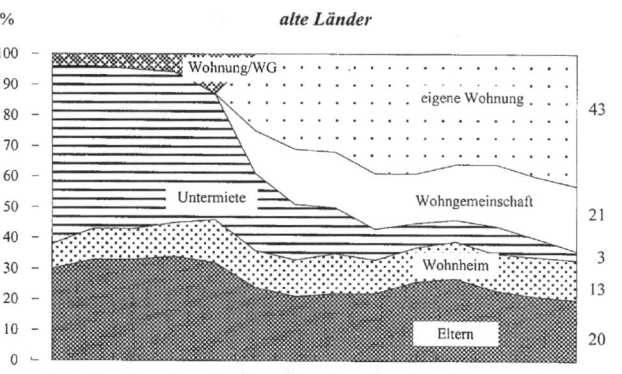

1.-15. Sozialerhebung und ZU-Stufo-Studien

B: Wohngemeinschaft WG – was ist das?

B1: Man spricht von einer Wohngemeinschaft, wenn sich mindestens zwei Menschen eine Wohnung oder ein Haus teilen. Sie haben ihr eigenes Zimmer, aber Küche, Badezimmer, Flur, Balkon oder Garten werden gemeinschaftlich genutzt. Welche Vor- und Nachteile hat diese Form des Zusammenlebens? Die folgenden Stichwörter helfen Ihnen:

Team- und Konfliktfähigkeit	Dreck
Lärm	Ressourcen
Bekanntenkreis	Stress
Arbeitsteilung	Haushaltsausstattung
weltweite Kontakte	kochen
einkaufen	Kosten
Streit	Sanktionen
Privatsphäre	Einsamkeit

B2: WG-BewohnerInnen und woran man sie erkennt

Natürlich sind auch die BewohnerInnen einer WG so verschieden wie der Rest der Menschheit. Und doch werden alle, die jemals in einer WG gelebt haben, bestätigen können, daß es ganz bestimmte Typen gibt, die immer wieder auftauchen.

> *a) Lesen Sie die Beschreibungen der folgenden Charaktertypen und entscheiden Sie, mit welchem Typ Sie noch am ehesten und mit welchem Typ Sie auf gar keinen Fall zusammenleben könnten. Begründen Sie Ihre Entscheidung.*

Die Eingebildete

Kann Stunden im Bad verbringen. Danach muß das Bad Stunden gelüftet werden. Läßt ihre Mode-Journale überall in der Küche herumliegen. Beteiligt sich nicht am Abo der *taz*, da der Fashion-Teil nicht umfangreich genug ist. Verlangt von ihren MitbewohnerInnen ständig Kommentare zu ihren Klamotten. Verweigert den Spüldienst, weil sie um ihre zarte Haut fürchtet. Putzt auch nicht, weil sie mit irgendwelchen Bakterien in Kontakt kommen könnte.

Der Schnorrer

Der Schnorrer ist immer in der Nähe, wenn gekocht oder gegessen wird. Er fragt dann freundlich, „Ach, ihr kocht?", oder er bemerkt fast beiläufig „Oh, das sieht aber lecker aus, schmeckt bestimmt auch ganz toll!?" Dabei steht er unschlüssig in der Küche und faßt sich ans Kinn, als würde er nachdenken. Indessen denkt er tatsächlich nach, und zwar darüber, wie lange er noch so dastehen muß, bis er endlich gefragt wird, ob er mitessen möchte.

Die Veganerin

Die Veganerin weigert sich, die Tierwelt auszubeuten, und verachtet alle, die es ihr nicht gleichtun. In ihrem früheren Leben als Vegetarierin aß die Veganerin lediglich kein Fleisch, nun faßt sie auch Milch, Käse und Eier nicht an. Beliebt ist sie beim gemeinsamen Einkauf, weil Reis und Kartoffeln billig sind, unbeliebt ist sie beim gemeinsamen Festessen, weil Reis und Kartoffeln langweilig sind.

Der Raver

Ein Raver in der WG ist schnell entdeckt: Auf dem Wäscheständer hängen hautenge T-shirts, im Bad liegt ein Langhaar-Rasierer und die Türen haben Beulen auf Stirnhöhe, da die Oakley-Sonnenbrille auch nachts unbedingtes Muß ist. Wenn er nicht gerade seine Trillerpfeifen ausprobiert oder das Klo mit Flyern tapeziert, ist der Raver ein pflegeleichter Mitbewohner: Am Wochenende ist er wieder auf einem wichtigen Event, Montag und Dienstag gehören zum verlängerten Chill-out, und über Politik muß man nicht mit ihm streiten: Die einzige „politische" Demonstration, die er je in seinem Leben besucht hat, ist die Love-Parade.

Der Schlonz

Der Schlonz ist eine wirklich liebenswürdige Type, die über Wochen nicht spült, jeden Anruf vergißt, regelmäßig ohne Schlüssel aus der Wohnung geht und die Herdplatten anläßt, der man es aber nie richtig übel nehmen kann, weil sie es ja nicht böse meint.

(Quelle: Das WG-Buch, gekürzt und bearbeitet)

b) *Schreiben Sie solch eine Charakterisierung für einen der folgenden Typen:*

die Aktivistin	der Gestresste	die Unsichtbare
der Sportler	der Saubermann	die Kreative

c) *Und welche Eigenschaften hat Ihrer Meinung nach der/die ideale WG-Mitbewohner/in?*

B3: *Henning, Taxe und Petri wohnen in einer WG.*

a) *Hören Sie das Gespräch zwischen den drei Studenten. Zu welcher Zeit findet es statt?*

b) *Hören Sie das Gespräch noch zwei- oder dreimal. Was erfahren Sie über die drei Studenten?*

C: Martins WG

Erinnern Sie sich an die Aushänge in Kapitel 2, D3? Martin hat bereits bei mehreren WGs angerufen, aber bis jetzt kein Glück gehabt. Jetzt ruft er bei der 4er WG an der Czerneybrücke an.

C1: *Hören Sie das Telefongespräch.*

a) *Welche Probleme gibt es für Martin?*
b) *Bekommt er das Zimmer in der WG?*

C2: *Das sind die Bewohner/innen der WG. Ist das eine Gemeinschaft, in der das Zusammenleben klappt? Was glauben Sie?*

**Ines Feigenbutz, 22 Jahre alt,
5. Semester Geschichte und Archäologie**

**Wolfgang Richter, 23 Jahre alt,
4. Semester Medizin**

**Petra Kröneck, 27 Jahre alt,
14. Semester Chemie**

C3: *Überlegen Sie, was bei dem „Vorstellungsgespräch" von Martin alles passieren könnte. Bilden Sie Vierergruppen, verteilen Sie die Rollen und spielen Sie das Gespräch.*

D: Aus dem Leben der Mieter

D1: Lesen Sie die folgenden Auszüge aus der Hausordnung und der Gemeindeverordnung. Was dürfen Wolfgang, Petra, Ines und Martin nicht machen? Was sollen sie machen?

I. Schutz vor Lärm

1) Vermeidbarer Lärm belastet unnötig alle Hausbewohner. Deshalb ist Musizieren während der allgemeinen Ruhezeiten von 13 bis 15 Uhr und von 22 bis 7 Uhr untersagt. Fernseh-, Radio- und Tongeräte sind stets auf Zimmerlautstärke einzustellen; die Benutzung auf dem Balkon darf die übrigen Hausbewohner nicht stören.
2) Baden und Duschen sollte in der Zeit von 22 bis 6 Uhr unterbleiben, soweit auf Grund der Bauart des Gebäudes die Nachtruhe der übrigen Hausbewohner gestört wird.
3) Festlichkeiten aus besonderem Anlaß, die sich über 22 Uhr hinaus erstrecken, sind den betroffenen Hausbewohnern rechtzeitig anzukündigen.

II. Sicherheit

1) Zum Schutz der Hausbewohner ist die Haustür von 22 bis 6 Uhr verschlossen zu halten.

III. Reinigung

1) Die Zugangswege außerhalb des Hauses einschließlich der Außentreppen, der Hof, der Standplatz der Mülltonnen und der Bürgersteig vor dem Haus müssen von den Hausbewohnern abwechselnd gereinigt werden.
2) Beim Gießen von Blumen auf Balkonen und Fensterbrettern ist darauf zu achten, daß das Wasser nicht an der Häuserwand herunterläuft und auf die Fenster und Balkone anderer Hausbewohner rinnt.
3) Die Wohnung ist auch in der kalten Jahreszeit ausreichend zu lüften.

Gemeindeverordnung: Räum- und Streupflicht

Bei Schnee- und Eisglätte haben die Straßenanlieger die Gehwege so zu bestreuen, daß sie von Fußgängern möglichst gefahrlos benutzt werden können. Zum Bestreuen sind Sand, Splitt oder Asche zu verwenden. Die Verwendung von Salz ist verboten.

Die Gehwege müssen werktags bis 7.00 Uhr, sonn- und feiertags bis 8.00 Uhr geräumt und gestreut sein. Wenn nach diesem Zeitpunkt Schnee- oder Eisglätte auftritt, ist bei Bedarf auch wiederholt zu räumen und zu streuen. Diese Pflicht endet um 22.00 Uhr.

D2: Was finden Sie richtig? Was finden Sie übertrieben?

D3: Do you remember the passive voice with modal verbs from chapter 5? In the above texts, tenants and house owners are told what has to be done but the passive voice is not always used. Instead the structure "sein ... zu + Infinitiv" is used, e.g. "Fernsehgeräte sind auf Zimmerlautstärke einzustellen". Find the other substitute forms and change them into the passive voice with modal verbs, e.g. Fernsehgeräte müssen auf Zimmerlautstärke eingestellt werden.

→ S. 349

D4: *Nebenkosten*

a) *Lesen Sie den folgenden Zeitungstext und finden Sie heraus, welche Nebenkosten die 4er WG zahlen muss.*

> **Wohnen: Nebenkosten stiegen überproportional**
>
> **Bonn (AP)** – Die Wohnnebenkosten sind 1998 erneut überproportional gestiegen. Das Bonner Städtebauinstitut erklärte, in Westdeutschland hätten die Gebühren für die Müllabfuhr mit 7,8 Prozent am stärksten zugenommen. Ihnen folgten die Kosten für die Wasserversorgung mit 2,5 Prozent und für die Abwasserbeseitigung mit 2,2 Prozent. Auch die Schornsteinfeger- und Straßenreinigungsgebühren lagen mit einem Anstieg von 1,6 und 1,5 Prozent noch über dem Zuwachs der Preissteigerungsrate der Lebenshaltungskosten von 0,9 Prozent.
>
> **(Süddeutsche Zeitung, 22. 1. 1999, gekürzt)**

b) *Gibt es auch in Irland diese Wohnnebenkosten?*

c) *Warum sind Ihrer Meinung nach die Wohnnebenkosten in Deutschland in den letzten Jahren so sehr gestiegen?*

D5: *Die lieben Nachbarn*

a) *Beschreiben und interpretieren Sie die Lithographie von Paul Weber.*

Das Gerücht

b) Erfinden Sie Gerüchte, die in dem Mietshaus unserer 4er WG herumgehen könnten.

z. B. Frau Meier soll die Treppe schon wieder nicht geputzt haben.

Herr Müller soll jeden Abend betrunken von der Arbeit nach Hause kommen.

D6: *Probleme im Mietshaus: Auf den Seiten 303 und 304 finden Sie die Vorgaben für kleine Rollenspiele. Übernehmen Sie die Rollen auf der einen Seite, Ihr/e Lernpartner/in die auf der anderen Seite.*

E: Ein typischer Tag in einer WG

E1: *Jessica kommt Petra besuchen. Lesen Sie, was Jessica erzählt, und listen Sie auf, mit welchen Personen sie zusammenlebt.*

Letzten Sonntag sitze ich am Frühstückstisch und will gerade die Zeitung aufschlagen, da kommt mein persischer Mitbewohner in die Küche und fängt an, sich im Spülbecken die Füße zu waschen. Auf meine Nachfrage erfahre ich, daß mal wieder das Wasser im Badezimmer abgestellt wurde. Warum ausgerechnet am Wochenende, wußte natürlich niemand. Aber
5 schließlich ist gerade Ramadan, und Religion kennt keine Rücksichtnahme. Als dann noch mein italienischer Mitbewohner Giovanni aus dem Bad brüllt, warum denn die Klospülung nicht funktioniere, ist mir der Appetit vergangen. Durch die laute Schimpftirade aus Richtung Bad ist auch Dave aus Chicago aufgewacht, und ich suche das Weite, bevor dieser in der Küche erscheint, um seine morgendlichen Ham and Eggs zu zelebrieren.

10 Wir sind eine bunt zusammengewürfelte 5er-Zweck-WG, die das Studentenwerk für ausländische Studierende eingerichtet hat, die meist nur ein Semester bleiben. Als Norddeutsche scheine ich unter die gleiche Kategorie zu fallen, wer weiß. Einen Schwaben haben wir allerdings auch. Sein Markenzeichen: chronisch beleidigt. Gerade gestern hatte er wieder einen Anfall und hat während meiner Abwesenheit alle Verehrungsgeschenke, die er mir im
15 Laufe der Zeit gemacht hatte, aus meinem Zimmer geholt. Es wird mich wohl den Vormittag kosten, sie wieder zu bekommen.

Inzwischen haben alle gefrühstückt, bis auf meinen beleidigten Schwaben, denn der schläft noch. Diese Zeit nutze ich, um den Müll zu sortieren. Wir sind nämlich ein Versuchswohnheim für Müllrecycling-Systeme. Zur Zeit haben wir elf Mülleimer. In der Küche stehen sechs und
20 im Keller noch mal fünf. Da muß ich Joghurtbecher nach PP, PE und PS sortieren. Richtig kompliziert wird es aber erst bei Teebeuteln. Was nach Realsatire klingt, ist die nackte Wahrheit: Die Metallklammer soll entfernt werden und zum Alu wandern, der Teebeutel selbst auf den Kompost, das mit der Teesorte bedruckte Schildchen ins Altpapier und der Verbindungsfaden in die Textilkiste im Keller. Über die Monate bin ich zur Müllexpertin
25 geworden, da ich immer zu Semesteranfang den neuen Austauschstudenten in stundenlangen Sessions unser Müllsystem erklären muß.

Ich bin gerade mit dem Müllsortieren fertig, da kommt Dave mit einem dicken Stapel von Anträgen und Formularen und bittet mich um Übersetzung. Er will in zwei Monaten in Deutschland heiraten und kommt mit den Formalitäten und dem Beamtendeutsch nicht zurecht. Ich auch nicht. Nach drei Stunden harter Arbeit haben wir endlich alles verstanden und ausgefüllt, und ich schwöre mir, niemals zu heiraten.

Mittlerweile funktioniert auch unser Wasser wieder, und Giovanni kommt mit einem süffisanten Lächeln aus dem Bad. Das Klopapier sei alle (wie fast immer am Sonntag), was im Grunde meine Schuld sei, da ich ja als einzige Frau in der WG einen höheren Klopapierverbrauch hätte und somit auch öfter selbiges kaufen müsse. – Du alter Macho! – Wenn ich aber seinen deutschen Aufsatz korrigieren würde, könne er davon absehen, eine WG-Besprechung einzuberufen – Du Schlitzohr! – Zur Rettung meines freien Abends lasse ich mich also zum Korrigieren breitschlagen und vertiefe mich in seinen Aufsatz zum Thema: „Mein Studienaufenthalt in Deutschland", während er zum Tennis fährt (der Platz sei schließlich gemietet).

Es ist schon später Nachmittag, als ich endlich meine Spagetti kochen kann. Zur Versöhnung erlaube ich meinem beleidigten Schwaben mitzuessen. Wie immer hat er mir schnell vergeben und beginnt nach kurzer Zeit, mir von seiner traumatischen Kindheit und seinen Problemen mit Frauen und dem Studium zu erzählen. Danach möchte ich mich nur noch so schnell wie möglich für den Abend verabreden und abhauen. Doch schon das Verabreden klappt nicht, denn das Telefon ist verschwunden! Nach langem Hin und Her finden wir heraus, daß der Schwabe das Telefon aus der Wand gerissen hat, weil ihn die dauernden Anrufe stören (er bekommt nie einen). Deshalb habe er es jetzt in seinem Zimmer eingeschlossen! Mit Engelszungen reden wir auf ihn ein, und gegen ein gemeinsames WG-Essen heute Abend bekommen wir das Telefon schließlich wieder, obwohl ich es für heute nun gar nicht mehr brauche.

Warum kann ich eigentlich nicht den ruhigen Stuttgarter in der WG unter mir zum Mitbewohner haben? Der fährt jedes Wochenende nach Hause und bringt dann montags von "dahoim" fünf Tupperdosen mit vorgekochtem Essen für die Woche mit; außerdem kommt alle drei Wochen, wenn sein Name auf dem Putzplan steht, die Mutter zum Wohnungsputzen.

Doch das WG-Essen am Abend, als dessen Höhepunkt uns der Schwabe im Unterhemd Tschaikowskijs „Schwanensee" vortanzt, versöhnt mich wieder. So liege ich spät abends im Bett und überlege bei lauter Musik aus dem Nachbarzimmer, was mir mein multi-kulti WG-Leben wohl morgen bringen wird.

(Jessica Sänger: Sonntagmorgen im Studentenwohnheim, in: Das WG-Buch, gekürzt und bearbeitet)

E2:   Für welche Personen gelten diese Sätze?

      a)   _____ bleibt lange im Bett.
      b)   _____ ist Moslem.
      c)   _____ möchte ein warmes Frühstück.

d) _____ kommt aus Norddeutschland.
e) _____ muss etwas über sein Studium in Deutschland schreiben.
f) _____ hat Probleme mit seinem Studium.
g) _____ spielt Tennis.
h) _____ möchte abends ausgehen.
i) _____ muss nie Essen kochen oder sauber machen.
j) _____ bereitet seine Hochzeit vor.
k) _____ ist für die Mülltrennung verantwortlich.
l) _____ hat das Telefon versteckt.
m) _____ kochen zusammen.
n) _____ ist sonntags nie da.

E3: Why does Jessica tell her story in the present tense?

E4: Schlüpfen Sie in die Rolle eines Mitbewohners von Jessica und erzählen Sie einem/einer Freund/in am Montag, was Sie am Sonntag gemacht haben. Verwenden Sie die Informationen aus dem Text und schmücken Sie Ihre Geschichte noch etwas aus.

E5: Wohin mit dem Müll?

a) Wissen Sie, warum Jessica den Müll sortiert?

b) Das Recycling eines Teebeutels – Wohin kommen die verschiedenen Bestandteile? Beschriften Sie die Zeichnung.

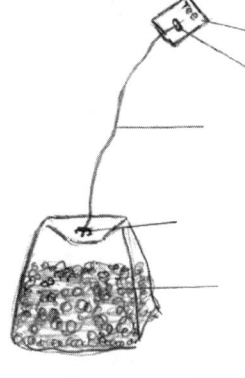

c) *Was kritisiert der folgende Text an der Müllsortiererei?*

Weltmeister im Müllsammeln

Wir bringen unser Glas und Papier zu den entsprechenden Containern, werfen Verpackungen wie Joghurtbecher und leere Milchkartons, die mit dem grünen Punkt versehen sind, in den Gelben Sack oder die Gelbe Tonne und unseren Bioabfall in die braune Tonne. Zwar stören die vielen Mülleimer in der Küche und die vielen Mülltonnen vor der Haustür – und die Trennerei kostet Zeit und Geld – aber wir tun das für den Umweltschutz. Folglich werden immer mehr Abfälle getrennt erfaßt, und die Recyclingquoten steigen.

Oft haben wir über die ganze Sammelei und Trennerei aber vergessen, was das Ziel unserer Anstrengungen ist. Durch Trennen und Sortieren produzieren wir leider nicht weniger Müll, wir verteilen ihn nur um. Wir sparen nur Restmüll, der in Müllverbrennungsanlagen oder Deponien beseitigt werden müßte.

(Mitteilungsblatt der Gemeinde Plankstadt, 25. 6. 1998)

d) *Welche Alternativen gibt es Ihrer Meinung nach zur Müllsammelei?*

F: Das Telefon klingelt

F1: *Über dem Telefon im Flur hängt eine Pinnwand mit je einem abgeteilten Bereich pro Bewohner/in. Martin ist heute Abend alleine in der Wohnung. Er wartet auf einen Anruf. Das Telefon klingelt ständig. Leider nie für ihn. Dafür muss er die Nachrichten für seine Mitbewohner/innen aufschreiben.*

Machen Sie es für ihn.

F2: *Martin hat die Nase voll, die Anrufe anderer Leute entgegenzunehmen und hat einen Anrufbeantworter gekauft. Welche Ansage werden die vier haben? Welche hätten Sie, wenn Sie in Deutschland wären?*

G: Die liebe Hausarbeit

G1: *Schauen Sie sich das Bild von der Spüluhr an. Wie funktioniert das System der Spüluhr? Was glauben Sie?*

Lesen Sie die Anleitung auf der nächsten Seite, um zu erfahren, ob Sie richtig geraten haben.

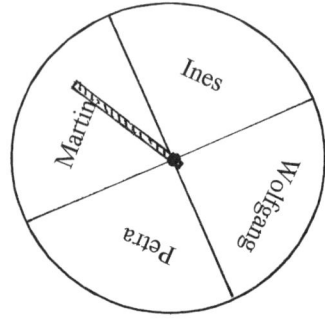

Wem die Spüluhr schlägt

Das Prinzip ist simpel. Auf einer Pappscheibe stehen im Uhrzeigersinn alle Namen der WG-Mitglieder. Der Pfeil zeigt auf denjenigen, der spülen muß. Wer „dran" ist, spült ab, wann immer er oder sie der Meinung ist, es sei an der Zeit abzuspülen. Erst dann wird der Zeiger weitergestellt.

„Das klappt nie!" ist die typische Reaktion bei der Einführung der Spüluhr. Tut es aber doch, und zwar ganz hervorragend. Denn niemand wird auf die Idee kommen, für nur einen abgespülten Teller den Zeiger weiter zu stellen. Je länger man sich aber vor dem leidigen Abwasch drückt, desto mehr sammelt sich an. Dadurch steigt die Motivation, den ganzen Kram endlich wegzuspülen. Hat man dann abgewaschen, kann man die Uhr weiterstellen und sich über ein paar abwaschfreie Tage freuen.

(Quelle: Das WG-Buch, gekürzt)

G2: *Erklären Sie einem neuen WG-Mitglied dieses System.*

G3: *Was muss man alles abwaschen? Machen Sie eine Liste.*

G4: *Wie ist bei Ihnen zu Hause das Abwaschen geregelt?*

G5: *Welche anderen Hausarbeiten gibt es? Welche machen Sie gerne/nicht gerne/nie?*

G6: *Which word forms a two-part conjunction with "je" in line 7 of the above text? How is it used?* → S. 343/344

G7: *Hören Sie den Dialog zwischen Wolfgang und Ines.*

    a) Warum hat Ines schlechte Laune?
    b) Welche Haushaltsgeräte möchte Ines haben? Warum geht das nicht?

H: Relative clauses

H1: *Ines used a relative clause to explain what a "Kloputzer" is. She described it as "ein Gerät, das selbständig das Klo putzt." What is the function of a relative clause? How is it formed?*
→ S. 352–354

    a) Describe the function of the following household appliances using relative clauses:

        Geschirrspüler   Wäschetrockner   Kaffeemaschine
        Entsafter   Toaster   Waschmaschine

b) *How are relative clauses with prepositions formed? Describe the function of the following items using relative clauses with a preposition:*

z. B. Ein Korkenzieher ist ein Gerät, <u>mit dem</u> man eine Weinflasche öffnen kann.

Föhn	Staubsauger	Thermometer
Besen	Wischtuch	Wasserkessel

H2: *In dem Haus, in dem Wolfgang, Petra, Ines and Martin wohnen, leben viele andere Menschen mit verschiedenen Berufen.*

a) *Which word is used as the relative pronoun?*

b) *What is the reason for that?*

→ S. 354

Berufe

Einer ist Bäcker,
alle wissen, was er tut.

Einer ist Lehrer,
alle wissen, was er tut oder läßt.

Einer ist Programmierer,
die meisten wissen, was er tut.

Einer ist Nuklearphysiker,
nur wenige wissen, was er tut.

Einer ist Gen-Manipulator,
er weiß nicht, was er tut.

(aus Hans Manz:
Die Welt der Wörter)

H3: *Diese Sprichwörter und Aphorismen sind durcheinandergeraten.*

a) *Was gehört zusammen?*

1	Wer fremde Sprachen nicht kennt,	a	hat ein Interesse daran, daß er am Leben bleibt.
2	Wer nichts weiß,	b	muß auch B sagen.
3	Wer davon lebt, einen Feind zu bekämpfen,	c	weiß nichts von seiner eigenen.
4	Wer nicht wagt,	d	fällt selbst hinein.
5	Wer einmal lügt,	e	muß alles glauben.
6	Wer nur denkt, was er weiß,	f	dem glaubt man nicht, und wenn er auch die Wahrheit spricht.
7	Wer anderen eine Grube gräbt,	g	der nicht gewinnt.
8	Wer A sagt,	h	der denkt noch gar nicht.

b) *Welche Sprüche gefallen Ihnen, welche nicht?*

c) *In welcher Situation kann man sie anwenden?*

d) *Gibt es Entsprechungen im Englischen?*

e) *Versuchen Sie es selber einmal:*

- Wer nie ins Ausland fährt, ...
- Wer stundenlang vor dem Computer sitzt, ...
- Wer genug Geld hat, ...
- Wer lange schläft, ...
- Wer früh aufsteht, ...
- Wer selten zum Deutschunterricht kommt, ...

I: Reparaturen im Haushalt

a) *Was würden Sie machen, wenn bei Ihnen zu Hause der Boiler tropft?*

b) *Lesen Sie diesen Text und listen Sie die Schritte auf, die „man" in dieser WG unternommen hat.*

Die Kunst der Zwischenlösung
von Angelika Schneider

Der Boiler tropft. Wir stellen einen Eimer drunter. Danach schreibt A., die WG-Älteste, Hauptmieterin und Geisteswissenschaftlerin, einen Brief an den Vermieter, in dem sie um sofortige Reparatur bittet. Die Zeit vergeht, der Eimer wird regelmäßig in die Zimmerpflanzen geleert. Eines Tages beschließt A., nach Rücksprache mit dem Rechtsanwalt, selbst einen Klempner anzurufen, aber der ist gerade nicht da, und sie findet, nun habe sie genug getan. Inzwischen haben sich auch alle an den Eimer im Bad gewöhnt, und nur manchmal, wenn die WG in den folgenden Monaten zusammen in der Küche sitzt, seufzt jemand: „Und der Boiler tropft immer noch." Dann aber wird es ernst. Wasser kommt unter der Spüle hervor. B. und K. sind verreist, A. will mit sanitären Anlagen nichts mehr zu tun haben, und D. ist sich als WG-Neuling und Jüngste noch unsicher über ihre Position, was sie daran hindert, den Klempner zu bestellen. Also wird ein Putzlappen vorgelegt. K. kommt zurück. Dynamisch, tatkräftig, engagiert, ruft sie beim Anblick des nassen, stinkenden Putzlappens: „So geht das aber nicht!", und macht sich an die Arbeit. Als ihr die Mitbewohnerinnen dankbar und voller Bewunderung zur eigenhändigen Reparatur eines Abflußrohres gratulieren, weist K. das Kompliment bescheiden zurück, sie habe nur einen Eimer untergestellt.... Leider tropft es so stark, daß sich die Leerung dieses zweiten Eimers nicht so einfach in das Alltagsleben integrieren läßt wie die des ersten. So beschließen die Frauen der WG, das sei Männersache, und B., Gärtner von Beruf, sei doch so etwas wie ein Handwerker. Also kriecht B., gerade aus dem Urlaub zurück, unter die Spüle. Er taucht erstaunlich bald wieder auf und erklärt, er habe da so eine Schraube am Zulaufrohr entdeckt und die halt mal angezogen, und da habe es aufgehört zu tropfen.

(Quelle: Das WG-Buch, gekürzt und bearbeitet)

c) Erzählen Sie die Geschichte aus der Sicht von A, B, D oder K einer/einem Bekannten.

d) Schreiben Sie den Brief, den A dem Vermieter geschickt hat.

e) Machen Sie zwei Rollenspiele zwischen dem Vermieter und A am Telefon. Im ersten Fall ist der Vermieter ein freundlicher Mensch, im zweiten Fall sehr geldsüchtig.

f) Sind tropfende Boiler Männersache?

g) Selbst ist der Mann/die Frau! Was muss man tun, wenn ... → S. 343

   i) der Wasserhahn tropft?
   ii) es in der Wohnung nach Gas riecht?
   iii) der Abfluss verstopft ist?
   iv) Wände und Decken einen neuen Anstrich brauchen?
   v) die Tür ins Schloss geschnappt ist und der Schlüssel drinnen ist?
   vi) die Hausklingel nicht funktioniert?
   vii) Ameisen in der Küche sind?
   viii) Wasser von der Decke tropft?
   ix) die Heizkörper nicht mehr warm werden?
   x) es einen Kurzschluss gibt?
   xi) die Küchenlampe nicht mehr brennt?
   xii) ein Ball durch die Fensterscheibe fliegt?

Erarbeiten Sie in Kleingruppen Lösungen und entscheiden Sie dann im Plenum, was jeweils die beste Lösung ist.

h) Es kommt zum Wasserschaden in der WG von A, B, D und K. Zum Glück haben die vier eine Hausratsversicherung abgeschlossen. Die Versicherung möchte wissen, wie groß der Schaden ist. Stellen Sie sich vor, Ihr/e Wohnung/Zimmer steht 30 cm unter Wasser. Welche Schäden würden Sie angeben?

J: Lesen Sie?

J1: Petra und Wolfgang sind Leseratten und kaufen bei jeder Gelegenheit ein neues Buch. Da es in Heidelberg viele Antiquariate gibt, brauchen sie auch nicht so viel Geld für ihr Hobby. Schauen Sie sich die Grafik an. Liegen Petra und Wolfgang im Trend?

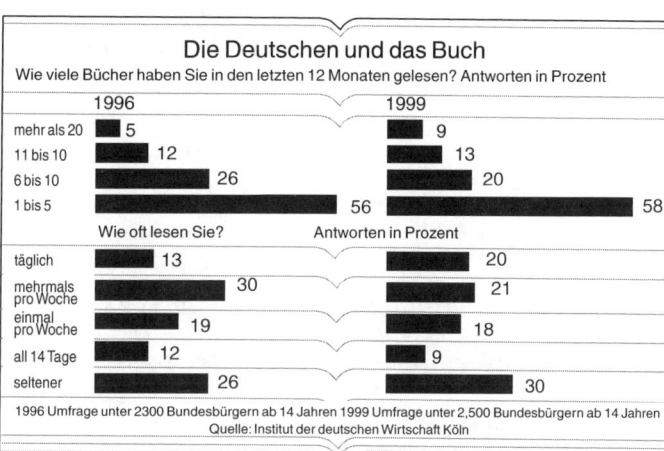

Ein Buch, das nicht wert ist, zweimal gelesen zu werden, ist auch nicht wert, daß man es einmal liest.

(K. J. Weber, Demokritos)

Ein klassisches Werk ist ein Buch, das die Menschen loben, aber nie lesen.

(E. Hemingway)

J2: Wem gehört dieses Buch? – Diese Frage wird in der 4er WG oft gestellt. Petra räumt auf, und Wolfgang bestätigt ihre Fragen.

z. B. Das Backbuch gehört deiner Mutter, oder? ➤ Ja, das ist ihr Backbuch.

→ S. 338/339

a) Die deutsche Grammatik gehört Martin, nicht wahr?
b) Die Gesammelten Werke von Shakespeare gehören Ines, nicht wahr?
c) Der Krimi von Agatha Christi gehört dir, nicht wahr?
d) Das „Do it yourself" Buch gehört unseren Nachbarn, oder?
e) „Emma" gehört doch deiner Freundin, oder?
f) Ist das mein Duden oder deiner? Ich glaube, meiner. Deiner hat doch den Rotweinflecken, nicht wahr?
g) Das Lesebuch über Heidelberg haben uns deine Eltern geliehen, oder?
h) Und da sonst hier niemand Spanisch lernt, ist das sicher dein Wörterbuch.
i) Na ja, und das WG-Buch gehört uns allen, das kann hier liegen bleiben.
j) Der Comic muss meinem kleinen Bruder gehören. Den hat er bestimmt hier liegen lassen.

J3: What is the other way possession is expressed in German? → S. 327

Use this option to transform the sentences b), d), e), g) and j) in J2.

z. B. Das Backbuch gehört deiner Mutter, nicht wahr? ➤ Ja, das ist das Backbuch meiner Mutter.

Die deutsche Grammatik gehört Martin, oder? ➤ Ja, das ist Martins Grammatik.

J4: Viele Bücher

a) Erklären Sie, wenn möglich mit einem Relativsatz, um was für Bücher es sich hier handelt.

z. B. Ein Kinderbuch ist ein Buch für Kinder.

Ein Sparbuch ist ein kleines Büchlein, in dem steht, wie viel Geld man schon gespart hat.

| Bilderbuch | Fachbuch | Lesebuch | Wörterbuch |
| Tagebuch | Taschenbuch | Kochbuch | Handbuch |

b) What kind of words are the above ones? Which part determines the gender and the plural form?

→ S. 330

c) *Versuchen Sie es selber einmal:*

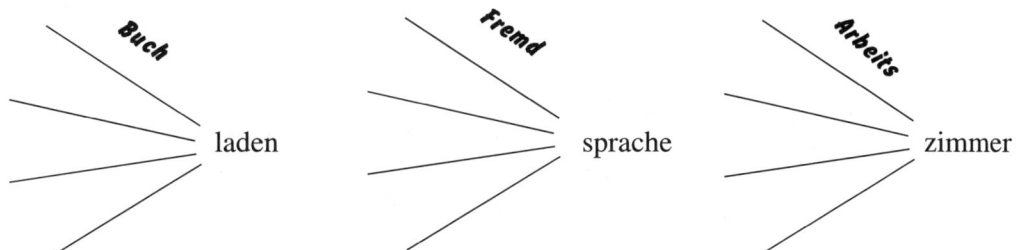

d) *Was ist der Unterschied zwischen*

Hallensport	–	Sporthalle
Flaschenbier	–	Bierflasche
haushoch	–	Hochhaus
Suppengemüse	–	Gemüsesuppe
weinrot	–	Rotwein
Spielgeld	–	Geldspiel
Kinderarbeit	–	Arbeiterkind
Hauswirt	–	Wirtshaus
Bootshaus	–	Hausboot

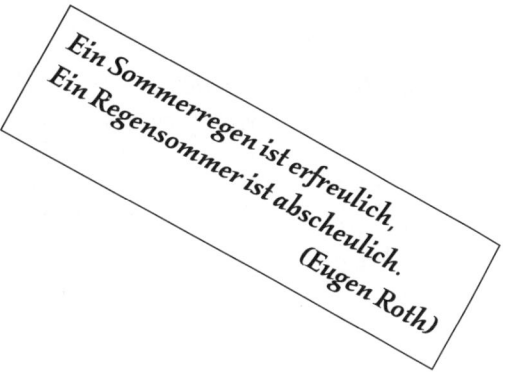

Ein Sommerregen ist erfreulich,
Ein Regensommer ist abscheulich.
(Eugen Roth)

e) *Wie wurden diese Wörter getrennt? Was bedeuten sie wirklich?*

Blumentopferde	➤	Pferderasse aus der Region Blumento in Norditalien.
Ungar	➤	roh
Transport	➤	langweilige Sportart
insekt	➤	modischer Schaumwein
einwandfrei	➤	nur von drei Wänden umschlossen sein
Minimum	➤	kleiner Mut

IN DER WG

Zusätzliche Übungen

1. *Wandeln Sie die Aufforderungen um.*

    z. B. Die Einfahrt muss freigehalten werden. → Die Einfahrt ist freizuhalten.

    a) Die Ruhezeiten müssen eingehalten werden.
    b) Hauseingänge dürfen nicht durch Fahr- oder Motorräder versperrt werden.
    c) Auf dem Balkon darf Wäsche nur unterhalb der Brüstung getrocknet werden.
    d) Flaschen dürfen nur zwischen 7.00 und 19.00 Uhr in den Container geworfen werden.

2. *Wandeln Sie diese Sätze in Passiv mit Modalverben um.*

    z. B. Bei Gasgeruch sind sofort alle Fenster zu öffnen. → Bei Gasgeruch müssen sofort alle Fenster geöffnet werden.

    a) Die Einfahrt ist Tag und Nacht freizuhalten.
    b) Die braunen Tonnen sind regelmäßig zu reinigen.
    c) Bei der Lagerung von Heizöl sind die amtlichen Richtlinien zu beachten.
    d) Die Mittagsruhe ist einzuhalten.

3. *Ines möchte mehr über Irland wissen und fragt Martin. Antworten Sie anstelle von Martin und benutzen Sie Relativsätze.*

    z. B. „Du, ich kenne das nicht, wer oder was ist Skellig Michael?" → „Das ist eine Felseninsel, die circa 10 km vor der Küste von Iveragh liegt.

    a) Croagh Patrick b) Blarney Stone c) Newgrange
    d) Curragh e) Glendalough f) Ceilí
    g) Dingle h) Clonmacnoise i) Slane
    j) Boxty k) Gombeen l) Shanachie

4. *Stellen Sie Fragen und bitten Sie jemanden um die Antwort.*

    z. B. Sie hat „Vom Winde verweht" geschrieben. → Wie heißt die Schriftstellerin, die „Vom Winde verweht" geschrieben hat? → Margaret Mitchell.

    a) Er hat Mona Lisa gemalt.
    b) Sie spielt Rachel in „Friends".
    c) Sie haben 1998 den Friedensnobelpreis erhalten.
    d) Sie hat für ihre Erforschung der Radioaktivität den Nobelpreis für Physik bekommen.

e) Sie hat 1998 den 5000 m und den 10000 m Lauf in den Leichtathletik-Europameister-schaften gewonnen.
f) Er bekam während der Fußballweltmeisterschaft 1998 im Spiel England gegen Argentinien die rote Karte.
g) Sie haben am 1. 6. 1967 „Sergeant Pepper" herausgebracht.
h) Er hat Regie beim „Butcher Boy" geführt.
i) Er hat den „Messias" komponiert.
j) Er hat Basil Fawlty gespielt.

Band/Gruppe	Fußballer/in	Komiker/in	Komponist/in
Maler/in	Politiker/in	Regisseur/in	Schauspieler/in
~~Schriftsteller/in~~	Sportler/in	Wissenschaftler/in	

5. *Beschreiben Sie die perfekte Welt.*

   z. B. Autos, die keine Abgase produzieren.

   a) Busse, ...   b) Uhren, ...   c) Beamte/Beamtinnen, ...
   d) Dozent(inn)en, ...   e) Studierende, ...   f) Ärzte/Ärztinnen, ...
   g) Computer, ...   h) Klausuren, ...   i) Politiker/innen, ...

6. *Kevin interessiert sich für Anke. Deshalb fragt er Jürgen.*

   z. B. Wie heißt der Typ, mit dem Anke tanzt?

IN DER WG

7. Vervollständigen Sie die Sätze.

z. B. *Je mehr Hopfen hinzugegeben wird, desto bitterer schmeckt das Bier.*

a) Je reiner das Brauwasser ist, desto ...
b) Je mehr Bewerbungen du abschickst, desto ...
c) Je öfter Sie etwas auf Deutsch lesen, desto ...
d) Je älter ich werde, desto ...
e) Je mehr Zeit du vor dem Fernseher verbringst, desto ...
f) Je früher am Morgen du zum Arbeitsamt gehst, desto ...
g) Je öfter du trainierst, desto ...
h) Je länger die Ferien waren, desto ...

Je mehr man schon weiß, je mehr hat man noch zu lernen. (Athenäum-Fragmente)

8. Unsere Wände haben Ohren – Ergänzen Sie die Gesprächsfetzen aus den Nachbarwohnungen.

z. B. *Warum soll ich immer auf meine kleine Schwester aufpassen?*

a) Schließlich ist es auch _____ Kind!
b) Solange du _____ Füße unter _____ Tisch hast, habe ich hier zu bestimmen.
c) Ihr geht jetzt und räumt _____ Zimmer auf!
d) Warum mischt sich _____ Mutter immer in _____ Ehe ein?
e) Und von _____ Familie kannst du keine Hilfe bekommen?
f) Hast du _____ Brille irgendwo gesehen?

9. Was passt zusammen?

z. B. *die Zerstörung des Heidelberger Schlosses*

die Entstehung	Amerika
die Geburt	die Erde
der Bau	die erste Atombombe
die Erforschung	das dritte Jahrtausend
die Erfindung	das erste Klonschaf
die Entdeckung	~~das Heidelberger Schloss~~
der Abwurf	das Weltall
der Beginn	die Berliner Mauer
~~die Zerstörung~~	der Kronkorken
die Dauer	der Golfkrieg

10. Erklären Sie diese politischen Begriffe. Benutzen Sie dabei den Genitiv.

    z. B. Taoiseach → Das ist der Titel des irischen Premierministers.

    a) Dáil Eireann   b) Arás an Uachtaráin   c) T. D.   d) Seanad
    e) Oireachtas   f) Tánaiste   g) Fine Gael   h) Ard Fheis

11. Berühmte Bücher – Wie lautet der genaue Titel und wer war der/die Autor/in dieses Buches?

    z. B. Herr _der_ Fliegen___ → Das Buch wurde von William Golding geschrieben.

    a) Das Bildnis _____ Dorian Gray_____
    b) Gulliver _____ Reisen_____
    c) Früchte _____ Zorn_____
    d) Der Tod _____ Handlungsreisenden_____
    e) Die Asche _____ Mutter_____
    f) Ein Porträt _____ Künstler_____ als junger Mann
    g) Farm _____ Tiere_____
    h) Zeugin _____ Anklage_____
    i) Komödie _____ Irrungen_____
    j) Der Krieg _____ Welten_____

    | Agatha Christie | James Joyce | Arthur Miller | Frank McCourt |
    | George Orwell | John Steinbeck | Jonathan Swift | H.G. Wells |
    | Oscar Wilde | William Shakespeare | ~~William Golding~~ | |

12. Erklären Sie diese Komposita entweder mit Hilfe eines Genitivs oder eines Relativsatzes.

    z. B. Semesteranfang → der Anfang des Semesters

    z. B. Jogurtbecher → ein Becher, in dem Jogurt ist

    a) Umweltschutz   b) Putzlappen   c) Müllabfuhr
    d) Metallklammer   e) Frühstückstisch   f) Küchenlampe
    g) Teebeutel   h) Mieterhöhung   i) Sonnenbrille
    j) Hausbewohner   k) Wäscheständer   l) Wasserschaden

13. Bauen Sie die Komposita richtig zusammen.

z. B. Auslandshaus/Mietsaufenthalt ➤ Auslandsaufenthalt/Mietshaus

~~Auslandshaus~~   Bewerbungsverzeichnis   Ersatznebenkosten
Fernsehordnung   Haussendung   Jugendteilung
Arbeitsherberge   ~~Mietsaufenthalt~~   Müllwohnheim
Rückendienst   Studententrennung   Vorlesungsschreiben
Vorstellungsgemeinschaft   Wohngespräch   Wohnspieler
Zivilschmerzen

14. Sortieren Sie aus.

z.B. Mit welcher Bahn kann man nicht fahren? ➤ ~~Eisbahn~~/Eisenbahn/~~Rennbahn~~/Straßenbahn/U-Bahn

a) Aus welchen Gläsern kann man <u>nicht</u> trinken?
Kristallgläser/Ferngläser/Weingläser/Brillengläser/Biergläser

b) Mit welchen Rädern kann man <u>nicht</u> fahren?
Zahnräder/Fahrräder/Gummiräder/Motorräder

c) In welcher Kiste kann man <u>nichts</u> transportieren?
Zigarrenkiste/Holzkiste/Flimmerkiste/Bücherkiste

d) Welches Buch kann man <u>nicht</u> lesen?
Malbuch/Kochbuch/Tagebuch/Fachbuch/Sparbuch

e) In welchem Haus können Menschen <u>nicht</u> wohnen?
Hochhaus/Reihenhaus/Schneckenhaus/Fachwerkhaus

f) An welcher Wand kann man <u>kein</u> Poster aufhängen?
Bretterwand/Häuserwand/Kletterwand/Zimmerwand/Einwand

Partnerübungen

Kapitel 1, D7

Rollenspiel 1: Spielen Sie Personalleiter/in und stellen Sie Ihrem/Ihrer Lernpartner/in, der/die sich um einen Ferienjob bewirbt, Fragen zu folgenden Themen: Name, Alter, Geburtsdatum, Geburtsort, Familienstand, Staatsangehörigkeit, Schule, Abitur, Studium, Arbeitserfahrung, Sprachkenntnisse, sonstige Kenntnisse, Hobbys und Führerschein. Machen Sie sich Notizen.

Rollenspiel 2: Sie heißen Jürgen Fichtner und sind in einem Vorstellungsgespräch für einen Ferienjob. Beantworten Sie die Fragen Ihres Lernpartners/Ihrer Lernpartnerin. Er/Sie ist der/die Personalleiter/in. Hier ist Ihr Lebenslauf.

Geburtsdatum:	16. 9. 1978
Geburtsort:	Bremen
Staatsangehörigkeit:	deutsch
Familienstand:	verheiratet
Ausbildung:	1984–1988: Grundschule in Wilhelmshaven
	1988–1997: Gymnasium in Hamburg
	1997: Abitur
	seit Oktober 1997 Studium der Chemie an der Universität in Karlsruhe
Arbeitserfahrung:	Jul.–Okt. '96 und '97 Fabrikarbeiter bei der Bremer AG in Karlsruhe
	Jul.–Okt. '98: Chemiepraktikum bei der BASF AG in Ludwigshafen
	seit März '99 Hilfskraft am Lehrstuhl für Chemie an der Universität Karlsruhe (40 Stunden pro Monat)
Sprachkenntnisse:	Deutsch (Muttersprache), gute Englischkenntnisse, Grundkenntnisse in Italienisch
Sonstige Kenntnisse:	Basiskenntnisse in Textverarbeitung
Hobbys:	Snowboarding, Inline-Skating, Tauchen, Musik
Führerschein:	Klasse B

Kapitel 1, D7

Rollenspiel 1: Sie heißen Jasmin Mösyör und sind in einem Vorstellungsgespräch für einen Ferienjob. Beantworten Sie die Fragen Ihres Lernpartners/Ihrer Lernpartnerin. Er/Sie ist der/die Personalleiter/in. Hier ist Ihr Lebenslauf.

Geburtsdatum:	22. 3. 1978
Geburtsort:	Stuttgart
Staatsangehörigkeit:	türkisch
Familienstand:	ledig
Ausbildung:	1984–1988: Grundschule in Stuttgart
	1988–1997: Gymnasium in Stuttgart
	1997: Abitur
	seit Oktober 1997 Studium des Maschinenbaus an der Fachhochschule in Kiel
Arbeitserfahrung:	Feb.–Apr. '98 Verkäuferin in einem Supermarkt in Kiel
	Jul.–Okt. '98: Bedienung in einem Café in Kiel
Sprachkenntnisse:	zweisprachig (Türkisch und Deutsch), gute Kenntnisse in Englisch
Sonstige Kenntnisse:	umfassende Kenntnisse in Textverarbeitung
Hobbys:	Basketball, Reiten, Filme und Lesen
Führerschein:	Klasse B

Rollenspiel 2: Spielen Sie Personalleiter/in und stellen Sie Ihrem/Ihrer Lernpartner/in, der/die sich um einen Ferienjob bewirbt, Fragen zu folgenden Themen: Name, Alter, Geburtsdatum, Geburtsort, Familienstand, Staatsangehörigkeit, Schule, Abitur, Studium, Arbeitserfahrung, Sprachkenntnisse, sonstige Kenntnisse, Hobbys und Führerschein. Machen Sie sich Notizen.

Kapitel 2, A7

Rollenspiel 1: Sie sind an einem Sonntag um 5.50 Uhr im Reisezentrum der Deutschen Bahn AG unter dem Frankfurter Flughafen. Sie möchten nach Mannheim fahren. Bitten Sie um Auskunft und schreiben Sie alle wichtigen Informationen auf.

Rollenspiel 2: Sie arbeiten am Schalter des Reisezentrums der Deutschen Bahn AG unter dem Frankfurter Flughafen. Es ist Mittwoch, die Uhr zeigt auf 17.20 Uhr. Bedienen Sie Ihre/n Kunden/Kundin.

Frankfurt(M)Flugh. → **Mannheim Hbf**

ab	Zug	Umsteigen	an	ab	Zug		an	Verkehrstage	
14.14	S	Mainz Hbf	14.40	14.46	EC	105	15.25	täglich	
14.22	RE 3423	Frankfurt(M)	14.34	14.47	ICE	595	15.26	täglich	
14.33	S	Frankf (tief)	14.43					Mo - Sa	02
		Frankfurt(M)		14.51	EC	56	15.42		
14.33	S	Frankfurt(M)	14.44	14.51	EC	56	15.42	So	01
14.48	S	Frankfurt-Niederrad	4.54	15.12	RE	3113	16.15	täglich	
15.03	S	F-Sportfeld	15.06	15.25	RB	7171		täglich	
		Biblis	16.20	16.36	RB	7135	17.04		
15.14	S	Mainz Hbf	15.40	15.46	IC	501	16.25	täglich	
15.18	S	Frankf (tief)	15.28					täglich	
		Frankfurt(M)		15.47	ICE	797	16.26		
15.36	RE 3426	Mainz Hbf	15.56	16.14	IC	615	16.52	täglich	
15.48	S	Frankf (tief)	15.58					täglich	
		Frankfurt(M)		16.05	ICE	77	16.42		
15.48	S	Frankf (tief)	15.58					täglich	
		Frankfurt(M)		16.10	RE	3521	17.22		
16.14	S	Mainz Hbf	16.40	16.46	IC	603	17.26	täglich	
16.22	RE 3427	Frankfurt(M)	16.34	16.47	ICE	597	17.26	täglich	
16.33	S	Frankf (tief)	16.43					Mo - Fr	03
		Frankfurt(M)		16.51	IC	558	17.42		
16.33	S	Frankfurt(M)	16.44	16.51	IC	558	17.42	Sa, So	09
16.33	S	Frankfurt(M)	16.44	17.02	IR	2773	17.50	Sa, So	09
16.38	S	Frankfurt(M)	16.51	17.02	IR	2773	17.50	Mo - Fr	03
16.48	S	Frankfurt-Niederrad	6.54	17.12	RE	3115	18.16	täglich	
17.10	S	F-Sportfeld	17.14	17.25	RB	7175		Mo - Fr	03
		Biblis	18.21	18.36	RB	7141	2.Kl	19.04	
17.14	S	Mainz Hbf	17.40	17.46	IC	605	18.25	täglich	
17.18	S	Frankf (tief)	17.28					täglich	10
		Frankfurt(M)		17.42	ICE	975	18.23		
17.36	RE 3434	Mainz Hbf	17.56	18.14	IC	515	18.52	Mo - Fr, So	11
17.48	S	Frankf (tief)	17.58					täglich	
		Frankfurt(M)		18.05	ICE	79	18.42		
17.48	S	Frankf (tief)	17.58					täglich	
		Frankfurt(M)		18.10	RE	3525	19.22		
18.03	S	F-Sportfeld	18.06	18.25	RB	7177		täglich	
		Biblis	19.20	19.38	RB	7143	20.04		

Kapitel 2, F2

Fragen Sie Ihre/n Lernpartner/in nach den Informationen, die Sie nicht haben. Beantworten Sie auch die Fragen Ihres Lernpartners/Ihrer Lernpartnerin.

	Bettplätze	EZ in Doppel-appartement	EZ-appartement	eigene Dusche/WC u. Küche in App.	Wasch- und Trockenraum	Sportplatz/Schwimm-bad i.d. Nähe	Internet-Anschluß im Zimmer	Parkmöglichkeiten im WH-Gebiet	Bus oder Stadtbahn-Haltestelle
1. Wohnkomplex Am Steingarten 12 u. 14 ☐ Mannheim (Herzogenried)	267	☐	nein	nein	☐	nein	☐	nein	Gesamt-schule Herzogen-ried (B)
2. Wohnkomplex Carl-Zuckmayer-Str. 13–17 68169 Mannheim (Herzogenried)	☐	275,–	☐	ja	ja	☐	ja	☐	
3. Wohnkomplex Neckarauer Str. ☐ 68199 Mannheim (Almenhof)	136	☐	nein	☐	ja	nein	☐	ja	Lette-straße (S)
4. Wohnanlage G7, 26 u. 28 68159 Mannheim (Innenstadt)	☐	nein	365,– bis 380,–	ja	☐	☐	nein	nein	☐

Kapitel 2, A7

Rollenspiel 1: Sie arbeiten an einem Sonntag am Schalter des Reisezentrums der Deutschen Bahn AG unter dem Frankfurter Flughafen. Es ist gerade 5.50 Uhr. Bedienen Sie Ihre/n Kunden/Kundin.

Rollenspiel 2: Sie sind an einem Mittwoch um 17.20 Uhr im Reisezentrum der Deutschen Bahn AG unter dem Frankfurter Flughafen. Sie möchten nach Mannheim fahren. Bitten Sie um Auskunft und schreiben Sie alle wichtigen Informationen auf.

Frankfurt(M)Flugh. → **Mannheim Hbf**

Ab	Zug	Umsteigen	An	Ab	Zug	An	Verkehrstage
0.07	IR 2579					0.41	Mo - Sa 01
4.48	S	F-Sportfeld	4.52	5.01	RB 15051	6.21	Mo - Sa 02
5.03	S	Frankfurt(M)Hbf	5.14	5.30	IC 717 ♨	6.13	So 03
5.03	S	Frankf Hbf (tief) Frankfurt(M)Hbf	5.13	5.30	IC 717 ♨	6.13	Mo - Sa 02
5.48	S	Frankf Hbf (tief) Frankfurt(M)Hbf	5.58	6.08	RE 15241	7.18	täglich
6.03	S	Frankf Hbf (tief) Frankfurt(M)Hbf	6.13	6.23	ICE 991 ♣	7.03	Mo - Fr 04
6.48	S	Frankf Hbf (tief) Frankfurt(M)Hbf	6.58	7.17	EC 52 ♣	8.12	täglich
6.54	ICE 271 ♣					7.24	täglich 05
7.03	S	F-Niederrad	7.09	7.16	RE 15055	8.25	täglich
7.33	S	Frankfurt(M)Hbf Heidelberg Hbf	7.44 8.43	7.54 8.59	IR 2473 ♨ RE 3832	9.10	So 03
7.33	S	Frankf Hbf (tief) Frankfurt(M)Hbf Heidelberg Hbf	7.43 8.43	7.54 8.59	IR 2473 ♨ RE 3832	9.10	Mo - Sa 02
7.37	RE 3302	Mainz Hbf	7.57	8.13	IC 513 ♣	8.53	täglich
7.48	S	Frankf Hbf (tief)	7.58	8.10	RE 15245	9.24	täglich
7.56	EC 101 ♣					8.27	täglich 06
8.56	EC 107 ♣					9.27	täglich 06
9.03	S	F-Niederrad	9.09	9.20	RE 15059	10.25	täglich
9.18	S	Frankf Hbf (tief) Frankfurt(M)Hbf	9.28	9.50	ICE 791 ♣	10.24	täglich
9.19	ICE 571 ♣					9.50	Mo - Fr 07
9.33	S	Frankfurt(M)Hbf Heidelberg Hbf	9.44 10.43	9.54 10.59	IR 2475 ♨ RE 3834	11.10	So 03

Kapitel 2, F2

Fragen Sie Ihre/n Lernpartner/in nach den Informationen, die Sie nicht haben. Beantworten Sie auch die Fragen Ihres Lernpartners/Ihrer Lernpartnerin.

	Bettplätze	EZ in Doppel- appartement	EZ-Appartement	eigene Dusche/WC u. Küche in App.	Wasch- und Trockenraum	Sportplatz/Schwimm- bad i.d. Nähe	Internet-Anschluß im Zimmer	Parkmöglichkeiten im WH-Gebiet	Bus oder Stadtbahn- Haltestelle
1. Wohnkomplex Am Steingarten 12 u. 14, 68169 Mannheim (Herzogenried)		250,–			ja		ja		
2. Wohnkomplex Carl-Zuckmayer-Str. ☐ 68169 Mannheim (Herzogenried)	229		305,–			nein		ja	Gesamt- schule Herzogen- ried (B)
3. Wohnkomplex Neckarauer Str. 169–175 68199 Mannheim (Almenhof)		300,– bis 310,–		nein				ja	
4. Wohnanlage G7,26 u. 28 ☐ Mannheim (Innenstadt)	75			ja		nein			Dalberg- straße (S)

Kapitel 5, D1

Fragen Sie Ihre/n Lernpartner/in nach den Informationen des Deutschen Brauer Bundes (Stand: 1996), die Sie nicht haben. Beantworten Sie auch die Fragen Ihres Lernpartners/Ihrer Lernpartnerin.

Land	Anzahl der Braustätten	Bierausstoß insgesamt in 1000 hl	Bierausstoß je Braustätte in hl	Anzahl der Beschäftigten	Bierausfuhr 1000 hl	Biereinfuhr 1000 hl	Bierverbrauch je Einwohner/Liter
Deutschland		114227		47100			131,7
Frankreich	25		817640	6300		4278	
Verein. Königr.	93		628473		3654		
Irland			1109000	2150		550	118
Schweiz	27	3623			30		
Italien				3235		3069	24
Schweden	35	4805	137286		49		

Kapitel 11, D7

Prepare your role in the following 4 situations and then perform a roleplay with your partner

A1: You have got a summer job in Mannheim and you are renting an apartment in the Collini Centre, a high rise apartment block. You have been out celebrating your first week at work. You come home at around 1 o'clock in the morning and you realize that you don't have the house key with you. It's raining, you are cold and not completely sober. Reluctantly, you ring one of the bells.

A2: You are a 40-year old German with two small children. Recently, a young person has moved in next door and things just haven't been the same. There are parties all the time. The walls are very thin, your children keep waking up and you can't stand techno music. One evening you have had enough and ring the person's door bell.

A3: You have a summer job in Heidelberg and live in an apartment block not too far from the city centre. When you moved in you were given the house regulations. According to these regulations you are required to clean the staircase and its window once a week. Up to now you have stuck to these rules. Last week, however, you had an extremely busy social life and you totally forgot about the cleaning. It's Friday evening and your door bell rings.

A4: You are spending one year in Heidelberg as a Socrates student and share an apartment with a German student. S/he is a very nice person apart from his/her obvious aversion to cleaning of any kind. You have been cleaning the bathroom and the kitchen on a regular basis for the last few weeks but now you are not prepared to put up with it anymore. Have a talk with your co-tenant and work out some sort of agreement.

Kapitel 5, D1

Fragen Sie Ihre/n Lernpartner/in nach den Informationen des Deutschen Brauer Bundes (Stand: 1996), die Sie nicht haben. Beantworten Sie auch die Fragen Ihres Lernpartners/Ihrer Lernpartnerin.

Land	Anzahl der Braustätten	Bierausstoß insgesamt in 1000 hl	Bierausstoß je Braustätte in hl	Anzahl der Beschäftigten	Bierausfuhr 1000 hl	Biereinfuhr 1000 hl	Bierverbrauch je Einwohner/Liter
Deutschland	1234		92566		7719	2168	
Frankreich		20441			1828		39,2
Verein. Königr.		58448		29000		5591	102,6
Irland	7	7763			3200		
Schweiz			134185	2600		709	60,6
Italien	18	11117	617611		428		
Schweden				3700		423	59,1

Kapitel 11, D7

Prepare your role in the following 4 situations and then perform a roleplay with your partner

B1: You are a hard-working 45-year old German manager in Mannheim and live in a nice apartment in the Collini Centre, a high rise building on the banks of the Neckar. One night, you are woken by your intercom bell. You don't expect any guests. There have been several burglaries over the last few months. Reluctantly, you answer the intercom.

B2: You are working for the summer in Heidelberg, are making good money and have found a nice apartment in a new apartment block. You invite people back to your place after an evening out but since you are aware of your neighbours you encourage your guests to keep the noise down. Suddenly your door bell rings.

B3: You are a 60-year old pensioner who lives in an apartment block in Heidelberg. You try to make sure things look decent, which is difficult considering the many tenants in the house. But you believe that if everybody does his or her share the house will look neat and clean enough. That's why you are a bit angry with the new tenant just below your apartment. You are convinced this is the third week s/he didn't bother cleaning the staircase and even when it was done s/he did not do it properly. It's Friday evening and you have decided to have a word with this young person from Ireland. Ring his/her bell.

B4: You are a 29-year old German student with his/her finals coming up. Since you are too old to get BAföG and your parents have refused to pay for your second course of studies, you are forced to work 22 hours a week in a restaurant. Obviously, you haven't had any time to do any housework. You share an apartment with a student from Ireland who would like to talk to you one evening.

Kapitel 6, G6 d)

Füllen Sie zuerst die dritte Spalte für sich selbst aus. Fragen Sie dann Ihre/n Lernpartner/in nach den Informationen, die Sie nicht haben, und tragen Sie sie in die Tabelle ein. Beantworten Sie auch die Fragen, die Sie gestellt bekommen.

z. B. Worüber freut sich Cornelia? → Sie freut sich über eine gute Note.

	Cornelia	Manfred	Sie	Ihr/e Lernpartner/in
sich freuen über	gute Note			
sich interessieren für		Astronomie		
sich fürchten vor	Zahnarzt			
sich oft beschweren über		Essen in der Mensa		
sich konzentrieren auf	Klausur			
sich bewerben um		Job als Hiwi		
warten auf	Brief			
sich heute Abend treffen mit		seine Mutter		
teilnehmen an	Sprachkurs			
sich gerne erinnern an		Fall der Mauer		
nicht gerne denken an	letztes Wochenende			
sich freuen auf		Samstag		

Kapitel 10, B4 c)

Buchstabieren Sie Ihrem/Ihrer Lernpartner/in diese Namen. Schreiben Sie auch die Namen auf, die Ihnen Ihr/e Lernpartner/in buchstabiert.

    a) Z-a-p-l-i-n-s-k-i
    b) O-b-e-r-p-a-r-l-e-i-t-e-r
    c) D-e-i-s-e-n-r-o-t-h
    d) A-u-f-s-a-t-t-l-e-r
    e) S-c-h-m-i-e-d--K-ö-m-m-e-r-l-i-n-g

Kapitel 6, G 6 d)

Füllen Sie zuerst die dritte Spalte für sich selbst aus. Fragen Sie dann Ihre/n Lernpartner/in nach den Informationen, die Sie nicht haben, und tragen Sie sie in die Tabelle ein. Beantworten Sie auch die Fragen, die Sie gestellt bekommen.

z. B. Worüber freut sich Manfred? ➤ *Er freut sich über ein Geschenk.*

	Cornelia	Manfred	Sie	Ihr/e Lernpartner/in
sich freuen über		Geschenk		
sich interessieren für	Filme			
sich fürchten vor		Spinnen		
sich oft beschweren über	laute Nachbarn			
sich konzentrieren auf		Arbeit		
sich bewerben um	Job als Kellnerin			
warten auf		E-Mail		
sich heute Abend treffen mit	ihre Schulfreundin			
teilnehmen an		Rhetorikkurs		
sich gerne erinnern an	der erste Schultag			
nicht gerne denken an		Fete		
sich freuen auf	Wochenende			

Kapitel 10, B4 c)

Buchstabieren Sie Ihrem/Ihrer Lernpartner/in diese Namen. Schreiben Sie auch die Namen auf, die Ihnen Ihr/e Lernpartner/in buchstabiert.

a) R-o-s-s-d-e-u-t-s-c-h-l-e-r
b) I-n-g-e-n-t-h-r-o-n
c) S-i-e-g-l-e-r-s-c-h-m-i-t-t
d) G-u-t-h-e-r-m-u-t-h
e) T-r-u-m-p-f-h-e-l-l-e-r

Kapitel 7, D7

Fragen Sie Ihre/n Lernpartner/in nach den Informationen, die Sie nicht haben und tragen Sie sie ein. Beantworten Sie auch die Fragen Ihres Lernpartners/Ihrer Lernpartnerin.

Bundesliga in Zahlen

Die Ergebnisse

Rostock – M'gladbach	1:1
☐ – Kaiserslautern	0:1
Leverkusen – 1. F.C. Nürnberg	☐
Dortmund – Schalke	3:0
Hamburg – Eintracht Frankfurt	0:1
Wolfsburg – ☐	2:1
Duisburg – Bochum	☐
Bayern München – Stuttgart	2:0

Die nächsten Spiele

Frankfurt – Bremen
Schalke – Duisburg (beide Fr., 20.00)
Bochum – Leverkusen
Nürnberg – ☐
Berlin – Bayern München
1860 München – Hamburg
☐ – Dortmund
Stuttgart – Rostock (alle Sa., 15.30)
M'gladbach – Freiburg (So., 18.00)

Die erfolgreichsten Torschützen: Winkler (1860 München) 9 Tore, ☐ (Bayern München), Marschall (Kaiserslautern) 8 Tore, Kirsten (Leverkusen), Polster (☐) 7 Tore, Preetz (Hertha BSC), Pamic (Rostock), Juskowiak (VfL Wolfsburg) 6 Tore, Ciric, Kuka (beide 1. FC Nürnberg), Effenberg (Bayern München), Akpoborie (VfB Stuttgart) ☐ Tore.

		Sp.	S	U	N	Tore	Punkte	Tord
1.	Bayern München	12	10	1	1	32:10	31	☐
2.	Bayer Leverkusen	13	☐	1	1	29:14	26	+15
3.	1. FC Kaiserslautern	13	7	3	3	20:22	24	☐
4.	1860 München	12	7	☐	3	24:16	23	+8
5.	VfL Wolfsburg	13	5	5	3	☐	20	+7
6.	Borussia Dortmund	☐	5	4	3	19:12	19	+7
7.	Hamburger SV	12	4	5	3	16:14	17	+2
8.	Hertha BSC Berlin	13	5	2	☐	17:16	17	+1
9.	VfL Bochum	13	5	☐	6	17:18	17	−1
10.	VfB Stuttgart	13	4	4	5	17:16	☐	+1
11.	Eintr. Frankfurt	13	4	4	☐	18:20	16	−2
12.	SC Freiburg	12	3	6	3	15:16	15	−1
13.	MSV Duisburg	☐	3	6	4	15:20	15	−5
14.	1. FC Nürnberg	13	2	7	4	17:25	☐	−8
15.	Schalke 04	12	2	5	5	11:20	11	−9
16.	Hansa Rostock	13	☐	4	7	18:28	10	−10
17.	Werder Bremen	12	1	4	7	14:20	7	−6
18.	Mönchengladbach	12	1	3	8	☐	6	−19

Quelle: Frankfurter Rundschau, 16.11.1998

Kapitel 7, D7

Fragen Sie Ihre/n Lernpartner/in nach den Informationen, die Sie nicht haben und tragen Sie sie ein. Beantworten Sie auch die Fragen Ihres Lernpartners/Ihrer Lernpartnerin.

Bundesliga in Zahlen

Die Ergebnisse
Rostock – M'gladbach ☐
Bremen – Kaiserslautern 0:1
Leverkusen – 1. F.C. Nürnberg 3:0
Dortmund – . ☐ 3:0
Hamburg – Eintracht Frankfurt ☐
Wolfsburg – Berlin 2:1
☐ – Bochum 2:0
Bayern München – Stuttgart 2:0

Die nächsten Spiele
☐ – Bremen
Schalke – Duisburg (beide Fr., 20.00)
Bochum – Leverkusen
Nürnberg – Wolfsburg
Berlin – Bayern München
☐ – Hamburg
Kaiserslautern – Dortmund
Stuttgart – Rostock (alle Sa., 15.30)
M'gladbach – Freiburg (So., 18.00)

Die erfolgreichsten Torschützen: ☐ 1860 München) 9 Tore, Elber (Bayern München), Marschall (Kaiserslautern) 8 Tore, Kirsten (Leverkusen), Polster (Mönchengladbach) ☐ Tore, Preetz (Hertha BSC), Pamic (☐), Juskowiak (VfL Wolfsburg) 6 Tore, Ciric, Kuka (beide 1. FC Nürnberg), Effenberg (Bayern München), Akpoborie (VfB Stuttgart) 5 Tore.

	Sp.	S	U	N	Tore	Punkte	Tord.
1. Bayern München	12	10	1	1	☐	31	+22
2. Bayer Leverkusen	13	10	1	1	29:14	☐	+15
3. 1. FC Kaiserslautern	☐	7	3	3	20:22	24	−2
4. 1860 München	12	7	2	3	24:16	23	+8
5. VfL Wolfsburg	13	5	5	☐	25:18	20	+7
6. Borussia Dortmund	12	5	4	3	19:12	19	☐
7. Hamburger SV	12	4	5	3	16:14	☐	+2
8. Hertha BSC Berlin	13	5	2	6	17:16	17	+1
9. VfL Bochum	13	5	2	6	17:18	17	−1
10. VfB Stuttgart	13	4	4	5	☐	16	+1
11. Eintr. Frankfurt	13	☐	4	5	18:20	16	−2
12. SC Freiburg	12	☐	6	3	15:16	15	−1
13. MSV Duisburg	13	3	6	4	15:20	15	−5
14. 1. FC Nürnberg	13	2	☐	4	17:25	13	−8
15. Schalke 04	12	2	☐	5	11:20	11	−9
16. Hansa Rostock	13	2	4	7	18:28	10	☐
17. Werder Bremen	12	1	4	☐	14:20	7	−6
18. Mönchengladbach	☐	1	3	8	16:35	6	−19

Quelle: Frankfurter Rundschau, 16.11.1998

And last but not least: Things I simply never seem to remember!

The poster is <u>on</u> the wall
<u>in</u> my opinion
travel <u>by</u> train/bus etc.
<u>in</u> 2005
<u>most of the</u> Germans
<u>take</u> a photo/a break

man → one
Stunde → hour

Das Poster ist <u>an</u> der Wand.
meiner Meinung <u>nach</u> + verb
<u>mit</u> dem Zug/Bus fahren
<u>im</u> Jahr(e) 2005
<u>die meisten</u> Deutschen
ein Foto/eine Pause <u>machen</u>

Mann → man
Uhr → clock (think of 4 Uhr = 4 o'clock) ⟷

it's either "Entschuldigung" or "Entschuldigen Sie"
no capital I in "ich"!!!
commas go before "dass", "weil", "wenn"...

it's not "die irischen Leute" but "die Iren"
it's "ich <u>bin</u> nach Deutschland gefahren"   not   "ich <u>habe</u> nach Deutschland gefahren"
it's "ich habe gute Deutschkenntnisse"   not   "ich habe gutes Deutsch"

German Grammar (Deutsche Grammatik)

Introductory remarks

When learning a language you have to learn words, and you have to know how to use the words and put them together. This is basically what grammar is about. The following pages summarize the most important aspects of German grammar. They are no substitute for a proper grammar book.

Every subject area has its own terminology. For example, in everyday life people refer only to a current of electricity; in electronics, however, one differentiates between AC and DC. The same holds true of language. There are names for different types of words and grammatical concepts. This makes it easier to talk about them. One could call them anything, but over time a certain terminology has developed and that's the one we will also use here.

If you don't understand a grammatical term in one explanation, check the index, for this term might be explained somewhere else.

Verbs (Verben)

Verbs express an action, e.g. *to go (gehen), to write (schreiben), to travel (reisen), to read (lesen)*; sometimes with verbs like *to stay (bleiben)* or *to be (sein)* this action is not a real activity.

The verb is the anchor of a German clause. You can't have a complete clause without a verb, and the function of many other words in the clause is determined by their relationship to the verb.

Verb endings correspond with the subject, e.g. **Ich** *pack***e** *gerade den Koffer. (I am just packing the suitcase.)* **Wir** *pack***en** *gerade den Koffer. (We are just packing the suitcase.)*

Verbs change according to the tense they are used in, e.g. *Sie* **packt** *gerade den Koffer. (She is just packing the suitcase.) Sie* **hat** *gestern den Koffer* **gepackt***. (She packed the suitcase yesterday.)*

Infinitive (Infinitiv)

The infinitive is the basic form of a verb, the one you find in a dictionary. In German, the infinitive ends in *-en*, sometimes just in *-n*, e.g. *schreib***en** (to write) or *segel***n** (to sail). The part before the *-en (-n)* is called the stem or root of the verb.

Conjugating a verb (ein Verb konjugieren)

Conjugating a verb means changing its infinitive so that the verb corresponds with the subject and expresses the tense that is required.

Weak verbs (schwache Verben)

The stem of a weak verb never changes, e.g. *koch*en *(to cook)*, *koch*t, *koch*te, ge*koch*t.

Strong verbs (starke Verben)

The stem of a strong verb changes in the simple past or in the past participle or in both, and sometimes also in the present tense (see pages 323–25). The endings in the simple past differ from the ones used for weak verbs (see page 321) and the past participle ends in *-(e)n*. Very often, the verbs that are strong in German are also strong in English, e.g. *gehen (to go), geht, ging, gegangen* or *nehmen (to take), nimmt, nahm, genommen*.

Irregular weak verbs (unregelmäßige schwache Verben)

haben (to have), hat, hatte, gehabt belongs to this group since it loses its *b* in present tense and has a slightly irregular form in the simple past.

The other verbs in this group have characteristics of both weak and strong verbs, that is why they are sometimes called **mixed verbs**. The stem of the simple past and the past participle is different from that of the infinitive, but the endings are the same as the endings of weak verbs. An example of this mixed type is *denken (to think), denkt, dachte, gedacht* (see pages 324–325).

Auxiliary verbs (Hilfsverben)

Auxiliary verbs are used to form compound tenses of other verbs. When a verb is used as an auxiliary verb, it loses its original meaning, e.g. I have a book. ➤ I have seen him.

The same happens in German, e.g.

Ich **habe** ein Buch. *(I have a book)* ➤ Ich **habe** Tim gestern Morgen gesehen. *(I saw Tim yesterday morning.)*

Er **ist** müde. *(He is tired.)* ➤ Sie **ist** am Sonntag nach Rom gefahren. *(She went to Rome on Sunday.)*

Es **wird** kalt. *(It is getting cold.)* ➤ Sie **wird** jetzt gehen. *(She will go now.)*

The three auxiliary verbs in German are *haben (to have), sein (to be)* and *werden (to become)*.

Transitive and intransitive verbs (transitive und intransitive Verben)

Transitive verbs can take a direct object, i.e. you can ask "the subject is doing: what?"

Er kocht jeden Tag. ➤ *Er kocht jeden Tag das Abendessen.*
(He cooks every day.) *(He cooks the dinner every day.)*

An intransitive verb can have no direct object. You cannot ask "the subject is doing: what?", but only:

how?	→	Er kann sehr schnell rennen. (He can run very quickly.)
where?	→	Sie ist im Kino. (She is in the cinema.)
where from?	→	Er kommt aus Österreich. (He comes from Austria.)
where to?	→	Ich werde ins Kino gehen. (I will go to the cinema.)
when?	→	Sie hat gestern Abend gearbeitet. (She worked yesterday evening.)

Separable verbs (trennbare Verben)

Separable verbs are basic verbs with a prefix that is separated from the conjugated part of the verb in

- imperatives, e.g. **Rufen** Sie Ihren Bruder **an**! *(Call your brother!)*
- statements and questions in the present and the simple past, e.g.

*Sein Bruder **ruft** jeden Tag **an**. (His brother calls every day.)*
*Gestern **rief** sein Bruder nicht **an**. (Yesterday his brother didn't call.)*
***Ruft** sein Bruder jeden Tag **an**? (Does his brother call every day?)*
***Rief** sein Bruder auch gestern **an**? (Did his brother call yesterday as well?)*

Note: In subordinate clauses the conjugated part of the verb moves to the very end of that clause and is joined with the prefix, e.g. *Ich glaube, dass sein Bruder gerade anruft. (I think that his brother is just calling.)*

Separable prefixes are: *ab-, an-, auf-, aus-, ein-, fern-, fest-, fort-, her-, hin-, kaputt-, los-, mit-, vor-, weg-, zu-, zurück-, zusammen-* . Apart from *her-* they can also exist as words on their own.

Inseparable verbs (untrennbare Verben)

Inseparable verbs are basic verbs with a prefix that is never separated from the conjugated part of the verb.

Inseparable prefixes are: *ent-, er-, ver-, miss-, emp-, be-, zer-* and *ge-*. Apart from *er-* they can't exist as words on their own, e.g.

*Unser Team **gewinnt** fast nie. (Our team hardly ever wins.)*
*Unser Team **gewann** gestern. (Our team won yesterday.)*
*Wann **gewann** euer Team zum letzten Mal? (When did your team win the last time?)*

durch-, hinter-, über-, um-, unter-, voll- wider- and *wieder-* are inseparable prefixes when they are not used in a literal sense, e.g.

*Sie **gießt** das Glas nie **voll**. (She never pours the glass full.)*
*Sie **vollbringt** immer das Unmögliche. (She always achieves the impossible.)*

The past participle of an inseparable verb never starts with a *ge-*.

Reflexive verbs (Reflexivverben)

Reflexive verbs convey the idea that the subject "does something to itself and not to someone or something outside itself". They convey this by means of a reflexive pronoun:

sich waschen (to wash oneself) in contrast to *den Pullover waschen (to wash the jumper)*; *"Die Zahl der Studenten hat sich seit 1994 verdoppelt."* (The number of students has doubled since 1994.) in contrast to *"Letztes Jahr hat die Firma den Gewinn verdoppelt."* (Last year the company doubled its profit.)

Often the reflexive pronoun is in the accusative case. However, when the clause with the reflexive verb already has a direct object, the reflexive pronoun has to go into the dative case, e.g.

*Das kann ich **mir** gut vorstellen. (I can imagine that very well.)*
*Du musst **dir** öfter die Zähne putzen. (You have to brush your teeth more often.)*

reflexive pronouns in accusative	reflexive pronouns in dative
sich waschen (to wash oneself)	sich die Haare waschen (to wash one's hair)
ich wasche mich	ich wasche mir die Haare
du wäschst dich	du wäschst dir die Haare
er/sie/es/man wäscht sich	er/sie/es/man wäscht sich die Haare
wir waschen uns	wir waschen uns die Haare
ihr wascht euch	ihr wascht euch die Haare
sie waschen sich	sie waschen sich die Haare
Sie waschen sich	Sie waschen sich die Haare

Very often a reflexive verb expresses a feeling or an action that is important to the subject, like *sich freuen auf (to look forward to)* or *sich ärgern über (to be annoyed about)*. These phrases include no reflexive pronoun in English.

Whereas a lot of verbs can be both reflexive and not reflexive, e.g. *(sich) ärgern* (you can be annoyed yourself and you can annoy somebody else), others are always reflexive, e.g. *sich beeilen (to hurry up)*. Very often these verbs are not reflexive in English. The dictionary will tell you whether a verb is always reflexive or not.

Reciprocal verbs (Reziproke Verben)

Reciprocal verbs describe actions done by people to each other. Obviously, they occur only in the plural. They are formed like the reflexive verbs in the plural, e.g.

sich treffen (to meet each other) → *wir treffen uns, ihr trefft euch, sie treffen sich*
sich umarmen (to hug each other) → *wir umarmen uns, ihr umarmt euch, sie umarmen sich*

Note: Instead of *uns, euch, sich* you can use *einander*, e.g. *sie umarmen einander*.

Modal verbs (Modalverben)

Modal verbs show the attitude of the subject towards the action, e.g. the subject can, is supposed to, wants to, must do the action, i.e. a modal verb is normally complemented by another verb in the infinitive (without *zu*).

Sie **muss** ein Praktikum **machen**. *(She has to do a work placement.)*

Sometimes this other verb can be dropped if the meaning is already clear from the context.

Willst du keine Hilfe (haben)? ➤ *You don't want (to have) any help?*
Nein, ich kann das alleine (machen). ➤ *No, I can do this by myself.*

Meanings of the modal verbs:

wollen:	to want
sollen:	to be to, to be supposed to, to be said to
dürfen:	to be allowed to, may
müssen:	to have to, must
nicht müssen:	don't have to
können:	can, to be able to
mögen:	to like somebody or something
"subjunctive II of mögen":	would like to

modal verbs in the present tense	wollen	sollen	dürfen	müssen	können	mögen	subjunctive II of mögen
ich	will	soll	darf	muss	kann	mag	möchte
du	willst	sollst	darfst	musst	kannst	magst	möchtest
er, sie, es, man	will	soll	darf	muss	kann	mag	möchte
wir	wollen	sollen	dürfen	müssen	können	mögen	möchten
ihr	wollt	sollt	dürft	müsst	könnt	mögt	möchtet
sie	wollen	sollen	dürfen	müssen	können	mögen	möchten
Sie	wollen	sollen	dürfen	müssen	können	mögen	möchten
	↕	↕	↕	↕	↕	↕	↕
modal verbs in the simple past							
ich	wollte	sollte	durfte	musste	konnte	mochte	wollte
du	wolltest	solltest	durftest	musstest	konntest	mochtest	wolltest
er, sie, es, man	wollte	sollte	durfte	musste	konnte	mochte	wollte
wir	wollten	sollten	durften	mussten	konnten	mochten	wollten
ihr	wolltet	solltet	durftet	musstet	konntet	mochtet	wolltet
sie	wollten	sollten	durften	mussten	konnten	mochten	wollten
Sie	wollten	sollten	durften	mussten	konnten	mochten	wollten

lassen can be used like a modal verb, i.e. *lassen* + infinitive (without *zu*); it has two meanings:

- to allow or permit something to somebody: *Mairéad lässt Katrin im Garten spielen.* (Mairéad allows Katrin to play in the garden.)

- to have or get something done: *Mairéad lässt die Waschmaschine reparieren.* (Mairéad has the washing machine repaired.)

  In this meaning, a reflexive pronoun in the dative is frequently used, e.g. *Ich lasse mir die Haare schneiden.* (I have my hair cut.)

Imperative (Imperativ)

The imperative is used to express commands, instructions, requests, suggestions and warnings.

Formation:

- formal singular & plural: infinitive of the verb + *Sie*, e.g.
gehen	→	*Gehen Sie! (Go!)*
sich beeilen	→	*Beeilen Sie sich! (Hurry up!)*
mitkommen	→	*Kommen Sie mit! (Come along!)*

- informal singular: 2nd person singular in present tense without the *-st*
du gehst	→	*Geh! (Go!)*
du arbeitest	→	*Arbeite! (Work!)*
du nimmst	→	*Nimm es! (Take it!)*

  where the stem changes from "*a*" to "*ä*" in the present tense, the imperative is identical with the stem of the verb, e.g.
fahren (du fährst)	→	*Fahr! (Drive!/Go!)*

  the same goes for:
treffen	→	*Treff mich um 8 Uhr! (Meet me at 8 o'clock!)*

- informal plural: 2nd person plural form of the verb in present tense, e.g.
ihr geht	→	*Geht! (Go!)*
ihr arbeitet	→	*Arbeitet! (Work!)*
ihr nehmt	→	*Nehmt es! (Take it!)*

- first person plural: let's ... : infinitive + *wir*, e.g.
gehen	→	*Gehen wir! (Let's go!)*

- public announcements and instructions are often expressed by the infinitive, e.g. *Betreten verboten! (No entry!)*

- imperative of *sein*: informal singular: *Sei ruhig! (Be quiet!)*
  formal singular and plural: *Seien Sie ruhig! (Be quiet!)*
  informal plural: *Seid ruhig! (Be quiet!)*

Present participle (Partizip Präsens)

The present participle describes an action in progress. It is mainly used as an attributive adjective, e.g. *die singenden Fußballfans (the singing football fans)*

Formation: infinitive + *d* + appropriate adjective ending

Past participle (Partizip Perfekt)

You need the past participle to form the perfect and pluperfect tenses in the active voice, all the tenses in the passive voice and the hypothetical past of the subjunctive II. In these functions the past participle never adds an ending. Past participles can also be used as adjectives; and they will have the appropriate ending added to them when they are used as attributive adjectives.

Formation of past participle forms:

- weak verbs: *ge* + stem of the verb + *t* (sometimes you need "*et*" to make pronounciation easier), e.g.
  machen → *gemacht*
  arbeiten → *gearbeitet*

- weak verbs ending in *-ieren*: stem of the verb + *t*, e.g.
  studieren → *studiert*
  kopieren → *kopiert*

- strong verbs: since the way in which the stem changes is not predictable, the past participle forms have to be learnt. (See list on pages 323–325) Their only common characteristic is that they end in *-(e)n*.

- irregular weak verbs: *ge* + changed stem of the verb + *t*, e.g.
  denken → *gedacht*
  kennen → *gekannt*

- separable verbs: separable prefix + past participle of basic verb, e.g.
  einkaufen → *eingekauft*
  aufstehen → *aufgestanden*

- inseparable verbs: inseparable prefix + past participle for the basic verb without the *ge-*, e.g.
  verkaufen → *verkauft*
  bewerben → *beworben*

Verbs with the dative (Verben mit Dativ)

Some verbs take a dative object even if you expect an accusative object, e.g.

Niamh hilft immer ihrer Schwester. (Niamh always helps her sister.)

Other verbs in this group are:

ähneln: to resemble somebody/something
antworten: to answer somebody
begegnen: to meet somebody by chance
danken: to thank somebody
erlauben: to allow somebody to do something
folgen: to follow somebody/something
gehören: to belong to somebody/something
geschehen/passieren: to happen to somebody
glauben: to believe somebody
gratulieren: to congratulate somebody
nutzen/nützen: to be useful to
passen: to fit somebody, to be suitable/convenient
raten: to advise somebody
schaden: to harm somebody/something
stehen: to suit somebody, to be becoming
vergeben/verzeihen: to forgive somebody
vertrauen: to trust somebody
weh tun: to hurt, to ache
zustimmen: to agree with somebody

With some verbs, the dative object in German is the subject in English, e.g.

auffallen	Ihm ist nichts aufgefallen. (He noticed nothing out of the ordinary.)
einfallen	Mir fällt das Wort nicht ein. (I can't think of the word.)
fehlen	Ihm fehlt die Geduld. (He lacks the patience.)
gefallen	Die Jacke gefällt ihm. (He likes the jacket.)
gehen	Wie geht es Ihnen? (How are you?) ➤ Mir geht es gut. (I am fine.)
genügen	Das genügt uns. (We have enough./literally: It suffices for us.)
leid tun	Es tut uns leid. (We are sorry.)
reichen	Jetzt reicht's mir! (I have had enough.)
schmecken	Schmeckt Ihnen Sauerkraut? (Do you like the taste of Sauerkraut?)
Spaß machen	Der Ausflug hat mir Spaß gemacht. (I enjoyed the trip.)

Some verbs can be used with a preposition which may differ from the one used in English, e.g.

denken an + acc.: to think of
sich erinnern an + acc.: to remember
glauben an + acc.: to believe in

teilnehmen an + dat.: to take part in

sich gewöhnen an + acc.: to get used to
sich anpassen an + acc.: to adapt to

leiden an + dat.: to suffer from
sterben an + dat.: to die of

sich freuen auf + acc.: to look forward to
hoffen auf + acc.: to hope for
warten auf + acc.: to wait for

sich konzentrieren auf + acc.: to concentrate on
sich vorbereiten auf + acc.: to prepare for
sich spezialisieren auf + acc.: to specialise in
ankommen auf + acc.: to depend on

sich bedanken bei + dat./für + acc.: to thank somebody for something
sich entschuldigen bei + dat./für + acc.: to excuse oneself to somebody for something

sich beschweren bei + dat./über + acc.: to complain to somebody about something

sich entscheiden für + acc.: to decide on, to be in favour of
sich interessieren für + acc.: to be interested in

sich verabreden mit + dat.: to arrange to meet somebody
sich treffen mit + dat.: to meet with

reden/sprechen mit + dat./über + acc.: talk to somebody about something

riechen nach + dat.: to smell of
schmecken nach + dat.: to taste of

sich ärgern über + acc.: to be annoyed about
sich freuen über + acc.: to be happy about
lachen über + acc.: to laugh at, about, over
sich wundern über + acc.: to be surprised about

es dreht sich um/es geht um/es handelt sich um: it is about

sich bewerben um + acc./bei + dat.: to apply for something with somebody
bitten um + acc.: to ask for

abhängen von + dat.: to depend on

sich verabschieden von + dat.: to say goodbye to

handeln von + dat.: to be about

Angst haben vor + dat.: to be afraid of
sich fürchten vor + dat.: to fear, to be afraid of

schützen vor + dat.: to protect from/against
warnen vor + dat.: to warn of

Tenses (Zeitformen)

Tenses indicate the time an action is taking place, i.e. in the present (present tense), in the future (present or future tense) or in the past (simple past, perfect tense, pluperfect).

Present tense (Präsens)

You use the present tense to express

– what is happening right now, e.g. *Sie lesen gerade diesen Satz. (You are just reading this sentence)*
– a general truth, e.g. *Berlin ist die Hauptstadt von Deutschland. (Berlin is the capital of Germany.)*
– a habitual action, e.g. *Sie spielt jedes Wochenende Golf. (She plays golf every weekend.)*
– what will happen in the future, as long as it is clear from the context that you are referring to the future, e.g. *Am Samstag fahren wir nach Donegal. (On Saturday we'll go to Donegal.)*
– for actions that started in the past and are still going on, the key words are *seit* (since, for) or *schon* (already), e.g. *Sie lernt seit sechs Jahren Deutsch. (She has been learning German for 6 years.) Wie lange bis du schon da? (How long have you been here?)*

To form the present tense, you cut off the ending *–(e)n* of the infinitive and add the following endings to the stem, e.g.

	schreiben (to write)	segeln (to sail)	reisen (to travel)
ich	schreibe	segele	reise
du	schreibst	segelst	reist*
er/sie/es/man	schreibt	segelt	reist
wir	schreiben	segeln	reisen
ihr	schreibt	segelt	reist
sie	schreiben	segeln	reisen
Sie	schreiben	segeln	reisen

* If the stem ends in *-s, -ss* or *-ß* the ending for the *du*-form is just *"t"*.

Note: There is no *-ing* form in German; *ich schreibe* translates as *I write* or *I am writing*, depending on the context. If you want to say that something is happening right now in German, you will have to add *jetzt (now)* or *im Moment (at this moment)* or *gerade (just)* etc.

With some verbs like *finden (to find)*, *bitten (to ask for)*, *reiten (to ride)* etc. you insert an *"e"* in 2nd and 3rd person singular and 2nd person plural to make pronounciation clearer. Try to pronounce the forms without the *"e"*, and you will know why.

	arbeiten (to work)	rechnen (to calculate)
ich	arbeite	rechne
du	arbeitest	rechnest
er/sie/es/man	arbeitet	rechnet
wir	arbeiten	rechnen
ihr	arbeitet	rechnet
sie	arbeiten	rechnen
Sie	arbeiten	rechnen

With some verbs the stem changes in the 2nd and 3rd person singular. Unfortunately, you cannot know by looking at the infinitive whether the stem will change or how it will change. There aren't that many verbs with a change of the stem but some of them are very common. The endings, however, are still the same, e.g.

	geben (to give)
ich	gebe
du	g**i**bst
er/sie/es/man	g**i**bt
wir	geben
ihr	gebt
sie	geben
Sie	geben

You will find other common verbs with a change of the stem in the list on pages 323–325.

Some verbs do not adhere to any given rule: the modal verbs (page 314) and the following three irregular verbs:

	sein (to be)	haben (to have)	wissen (to know)
ich	bin	habe	weiß
du	bist	hast	weißt
er/sie/es/man	ist	hat	weiß
wir	sind	haben	wissen
ihr	seid	habt	wisst
sie	sind	haben	wissen
Sie	sind	haben	wissen

Perfect tense (Perfekt)

Perfect tense is used in conversation and informal writing when referring to actions in the past. It's more common in the south of Germany than in the north.

Formation: *haben* or *sein* + past participle, e.g.

*Letzten Sommer **hat** sie bei Henkel **gearbeitet**. (Last year she worked for Henkel.)*
*Letztes Jahr **bin** ich nach Deutschland **gefahren**. (Last year I went to Germany.)*

Note: Most verbs take *haben* in the perfect tense. Those that take *sein* express a change of location, like *fahren (to drive), gehen (to go), reisen (to travel)* etc., or a change of state like *aufwachen (to wake up), einschlafen (to go to sleep)* or *sterben (to die)*, as well as *sein (to be), bleiben (to stay), gelingen (to succeed), passieren (to happen)* or *geschehen (to happen)*. They are intransitive, i.e. they do not take a direct object, and they are never reflexive.

Simple past/preterite/imperfect (Präteritum/Imperfekt)

The simple past is mainly used in formal writing and narration when referring to actions in the past. It is the preferred tense for modal verbs, passive voice, *haben* and *sein* when referring to the past, and it is more common in the north of Germany than in the south.

- Formation with weak verbs: stem + *t* (sometimes "*et*" to make pronounciation easier) + a set of endings, e.g.

    machen (to make, to do)
    ich mach**te**
    du mach**test**
    er, sie, es, man mach**te**
    wir mach**ten**
    ihr mach**tet**
    sie mach**ten**
    Sie mach**ten**

    arbeiten (to work)
    ich arbeit**ete**
    du arbeit**etest**
    er, sie, es, man arbeit**ete**
    wir arbeit**eten**
    ihr arbeit**etet**
    sie arbeit**eten**
    Sie arbeit**eten**

- Formation with irregular weak verbs: changed stem + *t* + the set of endings mentioned above, e.g.

    kennen (to know):

    ich kann**te**
    du kann**test**
    er, sie, es, man kann**te**
    wir kann**ten**
    ihr kann**tet**
    sie kann**ten**
    Sie kann**ten**

- Formation with strong verbs: changed stem + special endings for some of the forms, e.g.

    gehen (to go) → ging

    ich ging
    du ging**st**
    er, sie, es, man ging
    wir ging**en**
    ihr ging**t**
    sie ging**en**
    Sie ging**en**

Note: It makes sense to learn the simple past forms and the past participles of the strong and the irregular weak verbs together, since there is very often a pattern (see list on pages 323–325).

simple past of:	sein (to be)	haben (to have)
ich	war	hatte
du	warst	hattest
er, sie, es, man	war	hatte
wir	waren	hatten
ihr	wart	hattet
sie	waren	hatten
Sie	waren	hatten

Pluperfect (Plusquamperfekt)

Pluperfect is used to describe an action that took place before another event in the past. It doesn't occur on its own, but always in relation to another event in the past.

Nachdem Eithne die Zimmer geputzt hatte, ging sie ins Kino. (After Eithne had cleaned the rooms she went to the cinema.)

Ulla ging früh ins Bett, nachdem sie den ganzen Tag Ski gelaufen war. (Ulla went to bed early after she had been skiing all day.)

Formation: the simple past of *haben* or *sein* + the past participle

The rules for the use of *haben* or *sein* are the same as for the perfect tense.

Future tense (Futur)

The future tense is used to express

- an assumption about the future
- a determination or intention to do something

Im Jahr 2013 werden wahrscheinlich 7 Milliarden Menschen auf unserem Planeten leben. (In 2013 there will probably be 7 billion people living on our planet.)

Unser Team wird gewinnen. (Our team will win.)

Formation: conjugated present tense of *werden* + the infinitive of the main verb

studieren (to study)
ich werde studieren
du wirst studieren
er, sie, es, man wird studieren
wir werden studieren
ihr werdet studieren
sie werden studieren
Sie werden studieren

Common strong and irregular weak verbs (From these parts you can form all the tenses):

infinitive	present tense; 3rd person sing.	simple past; 3rd person sing.	past participle	English
haben	hat	hatte	gehabt	have
fallen	fällt	fiel	gefallen*	fall
fangen	fängt	fing	gefangen	catch
halten	hält	hielt	gehalten	hold, stop
lassen	lässt	ließ	gelassen	stop, leave – see p. 315
raten	rät	riet	geraten	advice
schlafen	schläft	schlief	geschlafen	sleep
fahren	fährt	fuhr	gefahren*	drive, go, travel
laden	lädt	lud	geladen	load
schlagen	schlägt	schlug	geschlagen	hit, beat
tragen	trägt	trug	getragen	carry, wear
waschen	wäscht	wusch	gewaschen	wash
hängen	hängt	hing	gehangen	hang (intransitive)
laufen	läuft	lief	gelaufen*	run, walk
bleiben	bleibt	blieb	geblieben*	stay, remain
heißen	heißt	hieß	geheißen	be called
leihen	leiht	lieh	geliehen	lend
scheinen	scheint	schien	geschienen	shine, seem
schreiben	schreibt	schrieb	geschrieben	write
schreien	schreit	schrie	geschrie(e)n	scream, shout
steigen	steigt	stieg	gestiegen*	rise, climb
verzeihen	verzeiht	verzieh	verziehen	forgive
sein	ist	war	gewesen*	be
beißen	beißt	biss	gebissen	bite
leiden	leidet	litt	gelitten	suffer
reiten	reitet	ritt	geritten*	ride
schneiden	schneidet	schnitt	geschnitten	cut
streichen	streicht	strich	gestrichen	stroke, spread, paint
streiten	streitet	stritt	gestritten	argue, quarrel

→

gehen	geht	ging	gegangen*	go, walk
stehen	steht	stand	gestanden*	stand
befehlen	befiehlt	befahl	befohlen	command
brechen	bricht	brach	gebrochen	break
empfehlen	empfiehlt	empfahl	empfohlen	recommend
helfen	hilft	half	geholfen	help
nehmen	nimmt	nahm	genommen	take
sprechen	spricht	sprach	gesprochen	speak, talk
stehlen	stiehlt	stahl	gestohlen	steal
treffen	trifft	traf	getroffen	meet
geben	gibt	gab	gegeben	give
lesen	liest	las	gelesen	read
sehen	sieht	sah	gesehen	see
treten	tritt	trat	getreten	kick
brennen	brennt	brannte	gebrannt	burn
denken	denkt	dachte	gedacht	think
kennen	kennt	kannte	gekannt	know, be acquainted with
nennen	nennt	nannte	genannt	call, name
rennen	rennt	rannte	gerannt*	run
senden	sendet	sandte/sendete	gesandt/gesendet	send, transmit
wenden	wendet	wandte/wendete	gewandt/gewendet	to turn
sterben	stirbt	starb	gestorben*	die
werben	wirbt	warb	geworben	advertise, recruit
werfen	wirft	warf	geworfen	throw
werden	wird	wurde	geworden*	become, get (dark, ...)
essen	isst	aß	gegessen	eat
messen	misst	maß	gemessen	measure
vergessen	vergisst	vergaß	vergessen	forget
bieten	bietet	bot	geboten	offer
fliegen	fliegt	flog	geflogen*	fly
fliehen	flieht	floh	geflohen*	flee
frieren	friert	fror	gefroren	freeze, be cold

riechen	riecht	roch	gerochen	smell
schieben	schiebt	schob	geschoben	push
schießen	schießt	schoss	geschossen	shoot
schließen	schließt	schloss	geschlossen	close
verlieren	verliert	verlor	verloren	lose
wiegen	wiegt	wog	gewogen	weigh
ziehen	zieht	zog	gezogen	pull
liegen	liegt	lag	gelegen	lie, be
binden	bindet	band	gebunden	bind, tie
finden	findet	fand	gefunden	find
gelingen	gelingt	gelang	gelungen*	succeed
singen	singt	sang	gesungen	sing
sinken	sinkt	sank	gesunken*	sink
springen	springt	sprang	gesprungen*	spring, jump
stinken	stinkt	stank	gestunken	stink
trinken	trinkt	trank	getrunken	drink
bringen	bringt	brachte	gebracht	bring
schwimmen	schwimmt	schwamm	geschwommen	swim
beginnen	beginnt	begann	begonnen	begin
gewinnen	gewinnt	gewann	gewonnen	win
wissen	weiß	wusste	gewusst	know
bitten	bittet	bat	gebeten	ask for
sitzen	sitzt	saß	gesessen	sit
kommen	kommt	kam	gekommen*	come
rufen	ruft	rief	gerufen	call
tun	tut	tat	getan	do

The * after some past participles indicates that these verbs take *sein* instead of *haben* to form the perfect tense; exception: *Sie hat das Auto letzte Woche gefahren.* (She drove the car last week.)

Parts of Speech (Satzteile)

Subject (Subjekt)

The subject is the noun or pronoun that performs the action expressed by the verb in the sentence. You locate the subject by finding the verb first and asking who or what is performing this action, even if the action is not a real activity, e.g.

Jedes Wochenende arbeitet dieser Student in einer Kneipe. (Every weekend this student works in a pub.)
Er arbeitet jedes Wochenende in einer Kneipe. (He works in a pub every weekend.)
Der Drucker ist gestern kaputt gegangen. (The printer broke down yesterday.)
Gestern ist sie zum ersten Mal im Theater gewesen. (Yesterday she was in the theatre for the first time.)

Direct object (Direktes Objekt/Akkusativobjekt)

The direct object is the noun or pronoun that completes the action expressed by the verb when you ask "The subject is doing: what?," e.g. *Sie liest gerade ein Buch. (She is just reading a book.)/Sie liest es gerade. (She is just reading it.)*

Indirect object (Indirektes Objekt/Dativobjekt)

The indirect object is the noun or pronoun that indicates the person (sometimes the thing) to or for whom the action is done, e.g. *Ich habe dir die Notizen am Montag gegeben. (I gave you the notes on Monday.) Gestern haben meine Eltern meiner Schwester einen Computer gekauft. (Yesterday my parents bought a computer for my sister.)*

The four cases (die vier Fälle)

In German, there are four cases: nominative, accusative, dative and genitive. Its case tells you something about the role played by a noun or a pronoun in its sentence, i.e. if a noun or pronoun is the subject it has to be in the nominative case. A particular case might also be required after a certain preposition, with certain verbs or adjectives, or in certain phrases. The case is usually indicated by the articles, adjectives and demonstratives that accompany the noun.

When do I use the 4 cases?

The **nominative** is used:
- ☐ for the subject of a clause: who or what is "doing" the action, e.g. *Sie studiert seit einem Jahr in Carlow. (She has been studying in Carlow for a year.)*
- ☐ for predicative nominatives; these are nouns that complete the action when the verb is *sein (to be), bleiben (to say), heißen (to be called), scheinen (to seem, to appear), werden (to become),* e.g. *Das scheint der Dozent zu sein. (This seems to be the lecturer.)*

- when comparing the subject with somebody or something, e.g. *Sie arbeitet meistens schwerer als ihr Bruder. (Most of the time she works harder than her brother.)*
- to express oaths and exclamations, or to address somebody when no verb is used, e.g. *Mein liebes Kind! (My dear child!) Du blöder Angeber! (You are such a show-off!)*

The **accusative** is used:
- for the direct object, e.g. *Sie trifft heute Abend ihren Freund. (This evening she is going to meet her friend.)*
- after prepositions that take the accusative, e.g. *Das ist für meinen Vater. (This is for my father.)*
- after the acc./dat. prepositions when you can ask "where to"?, e.g. *Sie fährt jeden Morgen in die Stadt. (Every morning she drives into the city.)*
- for definite time expressions without a preposition, e.g. *jeden Tag (every day), diesen Monat (this month)*
- to complete the meaning of *"es gibt"* (there is/there are), e.g. *Heute Abend gibt es einen guten Film im Fernsehen. (There will be a good movie on telly tonight.)*
- for greetings and wishes, e.g. *guten Morgen (good morning), herzlichen Glückwunsch (congratulations), gute Besserung (get well soon).*
- to express measurement, amount or distance covered, e.g. *Sie lief gestern einen Kilometer in 3 Minuten. (Yesterday she ran one kilometre in 3 minutes.)*
- the verbs *kosten (to cost), lehren (to teach)* and *nennen (to call)* may require 2 direct objects, e.g. *Dieser Computer hat mich ein Vermögen gekostet. (The computer has cost me a fortune.)*

The **dative** is used:
- for the indirect object, e.g. *Kannst du meinem Freund die Kopien geben? (Can you give the copies to my friend?)*
- after prepositions that take the dative, e.g. *Das Geld habe ich letzte Woche von meinen Eltern bekommen. (I got the money from my parents last week.)*
- after the acc./dat. prepositions when you can ask "where"?, e.g. *She wohnt gerne in der Stadt. (She likes living in the city.)*
- with some verbs and adjectives, e.g. *Sie hilft ihm immer bei seinen Hausaufgaben. (She always helps him with his homework.) Er ist ihr dankbar. (He is grateful to her.)*

The **genitive** is used:
- to express possession and a sense of belonging to, e.g. *Das ist das Buch meiner Schwester. (This is my sister's book.) Julias Fahrrad ist grün. (Julia's bike is green.)*
- after some prepositions, adjectives and verbs, e.g. *angesichts der hohen Inflation (in view of the high inflation), sich einer Sache bewusst sein (to be aware of something), der Toten gedenken (to remember the dead)*
- expressions of indefinite time: *eines Tages (one day), eines Nachts (one night)*
- special expressions, e.g. *meines Wissens (as far as I know), ich bin anderer Meinung (I am of a different opinion), guter/schlechter Laune sein (to be in a good/bad mood), allen Ernstes (in all seriousness)*

Declension (Deklination)

Declension table for regular nouns, definite articles, indefinite articles, possessive adjectives, <u>kein</u> and <u>dies</u>.

	Nominative		Akkusative		Dative		Genitive	
masc.	**der** dies**er** **ein** kein mein	Brief	**den** dies**en** **einen** kein**en** mein**en**	Brief	**dem** dies**em** **einem** kein**em** mein**em**	Brief	**des** dies**es** **eines** kein**es** mein**es**	Brief**es**
fem.	**die** diese **eine** keine meine	Tasche	**die** diese **eine** keine meine	Tasche	**der** dies**er** **einer** kein**er** mein**er**	Tasche	**der** dies**er** **einer** kein**er** mein**er**	Tasche
neut.	**das** dies**es** **ein** kein mein	Foto	**das** dies**es** **ein** kein mein	Foto	**dem** dies**em** **einem** kein**em** mein**em**	Foto	**des** dies**es** **eines** kein**es** mein**es**	Fotos
Plural	**die** diese — keine meine	Briefe Taschen Fotos	**die** diese — keine meine	Briefe Taschen Fotos	**den** dies**en** — kein**en** mein**en**	Brief**en** Taschen Fotos	**der** dies**er** — kein**er** mein**er**	Briefe Taschen Fotos

In the above table only *mein* is listed as an example, but all the possessive adjectives take the same endings as the indefinite article, i.e. if *ein* does not have an ending, they do not have one either, and if *ein* adds an ending, they add the very same one.

The ending of *dies-* (this, that), *jen-* (that), *welch-* (which) and *jed-* (every) correspond to the endings of the definite article. As an example *dies-* is included in the above table.

Nouns (Nomen, Substantive)

A noun indicates a living creature (woman, child, fish, etc.), a thing (table, brush, book, etc.), a place (ocean, mountain, island, etc.), an event (party, holidays, illness, etc.) or a concept (freedom, hate, peace, etc.). Nouns are written with a capital letter, which helps us to identify them; they also have a gender and a number.

Number

Number in a grammatical sense means that a word is either **singular** (one person, thing, place, etc.) or **plural** (more than one person, thing, place, etc.)

Declension of a regular noun (Deklination eines starken Substantivs)

Most nouns are regular. As you can see from the declension table on page 328, the noun does not change in the singular except for the masculine and neuter forms in the genitive, which add an *(e)s* if they do not have one already.

The plural form is the same in all the cases, with the exception of the dative plural, where the noun adds an *-n*, unless the plural form already ends in *-n* or *-s*.

Declension of a weak noun (Deklination eines schwachen Substantivs)

Weak nouns are a relatively small group of masculine nouns that add *-en* in all other cases beyond nominative singular:

	Singular	**Plural**
nominative	der Student	die Student**en**
accusative	den Student**en**	die Student**en**
dative	dem Student**en**	den Student**en**
genitive	des Student**en**	der Student**en**

Weak nouns ending in *-e* such as *Affe (monkey)* as well as *Nachbar (neighbour)*, *Bauer (farmer)* and *Ungar (Hungarian)*, add only an *-n*; *Herr (mister)* adds an *-n* in the singular and *-en* in the plural.

Buchstabe (letter of the alphabet), *Friede (peace)*, *Gedanke (thought)*, *Glaube (belief)*, *Name (name)* and *Wille (will)* also get an *-s* in genitive singular.

Groups of weak nouns:

- nouns ending in -*e* denoting a male person or a male animal, e.g. *Junge (boy), Ire (Irish man), Löwe (lion), Kunde (customer), Kollege (colleague), Kommilitone (fellow student)* etc.
- nouns ending in *-ad, -and, -ant, -arch, -at, -ent, -ist, -oge, -om, -oph* and *-ot* denoting a male person, e.g. *Demonstrant (demonstrator), Diplomat (diplomat), Präsident (president), Journalist (journalist), Soziologe (sociologist), Philosoph (philosopher), Pilot (pilot)* etc.
- as well as a few more male persons: *Mensch (human being), Herr (mister), Prinz (prince), Rebell (rebel), Fotograf (photographer), Katholik (Catholic)* etc.
- and some odd ones: *Satellit (satellite), Automat (automat)* etc.

Compound nouns (Komposita)

Compound nouns are nouns consisting of two or more individual words. They are very common in German. The last noun in a compound noun determines the gender and carries the basic meaning of the compound noun.* Don't be intimidated by these long words: break them into the individual pieces, and start from the right hand side to unravel them.

    n Uhrarmband (watch-strap) → *Uhr/arm/band*
    f Armbanduhr (wrist watch) → *Arm/band/uhr*

Prefix (Präfix)

A prefix is one or two syllables added to the beginning of a word to change its meaning, e.g.

    Fahrt (journey, trip) → *Abfahrt (departure)*

Suffix (Suffix)

A suffix is one or two syllables added to the end of a word to change it into a different type of word, e.g.

    gesund (healthy) (adjective) → *Gesundheit (health) (noun)*

Gender (Genus)

Gender is a grammatical system of classifying nouns. In German, there are three categories: masculine, feminine and neuter. The gender is not always determined by the natural sex of the person signified by the noun, which is why *Mädchen (girl)* can be neuter.

Note I: There is no gender distinction in the plural.

Note II: There are a few nouns that have two genders, e.g. (der/das) Teil, (der/das) Pub; sometimes the meaning changes with the gender, e.g. der See (lake), die See (sea).

* It is the one you will find in a dictionary if you cannot find the compound noun itself.

A few useful guidelines for the gender of nouns:

- masculine:

1. male persons, e.g.
   Mann   Arzt   Journalist   Student

2. names of seasons, months, days, points of the compass and weather conditions, e.g.
   Sommer   Januar   Montag   Süden   Regen   Schnee
   exception: das Frühjahr, das Wetter, das Gewitter ...

3. most nouns ending in -ant, -ast, -er, -ich, -ig, -ing, -us, -or, e.g.
   Hydrant   Kontrast   Computer   Teppich   Essig
   Liebling   Tourismus   Motor
   exceptions: das Restaurant, die Schwester, das Labor, das Tor ...

4. makes of cars (because it's: der Wagen), e.g.
   BMW   Audi   Opel   Mini

5. most single mountains (because it's: der Berg), e.g.
   Vesuv   Montblanc   Brocken
   exceptions: die Zugspitze, das Matterhorn ...

6. most rivers outside Germany, e.g.
   Liffey   Shannon   Nil   Amazonas   Tiber
   exceptions: those ending in -a and -e: die Wolga, die Themse ...

7. most alcoholic drinks, e.g.
   Wein   Gin   Rum   Whiskey
   exceptions: das Bier ...

- feminine:

1. female persons, e.g.
   Mutter   Ärztin   Frau   Schwester
   exceptions: das Mädchen, das Fräulein, ...

2. most of the nouns ending in -e, e.g.
   Schule   Woche   Dose   Garage
   exceptions: male persons, der Name, das Ende, das Interesse, das College, ...

3. most nouns ending in:

-a	die Kamera	-anz	die Toleranz	-ei	die Partei
-enz	die Konferenz	-ie	die Familie	-ik	die Mathematik
-in	die Lehrerin	-ion	die Information	-itis	die Rachitis
-heit	die Gesundheit	-keit	die Möglichkeit	-schaft	die Wirtschaft

          -tät   die Universität   -ung   die Zeitung   -ur   die Temperatur
   exceptions: das Thema, das Genie, der Atlantik, das Stadion, das Abitur . . .

4. **most German rivers**, e.g.
   Elbe   Mosel   Isar   Weser   Ruhr
   exceptions: der Rhein, der Neckar, der Main . . .

5. motor cycles, aeroplanes and ships, e.g.
   Harley Davidson   Boeing 747   Titanic

6. nouns formed of verbs that end in -t, e.g.
   Ankunft   Unterschrift   Heirat   Abfahrt

- <u>neuter</u>:

1. **infinitives used as nouns**, e.g.
   Lesen   Unternehmen   Wissen   Treffen

2. **diminutives** (i.e. making something "small") with the endings **-chen and -lein**, e.g.
   Mädchen   Tischlein   Fräulein

3. most chemical elements, e.g.
   Helium   Ammoniak   Chlor   Gold   Silber
   exceptions: der Sauerstoff, der Stickstoff, . . .

4. **fractions**, e.g.
   Drittel   Viertel   Fünftel
   exception: die Hälfte

5. **nouns ending in -o**, e.g.
   Foto   Motto   Auto   Lotto
   exceptions: der Euro, . . .

6. names of hotels, restaurants, cafés and cinemas, e.g.
   Hilton   Savoy   Shelbourne   Waldorf   Astoria

7. **most nouns ending in -icht, -ment and -um**, e.g.
   Gericht   Parlament   Museum
   exceptions: der Irrtum, der Reichtum . . .

Feel free to supplement this list if you should come across any other exceptions to the rule.

plurals of nouns:

1) the most common plural form of masculine nouns is -e + umlaut if possible, e.g.
   der Brief → die Briefe   der Arzt → die Ärzte
   exception: der Tag → die Tage

2) most masculine and neuter nouns ending in -el, -en, -er usually do not add an ending, but they may take an umlaut, e.g.
   der Mantel → die Mäntel
   das Examen → die Examen
   das Fenster → die Fenster

3) feminine nouns ending in -e, -el, -er or -ie get an -n, e.g.
   die Tasche → die Taschen   die Regel → die Regeln
   die Mauer → die Mauern   die Strategie → die Strategien

4) feminine nouns ending in -au, -ei, -enz, -ik, -ion, -heit, -keit, -schaft, -tät, -ung, -ur get an -en, e.g.
   die Frau → die Frauen   die Partei → die Parteien
   die Konferenz → die Konferenzen   die Fabrik → die Fabriken
   die Information → die Informationen   die Gelegenheit → die Gelegenheiten
   Möglichkeit → die Möglichkeiten   die Wirtschaft → die Wirtschaften
   die Universität → die Universitäten   die Zeitung → die Zeitungen
   die Temperatur → die Temperaturen

5) nouns ending in -in add -nen, e.g.
   die Studentin → die Studentinnen

6) nouns ending in -o, -u, -a, -i, many foreign nouns, abbreviations and acronyms add an -s, e.g.
   das Radio → die Radios   der Uhu → die Uhus
   die Kamera → die Kameras   der Pulli → die Pullis
   die City → die Citys   der PKW → die PKWs

7) nouns ending in -chen and -lein do not change, e.g.
   das Mädchen → die Mädchen
   das Tischlein → die Tischlein

8) nouns ending in -tum, and many monosyllabic neuter nouns, add an -er and take an umlaut if possible, e.g.
   der Reichtum → die Reichtümer   das Bild → die Bilder
   das Haus → die Häuser   das Blatt → die Blätter

9) irregular plurals, e.g.

das Album	→ die Alben	der Atlas	→ die Atlanten
das Datum	→ die Daten	die Firma	→ die Firmen
das Individuum	→ die Individuen	das Konto	→ die Konten
das Kriterium	→ die Kriterien	das Lexikon	→ die Lexika
das Medium	→ die Medien	die Mensa	→ die Mensen/Mensas
das Museum	→ die Museen	der Rhytmus	→ die Rhytmen
das Stadion	→ die Stadien	das Thema	→ die Themen

Note I: Some nouns exist only in the plural form; e.g. *Möbel (furniture), Eltern (parents), Ferien (holidays), Kosten (cost)*.

Note II: There are some nouns that are used in the singular form whereas in English they are plural, e.g. *Brille (glasses), Firma (company), Hose (trousers), Polizei (police), Presse (press), Schere (scissors), Kleidung (clothes)*.

Note III: Masculine and neuter nouns that denote measurements and amounts are mostly used in nominative singular, e.g. *2 Pfund (2 pounds), 3 Paar Hosen (3 pairs of trousers), 5 Grad Kälte (5 degrees below zero), 7 Glas Bier (7 glasses of beer), 10 Euro (10 euros), 30 Liter Wasser (30 liters of water)*. Feminine nouns ending in *-e* add the plural ending, e.g. *2 Flaschen Wein (2 bottles of wine), 20 Kronen (20 crowns)*.

Adjectives (Adjektive)

An adjective describes a noun or pronoun. There are predicative adjectives and attributive adjectives.

Predicative adjectives describe the noun or pronoun via the linking verbs *sein (to be), bleiben (to stay)* and *werden (to become)*. They do not have endings, e.g.

Der Brief ist lang. (The letter is long.)
Er bleibt nie ruhig. (He never stays calm.)
Im Dezember wird es sehr früh dunkel. (In December it gets dark very early.)

Attributive adjectives come before the noun they describe.

They always add an ending which depends on the case, gender and number of the noun they describe. In addition, there are variations depending on whether the adjective comes after a definite article, an indefinite article or is not preceded by any article or other word that indicates the gender, number and the case of the noun the adjective describes.

Adjective endings when the adjective is preceded by a definite or an indefinite article:

	nominative	accusative	dative	genitive
masc.	der kalte Wein ein kalter Wein	den kalten Wein einen kalten Wein	dem kalten Wein einem kalten Wein	des kalten Weins eines kalten Weins
fem.	die kalte Cola eine kalte Cola	die kalte Cola eine kalte Cola	der kalten Cola einer kalten Cola	der kalten Cola einer kalten Cola
neutr.	das kalte Bier ein kaltes Bier	das kalte Bier ein kaltes Bier	dem kalten Bier einem kalten Bier	des kalten Bieres eines kalten Bieres
plural	die kalten Getränke meine kalten Getränke	die kalten Getränke meine kalten Getränke	den kalten Getränken meinen kalten Getränken	der kalten Getränke meiner kalten Getränke

Possessive adjectives (e.g. *mein, dein, sein* etc.) and *kein* have the same effect on the adjective ending as the indefinite article has.

Demonstratives (e.g. *dies-, jen-, jed-*, and *welch-*) have the same effect on the adjective ending as the definite article has.

Adjective endings when the adjective is not preceded by any article or other word that indicates the gender, number and case of the noun the adjective describes:

	nominative	accusative	dative	genitive
masc.	kalter Wein	kalten Wein	kaltem Wein	kalten Weins
fem.	kalte Cola	kalte Cola	kalter Cola	kalter Cola
neutr.	kaltes Bier	kaltes Bier	kaltem Bier	kalten Bieres
plural	kalte Getränke	kalte Getränke	kalten Getränken	kalter Getränke

Note I: Adjectives that end in *-el* or *-er* drop the *-e-* when they add an ending: *dunkel* → *der dunkle Mantel (the dark coat); sauer* → *die saure Milch (the sour milk)*

Note II: Adjectives based on the names of cities, towns, regions and the country of Switzerland are formed by adding *-er* to the noun, i.e. *Mannheimer Morgen*; no further ending is added, e.g. *die Frankfurter Würstchen*.

A number of adjectives together with *sein* or *werden* are used with the dative case:

Das ist mir egal. (I don't care.)
Mir wird schlecht/übel. (I am getting nauseous.)
Mir wird schwindlig. (I am getting dizzy.)
Mir ist heiß/warm/kalt. (I am hot/warm/cold.)
Ich bin dir dankbar. (I am grateful to you.)
Das ist mir peinlich (I am embarrassed.)

Comparative (Komparativ) and superlative (Superlativ)

The comparative and the superlative forms of an adjective are used when making comparisons, e.g. something is smaller than something else (➤ comparative) or something is the smallest (➤ superlative).

- For the comparative you add *-er*, for the superlative *-ste* to the adjective; this is also true for long adjectives, e.g.

    klein   *kleiner*   *kleinste*
    unfreundlich   *unfreundlicher*   *unfreundlichste*

- Some short adjectives also add an umlaut:

    jung   *jünger*   *jüngste*

- Adjectives that end in *-el* and *-er*:

    dunkel   *dunk**l**er*   *dunk**el**ste*
    sauer   *sau**r**er*   *sau**er**ste*

- Some adjectives need an extra *"e"* in the superlative form to make pronounciation easier; try to pronounce these forms without an *"e"* and you will know why:

    älteste   *kürzeste*   *heißeste*

- When the comparatives or superlatives are used before a noun (as attributive adjectives) they have to add the appropriate adjective ending:

    *mein älter**er** Bruder*   *mit dem größt**en** Koffer*

    Note: *mehr (more)*, *weniger (less)*, and *genug (enough)* do not add an adjective ending, e.g. *Jetzt habe ich mehr Zeit. (Now I have more time.)*

- irregular forms:

    gut   *besser*   *beste*
    hoch   *höher*   *höchste*
    nah   *näher*   *nächste*
    viel   *mehr*   *meiste*

- Ways of making a comparison:

    *Niamh ist **älter als** Siobhán. (Niamh is older than Siobhán.)*
    *Martin ist **(genau)so** alt **wie** Siobhán. (Martin is (just) as old as Siobhán.)*
    ***Je** früher **desto** besser. (The earlier the better.)*

The comparative of adverbs is formed in the same way as that of the adjectives. The superlative of adverbs has *am* in front of it and the ending is *-(e)sten*, e.g. *schön, schöner, am schönsten*

    irregular form: *gern*   *lieber*   *am liebsten*

Adjectival nouns (Adjektive als Substantive)

Adjectives, as well as present and past participles, can be used as nouns designating people, e.g.

deutsch	→	der Deutsche
reisend	→	die Reisenden
gefangen	→	der Gefangene

Although they are nouns, they still add the adjective endings. Simply imagine the words *Mann, Frau* or *Leute* after them, figure out the correct ending, and then drop these "auxiliary constructions", e.g.

Ein betrunkener Mann war für den gestrigen Unfall verantwortlich. → *Ein Betrunkener war für den gestrigen Unfall verantwortlich.* (A drunk was responsible for yesterday's accident.)

Adjectives can also be used as neuter nouns to express ideas or concepts. This time, use *Ding* or *Dinge* as an auxiliary construction, e.g. *Das war das schönste Ding im ganzen Urlaub.* → *Das war das Schönste im ganzen Urlaub.* (That was the nicest thing about the whole holiday.)

Adverbs (Adverbien)

Adverbs give more information (how?/when?/where?) about the verb, e.g.

Du sollst <u>langsam</u> fahren. (You should drive slowly.)
Ich werde ihn <u>bald</u> sehen. (I will see him soon.)
<u>Dort</u> steht mein Fahrrad. (My bike is over there.)

Adverbs also give more information about

- an adjective, e.g. *Die Aufgabe ist <u>zu</u> schwer. (The task is too difficult.)*
- another adverb, e.g. *Sie kann <u>sehr</u> schnell laufen. (She can run very quickly.)*

The adverb *gern(e)* is used to indicate that one likes doing something.
Sie geht <u>gern(e)</u> ins Kino. (She likes going to the cinema.)

Adverbs do not add an ending.

Definite and indefinite articles (bestimmte und unbestimmte Artikel)

We differentiate between indefinite articles and definite articles. If you say "yesterday a man rang my door bell", you have not defined the man yet, so you use the indefinite article. If you go on to say "<u>the</u> man wanted to sell candles," you are defining the man in some way by giving further information about him; therefore you use the definite article. In German, "a(n)" is *ein, eine, einen, einem, eines* or *einer*, depending on the gender, case and number of the noun that follows. The same goes for the definite article: "the" can be translated as *der, die, das, den, dem* or *des*. The declension table on page 328 will tell you which form to use.

Sometimes an article is used in German but not in English, and vice versa, e.g. *mit dem Bus (by bus), er hat Kopfschmerzen (he has a headache)*

Personal pronouns (Personalpronomen)

Personal pronouns are used instead of a noun or a noun phrase. Instead of "Karin" you can say "she", instead of "the interesting book" you can say "it". The personal pronouns can be in the nominative, the accusative and the dative case. English distinguishes a nominative case from an accusative case (I – me, he - him, she – her etc.), in that you do not say "He sees she" or "she calls he"!

Be careful: since an inanimate thing in German does not have to be neuter (it can be masculine or feminine, just as well) you might have to refer to an object as *er, ihn, sie* etc.

> *Das ist der neue Tisch. Er war sehr teuer. Ich habe ihn gestern gekauft. (This is the new table. It was very expensive. I bought it yesterday.)*
> *Hier ist die Uhr. Sie ist aus Silber. Ich finde sie sehr schön. (Here is the clock. It is made of silver. I think it is very beautiful.)*

Reflexive pronouns (Reflexivpronomen)

Reflexive pronouns are used together with reflexive verbs. They usually stick very close to the conjugated part of the verb and, except for *sich,* are identical to the personal pronouns.

Possessive adjectives (Possessivpronomen)

Possessive adjectives tell you who owns something, or what something is related to. The possessive adjective itself refers to the possessor whereas its ending depends on the following noun as far as gender, case and number are concerned. This ending corresponds with the endings of *ein*. (See declension table on page 328).

> *Hat er seine Reisetasche schon gepackt? (Has he packed his travelbag already?)*
>
> *Hat er seine Reisetasche schon gepackt? (Has he packed his travelbag already?)*
>
> *Hat sie ihren Koffer schon gepackt? (Has she packed her suitcase already?)*

Possessive pronouns (Possessivpronomen)

You use a possessive pronoun (mine, yours etc.) rather than a possessive adjective (my, your etc.) if the noun you are referring to is not mentioned, e.g.

„Ist das dein Kuli?" – „Ja, das ist meiner." ("Is this your pen?" – "Yes, it's mine.")

	nominative	accusative	dative	genitive
masc.	meiner	meinen	meinem	meines
fem.	meine	meine	meiner	meiner
neut.	mein(e)s	mein(e)s	meinem	meines
plural	meine	meine	meinen	meiner

Table for personal pronouns, reflexive pronouns and possessive adjectives

	personal pronouns in nominative	personal pronouns in accusative	personal pronouns in dative	reflexive pronouns in accusative	reflexive pronouns in dative	possessive adjectives
1. person, sing.	ich	mich	mir	mich	mir	mein
2. person, sing. informal	du	dich	dir	dich	dir	dein
3. person, sing.	er sie es man	ihn sie es einen	ihm ihr ihm einem	sich sich sich sich	sich sich sich sich	sein ihr sein sein
1. person, pl.	wir	uns	uns	uns	uns	unser
2. person, pl., informal	ihr	euch	euch	euch	euch	eu(e)r
3. person, pl.	sie	sie	ihnen	sich	sich	ihr
2. person, sing. & pl., formal	Sie	Sie	Ihnen	sich	sich	Ihr

Be careful: When *man* is used in a sentence, it cannot subsequently be replaced by *er* or *sie*, e.g. *Man sollte nichts versprechen, was man nicht halten kann. (One shouldn't make promises one can't keep.)*

Prepositions (Präpositionen)

Prepositions tell you about the position of something or somebody in place or time, or about how something is done: in, at, under, on, about, next to, between, since, behind, for, with etc.

Some verbs may also require a preposition which can be different from the one used in English, e.g. *sich konzentrieren auf (concentrate on)*, but *glauben an (believe in)* (see pages 318–319).

- **Prepositions which <u>always</u> take the <u>dative</u>:**

aus	Martin geht gerade aus dem Haus. (Martin is just going out of the house.) /Roman kommt aus der Schweiz. (Roman comes from Switzerland.)
von	Der Brief ist von deiner Schwester. (The letter is from your sister.)
bei	Siobhán arbeitet seit Montag bei der Firma Zeneca. (Siobhán has been working with Zeneca since Monday.)
mit	Eithne wollte mit ihrer Freundin nach Stuttgart fahren. (Eithne wanted to go to Stuttgart with her friend.)
nach	Nach der Arbeit geht er immer schwimmen. (After work he always goes swimming.)
seit	Sie lernt seit einem Jahr Spanisch. (She has been learning Spanish for a year.)
zu	Martin muss zum Arzt gehen. (Martin has to go to the doctor.)
gegenüber	Das Hotel Ritter liegt gegenüber der Heiliggeistkirche. (The hotel Ritter is situated opposite the Heiliggeistkirche.)
außer	Siobhán mag keine Country Musik außer den Liedern von k.d.lang. (Siobhán doesn't like any country music except for the songs of k.d. lang.)
entlang	Entlang dem Neckar gibt es viele Liegewiesen. (Along the Neckar there are a lot of areas for sunbathing.) [if "entlang" comes before the noun you need the dative, but see also the accusative group.]
wegen	Mairéad fährt wegen ihrem Hund nie ins Ausland. (Because of her dog Mairéad never goes abroad.) [colloquial, but generally accepted in standard German]

- **Prepositions which <u>always</u> take the <u>accusative</u>:**

bis	Carmel bleibt bis nächste Woche. (Carmel will stay till next week.)
durch	Eithne geht abends gerne durch die Altstadt. (Eithne likes walking through the old part of the town in the evening.)
für	Der Bierkrug ist für meinen Bruder. (The beer mug is for my brother.)
gegen	Ich habe nichts gegen deinen Vorschlag. (I have nothing against your suggestion.)
ohne	Ich bin heute früh ohne meinen Regenschirm weggegangen. (This morning I left without my umbrella.)
um	Um diese Zeit war ich immer am Strand. (Around this time I was always at the beach.)
entlang	Gehen Sie die Hauptstraße entlang! (Go down the main street!) [if "entlang" comes after the noun, you need the accusative, but see also the dative group]

- **After the following prepositions the accusative is used to show movement <u>to</u> a place (i.e. you can ask "where to?"), otherwise the dative is used:**

neben	Siobhán legt ihre Checkliste **neben den** Koffer und beginnt zu packen. (Siobhán is putting her check-list next to the suitcase and begins packing.) Die Checkliste liegt **neben dem** Koffer. (The check-list is next to her suitcase.)

in	Sie packt ihre Sachen **in den** Koffer. (She is putting her things into the suitcase.) Ihre Sachen sind **in dem** Koffer. (Her things are in the suitcase.)
unter	Sie schiebt ihr Tagebuch **unter die** Pullover. (She is pushing her diary under the jumpers.) Das Tagebuch liegt **unter den** Pullovern. (The diary is under the jumpers.)
zwischen	Sie stopft ihre Socken **zwischen die** Schuhe. (She is stuffing her socks between the shoes.) Die Socken liegen **zwischen den** Schuhen. (The socks are between the shoes.)
auf	Sie schließt den Koffer und platziert ihn **auf die** Waage. (She is closing the suitcase and is placing it on the scales.) Der Koffer steht **auf der** Waage. (The suitcase is on the scales.)
vor	Dann stellt sie den Koffer **vor die** Tür. (Then she is putting the suitcase outside the door.) Der Koffer steht **vor der** Tür. (The suitcase is outside of the door.)
an	Sie hängt ihr Maskottchen **an ihren** Rucksack. (She is hanging her mascot from her rucksack.) Das Maskottchen hängt **an ihrem** Rucksack. (The mascot hangs from her rucksack.)
über	Sie nimmt ihre Jacke **über den** Arm. (She is putting her jacket over her arm.) Die Jacke hängt **über ihrem** Arm. (The jacket is over her arm.)
hinter	Zum Schluss geht sie **hinter das** Haus und sagt ihren Kaninchen auf Wiedersehen. (Finally she is going to the back of the house and is saying good-bye to her rabbits.) Die Kaninchen haben ihren Stall **hinter dem** Haus. (The rabbits have their hutches behind the house.)

- **Prepositions which <u>always</u> take the <u>genitive</u> (they are mainly used in formal language, so that you will probably come across them in newspaper articles, current affairs programmes, etc.)**

(an)statt	Anstatt des Hauses bekam sie nur DM 50.000 von ihrem Onkel. (Instead of the house she only received DM 50.000 from her uncle.)
angesichts	Angesichts der hohen Arbeitslosigkeit ist es schwirig, einen Sommerjob zu bekommen. (In view of the high unemployment it is difficult to get a summer-job.)
anhand	Anhand dieser Unterlagen kann ich sehen, dass Sie schon einmal in einem Hotel gearbeitet haben. (From these documents I can see that you already worked in a hotel.)
anlässlich	Anlässlich des 100. Geburtstages von Berthold Brecht kamen 1998 neue Ausgaben seiner Werke auf den Markt. (On the occasion of the 100th birthday of Berthold Brecht new editions of his works came on the market in 1998.)
anstelle	Anstelle eines U-Bahn-Systems will man man das Busnetz ausbauen. (Instead of an underground-system the bus-network is to be extended.)
aufgrund	Aufgrund der gestiegenen Mieten haben viele Studenten Probleme, eine Wohnung zu finden. (Because of the increased rents a lot of students have problems finding a flat.)

außerhalb	Außerhalb der Bürozeiten sind die Telefone nicht besetzt. (Phones are not manned outside office hours.)
dank	Dank der Hilfe von Familie Höfler haben wir letztes Jahr die Wohnung bekommen. (Thanks to help from the Höfler family we got the apartment last year.)
hinsichtlich	Hinsichtlich Ihrer Arbeitszeit müssen Sie mit Herrn Weber sprechen. (With regard to your office hours you'll have to talk to Mr. Weber.)
infolge	Infolge der vielen Regenfälle stehen viele Keller unter Wasser. (Due to heavy rainfall a lot of cellars are under water.)
innerhalb	Als Kinder haben wir immer innerhalb des Hofes gespielt. (As children we always played inside the yard.)
oberhalb	Das Schloss liegt oberhalb der Stadt. (The castle is situated above the city.)
trotz	Trotz der vielen Proteste hat die Regierung die Steuern im letzten Haushalt nicht gesenkt. (Despite the many protests the government didn't decrease the taxes in the last budget.)
unterhalb	Der Park liegt unterhalb des Schlosses. (The park is situated underneath the castle.)
während	Während der Arbeit ist das Trinken von Alkohol verboten. (The consumption of alcohol is forbidden during working hours.)
wegen	Wegen des schlechten Wetters kam er gestern nicht. (Because of the bad weather he didn't come yesterday.)

The following contractions are possible:

an + das = ans	auf + das = aufs	in + dem = im	an + dem = am
in + das = ins	von + dem = vom	zu + dem = zum	zu + der = zur
bei + dem = beim	durch + das = durchs	für + das = fürs	um + das = ums

A preposition cannot be followed by a personal pronoun if this pronoun refers to a thing, concept or event. Instead you use a *da*-compound, i.e *da(r)* + preposition, e.g.

Ich habe noch nie davon gehört. (I have never heard of that.) ➤ *hören von*
Wir haben noch nie darüber gesprochen. (We have never talked about it.) ➤ *sprechen über*

Conjunctions = connectors (Konjunktionen)

Conjunctions are words like "and", "because", "although" etc., which link words, phrases, clauses or sentences.

There are four different groups of conjunctions:

Coordinating conjunctions (koordinierende Konjunktionen)

They have no effect on the structure of the clause:

und (and), oder (or), aber (but), denn (because) and sondern (but rather)

Adverbial conjunctions (adverbiale Konjunktionen)

They form the first idea of a clause, therefore the conjugated part of the verb must come next:

außerdem	(besides)
daher/darum/deshalb/deswegen/aus diesem Grund	(therefore)
dennoch/trotzdem	(nevertheless)
stattdessen	(instead)
allerdings	(but, however)
sonst	(otherwise)
also/folglich	(as a result)
zunächst/als erstes/zuerst	(first)
dann/danach/anschließend/als nächstes/daraufhin	(after that)
schließlich/endlich/als letztes/zuletzt	(finally)
inzwischen	(in the meantime)

Two-part conjunctions (zweiteilige Konjunktionen)

They link words, phrases or clauses of equal importance so that they run in parallel. If you start a clause with *entweder, einerseits, weder* or *zwar*, the conjugated part of the verb must come next:

entweder – oder	(either – or)
sowohl – als auch	(both – and, as well as)
einerseits – andererseits	(on the one hand – on the other hand)
weder – noch	(neither – nor)
nicht nur – sondern auch	(not only – but also)
zwar – aber	(of course – but)

Subordinating conjunctions (subordinierende Konjunktionen)

They start a subordinate clause, and send the conjugated part of the verb to the end of that clause:

dass	(that)	so dass/damit	(so that)
ohne dass	(without)	da/weil	(as, since, because)
ob	(whether, if)	als ob	(as if)
obwohl, obgleich	(although)	während	(while, during)
sobald	(as soon as)	bevor/ehe	(before)
insofern/insoweit	(in as far as)	solange	(as long as)
falls	(if, in case)	bis	(until)
zumal	(particularly since)	indem	(by doing)
nachdem	(after)	seit, seitdem	(since)
wenn	(if/when, referring to the future or to recurring events in the past)	als	(when, referring to a singular event in the past)

Comparisons (Vergleichssätze)

wie, als and *je* introduce the subordinate clause, e.g.
War es so, wie ich es beschrieben habe? (Was it the way I described it?)
Es ist teurer, als ich erwartet habe. (It is more expensive than I expected.)
Je mehr du trainierst, desto bessere Chancen hast du. (The more you practise the better your chances are.)

Numbers (Zahlen)

Cardinal numbers (Kardinalzahlen)

Cardinal numbers are simple numbers, e.g. one, two, three etc.

0	null						
1	eins	11	elf			21	einundzwanzig
2	zwei	12	zwölf	20	zwanzig	22	zweiundzwanzig
3	drei	13	dreizehn	30	dreißig	23	dreiundzwanzig
4	vier	14	vierzehn	40	vierzig	24	vierundzwanzig
5	fünf	15	fünfzehn	50	fünfzig	25	fünfundzwanzig
6	sechs	16	sechzehn	60	sechzig	26	sechsundzwanzig
7	sieben	17	siebzehn	70	siebzig	27	siebenundzwanzig
8	acht	18	achtzehn	80	achtzig	28	achtundzwanzig
9	neun	19	neunzehn	90	neunzig	29	neunundzwanzig
10	zehn						

100	(ein)hundert
1000	(ein)tausend
10 000	zehntausend
100 000	(ein)hunderttausend
1 000 000	eine Million
10 000 000	zehn Millionen
100 000 000	hundert Millionen
1 000 000 000	eine Milliarde

0,32 (null „Komma" drei zwei) but 36.765

Note the different use of commas and decimal points in German and English: in German, decimal fractions are written with a comma, instead of with a decimal point; only a high number might be written with a point.

834975 achthundertvierunddreißigtausendneunhundertfünfundsiebzig

1985 (as a year) neunzehnhundertfünfundachtzig   2003 (as a year) zweitausendunddrei

Ordinal numbers (Ordinalzahlen)

Ordinal numbers express sequence, e.g. first, second, third etc.

1. → *erste*   2. → *zweite*   3. → *dritte*   4. → *vierte*   5. → *fünfte*   6. → *sechste*   7. → *siebte*

continue to add *-te* up to the nineteenth, from then on add *-ste*, e.g. 20. → *zwanzigste*
In German you put a dot after a digit which expresses an ordinal number; e.g. *der 3. Oktober*.
Ordinal numbers have the same endings as attributive adjectives; e.g. *am dritten Oktober*.

Dates (Daten) and years (Jahre)

- When asking for or giving the date, you can use the nominative or the accusative case, e.g.
Der Wievielte ist heute? (What date is today?) ➔ *Heute ist der 3. Oktober. (Today is the 3rd of October.)*
Den Wievielten haben wir heute? (What date is today?) ➔ *Heute haben wir den 3. Oktober. (Today is the 3rd of October.)*

- Dates after a day of the week can be in the dative or the accusative case, e.g.
Das Spiel ist am Mittwoch, dem (den) 15. April.

- To talk about a period of time, you use the prepositions *von* and *bis zu*, e.g.
Ich habe vom 2.8. bis zum 23.8. Urlaub. (I am on holidays from the 2nd of August to the 23rd of August.)

- You use the preposition *an* for days of the week and for dates, e.g.
am Montag, am 24. Juli

- You use the preposition *in* for weeks, months and seasons, e.g.
in der 32. Woche   im Juni   im Winter

- Years are indicated by *im Jahr(e)* followed by the actual year, or by the year alone, e.g.
Mary McAleese wurde (im Jahre) 1997 zur Präsidentin gewählt. (Mary McAleese was elected president in 1997).

Interrogatives (Fragewörter)

Interrogatives are used to start a question:

was	– what	seit wann	– since when
was für	– what kind of	ab wann	– from when on
wer	– who (nominative)	wo	– where
wem	– (to) whom/ who ... (to) (dative)	woher	– where ... from
		wohin	– where ... to
wen	– who(m) (accusative)	wie	– how
wessen	– whose	wie viel	– how much
wann	– when	warum	– why
wie viele	– how many	welche	– which (see page 328)
weshalb, wieso	– why		

When referring to a person you have to differentiate between *wer, wen* and *wem*. To select the correct form you have to determine whether the interrogative:

- denotes the subject: *Wer hat diese Pizza bestellt? (Who ordered the pizza?)*

- denotes the direct object: *Wen hast du auf der Party getroffen? (Who(m) did you meet at the party?)*
- denotes the indirect object: *Wem hast du gestern die Grammatik geliehen? (To whom did you lend the grammar book yesterday?)*
- is preceded by a preposition: *Für wen sind die Blumen? (Who are these flowers for?)/Mit wem hast du in der Mittagspause gesprochen? (Who(m) did you talk to during your lunch break?)*
- is dependent on a verb that requires the dative: *Wem gehört die Diskette? (To whom does this disk belong?)*

A preposition + *was* is considered rather colloquial. It is far better to use a *wo(r)*-compound as an interrogative, e.g.

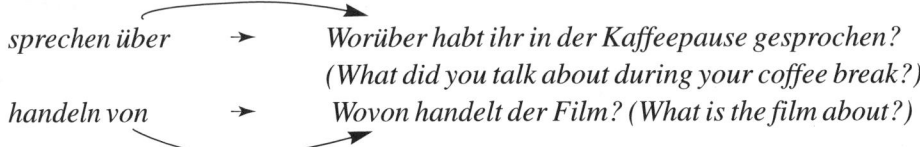

sprechen über → *Worüber habt ihr in der Kaffeepause gesprochen? (What did you talk about during your coffee break?)*

handeln von → *Wovon handelt der Film? (What is the film about?)*

Negation (Negation)

- *kein* negates nouns preceded by *ein* or no article at all, e.g.
  Sie hat Geld. (She has money.) → *Sie hat kein Geld. (She has no money.)*
  Letztes Jahr hatte ich einen Ferienjob. → *Dieses Jahr habe ich keinen Ferienjob.*
  (Last year I had a summer job.) *(This year I have no summer job.)*
- *nicht* negates all other elements of a clause, e.g. *Sie ist nicht verheiratet. (She is not married.)*

Guidelines for the position of *nicht*:

- *nicht* usually goes after the conjugated verb, the subject, an accusative object or a dative object, whichever is last, e.g.
  Er liest nicht. (He doesn't read)
  Die Zeitung liest er nicht. (He doesn't read the newspaper.)
  Er liest die Zeitung nicht. (He doesn't read the newspaper.)
  Er hilft seiner Freundin nicht. (He doesn't help his friend.)
- *nicht* usually goes before adverbs, prepositional phrases, predicative adjectives and the rest of the verb, e.g.
  Er liest nicht gerne die Zeitung. (He doesn't like reading the newspaper.)
  Er liest nicht in der Badewanne. (He doesn't read in the bathtub.)
  Die Zeitung ist nicht gefaltet. (The newspaper is not folded.)
  Er hat die Zeitung gestern nicht gelesen. (He didn't read the newspaper yesterday.)
- *nicht* goes before a specific element of the sentence it negates, e.g. *Lara, das Buch habe ich nicht dir gegeben sondern deiner Schwester. (Lara, I gave the book not to you, but to your sister.)*

Other expressions of negation:

nie (never)   nichts (nothing)   nirgendwo (nowhere)
niemand (nobody)   ohne (without)   nirgends (nowhere)

Word order (Satzstellung) in a main clause

The verb in German is always the second idea (although not necessarily the second word) in a main clause, e.g.

Eithne	***fährt***	morgen nach Deutschland. (*Eithne will go to Germany tomorrow.*)
Morgen	***fährt***	Eithne nach Deutschland. (*Tomorrow Eithne will go to Germany.*)
Nächste Woche	***fährt***	Eithne nach Deutschland. (*Next week Eithne will go to Germany.*)
Am Montag Morgen um 8 Uhr	***fährt***	Eithne nach Deutschland. (*On Monday morning Eithne will go to Germany.*)

- If the German verb consists of more than one component, it is split: the part that you conjugate remains the second idea while the rest is at the end of the sentence, e.g.

  *Martin **schickt** die Bewerbung morgen **ab**.* (*Martin will post the application tomorrow.*)
  *Martin **muss** eine Bewerbung **schreiben**.* (*Martin has to write a letter of application.*)
  *Die Bewerbung **wurde** gestern **abgeschickt**.* (*The application was sent yesterday.*)

- The subject is either in front of the conjugated verb or – when the sentence begins with another element (expression of time, place, etc.) – immediately behind it. Such expressions of time, place, etc. are not separated by a comma from the rest of the sentence.

- If the sentence contains expressions of time (when), manner (how) or place (where, where . . . to, where . . . from), they usually occur in just this order.

- If the sentence contains a direct and an indirect object, the indirect one comes before the direct one (exception: the direct one is a personal pronoun) and the "to" is not translated. In English you can say "Siobhán gives the papers to her colleague." or "Siobhán gives her colleague the papers." In German, only the second word order is possible: *Siobhán gibt ihrem Kollegen/ihrer Kollegin die Papiere.*

Direct and indirect questions (direkte und indirekte Fragen)

- In a direct question, the conjugated part of the verb takes first position, but it might be preceded by an interrogative.

statement	yes/no-question	specific question
Sie studiert jetzt Physik. (She studies physics now.)	Studiert sie jetzt Physik? (Is she studying physics now?)	Was studiert sie jetzt? (What is she studying now?)

ja, nein, also and *Verzeihung* are not considered first elements in a sentence, therefore they have no influence on the sentence structure, e.g. *Ja, Eithne fährt morgen nach Deutschland. (Yes, Eithne will go to Germany tomorrow.)*

- An indirect question incorporates an introduction to the actual question. The question itself is a subordinate clause, e.g. *Wissen Sie, wie spät es ist? (Do you know what time it is?)*
The question in an indirect question starts with an interrogative or with "*ob*".
The phrases "*Entschuldigung, ...*", "*Entschuldigen Sie bitte, ...*" or "*Verzeihung*" are followed by a direct question, e.g. *Entschuldigung, wie spät ist es? (Excuse me, what time is it?)*

Active and passive voice (Aktiv und Passiv)

Active and passive voice are not tenses, but two different ways of looking at the action of the sentence. This can take place in any tense.

In the active voice, the subject plays an active role in the sentence: *Ein Brauer braut Bier. (A brewer brews beer.)*. The majority of sentences are in the active voice.

In the passive voice, the subject plays a passive role, in that something is done to it. Whoever did it plays no active part in the sentence, but might be mentioned with the preface "by": *Bier wird (von einem Brauer) gebraut. (Beer is brewed (by a brewer).)*

To form the passive voice in English you use the conjugated form of "to be" plus the past participle, whereas in German you use the conjugated form of *werden* plus the past participle.

passive voice in the

present tense: *In Heidelberg wird Bier gebraut. (In Heidelberg beer is brewed.)/In einem Hotel werden Betten gemacht. (Beds are made in a hotel.)*

simple past: *Hier wurde früher Bier gebraut. (Beer was brewed here in the early days.)/ Gestern wurden die Betten nicht gemacht. (Yesterday the beds were not made.)*

perfect tense: *Das Bier ist gerade gebraut worden.* [not ***ge****worden*, the actual past participle of *werden*] *(The beer has just been brewed.)/Die Betten sind gerade gemacht worden. (The beds have just been made.)*

future tense: *In der neuen Brauerei wird gutes Bier gebraut werden. (Good beer will be brewed in the new brewery.)/Die Betten werden bald gemacht werden. (The beds will be made soon.)*

If you want to specify who or what is responsible for the action, you use

- *von* if you are talking about a person, e.g. *Das Haus wurde 1963 von meinen Eltern gebaut. (The house was built by my parents in 1963.)*
- *durch* if you are not talking about a personal agent, e.g. *Das Haus wurde 1977 durch den Wind zerstört. (The house was destroyed by the wind in 1977.)*

Passive voice is more common in German than in English. It can be used also with the impersonal subject *es*, which can even disappear when there are other expressions of time, place etc. at the beginning of a sentence, e.g. *Es wird gearbeitet. (Work is being done.) In der Brauerei wird gearbeitet. (Work is done in the brewery.)*

Passive voice with modal verbs (Passiv mit Modalverben)

This is used to say that something can/should/must/ought to/may (not) be done.
It is formed by using the conjugated modal verb + the past participle + *werden*, e.g.

Die Betten müssen bis Mittag gemacht werden. (*The beds* must be made before lunchtime.)

Subjunctive II (Konjunktiv II) and indicative (Indikativ)

By choosing between the indicative and the subjunctive moods of the verb, you indicate your attitude towards the statement you are making. If it is a fact (I am tired), or a real possibility (If you do this, he'll be angry), then you use the indicative. However, if you want to express that something is improbable, unlikely or hypothetical (If I had more money, I would buy a better PC), you use the subjunctive II.

Subjunctive II (Konjunktiv II)

There are no tenses in subjunctive II, but you differentiate between a hypothetical future and a hypothetical past.

The hypothetical future is used for
- polite questions: *Könnten Sie mir helfen? (Could you help me?)*
- polite reactions: *Das wäre sehr nett von Ihnen. (That would be very nice of you.)*
- hypothetical conditions and conclusions: *Wenn ich mehr Zeit hätte, würde ich öfters nach Hause fahren. (If I had more time I would go home more often).*
  Note: In German you always use the subjunctive in the if-clause <u>and</u> in the main clause.

- expressing a wish: *Wenn doch nur der Bus käme! (If only the bus would come!)*
- as-if-clauses: *Er sprach so laut, als ob wir alle taub wären. (He spoke as loudly as if we were all deaf.)*

Formation of the hypothetical future:

weak verbs: Because the forms are identical with the simple past forms, to avoid confusion one uses the alternative construction of *"würden"* (= subjunctive II of werden) + infinitive.

>ich würde machen wir würden machen
>du würdest machen ihr würdet machen
>er, sie, es, man würde machen sie würden machen
> Sie würden machen

strong verbs: Use the verb form in simple past and add *-e, -(e)st, -e, -en, -(e)t, -en, -en* to the stem. The subjunctive form will usually add an umlaut if possible.

>kommen → ich kam → ich k**ä**m**e**
>→ du k**ä**m(**e**)**st**
>→ er, sie, es, man k**ä**m**e**
>→ wir k**ä**m**en**
>→ ihr k**ä**m(**e**)**t**
>→ sie k**ä**m**en**
>→ Sie k**ä**m**en**

Since quite a number of these official subjunctive II forms have begun to sound old-fashioned, it has become acceptable to use *"würden"* + infinitive for the strong verbs as well, as in *ich würde fahren* instead of *ich führe*.

With some verbs, however, it is still essential to use the proper form.

	simple past	subjunctive II
werden (to become)	ich wurde	ich würde
haben (to have)	ich hatte	ich hätte
wissen (to know)	ich wusste	ich wüsste
sein (to be)	ich war	ich wäre
müssen (must, to have to)	ich musste	ich müsste
können (can, be able to)	ich konnte	ich könnte
mögen (to like)	ich mochte	ich möchte
sollen (to be supposed to)	ich sollte	ich sollte
wollen (want)	ich wollte	ich wollte
dürfen (be allowed to)	ich durfte	ich dürfte

Note: The umlaut occurs only in the subjunctive II, and <u>not</u> in simple past.

The **hypothetical past** is used for speculating about the past.

Formation of the hypothetical past: *"wäre"* or *"hätte"* + past participle
If a verb is conjugated with *"haben"* in the perfect tense, you use *"hätte"*, and if it is conjugated with *"sein"*, you use *"wäre"*, e.g.
Wenn Martin sich nicht so früh beworben hätte, hätte er diese Stelle nicht bekommen. (If Martin hadn't applied at such an early stage, he would not have got the job.)
Wenn die Musik nicht so laut gewesen wäre, hätten die Nachbarn nicht die Polizei angerufen. (If the music hadn't been so loud, the neighbours wouldn't have called the police.)

Note: In case you are wondering why it is called subjunctive II, there is indeed also a subjunctive I, something you need for indirect speech, i.e for reporting somebody else's statement. For more information, consult a grammar book.

Phrases (Satzteile), clauses (Sätze) and sentences (Sätze)

- A phrase is a group of words that belong together on the basis of their meaning, but they do not constitute a complete clause, i.e. they do not include a subject and a verb, e.g. "in summer", "to learn German".
- A clause is a group of words that contains at least a subject and a verb. There are main clauses and subordinate clauses. A main clause can stand on its own, whereas a subordinate clause can't.
- A sentence can consist of one or more clauses.

Infinitive clauses (Infinitivsätze)

Infinitive clauses are reduced clauses, i.e. they do not contain a conjugated verb. They provide more information about a noun, a verb or an adjective in the main clause. You need infinitive clauses to express the following ideas:

- to plan *(planen)*, wish *(wünschen)*, hope *(hoffen)*, intend *(vorhaben/beabsichtigen)*, forget *(vergessen)* etc. to do something, e.g. *Kevin plant, nächstes Jahr nach Österreich* **zu** *fahren. (Kevin plans/is planning to go to Austria next year.)*
- to express purpose: *Martin möchte in Deutschland arbeiten,* **um** *Erfahrungen* **zu** *sammeln. (Martin wants to work in Germany to gain experience.)*
- to express an alternative: *Siobhán geht lieber aus* **(an)statt** *zu Hause* **zu bleiben**. *(Siobhán prefers to go out instead of staying at home.)*
- to express omission: *Brendan hat das Studium letztes Jahr abgebrochen,* **ohne** *eine richtige Alternative* **zu haben**. *(Brendan left the course last year without having an alternative plan.)* *Darren hat das Studium letztes Jahr abgebrochen,* **ohne** *eine Alternative* **gehabt zu haben**. *(Darren left the course last year without having had an alternative plan.)*

Note I: *zu* + the infinitive go to the end of the sentence
Note II: With separable verbs the *zu* goes between the separable prefix and the basic infinitive, e.g. *Eithne plant, heute Abend* **auszugehen**. *(Eithne plans/is planning to go out tonight.)*

Note III: If the infinitive clause completes the meaning of a verb in the main clause that takes a preposition, the infinitive clause is preceded by *da(r)* + the preposition, e.g. *sich freuen auf* ➤ *Ich freue mich darauf, meine Freunde wiederzusehen. (I am so looking forward to seeing my friends again.)*

Subordinate clauses (Nebensätze)

Subordinate clauses cannot exist on their own, but have to go with a main clause. It is easy to spot them because they start with a subordinating conjunction, a relative pronoun (➤ relative clause) or an interrogative (➤ indirect question). In a subordinate clause the conjugated part of the verb moves to the end of this clause. There is a comma between the main clause and the subordinate clause.

Sie geht nächsten Sommer nach Deutschland, weil sie Arbeitserfahrung braucht. (She will go to Germany next summer because she needs work experience.)
Er war ein Student, der immer nur arbeitete. (He was a student who did nothing but work.)
Können Sie mir sagen, wo die Mensa ist? (Can you tell me where the student canteen is?)

If the subordinate clause comes before the main clause, there is inversion in the main clause, e.g.

Ich habe keine Freizeit mehr, seitdem ich neben dem Studium arbeite. (I have no free time left since I have a part-time job as well as my studies.)
Seitdem ich neben dem Studium arbeite, habe ich keine Freizeit mehr. (Since I have a part-time job as well as my studies, I have no free time left.)

Relative clauses (Relativsätze)

A relative clause gives more information about a noun that has been mentioned in a previous part of the sentence. A relative clause is a type of subordinate clause, and it starts with a relative pronoun which German, unlike English, can never omit. This relative pronoun has the same gender and number as that noun, but its case depends on its function in the relative clause.

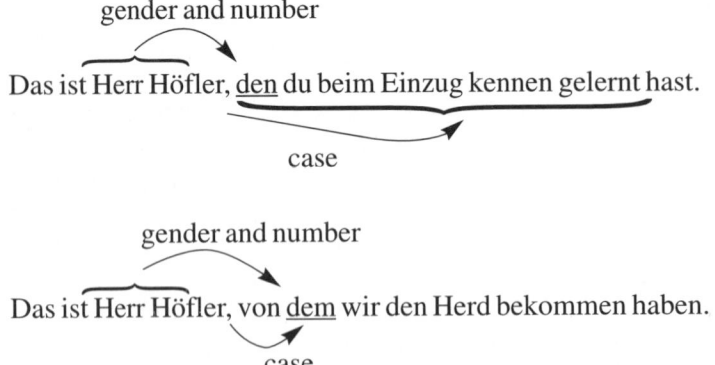

The relative pronouns are, apart from the genitive case and dative plural, identical with the definite article.

Nominativ:

Das ist Herr Höfler, <u>der</u> nebenan wohnt. (This is Mr. Höfler, whom lives nextdoor.)
Das ist Frau Höfler, <u>die</u> nebenan wohnt. (This is Mrs. Höfler, whom lives nextdoor.)
Das ist das Baby von den Höflers, <u>das</u> jede Nacht schreit. (This is the baby of the Höfler family who screams every night.)
Das sind Herr und Frau Höfler, <u>die</u> nebenan wohnen. (These are Mr. and Mrs. Höfler who live nextdoor.)

Akkusativ:

Das ist Herr Höfler, <u>den</u> du beim Einzug kennen gelernt hast. (This is Mr. Höfler, whom you met when you were moving in.)
Das ist Frau Höfler, <u>die</u> du beim Einzug kennen gelernt hast. (This is Mrs. Höfler, whom you met when you were moving in.)
Das ist das Baby von den Höflers, <u>das</u> wir jede Nacht hören. (This is the baby from the Höfler family, whom we hear every night.)
Das sind Herr und Frau Höfler, <u>die</u> du beim Einzug kennen gelernt hast. (These are Mr. and Mrs Höfler, whom you met when you were moving in.)

Das ist Herr Höfler, für <u>den</u> ich manchmal einkaufen gehe. (This is Mr. Höfler. Sometimes I go shopping for him.)
Das ist Frau Höfler, durch <u>die</u> wir die Wohnung bekommen haben. (This is Mrs. Höfler who helped us to get the appartment.)
Das ist das Baby von den Höflers, auf <u>das</u> ich manchmal wütend bin. (This is the baby of the Höfler family. Sometimes I am angry with him/her).
Das sind Herr und Frau Höfler, ohne <u>die</u> wir nicht die Wohnung bekommen hätten. (These are Mr. and Mrs. Höfler. We wouldn't have got the appartment without them.)

Dativ:

Das ist Herr Höfler, <u>dem</u> die Wohnung nebenan gehört. (This is Mr. Höfler. He owns the flat nextdoor.)
Das ist Frau Höfler, <u>der</u> die Wohnung nebenan gehört. (This is Mrs. Höfler. She owns the flat nextdoor.)
Das ist das Baby von den Höflers, <u>dem</u> wir zu Weihnachten eine Spieluhr geschenkt haben. (This is the baby of the Höfler family. We gave him/her a musical clock for Christmas.)
Das sind Herr und Frau Höfler, <u>denen</u> die Wohnung nebenan gehört. (These are Mr. and Mrs. Höfler. They own the appartment nextdoor.)

Das ist Herr Höfler, von <u>dem</u> wir den Herd bekommen haben. (This is Mr Höfler who gave us the cooker.)
Das ist Frau Höfler, zu <u>der</u> ich manchmal für eine Tasse Kaffee gehe. (This is Mrs. Höfler. Sometimes I visit her and we have a cup of coffee.)

Das ist das Baby von den Höflers, wegen <u>dem</u> ich nachts oft aufwache. (This is the baby of the Höfler family. Sometimes s/he wakes me up during the night.)
Das sind Herr und Frau Höfler, mit <u>denen</u> wir bis jetzt gut auskommen. (These are Mr. and Mrs. Höfler. Up until now we get on very well with them.)

Genitiv:

Das ist Herr Höfler, <u>dessen</u> Frau vor drei Monaten ein Kind bekommen hat. (This is Mr. Höfler whose wife had a child 3 months ago.)
Das ist Frau Höfler, <u>deren</u> Mann uns den Herd gegeben hat. (This is Mrs. Höfler whose husband gave us the cooker.)
Das ist das Baby von den Höflers, <u>dessen</u> Geschreie du fast jede Nacht hören kannst. (This is the baby of the Höfler family. You can hear him/her crying nearly every night.)
Das sind Herr und Frau Höfler, <u>deren</u> Wohnung direkt neben unserer liegt. (These are Mr. and Mrs. Höfler whose appartment is directly next to ours.)

Note I: The relative pronoun "<u>was</u>" is used when it refers to *das (that), alles (everything), einiges (something/a thing or two), etwas (something), folgendes (the following), nichts (nothing), vieles (a lot), weniges (a little/few things),* neuter adjectives and a whole clause, e.g.

Ist das alles, was du zu sagen hast? (Is that all you have to say?)
Das ist das Beste, was wir haben. (That's the best we have.)

Glossar (Glossary)

Adjektiv:	adjective
Adverb:	adverb
Akkusativ:	accusative
Aktiv:	active voice
bestimmter Artikel:	definite article
Dativ:	dative
Deklination:	declension
direktes Objekt:	direct object
Endung:	ending
Fall:	case
Fragewort:	interrogative
Futur:	future
Genitiv:	genitive
Genus:	gender
Hauptsatz:	main clause
Hilfsverb:	auxiliary verb
Imperativ:	imperative
Imperfekt:	preterite, simple past, imperfect

Indikative:	indicative
indirektes Objekt:	indirect object
Infinitiv:	infinitive
Infinitivsatz:	infinitive clause
Kardinalzahl:	cardinal number
Kasus:	case
Komparativ:	comparative
Kompositum:	compound noun
Konjugation:	conjugation
konjugieren:	conjugate
Konjunktion:	conjunction
Konjunktiv II:	subjunctive II
Modalverb:	modal verb
Nebensatz:	subordinate clause
Nomen:	noun
Nominativ:	nominative
Ordinalzahl:	ordinal number
Partizip Präsens:	present participle
Partizip Perfekt:	past participle
Passiv:	passive voice
Perfekt:	perfect tense
Personalpronomen:	personal pronoun
Plusquamperfekt:	pluperfect
Possessivpronomen:	possessive adjective/possessive pronoun
Präfix:	prefix
Präposition:	preposition
Präsens:	present tense
Präteritum:	preterite, simple past, imperfect
Reflexivverb:	reflexive verb
Relativpronomen:	relative pronoun
Relativsatz:	relative clause
Satz:	clause, sentence
Satzstellung:	word order
schwaches Verb:	weak verb
Silbe:	syllable
starkes Verb:	strong verb
Subjekt:	subject
Substantiv:	noun
Suffix:	suffix
Superlativ:	superlative
unbestimmter Artikel:	indefinite article
unregelmäßiges Verb:	irregular verb
trennbares Verb:	separable verb
Verb:	verb
Vergleichssatz:	comparison
Zeit:	tense

Index

accusative case: **327**
active voice: 100, **348**
adjectives: **334**
    adjective endings: 195, 197, 204, 206-207, 221-223, **335**
    adjectives ending in -bar: 213-214
    adjectives with dative: 267, **335**
adverbs: **337**
articles:
    definite articles: **337**
    indefinite articles: **337**
cases: 16, **326-327**
clauses: **351**
comparative: 242-243, 250-252, **336**
comparisons: 243, 296, **336**, **344**
conjugating a verb: **311**
conjunctions: **342**
    adverbial conjunctions: 55, 136-137, 173, **343**
    coordinating conjunctions: 173, **342**
    subordinating conjunctions: 94, 124-125, 136-137, 146-148, 173, 188, 290, **343**
    two-part conjunctions: 184-185, **343**
da-compounds: 139, 149, **342**, **352**
dates: 13, 21, **345**
dative case: **327**
declension: **328-329**
direct object: 16-17, 24, 276, **326**
es gibt: **327**
future tense: 144-146, 150-151, **322**
gender: 16, **330**
gender guidelines: 16-17, 25, **331-332**
genitive case: 159, 292, 296-297, **327**
gern(e): 93-94, 175-176, **337**
imperative: 185-186, 190-191, 199, **315**
indicative: **349**
indirect object: 256, 274-276, **326**
infinitive: **310**
infinitve clauses: 161, 173, 187-189, **351-352**
interrogatives: 29, 125, 147, **345-346**
kein: 187, **328**, **346**
lassen: 200, 223, **315**, **323**
man: **339**
negation: 187, **346-347**
nicht: 187, **346**
nominative case: **326-327**
nouns: **329**
    adjectival nouns: 22-24, **337**
    compound nouns: 292-293, 297-298, **330**
    regular nouns: **329**
    weak nouns: 22-24, 256, 273-274, **329-330**
numbers:
    cardinal numbers: **344**
    ordinal numbers: 13, 21, **344-345**
passive voice: 100-101, 106, 117-119, 145-146, **348-349**
passive with modal verbs: 111-112, 119, 281, 294, **349**
past participle: **316**

perfect tense: 54-57, 65-68, 96, 199, **320-321**
phrases: **351**
pluperfect: **322**
plural: **329**
plurals of nouns: 134-135, 148, **333-334**
possessive adjectives: 292, 296, **338-339**
prefix: **330**
prepositions: **339**
    with accusative: 37-38, 42-43, 45 **340**
    with accusative or dative: 37-39, 41-45, **340-341**
    with dative: 37-42, 44-45, **340**
    with genitive: 136-137, **341-342**
present participle: **316**
present tense: 10, 18-21, **319-320**
pronouns
    personal pronouns: 257, 276-277, **338-339**
    reflexive pronouns: 63-64, 68, **338-339**
    relative pronouns: **352-354**
    possessive pronouns: **339**
questions:
    direct questions: 29, 40-41, **348**
    indirect questions: 29-30, **348**
relative clauses: 287-289, 292, 294-295, 297, **352-354**
sentences: **351**
simple past: 78, 94-95, **321-322**
singular: **329**
subject: 16-17, 24, **326**
subjunctive II: 192-193, 219-220, 230-232, 248-250, **349-351**
subordinate clauses: 94, 124-125, 136-137, 146-148, 173, 188, 290, **352**
suffix: 213-214, **330**
superlative: 242-243, 251-252, **336**
tenses: **319**
verbs: **310**
    auxiliary verbs: **311**
    inseparable verbs: 10, 20-21, **312**
    intransitive verbs: **311**
    irregular weak verbs: **311**, **323-325**
    mixed verbs: **311**
    modal verbs: 70-72, 92-94, 175-176, **314**
    reciprocal verbs: 64, **313**
    reflexive verbs: 63-64, 68, **313**
    separable verbs: 10, 20-21, **312**
    strong verbs: **311**, **323-325**
    transitive verbs: **311**
    weak verbs: **311**
    with dative: 175-176, 267, 277, **317**
    with prepositions: 138-139, 149-150, 305-306, **318-319**
werden: 100-101, 144-146, **322**, **324**, **348-349**
wo-compounds: 139, 149-150, **346**
word order:
    in main clauses: **347**
    in questions: **348**
    in subordinate clauses: **352**
years: 13, **344**, **345**